Über ganzheitliches Denken
zum Bewusstsein

Zum Autor:

Ulrich O. Rodeck wurde 1952 in Bad Oldesloe bei Lübeck geboren und begann sein Studium der Philosophie und der Geschichte in Hamburg im Jahre 1980. Er erkrankte an einer Depression und begann sich jahrelang intensiv tiefenpsychologisch mit der eigenen Vergangenheit auseinanderzusetzen. 1990 nahm er seine philosophischen Studien wieder auf und übte sich in östlichen Weisheitslehren und in der buddhistischen Meditationspraxis, die ihn zum Erlebnis der Existenz aller Wesen und des tiefen inneren Friedens führte.

Er lebt als Privatgelehrter und Autor in Kiel.

Ulrich Otto Rodeck

Über ganzheitliches Denken zum Bewusstsein

empire
Verlag im Münsterland

Bibliografische Information Der Deutschen Nationalbibliothek

Die Deutsche Nationalbibliothek verzeichnet diese Publikation in der Deutschen Nationalbibliografie; detaillierte bibliografische Dateien sind im Internet über http://dnb.d-nb.de abrufbar.

Besuchen Sie uns im Internet

http://www.empire-service.eu

ISBN 978-3-943312-30-0

Weitere Ausgaben als ebook . PDF + epub

INHALTSVERZEICHNIS

A) VORUNTERSUCHUNG ÜBER DIE „IDEALEN" GEGENSTÄNDE

1. ALLGEMEINE EINFÜHRUNG

Das Wahrnehmen von Gegenständen, das Belegen dieser Gegenstände mit Begriffen (Felder, Wälder, Wiesen, Bäume etc.) sowie die Denkgesetze der bisher so genannten „idealen" Gegenstände, also z.B. die Gegenstände der Mathematik, und sogar die Handlungsgegenstände, wie ich unsere motivierten Handlungsweisen nenne, entspringen alle aus einer grundlegenden Bewusstseinsebene. Diese Ebene umfasst nicht allein das aus ihr Entsprungene, das Anschaulich - Gegenständliche und das Abstrakt - Gedachte, sondern auch das Verborgene, das Vorbewusste und das Unbewusste. Das Vorbewusste kann lediglich in Teilen und mühsam analysiert werden, und das Unbewusste eröffnet sich uns nur ex negativo, nachdem die bewusste Erkenntnis ausgeleuchtet worden ist und einige Lichtstrahlen auch auf das Vorbewusste gefallen sind. Ich werde darlegen, dass sich unsere gesamte Welterkenntnis aus der Beziehung zweier in uns zugrunde liegender Bewusstseinsebenen aufeinander entfaltet, welches für viele verstörend und abschreckend erscheinen mag. Denn sie sind überzeugt davon, dass sie selbst von der sie umgebenden Welt ganz geschieden seien. Wenn aber durch meine Darstellung alltägliche Phänomene erläutert werden können, die bisher nicht beachtet und nicht geschätzt worden sind, nämlich daß es beispielsweise nicht ungerecht ist, wenn ich als Mensch und die Ameise als Insekt existieren muss, weil sich beide im Wert nicht unterscheiden, oder daß etwa die individuelle Idee eines zu früh Gestorbenen nicht mit untergeht, dann hat sich mein System als wahrhaftig erwiesen.

Im weiteren Verlauf wird sich ergeben, dass die bewusste Erkenntnis und das Vorbewusste grundsätzlich individuell sind, und das bedeutet, dass sich uns allgemein niemals ein fremdes Bewusstsein für tiefere Erkenntnisse eröffnen wird, wie es etwa in sehr begrenzter Weise in der Psychoanalyse geschieht. Deshalb gewinne ich die Prinzipien meiner Erkenntnisse in allen Abhandlungen aus der Analyse und Zugrundelegung meines eigenen Bewusstseins. Das bietet die Gewähr, dass diese Schriften der Wahrheit nachgehen und sich nicht in Schwafeleien verlieren, weil es der Wahrheit entspricht, dass ich selbst existiere.

Wenn wir den anschaulichen Gegenstand Baum betrachten, dann gründet dieser bei jedem auf einer unterschiedlichen und individuellen Entstehungsweise, und allein der Name Baum ist dasjenige, worüber wir übereinstimmen. Diese

Tatsache gerät schnell in den Hintergrund, wie ich noch zeigen werde, weil die individuelle Ausbildung des Gegenstandes ins Vorbewusste entweicht und jeder dann meint, dass die Individuen über den Gegenstand Baum einig seien. Aber lediglich über den Namen herrscht Übereinkunft. Darüber hinaus werde ich nachweisen, dass auch die sogenannten „idealen" Gegenstände aus einer individuellen Grundlegung eines bestimmten Bewusstseinsabschnitts, den ich Grundbewusstsein genannt habe, entstehen. Daraus folgt, dass die Naturwissenschaft keine objektive „Realität" beschreiben kann, sondern ihr es vielmehr nur so erscheint, weil sie die individuelle Grundlegung ihrer Gesetze im Grundbewusstsein nicht begreift. Die Basis, aus der sich unsere entwickelte Naturwissenschaft entfaltet, liegt bei jedem Individuum im Vorbewussten verborgen. Individualität und Allgemeingültigkeit muss in diesem Zusammenhang keinen Widerspruch ergeben. Auch dieses werde ich erörtern. Die Naturwissenschaft bleibt oberflächlich, weil sie sich in einer äußeren „Realität" isoliert und das individuelle Bewusstsein und die Grundlegung ihrer Gesetze nicht mit einschließt. Jedes Gebiet, das sie beleuchtet, wird an ein weiteres grenzen, welches noch im Dunkeln liegt. Und so weiter in infinitum.

Das Thema, mit dem wir uns beschäftigen, heißt dagegen Individualphilosophie oder auch Philosophie der Erleuchtung, weil sie nachweist, dass alle Wesen, worunter ich die Lebenden genauso verstehe wie die Unbelebten, auf eine zeitlose und ewige Existenz bezogen sind, die nicht transzendent ist, weil sich an ihr die stete Veränderung, der alle Wesen unterworfen sind, vollzieht. Deshalb kann ich die Erfahrung der Zeitlosigkeit in der Meditationsübung hervorholen. Das Verfahren aber und ihre Evidenz, dass die Individualphilosophie nicht individuell bleibt, sondern sich als allgemeingültig erweist, gewinnt sie daraus, dass mit ihrer Hilfe alle Gegenstände des Anschaulichen und des „Ideals" sowie die Handlungsgegenstände erklärt werden können. Denn alle drei Gegenstände, die anschaulichen (Felder, Baum, Hund etc.), die „idealen" wie z.B. Mathematik und Physik, und die Handlungsgegenstände (ich verfasse diese Arbeit, weil ihr Motiv in meine Vorgeschichte hineinreicht), gehören zu meiner individuellen Wirklichkeit, die ich dann nicht ganz erfasse, wenn ich mich auf einen Gegenstandsbereich beschränke.

Wenn sich jemand für Außenstehende scheinbar gelehrt über particulars und non-particulars verbreitet, dann liefert er deshalb etwas Falsches, weil er nicht weiß, dass beide Gegenstände (Einzelheiten und Universalien) demselben Grundbewusstsein entstammen und diese Beziehung aufgewiesen werden muss. Betrachtungen, bei denen das Individuum sich selbst nicht mit hineinnimmt, sind immer problematisch. Die sogenannte analytische Philosophie ist deshalb auf Treibsand gegründet, weil es ein kindisches Argument ist, dass das Denken, nur weil es in der Sprache nach außen transportiert werde, in der Sprache gründe, und diese deshalb untersucht werden müsse. Vor der Sprache liegt immer noch das kindliche Ergreifen und Aufessen-Wollen von Gegenständen. Eine Philosophie kann nur erfolgreich sein, wenn sie die Existenz aller Gegenstände, einschließlich der Innenwelt, erläutert. Denn es gibt keine andere Welt als diejenige, die wir betrachten und denken und in welcher wir handeln, und diese Welt ist eine einzige und zusammenhängend.

2. DIE GANZHEITLICHE WIRKLICHKEIT

In diese Welt, die wir betrachten und denken und in welcher wir handeln, gehört aber auch dasjenige hinein, was wir lediglich erschließen können, nämlich das Vorbewusste und das Unbewusste. Trotzdem sind beide keine Erfindungen oder Behauptungen, weil sie ihre Evidenz dadurch gewinnen, dass erst durch ihre Beachtung und Hineinnahme alle Gegenstände erläutert werden können. Beide, das Vorbewusste und das Unbewusste, weisen auf eine einheitliche Welt, die genauso vor unserer Geburt existiert hat wie nach unserem Tode sein wird. Vorgeburt und Nachtod lassen sich von unserer Wirklichkeit nicht abtrennen. Denn wenn alle Gegenstände, die anschaulichen, die „idealen" (z.B. der Satz des Pythagoras) und die Handlungsgegenstände (z.B. ist die Existenz der vorliegenden Schrift aus meinem Grundbewusstsein herleitbar) ihre Existenz den individuellen Grundbewusstheiten, also dem gesamten menschlichen Grundbewusstsein, verdanken, dann kann es nicht dasjenige geben, was gemeinhin als objektive „Realität" aufgefasst wird, die von uns getrennt sei und aus welcher alle diese Gegenstände, einschließlich der Motive für unsere Handlungen, entnommen sein sollen. Und wenn dagegen die Wirklichkeit der drei Phänomene, nämlich der anschaulichen Gegenstände, der „idealen" Gegenstände und der Handlungsgegenstände, sich aus unserem Grundbewusstsein heraus entwickelt hat, dann wird diese Wirklichkeit auch mit unserem Ableben versinken und nicht übrigbleiben. Dieses alles wird im weiteren Verlauf deutlich werden. Also wird unsere Welt eine andere sein, als sie uns auf den ersten Blick erscheint.

Da wir jedoch nicht in einem Traum gelebt haben können, der nach unserem Tode zerplatzt und lediglich ein Nichts übriglässt, sondern in einer Wirklichkeit, muss diese in einer Individualphilosophie oder Philosophie der Erleuchtung anders definiert werden. Denn wenn alle Gegenstände, einschließlich uns selbst, der permanenten Veränderung unterworfen sind, dann können alle Gegenstände auch keinerlei Eigenständigkeit besitzen. Denn wenn sich etwas stetig wandelt, kann nichts an ihm festgehalten werden. Die neu zu entwickelnde Wirklichkeit dagegen umfasst neben der bewussten Wahrnehmung das Vorbewusste und das Unbewusste, die beide auf eine zeitlose Existenz verweisen, an welcher sich unsere Wirklichkeit der drei Phänomene, nämlich Anschaulichkeit, Denken und Handeln, vollzieht. Da die Zeitlosigkeit in unserem Vorbewussten zugrunde liegt und nicht bewusst ist, denken wir das Falsche, nämlich daß eine „Realität" unabhängig von uns bestehe, an der wir unser Denken überprüfen könnten. Wahr ist dagegen, dass in jedem Individuum und auch in jeglichem Wesen eine zeitlose Existenz schon immer anwesend gewesen ist und die Individuen es dann erkennen, wenn sie sich bemühen. Die übrigen Wesen, also Tiere, Pflanzen und Unbelebte, haben keine Mühe damit, weil deren Intellekt nicht im Denken von unterschiedlichen Zeitebenen auseinanderfällt und sie nur in der Gegenwart leben bzw. sie über gar keinen Intellekt verfügen. Da unsere Denkaktivität jedoch ständig verschiedene Zeitebenen aufeinander bezieht, somit überlegt, was früher in der Gier des Glücksstrebens falsch gelaufen sei und späterhin besser gestaltet werden könne, ist ihr eine zeitlose Existenz fremd. Stetiges Vergleichen, Unterscheiden und Abwägen widerspricht der Ruhe und Klarheit und der absoluten Stille, die diese zeitlose Existenz ausstrahlt. Wir können aber die Zeitlosigkeit bereits dann entdecken, wenn wir lediglich Zuschauer unserer intellektuellen Tätigkeiten sind, die Gedanken kommen und gehen lassen und sie nicht bewerten. Dann entdecken wir plötzlich, dass wir Zeuge unseres Denkens von Zeit sind, von dem, was gewesen ist und was in Zukunft unser Ziel sein könnte; und der Zeuge unseres Denkens von Zeit ist schon immer anwesend gewesen, weil er dem Denken von unterschiedlichen Zeitebenen lediglich zuschaut und deshalb selbst die Zeitlosigkeit ist. Denn, was dem Denken von Zeit zuschaut, das kann die Zeit selbst nicht sein.

Ich versuche in diesem Buch aufzuweisen, dass alle Gegenstände der drei Phänomene, nämlich anschauliche Gegenstände, „ideale" Gegenstände und Handlungsgegenstände, durch die Beziehung zweier Bewusstseinsebenen aufeinander entstehen. Der Beweis dafür liegt darin, dass einige Gegenstände aus den drei Phänomenen auf eine frühe Entstehungsweise im individuellen Grundbewusstsein zurückgeführt werden können. Zum Beispiel lässt sich bei einem Individuum unter bestimmten Bedingungen nachweisen, ob seine gegenwärtige Handlungsweise mit seiner ursprünglichen individuellen Idee übereinstimmt oder auf einem Konflikt beruht. Die Idee der individuellen Verwirklichung liegt zeitlich vor der Gegenwartshandlung. Wenn ein Individuum an inneren Konflikten scheitert, muss andererseits eine Idee seiner Verwirklichung vorhanden sein. In dieser Voruntersuchung werde ich eine ähnliche Zeitbeziehung für die einfachen „idealen" Gegenstände nachweisen, und im nachfolgenden Hauptteil werde ich immer wieder die Zeitbeziehung aller Gegenstände im Bewusstsein einer Untersuchung unterziehen. Das Bewusstsein ist im Grunde nichts anderes als Denken von Zeitebenen. Trotzdem werden wir im Grundbewusstsein auch etwas auffinden, das außerhalb der Zeit liegt und deshalb schon immer dagewesen ist. Denn wenn es diese Ebene der Zeitlosigkeit nicht gäbe, auf welche alle Gegenstände bezogen sind und ihren Halt gewinnen, dann bildeten alle unsere Gegenstände lediglich einen Traum in der Endlosigkeit der Zeit.

Genau dieses Problem des Verfalls in die Nichtigkeit liegt bei der Naturwissenschaft vor, weil sich ihr nach jedem erforschten Gebiet ein neues eröffnet, das am vorher unerforschten angegrenzt hatte. Die Naturwissenschaft versucht, ihre Gesetze an einer vermeintlichen objektiven „Realität" zu überprüfen. Dabei ahnt sie nicht, dass die Gesetzmäßigkeit der „idealen" Gegenstände und unsere anschauliche Wirklichkeit demselben Grundbewusstsein entspringen und daß sie dadurch zwei gleichartige Problemgebiete aufeinander bezieht. Deshalb verschwinden beide in der Endlosigkeit von Berechnung und Spekulation, weil sie an nichts einen Halt gewinnen. Denn die Wirklichkeit eines Apfels kann z.B. nicht an einem weiteren Apfel oder auch nicht an einer Birne erläutert werden, sondern nur in Beziehung auf Baum, Samen, Blüten, Insekten, Erdgrund, Klima und Licht.

3. DIE PROBLEMATIK DER BISHERIGEN WELTERKENNTNIS

Warum soll ein Sinn darin verborgen liegen, dass es zwei Welten gibt, einmal diejenige der anschaulichen Gegenstände und das andere Mal diejenige des Denkens? Widersprüchlich ist, dass ein Denkurteil wahr sein soll, wenn es mit der sogenannten Wirklichkeit übereinstimme, und trotzdem wird gemeinhin die Welterkenntnis in Anschauung und Denken geteilt. Andererseits ist die angehäufte Faktensammlung der Naturwissenschaft lediglich eine riesige Gedächtnisleistung und keinerlei Wissen. Denn ein echtes Wissen wird dadurch definiert, dass das Individuum seine Erkenntnis auf sich selbst, das erkennende Individuum, zurückführt und dadurch für sich etwas hinzugewinnt. Deshalb können wir bei einer Welterkenntnis nicht auf die individuellen Problemgebiete verzichten. Diese sind das permanente individuelle Wollen, das mit dem Wunsch nach Inbesitznahme von einfachen Gegenständen beginnt und mit der Gier nach Ansehen, Reichtum, Macht, Sex und Genuss endet, also die Frage der moralisch einwandfreien Handlungsweise durch Reflektion des steten Verlangens, zweitens die Abhängigkeit der Gegenwartshandlungen von der individuellen Sozialisation im Grundbewusstsein und drittens das Raum-Zeit-Gefüge, das vor jeder Gegenstandserkenntnis bereits zugrunde liegen muss, wie ich sogleich noch einmal kurz erläutern werde. Der Intellekt kann seine Gegenstände nur in einer Zeitbeziehung erkennen. Der Baum, den ich gerade sehe, ist Baum durch meine vorhergegangenen Baumbegegnungen. Mein Vorbewusstsein kann ich nicht vom gegenwärtig auftretenden Baum ablösen, so dass ich sagen könnte: Dies ist der „reale" und objektive Baum ohne mein Bewusstsein.

Die reinen Sätze der Zeit- und Raumerkenntnis des Intellektes, noch bevor ein Baum oder irgendetwas anderes ins Bewusstsein gelangt ist, heißen: „Verschiedene Zeiten können nicht zugleich sein, sondern nur nacheinander" und „Die leere Raumvorstellung kann nicht weggedacht werden". Von diesen beiden Sätzen Kants wird der erste unmittelbar vor aller Erkenntnis verstanden, ohne dass ich den Satz herleiten muss, und der zweite dann, wenn jemandem gesagt wird, er möge doch alle Gegenstände aus seiner Erkenntnis einzeln wegdenken und zum Schluss, wenn er den leeren Raum übrig behalten hat, dann möge er diesen auch noch fortdenken. Darauf wird er zugeben, dass er gerade das nicht könne. Wir schließen daraus nach Kant, dass das Raum-Zeit-Gefüge Bedingung unserer Erkenntnis ist. Jedem ist also von Anfang an und vor all seinen Erfahrungen klar, dass verschiedene Zeiten nicht zugleich sein können und daß die Vorstellung vom leeren Raum mit jedem Individuum zusammen auf die Welt gekommen ist.

Wenn wir nun ein echtes Wissen als Beziehung zweier Zeitebenen im Bewusstsein definiert haben, nämlich daß eine gegenwärtige Erkenntnis an vorher durchgeführten ähnlichen Erkenntnissen des Individuums überprüft und auch das unmittelbar und individuell Gegebene, nämlich das permanente Wollen und das Vorbewusste, mit einbezogen wird, dann liegt auf der Hand, dass nur solcherart Erkenntnis das Individuum reicher macht, dessen Gegenwart an der individuellen Vergangenheit erwogen worden ist. Und zur individuellen Vergangenheit gehört auch die Unmittelbarkeit des Raum-Zeit-Gefüges, welche vor unseren Erkenntnissen schon anwesend gewesen ist. Wie ärmlich ist dagegen eine Erkenntnis, die von der Gegenwart ausgehend in die Zukunft hineinreicht, wenn also aus einem Obersatz andere Sätze abgeleitet werden! Dann entstehen falsche und absurde Behauptungen wie diejenigen von Schulphilosophen, die das Raum-Zeit-Gefüge Kants als nicht mehr zeitgemäß ansehen. Diese reden ohne echtes Wissen.

Die Kunst der Philosophie besteht demnach darin, ihre Erkenntnisse auf die Unmittelbarkeit des individuell Gegebenen zurückzuführen und die Welt aus der Individualität zu erläutern. Das Individuum ist ein Gegenstand des Alls wie alle anderen Dinge auch, und lediglich in der Erforschung seiner selbst gelangt der Philosoph zur Unmittelbarkeit des Daseins, die seinen Erkenntnissen zugrunde liegt. Wenn er sich selbst erkannt hat, steht ihm auch der Zugang zu den meisten anderen Dingen offen. Die Gegenstände des Äußeren sind auseinandergezogen in der Zeit, weil jeder Gegenstand durch vorher durchgeführte individuelle Erkenntnisse existiert und der Intellekt alle seine Gegenstände auf früher Erlebtes zurückbezieht. Bereits jetzt haben wir aber einen Gegenstand unserer individuellen Erkenntnis ans Licht geführt, nämlich das Raum-Zeit-Gefüge, das vor all unseren anderen Erkenntnissen schon in uns vorhanden ist. Denn der Satz: „Verschiedene Zeiten können nicht zugleich sein" leuchtet jedem unmittelbar nach Überprüfung seiner selbst ein. Dieser Satz muss nicht bewiesen werden. Jedem Bewusstsein liegen Zeit- und Raumerkenntnis zugrunde.

Hilflosigkeit kennzeichnet es, wenn die Neurophysiologie zur Philosophie hinzugezogen und untersucht wird, bei welchen Verhaltensweisen sich Synapsen bilden, die dann irgendwelche Verbindungen zwischen Gehirnarealen ermöglichen. Äußere Phänomene können mit anderen äußeren Phänomenen bis in die Unendlichkeit hinein verbunden werden und lösen doch die Frage unseres Daseins nicht. Denn die unmittelbaren Phänomene, nämlich die unersättliche Gier nach demjenigen, was als das eigene Glück verstanden wird, die Abhängigkeit der Handlungen von der Sozialisation und die Einsichtigkeit des Raum-Zeit-Gefüges, sind Grundvoraussetzung für das echte Wissen. Besonders absurd ist es, wenn die Naturwissenschaft den Urknall als die Sekunde Null darstellt, denn wir haben erkannt, dass das Raum-Zeit-Gefüge bereits vor aller Erkenntnis zugrunde liegt. Deshalb kann die Zeit nicht angefangen haben. Der Urknall ist nur derjenige der Unwissenheit, an welcher die Ableitungen von äußerer „Realität" scheitern.

4. DIE ZEITSTRUKTUR DES BEWUSSTSEINS

Die Struktur des Bewusstseins stellt sich dergestalt dar, dass der Intellekt einerseits überhaupt keine neuen Gegenstände erkennen kann, sondern alle in einer Zeitbeziehung auseinandergezogen denkt und seine gegenwärtigen Gegenstände auf ähnliche der Vergangenheit bezieht und andere für die Zukunft entwirft. Zum Beispiel kann der Intellekt einen anschaulichen Gegenstand, etwa ein Pferd, nur erkennen, wenn er dieses mit anderen vierfüßigen Huftieren, weiter gefasst mit allen Vierfüßern, die in seiner Vergangenheit aufgetreten sind, vergleicht. Sähe er ein leibhaftiges Einhorn, dann zweifelte er an sich selbst, weil er solch ein Wesen, eine Mischung aus Antilope und Pferd, nicht aus seiner Wirklichkeit entnehmen kann, sondern lediglich in der Fabel erlebt hat.

Bei den Handlungsgegenständen wird es ganz deutlich, dass das Individuum seine Handlungen nicht zufällig durchführt, sondern dass Motivationen entstehen, die auf dem Grund der Individualität beruhen, welche sich in der Zeit vorher ausgebildet hatte. In dieser Vorbetrachtung wird das Thema sein, dass selbst die „idealen" Gegenstände nicht als Geheimnis der objektiv entgegenstehenden „Realität" entrissen werden, sondern ihre Grundlagen durch Abstraktionen aus dem frühen Umgang des jungen Individuums mit den anschaulichen Gegenständen gewonnen werden. Im Gegensatz dazu stellt es andererseits überhaupt keinen Widerspruch dar, dass das Raum-Zeit-Gefüge vor aller Erkenntnis vorhanden und damit selbst gewissermaßen zeitlos ist, weil das Denken des Intellektes mit seinen reinen Zeitbezügen nicht von selbst irgendwann begonnen hat. Denn das Denken in reinen Zeitbezügen kennt durch sein fortwährendes Fließen keinen allerersten Gegenstand. Der Satz: „Verschiedene Zeiten sind nacheinander und nicht zugleich" ist schon immer dagewesen. Deshalb ist das Raum-Zeit-Gefüge vor unseren Erkenntnissen bekannt. Dieses wird späterhin im Verlauf meiner Analyse von Gegenständen aus den drei Phänomenen verdeutlicht werden.

Ich bestreite entschieden, dass unser Denken eine eigene und abgetrennte Welt umfasst, die nicht irgendwann einmal auf eine konkret erlebte Anschaulichkeit bezogen gewesen ist. Wir haben uns lediglich daran gewöhnt, dass einige Begriffe sich soweit abgelöst haben, dass sie nicht mehr auf eine Anschaulichkeit zurückgeführt werden können. Gehen wir noch einmal aus von einer Analyse des Grundbewusstseins, von dem aus sich alle drei Phänomene, anschauliche Gegenstände, Handlungsgegenstände und „ideale" Gegenstände, entwickeln.

Der Begriff Eins könnte von einem Individuum nicht verstanden werden, ohne dass es in seiner Vergangenheit einmal auf einen ersten Gegenstand gezeigt hat, so dass es die konkrete Anschaulichkeit mit dem Begriff Eins hat verbinden können. Dieser Begriff entsteht allmählich, wenn ein Gegenstand benannt und von einem zweiten geschieden wird. Damit entstehen zugleich die Grundrechenarten Addition und Subtraktion. Der Begriff Eins in der reinen und bezugslosen Gegenwart wäre leer und könnte nicht erkannt werden. Die frühen Gegenstände des sich entwickelnden Bewusstseins, auf die das junge Individuum zeigt, können zuerst niemals andere sein als anschauliche. Nachdem das Individuum auf einen ersten Gegenstand gewiesen hat, gerät ein zweiter ins Blickfeld usf., welche vom sozialen Gegenüber benannt werden oder das junge Individuum selbst bezeichnet (Dada). Die ursprünglich anschaulich erlebten Gegenstandsbegegnungen verschwinden aus bestimmten Gründen, die ich noch aufführen werde, im Vorbewussten und übrig bleiben die Namen der Gegenstände und, wenn wir weiter abstrahieren, die reine Anzahl der Begegnungen: Eins, zwei, drei bis n. Da aus der frühen Gegenstandsbegegnung auch die Gesetze der Grundrechenarten abgeleitet werden können, erlernt das Kind späterhin das Rechnen nicht neu, sondern erinnert sich wieder daran und vertieft es. Deshalb bestimmt die Intensität der Sozialisation durch die frühen Bezugspersonen die Intelligenz, so dass es erste Pflicht jeder Gesellschaftsordnung zu sein hat, sich besonders um den Bereich Bildung und Erziehung zu kümmern. Wer alleingelassen wird und nichts weiß, kann nicht anders verfahren, als seine Handlungsmaximen nach seinem Nichtwissen auszurichten. Und dieses begünstigt immer die unreflektierte egozentrische Glückssucht.

Im Folgenden müssen meine Begriffe Grundbewusstsein im Gegensatz zum Gegenwartsbewusstsein geklärt werden, sowie Vorbewusstes, Unbewusstes und Wesensgut. Es wird sich jedoch zeigen, dass ich nicht analytisch vorgehen und einen Begriff nach dem anderen abhandeln kann, weil alle voneinander abhängen und auseinander hervorgehen. Deshalb muss ich sie synthetisch erläutern. Aus dem gleichen Grunde, wie alle Gegenstände auseinander entsprießen, besteht kein Dualismus in der Welt zwischen den Gegenständen des Denkens und der Anschaulichkeit. Der Dualismus existiert lediglich als Schein eines Nichtwissens.

5. DIE ENTSTEHUNG BEWUSSTER GRUNDSTRUKTUREN

Ein Bewusstsein entwickelt sich nicht durch allmähliche Erschließung einer entgegenstehenden und zuerst fremden Welt, sondern zuallererst bedeutet Bewusstsein ein Aufbau eines Wissens von sich selbst. Denn was in der Welt draußen erfahren wird, muss auf etwas treffen, das deren Gegenstände auch erkennt. Diese Gegenstände dürfen nicht vollkommen neu sein, auch wenn sie zum ersten Mal begegnen, weil sie sonst nicht erkannt werden könnten. Deshalb muss ein Selbstbewusstsein vorhanden sein, in welchem die Gegenstände schon einmal auf einzigartige Weise gegründet worden sind. Dagegen kann das dem Individuum durch und durch Neue, das seinem Bewusstsein fremd und abgerissen entgegenstünde, niemals vertraut werden.

Ganz zu Anfang können wir bei einem in die Welt geworfenen Individuum nichts anderes erkennen als seine Gestalt und Äußerungen des Nichtwollens-Wollens (Lust-Unlust), welches sich uns als Nichtschreien-Schreien kundgibt. Die Formen der Erkenntnis, das Raum-Zeit-Gefüge, müssen aber angelegt sein, weil das ständige Vergleichen, Abwägen und Unterscheiden von Gegenständen der Erkenntnis von selbst nicht anfangen kann. Denn ständiges Fließen und Rasseln der Gedankenkette sind eben dieses selbst und ohne Anfang. So kann ein erster Gegenstand in den Blick geraten, nach welchem sofort gegriffen wird, weil kein Gegenstand ohne Aneignung und Inbesitznahme erkannt werden kann. Ein gelber Holzwürfel etwa wird ergriffen und in den Mund genommen, weil das Individuum mit dem Gegenstand verschmelzen möchte. Der Gegenstand wird erkannt als etwas, dessen Widerstand beharrt.

Das anfangs dumpfe Wollen-Prinzip als primitive Lust-Unlust-Äußerung wendet sich immer mehr dem aggressiven Streben nach Inbesitznahme der äußeren Welt zu. Das Individuum ist bestrebt, die Trennung zwischen sich und dem anderen aufzuheben, so dass auch noch sein weiteres Leben davon beherrscht sein wird. Am deutlichsten wird dieses späterhin am Sexualtrieb sichtbar, der eine kurzfristige Aufhebung der Trennung zweier Individuen darstellt. Ich werde ausführen, dass alle Wesen und Dinge ursprünglich miteinander in Verbindung gestanden haben, und kein Individuum es ertragen kann, von den Gegenständen außer ihm getrennt zu sein. Das bildet den Antrieb für unaufhörliches Begehren nach dem Äußeren.

Das neue Individuum ist schutzbedürftig und muss fürsorglich begleitet werden in seinem aggressiven Besitzstreben nach dem Äußeren. Deshalb ist es nötig, dass in jeder frühen Gegenstandsbegegnung das Begehren des Individuums, das sich auf ein Äußeres richtet, positiv begleitet wird, denn sonst wüchse der Widerstand des Äußeren mit der Aggression des Individuums ins Unendliche. Denn die Einheit des Individuums mit seinen Gegenständen ist bis auf das Eßbare und die spätere Sexualität nicht wiederherstellbar. Es muss dem Individuum durch seine Bezugspersonen vermittelt werden, dass, ganz gleich auf welche Weise sich das Verlangen nach dem Gegenstand äußert, das Individuum selbst in seinem Wollen ein nicht hinterfragbares Gut bleibt. Trotz aller Grenzsetzung ist dem Individuum behutsam zu verdeutlichen, dass jegliches Begehren des Entgegenstehenden und die daraus erwachsenden Gefühlsäußerungen vom sozialen Umfeld akzeptiert werden. Denn da das Wollen nicht begründet werden kann (außer durch metaphysische Gründe, wie ich darlegen werde), ist es als Lebensäußerung nicht bestreitbar.

Wenn nun dem Individuum behutsam nähergebracht wird, dass kein Gegenstand vollkommen in Besitz genommen werden kann, und trotz dieser Erfolglosigkeit und der daraus entstehenden Frustration vom liebenswerten Selbstwert des Individuums nichts abgestritten wird (eine schwierige Gradwanderung, bei der viele scheitern), dann verliert der begehrte Gegenstand, obwohl er ein äußerlicher bleibt, trotz allem seine Opposition, weil in der Gegenstandsbegegnung das Individuum etwas über sich selbst erfährt. Das Individuum verdankt dem Gegenstand eine Erkenntnis über sein nicht hinterfragbares Gut, seinen Selbstwert. Nicht das allein: Dadurch, dass das Individuum sich dem Gegenstand verdankt, weicht der Widerstand des Äußeren zurück, denn was dem Individuum zu sich selbst verhilft, kann nicht mehr entgegenstehen. Der Gegenstand wird in dieser Konstitutionsphase des Selbstbewusstseins mit integriert.

Nur hier, im Aufbau des Grundbewusstseins, treten die Gegenstände als neue auf. Ganz entscheidend ist, dass das Äußere nicht in einem Sosein als „Realität" begriffen wird, sondern das Individuum erkennt sich selbst durch das Äußere. Es erkennt sich in seinem nicht hinterfragbaren Selbstwert, in seinem Wesensgut, wie ich sage, und zugleich bedeutet ihm der Gegenstand durch sein Zurückweichen, dass auch dieser selbst vom gleichen Wert sei. Denn was könnte positiver sein, als vom anderen ein Stück seines Selbstseins zu erlangen? Diese Erkenntnisse des Grundbewusstseins werden natürlich nicht von einem Denken begriffen, sondern unmittelbar durch Erfahrung der eigenen Freiheit verstanden. Der Widerstand des Äußeren weicht zurück und gibt dem Individuum den Weg frei. Dagegen können alle späteren Gegenstände des Gegenwartsbewusstseins nicht mehr vollkommen neuartig sein, weil sie dann nicht erkannt werden könnten. Vielmehr sind sie immer auf irgendeine Weise auf die besonderen Gegenstände des Grundbewusstseins bezogen und entbehren dadurch der Neuartigkeit. Im Grundbewusstsein hat eine unmittelbar wahre Erkenntnis über die Essenz des Seins stattgefunden, nämlich daß das Wesensgut in allen Dingen und Wesen ein und dasselbe ist.

Die unmittelbaren Erkenntnisse, die das Grundbewusstsein konstituieren, sind zeit- und raumlos. Zeitlos deshalb, weil alle Gegenstandsbegegnungen auf jedem beliebigen Punkt der Zeitachse gleich aussehen. Denn der Gegenstand wird nicht differenziert als „Realität" in seinem Sosein, sondern als zu jeder Zeit gleichartige Erfahrung der eigenen Freiheit erkannt. Dieses beinhaltet eine Erkenntnis des Selbstwertes und des Wertes des Gegenstandes. Was zu jedem Zeitpunkt bei allen Individuen als das Gleiche erkannt wird, ist zeitlos. Raumlos sind die Erkenntnisse des Grundbewusstseins deshalb, weil alle späteren Gegenstände, die das Individuum im Raum geordnet erlebt, auf das Grundbewusstsein bezogen sind. Die Gegenstände im Raum werden erst zu solchen durch das Grundbewusstsein, so dass dieses selbst nicht Raum sein kann. Wenn späterhin ein Gegenstand zu einer bestimmten Zeit im Raum auftritt, dann kann dieser nur erkannt werden, weil er auf einen ähnlichen und besonderen Gegenstand des zeit- und raumlosen Grundbewusstseins bezogen wird. Deshalb erscheint uns unser Raum-Zeit-Gefüge vor aller Erkenntnis gegeben und kann auch nicht anders begründet werden als durch die berühmten Sätze Kants.

Dagegen offenbart das Auftreten der heutigen Denkbeamten nur das Nichtwissen unserer Zeit, wenn diese etwas Neues wie die Lagezeit erfinden und äußern, dass ein Moment selbst nicht dauere, jedoch ein Zeitabschnitt, der aus Momenten zusammengesetzt sei, durchaus von Dauer sei. Solch ein erbärmlicher Blödsinn wird uns geboten! (Die Analyse dazu findet der Interessierte in meinem zweiten Buch). Ich wende mich lieber der ernsthaften Philosophie zu und sage, dass die von mir aufgewiesenen unmittelbaren und gleichartigen Erkenntnisse des Grundbewusstseins vorbewusst abgelegt werden, weil das Gleichartige nicht differenziert werden kann. Zu jeder Zeit werden im Grundbewusstsein der Selbstwert und der Wert der anderen erkannt. Das Grundbewusstsein ist vorbewusst und umfasst die Erkenntnis des Selbstwertes, die sich am Äußeren entfaltet, unter Vermittlung des sozialen Umfeldes. Deshalb verschwinden die konkret erlebten Gegenstandsbegegnungen im Vorbewussten, aber die Namen der Gegenstände können erlernt und später wiedererinnert werden. Denn diese abstrahieren von den einstigen konkreten Erlebnissen und können deshalb im Gedächtnis bewahrt werden.

Nachdem das Individuum durch seine Geburt, oder besser gesagt durch seine Zeugung, die Wesenseinheit mit den anderen Dingen verloren hat, verzehrt es sich unaufhörlich im Greifen nach dem ihm anderen, dem Äußeren. Anfangs, wenn es noch fast ohne Selbsterkenntnis ist, stellt es nichts anderes dar als dieses Wollen. Deshalb kann kein „realer" und so seiender Gegenstand erkannt werden, weil nichts vorhanden ist, welches diesem einen Sinn verleihen könnte. Wollen ist reines Haben-wollen ohne Unterscheidung. Selbst das stetige Greifen nach den Gegenständen oder die einfachen Lebensäußerungen der Lust-Unlust könnte das Individuum nicht erkennen, wenn sein Wollen sich nicht in den Bezugspersonen spiegelte. Erst wenn diese dem Individuum vermitteln, dass es trotz allen Begehrens und aller Wut und Aggression über eine Nichterreichbarkeit von Gegenständen (wie z.B. die Mutterbrust) unabänderlich ein liebenswertes Gut bleibt, findet eine Selbsterkenntnis durch das Äußere statt. Denn nicht das allein, was das Individuum unbestreitbar mitbringt, sein Selbstwert, wird erkannt, sondern zugleich auch das beginnende Denken um den Gegenstand und die Emotionen, die damit zusammenhängen.

Das Selbstbewusstsein in Abhängigkeit vom Äußeren wird konstituiert, und die Konstituierung selbst, auf die sich späterhin alle Gegenwartsgegenstände beziehen werden, nenne ich das Grundbewusstsein. Die weit verbreitete Täuschung liegt darin, dass fast jeder meint, er erkenne „reale" Gegenstände in ihrem Sosein. Dabei konstituiert sich im Grundbewusstsein nicht eine Dualität von individuellem Selbstsein und einer „Realität", sondern ein Immergleiches wird erkannt, nämlich der Selbstwert des Individuums, der vom sozialen Umfeld gespiegelt worden ist, und das Gut des Äußeren, weil dieses seinen Widerstand gegenüber seiner Vereinnahmung aufgegeben hat zugunsten der individuellen Selbsterkenntnis. Diese nicht differenzierbaren Erkenntnisse verschwinden im Vorbewussten, und erst späterhin, wenn Gegenstände der Gegenwart auf das vergangene und vorbewusste Grundbewusstsein bezogen werden, kann so etwas wie eine differenzierte Wirklichkeit aufscheinen.

Dabei müssen wir aber bedenken, dass nicht Gegenstände der Gegenwart in ihrem Sosein erkannt werden, sondern Gegenstände, die auf ein Grundbewusstsein bezogen sind, in welchem auf vorbewusste Weise schon einmal ähnliche und besondere Gegenstände konstituiert worden sind. Denn eine „Realität", die plötzlich fremdartig in ihrem Sosein aufschiene, bliebe neuartig und entgegenstehend und könnte nicht erkannt werden. Der Schein jedoch, dass viele meinen, ihnen stehe eine Äußerlichkeit an sich gegenüber, rührt daher, dass die Selbsterkenntnis und die frühe Erkenntnis des Äußeren vorbewusst abgelegt worden sind und die zeitlose Gründung der Selbsterkenntnis einfach nach außen geschoben wird. Dann scheint es, dass das Äußere schon immer dagewesen sei.

Das Individuum stellt zu Beginn nicht viel mehr dar als eine Aneinanderreihung von Willensakten, die positiv nicht begründet werden können. Sie können lediglich ex negativo erschlossen werden nach Kenntnis des Bewusstseins und nach Kenntnis der Essenz des Seins. Dieser Zusammenhang ist das Thema dieses Buches. Im Grundbewusstsein wird auf die von mir beschriebene Weise eine Gemeinsamkeit im Wesensgut von Individuum und Gegenstand erfahren, welches unmittelbar und intuitiv geschieht und dann im Vorbewussten abgelegt wird. Hieraus entwickelt sich das Grundbewusstsein, auf das späterhin alle Gegenstände bezogen werden müssen. Die grundbewussten Erkenntnisse können nicht in Begriffe gefasst und somit auch nicht mitgeteilt werden. Im Grundbewusstsein wird zugleich die Handlungskausalität festgelegt. Denn, je nachdem wie die frühen Willensakte vom sozialen Umfeld positiv gespiegelt oder negativ bestritten worden sind, das Individuum entwickelt sich nach seinem Vermögen oder muss sein ganzes Leben danach trachten, Verletzungen zu kompensieren. Auch diese Zusammenhänge werde ich im weiteren Verlauf analysieren.

Ich hatte schon ausgeführt, dass jedes Individuum nach einem Verschlingen des Äußeren strebe, weil es die Gemeinsamkeit mit den anderen Wesen verloren habe. Kein Willensakt kann an sich erkannt werden, sondern nur derjenige, welcher sich nach einem Gegenstand sehnt. In dem Moment, in dem der Wunsch nach Inbesitznahme des Gegenstandes dergestalt vom sozialen Umfeld begleitet wird, dass sich das Individuum in der Widerspiegelung seines Strebens durch die Bezugsperson als unbestreitbaren Selbstwert annehmen kann, gewinnt das Individuum einerseits an Selbstbewusstsein, und andererseits gibt auch der Gegenstand seinen Widerstand, sein Gegenstehen, auf und wird integriert, weil das Individuum dem Gegenstand eine Erkenntnis über sich selbst verdankt. Das Grundbewusstsein ist demnach eine Identifikation, in welcher eine Selbsterkenntnis durch ein Äußeres stattfindet und das Äußere nicht an sich erkannt wird, sondern als ein Äußeres, an dem sich ein Selbstbewusstsein hat gründen können. Selbsterkenntnis und Äußeres sind nicht voneinander lösbar, so dass keine „Realität" an sich existieren kann.

6. METAPHYSIK UND PHYSIK DER WELTERKENNTNIS

Rein intellektuelle Betrachtungen sind immer denjenigen willkommen, die sich selbst fernstehen und sich nicht auf den Grund gehen möchten. Sie identifizieren sich mit ihrem Intellekt und trachten danach, andere auf diesem Gebiet niederzuringen. Klassifizieren, Abwägen, Unterscheiden und Beurteilen ist ihr Metier. Doch es ist keine schwere Übung, seine Gedanken kommen und gehen zu lassen, sie nicht zu bewerten und lediglich Zuschauer seines Denkens zu sein. Der Intellekt zieht Schlüsse aus seiner Vergangenheit und plant in die Zukunft. Er wägt und prüft und unterscheidet ohne Unterlass, weil er die Erkenntnis der Zeit selbst ist und deshalb so wenig damit aufhören kann, wie die Zeit weder Anfang noch Ende besitzt. Der Zuschauer der Gedanken ist jedoch nicht der Intellekt, sondern der Zuschauer ist sich selbst gegenwärtig. Er ist zeitlos gegenwärtig, weil auf der anderen Seite der Intellekt seine Erkenntnisse in der Zeit auseinandergezogen denkt. Was dem Denken zuschaut, kann nicht das Denken von Zeit selbst sein. Der Zuschauer des Denkens muss seinen Platz eingenommen haben, bevor der Vorhang aufgeht und das endlose Spiel des Denkens beginnt. Ohne die Zuschauer gäbe es keine Denkspiele. Niemand beginnt mit intellektuellen Tätigkeiten, ohne dass sich vorher jedes Individuum an einem Äußeren erkannt hat. Da alles Denken der frühen Selbsterkenntnis nachfolgt und das Individuum dann auf den endlosen Zug des Denkens aufspringt, ist es immer in irgendeiner Weise auf die frühe Selbstbewusstwerdung bezogen.

Genauso wenig richten sich die Willensakte des Individuums zufällig nach den Gegenständen der Außenwelt, die sich ihm gerade darbieten, weil die Willensakte auf etwas anderes bezogen sind. Das Individuum bliebe ein Produkt des Äußeren, wenn es sich zufällig nach den Gegenständen verzehrte. Es hätte seine Individualität verloren. Vielmehr sehnt sich das junge Individuum nach Inbesitznahme von bestimmten Gegenständen des sich darbietenden Äußeren nach Maßgabe seiner Individualität und seiner Anregung durch das frühe soziale Umfeld. Deshalb erscheinen die individuellen Willensakte nicht zufällig, sondern sämtliche Willensakte müssen als Vermögen im Unbewussten vorliegen, dessen Potential immer wesentlich größer ist als der Lebenslauf hergibt, der letztlich zustande kommt. Schließlich kann sich dasselbe Individuum durch gute Bedingungen verwirklichen oder durch schlechte scheitern, wenn Willensakte unterdrückt worden sind. Beides liegt in jeder individuellen Idee vor und beides entwickelt eine jeweils eigene Biographie. Deshalb umfasst die individuelle Idee mehr als den bestimmten einzelnen Lebenslauf.

Die Gegenstände des Äußeren sind durch das Raum-Zeit-Gefüge begrenzt, weil die Aufmerksamkeit sich nur auf einen Gegenstand zu seinem Zeitpunkt richten kann, und die Begleitung durch das soziale Umfeld ist wiederum abhängig von der Sozialerziehung der Bezugspersonen selbst. Das bedeutet, dass eine unendliche Anzahl von Lebensläufen um eine individuelle Idee herum erscheinen könnte, weil theoretisch eine unterschiedliche Gegenstandserkenntnis durch verschiedene Orte und andere Bezugspersonen möglich wäre. Denn jede Selbstbewusstwerdung beginnt, wie wir gehört hatten, mit einem Willensakt, der sich nach einem Gegenstand sehnt. Und dieser Akt muss immer vom sozialen Umfeld begleitet werden, um erkannt werden zu können. Die frühe Selbsterkenntnis, die sich im weiteren Verlauf zum Grundbewusstsein gestaltet, bestimmt den späteren Lebensweg. Deshalb stellt sich die individuelle Idee eines jeden als Potential dar, aus dem später ein bestimmter Lebenslauf erwächst, der immer an die Umgebung und die Sozialisation gebunden bleibt.

Aus diesen Betrachtungen ergibt sich die Struktur der Welterkenntnis, die keine rein intellektuelle Erkenntnis ist, weil zuerst im Grundbewusstsein eine Identifikation zwischen dem Selbstsein und dem Äußeren stattgefunden hat, an welcher sich die intellektuelle Tätigkeit erst entfaltet. Die Identifikation erfolgt nach Maßgabe der individuellen Idee, wenn das junge Individuum sich nach einem bestimmten Gegenstand verzehrt.°Dieser Willensakt wird durch das soziale Umfeld begleitet, und das Individuum erkennt sich selbst durch den Gegenstand, wenn dem Individuum sein unbedingter Selbstwert vorgehalten worden ist. Dann weicht der äußere Widerstand, symbolisiert durch die Unmöglichkeit, den Gegenstand zu verschlingen, zurück, und das Individuum erkennt in dem Augenblick ein Stück seiner individuellen Freiheit. Dieser Willensakt konnte sich zwar nicht in toto verwirklichen, weil das Individuum nicht wieder vollkommen mit dem Gegenstand verschmelzen konnte, jedoch wurde er immerhin sublimiert und der Besitzwunsch befriedigt durch die individuelle und unmittelbare Erkenntnis des gemeinsamen Wertes von Mensch und Gegenstand.

Da die Willensakte immer auf ihre Umsetzung bestehen und niemals davon ablassen, bleibt jede defizitäre Selbsterkenntnis zeitlebens auf den Defekt bezogen. Da jeder frühe Akt der Selbsterkenntnis zu jedem Zeitpunkt immer gleich aussieht, nämlich stets die Erkenntnis des Wertes aller Wesen und der individuellen Freiheit beinhaltet, verfallen die Willensakte des Grundbewusstseins in ein Vorbewusstes, weil die immer gleichen Erkenntnisse nicht differenziert werden können. Erst auf der Grundlage dieses Vorbewussten entfaltet sich die intellektuelle Tätigkeit, weil alle Gegenstände eines späteren Gegenwartsbewusstseins nur erkannt werden, wenn sie auf ein Grundbewusstsein bezogen sind, in welchem das Äußere mit dem individuellen Selbstbewusstsein schon vermittelt vorliegt. Denn vom Grundbewusstsein abgerissene Gegenstände blieben durch und durch neu, und das Neue ohne irgendeinen Bezug könnte niemals erkannt werden.

Deshalb stellt sich die Struktur des unaufhörlichen Wollens dergestalt dar, dass einige von den Willensakten aus einem riesigen Potential des Unbewussten, das die individuelle Idee beinhaltet, zuerst vorbewusst erkannt werden. Hierdurch wird die individuelle Selbsterkenntnis gegründet, die untrennbar mit dem Äußeren vermittelt ist. Jeder späterhin erkannte Gegenstand der Gegenwart wird auf das Vorbewusste bezogen und entfaltet sich nach dieser Erkenntnis und nicht nach dem vorhandenen Äußeren eines Soseins. Demnach steht die intellektuelle Tätigkeit ständig in der Auseinandersetzung mit der Vergangenheit des Vorbewussten und schließt daraus auf eine mögliche Zukunft. Intellektuelle Tätigkeit ist nichts anderes als Zeitbeziehung. Erst jetzt, in der Gegenwart, gelangt der vorbewusste Willensakt ins volle Bewusstsein, der vorher seinen Weg aus dem Unbewussten lediglich ins Vorbewusste angetreten hatte. Jeder direkte Weg aus dem Unbewussten ins volle Bewusstsein ist versperrt. Auch wenn die Psychoanalyse vom Unbewussten spricht, kann sie nach meiner Forschung nur das Vorbewusste meinen. Kein Gegenstand der Gegenwart ist neu, sondern immer mit einem Willensakt, der sich nach einem frühen ähnlichen Gegenstand gesehnt hatte, verbunden. Durch die Abwägung mit dem Früher gewinnt die Gegenwart ihre Gestalt. Aus meiner Darlegung ergibt sich, dass die intellektuelle Tätigkeit kein bezugsloses Denken darstellt, da sie vom Selbstbewusstsein des Individuums nicht getrennt werden kann. Deshalb existiert keine vom individuellen Selbstbewusstsein abgelöste Welt des Denkens.

Jedes Individuum bleibt abhängig davon, welche Gegenstände ihm durch die Bezugspersonen erläutert worden sind und auf welche Weise dieses geschehen ist. Hierauf greift jede spätere Gegenwartserkenntnis zurück. Das soziale Umfeld, das selbst über ein reiches Selbstbewusstsein verfügt, wird dem Individuum eine vielfältige Welt darbieten und konfliktbelastete, emotional verarmte und ungebildete Bezugspersonen eine auf diese Defekte beschränkte. Konflikte treten immer dann auf, wenn der individuelle frühe Willensakt nicht durch das soziale Umfeld in seinem unbedingten Selbstwert gespiegelt worden ist und der Willensakt dadurch nicht sublimiert umgesetzt werden konnte. Wenn die Bezugsperson mit sich selbst beschäftigt oder narzisstisch gestört ist, lernt sich das Individuum nicht als Gut kennen, sondern als Nichtgut, also schlecht. Da jeder Willensakt auf seine Umsetzung besteht, bleibt die defizitäre Selbsterkenntnis zeitlebens auf diesen Konflikt bezogen, und das bedeutet, dass der spätere Lebenslauf sich nach eben diesen Defekten gestaltet. Die Beharrlichkeit der Willensakte wird das Individuum zu ständigen Kompensationen in der Gegenwart zwingen. Das ist der Grund der vielen Süchte, die wir kennen, und der Gier nach Macht, Ansehen und Reichtum. Im Falle einer geglückten Identifikation des Individuums werden im wesentlichen sublimierte Willensakte ein selbstbewusstes Grundbewusstsein ausstatten und einen Lebenslauf begründen, der nach der individuellen Idee adäquater verläuft als bei einem Individuum, das Konflikte mit sich schleppt. Daraus ergibt sich, dass jeder Lebenslauf sich um eine individuelle Idee herum auffächert, zum Glück oder zum Unglück sich neigend.

Bewusstsein ist die Aufhebung der Dualität zwischen Erkennendem und Erkanntem, also der Moment im Grundbewusstsein, in welchem sich der frühe Willensakt, der sich nach einem Gegenstand verzehrt, durch die Bezugsperson gespiegelt wird und das Individuum sich selbst in seinem Begehren nach dem Gegenstand erkennt. Deshalb kann keine vom Bewusstsein abgeschiedene zweite „Realität" erfasst werden, wie etwa die Unwirklichkeit einer vom Bewusstsein getrennten Äußerlichkeit. Jede isolierte Außenwelt ist in permanenter Veränderung begriffen und deshalb unwirklich, eine Illusion, weil an der Außenwelt nichts „Reales" festgehalten werden kann. Die Gründung des Selbstbewusstseins geschieht ausschließlich durch die anschaulichen Gegenstände, weil diese wiederum erst die Erkenntnis der abstrakten Gegenstände vorbereiten, wie wir gleich sehen werden. Im günstigen Fall wird der anschauliche Gegenstand als einer erfahren, der dem Individuum zu sich selbst verhilft. Gegenstand und Individuum identifizieren einander und das Selbstbewusstsein wächst an. Es gründet darauf, dass auch der Gegenstand Respekt fordert, weil das Individuum die Gemeinsamkeit des Wertes zwischen dem Gegenstand und sich selbst intuitiv und direkt erfahren hat. Denn wenn das Individuum sich in seinem Selbstwert annehmen kann, weicht der Widerstand des Äußeren zurück und gibt den Weg frei. Das Individuum erfährt im Grundbewusstsein, und dann niemals wieder, seine individuelle Freiheit. Diese Erfahrung kann nicht in Begriffe gefasst werden und verschwindet im Vorbewussten. Auf dieses sich langsam ausbildende Grundbewusstsein nimmt späterhin das Gegenwartsbewusstsein Bezug, weil ohne die identitätsstiftende Verbindung zwischen Erkennendem und Erkanntem jeder Gegenstand der Gegenwart vollkommen neu bliebe und nicht erkannt werden könnte. Die Gegenstände blieben fremd und aufgesetzt, wenn der Intellekt sie lediglich aus einem Sosein herausgriffe und versuchte, dieses zu begreifen. Er dient hingegen dazu, späterhin die grundbewussten Erfahrungen zu abstrahieren und zusammenzufassen und damit die uns bekannten sogenannten „idealen" Gegenstände zu gestalten. Dies wird jetzt das Thema sein. Bevor der Intellekt zu denken beginnt, ist das unbändige individuelle Streben nach Wiedereingliederung des verlorengegangenen Anderen, das sich durch das stete Rollen der Willensakte ausdrückt, schon dagewesen. Vom Hunger und vom Durst, vom Verschlingen und vom Essen und später vom Geschlechtstrieb sind wir nie getrennt gewesen. Alle Akte wollen mit dem Anderen wieder zusammenfallen. Dieses ist die metaphysische Seite der Welterkenntnis, aber darüber hinaus gibt es auch noch den physischen Aspekt der Gegenstandsbegegnungen. Denn wenn wir bei den frühen Gegenstandsbegegnungen von den Erkenntnissen, die im Vorbewussten verschwinden, abstrahieren, dann bleibt die reine Anzahl der Gegenstandsbegegnungen übrig. Ein späterer Gegenstand der Gegenwart erwacht erst dann zum Leben, wenn er auf die im Vorbewussten gründende Erkenntnis über die Verbindung zwischen Erkennendem und Erkanntem bezogen wird. Doch bleibt diese Beziehung des Gegenstandes der Gegenwart auf das Grundbewusstsein verborgen, eben weil das Grundbewusstsein größtenteils vorbewusst ist. Deshalb meinen die meisten, dass ihnen eine von ihnen selbst abgelöste „Realität" entgegenstehe. In Wirklichkeit gründet die Welterkenntnis auf der Besonderheit des Grundbewusstseins, in welchem das Individuum Erkenntnisse außerhalb der Zeit, also metaphysische Erkenntnisse über sich selbst und die Gegenstände, gewonnen hatte. Diese Erfahrungen sind im Vorbewussten abgelegt und begründen das Selbstbewusstsein. Dasjenige, was aber späterhin aus dem Vorbewussten wieder hervorgeholt werden kann, ist die abstrakte Anzahl der Gegenstandsbegegnungen. Das sind die einfachen Zahlen 1 bis n, von denen eigentlich keine ohne Gegenstand gedacht werden kann. Das bedeutet, dass in der Grundschule nicht die Grundrechenarten gelehrt werden, sondern daß die Schüler die Grundrechenarten unter Anleitung wiedererinnern. Aus dem Grunde, weil die frühen anschaulichen Gegenstandsbegegnungen im Vorbewussten verschwunden sind und nur noch ihre abstrakte Anzahl wiedererinnert werden kann, scheint es jedem, dass die Zahlen eine immer gültige und von der Anschaulichkeit getrennte Existenz führten.

Die Zahlen, die den abstrakten Ausdruck der Gegenstandsbegegnungen des Vorbewussten darstellen, können nicht allein zu den Grundrechenarten kombiniert werden, sondern aus dem Grundbewusstsein kann auch wiedererinnert werden, auf welche Weise sich die Gegenstände gegenüber dem Individuum verhalten haben. Aus den frühen Gegenstandsbegegnungen lässt sich nämlich verallgemeinern, ob das gewünschte Äußere tatsächlich erreichbar gewesen ist oder nicht, ob es anwesend gewesen ist oder nicht (eine ähnliche technische Abstraktion ist die Digitaltechnik, in welcher mit „Signal da oder nicht da" elektrische Schaltungen betrieben werden), des Weiteren, ob der Gegenstand mit Notwendigkeit zur Erde gefallen, nachdem er angestoßen worden ist oder scheinbar zufällig (da nirgends Zufälligkeit existiert, setze ich „scheinbar" hinzu). Auch diese, von den anschaulichen Gegenstandsbegegnungen des Grundbewusstseins abstrahierten allgemeinen und an jedem Gegenstand wiederholbaren Gesetzmäßigkeiten, sind späterhin aus dem Vorbewussten genauso wieder hervorholbar wie die Zahlen. Früher wurde dieses z.B. die Denkkategorie der Relation des reinen Verstandes genannt, und Kant hat hinzugefügt: Die a priori auf Objekte gehen. Die älteren Philosophen nahmen an, dass im Gehirn vor aller Erfahrung ein abstrakter Denkbegriff Relation, also eine bestimmte abstrakte Weise des Umgangs mit den Gegenständen, vorhanden sei. Sie dachten, dass die Unterbegriffe von Relation, z.B. die Beziehung von der Ursache zur Wirkung, von vornherein im Denken angelegt seien und dadurch unsere praktischen Erfahrungen auf abstrakte Weise zusammengefasst werden können. Also wenn ich einen Gegenstand anstoße, der dann zu Boden fällt, dann kann ich diesen anschaulichen Vorgang im Intellekt auf das abstrakte Begriffspaar Ursache und Wirkung beziehen und damit alle derartigen Vorgänge zusammenfassen und erläutern. Dieses soll es mir ersparen, meinten sie, jedes Mal den einzelnen anschaulichen Vorgang anführen zu müssen. Diese Ansicht ist natürlich falsch, weil solch ein vor aller Erfahrung im Gehirn präsenter Begriff über Relation vollkommen neu wäre. Er existierte als grundloses Phänomen, das niemand erklären könnte.

Erst die umgekehrte Darstellung ergibt einen Sinn. Das junge Individuum erkennt sich selbst an der konkret anschaulichen Umgangsweise mit den Gegenständen, die es begehrt. Späterhin, nachdem das zur Abstraktion fähige Denkvermögen sich ausgebildet hat, kann das Individuum seine einstige Umgangsweise mit dem Äußeren abstrahieren und zusammenfassen. Dann ist etwa das abstrakte Begriffspaar von Ursache und Wirkung keineswegs neuartig, sondern auf andere Weise, nämlich anschaulich, schon einmal erlebt worden. Ohne die frühe individuelle Selbstbewusstwerdung am Äußeren, wie ich diese beschrieben hatte, kann kein Denken beginnen. Deshalb ist der Zusatz Kants falsch, dass die sogenannten Denkkategorien a priori, also vor aller Erfahrung, auf die Objekte gingen. Die Kategorien richten sich vielmehr a posteriori auf die Objekte, d.h. nachdem die ursprünglich anschaulichen Gegenstandsbegegnungen im Vorbewussten verschwunden sind, ist deren Relation, die bestimmte Beziehung zwischen den Gegenständen, die ich am Umgang mit ihnen erfahren hatte, durch ein späteres entwickeltes und zur Abstraktion fähiges Gegenwartsbewusstsein wieder zu erinnern. Hieraus folgt, dass weder die Zahlenreihe noch die Denkkategorien abgelöst von der Anschaulichkeit der konkreten Weltbegegnung existieren und jedes Individuum sich zuerst an der anschaulichen Auseinandersetzung mit dem Äußeren erkannt haben muss.

Mit der Kategorientafel der Modalität und ihrer Unterteilung z. B. in Möglichkeit-Unmöglichkeit, Dasein-Nichtsein könnte ich ähnlich argumentieren, erspare dies dem Leser aber, weil ich die Kategorien als nebensächlich und überholt erachte. Ich wollte nur darlegen, dass überhaupt kein abstraktes Denkvermögen von vornherein im Gehirn angelegt sein kann. Wir müssen uns immer gewiss sein, dass kein erwachtes Gegenwartsbewusstsein vollkommen neue Gegenstände erkennen kann, sondern daß unser Bewusstsein ein streng historisches ist, welches stets auf das vorbewusste Grundbewusstsein Bezug nimmt. Jedes Denken einer individuellen Gegenwart verarbeitet etwas, das auf irgendeine anschauliche Weise schon einmal im Grundbewusstsein aufgetreten und vorbewusst abgelegt worden ist.

Denken wir uns die Funktion des Grundbewusstseins, die Installation des Selbstbewusstseins, die Identifikation, wie ich sage, einmal fort. Identifikation bedeutet nämlich, dass sich das Individuum in seiner Vergangenheit in anschaulichen Gegenstandsbegegnungen selbst erfahren hat. Darüber hinaus hat es den Gegenstand positiv erlebt und vorbewusst eine Gemeinsamkeit zwischen sich und der äußeren Welt hergestellt, welche sich durch ihre Qualität auf sein weiteres Leben auswirken wird. Keine Identifikation entfaltet sich dadurch, dass das Individuum lediglich Gegenstände aus einer Äußerlichkeit herausgreift, die sich in der Erfahrung ansammeln und zu einer vermeintlichen „Realität" zusammenwachsen, weil dem Individuum dieses Greifen gar nicht bewusst werden kann. Solch eine naive Auffassung bedeutete ein zufälliges

Ansammeln von unbekannten Gegenständen, die niemals etwas mit dem Individuum zu schaffen hätten. Entscheidend ist die soziale Begleitung durch die Bezugspersonen, weil nur dergestalt dem Individuum ein Spiegel vorgehalten wird. Es muss auch gar nicht zu einer konkreten Gegenstandsbegegnung kommen, weil Gegenstände der Sprache genügen. Denn alle Begriffe, natürlich auch die abstrakten, entstammen ursprünglich der anschaulichen Begegnungsweise des Grundbewusstseins, und deshalb genügt es anfangs, sich mit dem Kleinkind zu beschäftigen, zu spielen und es anzusprechen. Sprache ist ein Bereitstellen von Gegenständen. Allein durch reine Ansprache wird sich das naive Grundbewusstsein mit entwickeln. Dagegen verkümmert das Individuum, wenn es allein gelassen wird oder die Eltern überhaupt nicht über eine reiche Begrifflichkeit verfügen. Späterhin, durch entwickeltes Abstraktionsvermögen in der Instanz, die ich Gegenwartsbewusstsein nenne, lernt das Individuum von den vielen anschaulichen Gegenstandsbegegnungen des Grundbewusstseins zu abstrahieren und „substantia" aus den vielen Begegnungen mit den Körpern zu denken, also holzartige Substanz oder Eisen etc., nicht ohne Verbindung mit „accidens", also Farbe, Rost, äußere Hülle etc. Dadurch werden die frühen Gegenstandsbegegnungen späterhin verallgemeinert und zusammengefasst. „Substantia et accidens" stellt einen Kategorienbegriff dar, der von frühen grundbewussten Erfahrungen der menschlichen Spezies abstrahiert. Erst in der Historie unseres Bewusstseins entfaltet sich das zur Abstraktion fähige Denkvermögen, das wir in unserer Gegenwart immer weiter entwickeln. Jedes Denken ist auf ein ursprünglich anschauliches Grundbewusstsein bezogen, weil ohne diese Historie z.B. der Kategorienbegriff „substantia et accidens" überhaupt kein Dasein führen kann. Jedes Dasein wurzelt auf dem Grund der Identifikation.

Genauso entstammt das Begriffspaar „Ursache und Wirkung" der Historie des Bewusstseins und ist nicht durch Beobachtung einer entgegenstehenden „Realität" entnommen worden. Irgendwann muss das Individuum es verstanden haben, dass es beispielsweise in einer Zeit vorher einen Gegenstand angestoßen hatte, der in einer Zeit danach zu Boden gefallen ist. Dieses Ereignis rückt während der Installation des Grundbewusstseins jedoch ins Vorbewusste, weil im Individuum zuerst ein Selbstbewusstsein in der Auseinandersetzung mit dem Äußeren errichtet werden muss. In der Spiegelung durch die Bezugspersonen erkennt sich das Individuum und entwickelt eine Identifikation zwischen sich selbst und dem Äußeren. Die Inhalte der Ereignisse können nicht voll bewusst werden, weil sich das Selbstbewusstsein sich im Verhältnis zum

Äußeren erst installieren muss. Darüber hinaus verläuft die Selbsterkenntnis, die sich immer zum Äußeren verhält, bei jedem Ereignis zu jeder Zeit gleichartig und kann nicht differenziert werden. Im besten Fall erkennt das Individuum sich selbst und das Äußere als ein Gut, einen gemeinsamen Wert. Durch diese Erkenntnisse wird das Selbstbewusstsein installiert, und erst danach können die unterschiedlichen Zeitbeziehungen der verschiedenen Ereignisse zusammengefasst und begriffen werden. Das Selbstbewusstsein, das erst in der Auseinandersetzung mit dem Äußeren zu einem solchen geworden ist, versteht nun, das es selbst die Ursache für eine Wirkung am Gegenstand hat sein können. Ohne eine Identifikation des Individuums im Grundbewusstsein kann keine Zeitbeziehung zwischen verschiedenen Gegenständen erkannt werden und sich darüber hinaus auch kein Individuum gegenüber dem Äußeren entfalten. Das Begriffspaar „Ursache und Wirkung" versteht ein Individuum späterhin in seiner Gegenwart nur, weil in seinem Grundbewusstsein anschauliche Ereignisse vorbewusst verborgen sind, aus denen diese bestimmte Zeitbeziehung wiedererinnert und verallgemeinert werden kann. Daraus folgt jedoch, dass eine sogenannte „reale" Kausalität der Gegenwart, etwa wenn die Höhe des Sonnenstandes als Ursache eine bestimmte Wirkung auf die Umwelt ausübt, kein Ereignis einer unvermittelten Äußerlichkeit darstellen kann, die vom denkenden Individuum irgendwie erschlossen wird. Denn diese bestimmte Zeitbeziehung Kausalität erkennt das Individuum in seiner Gegenwart, weil sein historisches Bewusstsein auf ähnliche Ereignisse des vorbewussten Grundbewusstseins bezogen ist. Deshalb wird die Kausalität durch die Historie des Bewusstseins erkannt und nicht einer „realen" Außenwelt entnommen. Ein Selbstbewusstsein hat sich frühzeitig am Äußeren durch seine Spiegelung im sozialen Umfeld erkannt. Aus diesen vorbewussten Identifikationen kann späterhin die Zeitbeziehung Kausalität abstrahiert werden. Diese Zeitbeziehung wird nicht aus einer entgegenstehenden „Realität" durch ein Denken erschlossen, weil das Äußere dann gar nicht mit dem Individuum vermittelt wäre und ihm immer fremd bliebe.

Die Kausalität existiert nicht als Funktionsweise einer äußeren Welt, sondern sie ist eine Erkenntnisform des Bewusstseins. Es gilt die Definition Schopenhauers über die Kausalität, dass durch diese an einer bestimmten Stelle im Raum zu einem Zeitpunkt ein Gegenstand erscheint. Die Kausalität verbindet also das strenge Nacheinander der Zeit mit dem Standpunkt der Raumstelle. Die Kausalität ist deshalb Erkenntnisform, die vor aller Erfahrung gewiss ist, weil Zeit- und Raumanschauung lediglich durch wenige bestimmte apriorische

Sätze (Sätze, die vor aller Erfahrung gewiss sind) ausgedrückt werden können. In diesen hat zum Ausdruck zu kommen, dass verschiedene Zeiten nicht zugleich bestehen und daß die Vorstellung vom leeren Raum nicht weggedacht werden kann. Dieses versteht jeder unmittelbar und ohne jede Erklärung. Die Verbindung der beiden Erkenntnisformen von Zeit und Raum ist die Kausalität. Jedoch kann ich eine apriorische Erkenntnisform genauso wenig selbst erkennen wie das Auge sich zu sehen vermag. Deshalb kann ich die Erkenntnisformen erst im Verlauf der Entwicklung meines sich mehr und mehr übenden Gegenwartsbewusstseins ex negativo begreiflich machen, wenn ich apriorische Sätze über Zeit und Raum aussage. Wirklich verstehen kann ich die Erkenntnisformen erst nach meiner Erfahrung, wenn ich einem Gegenstand seine Stelle in Zeit und Raum zuweise und mir zugleich vor aller Erfahrung gewiss ist, dass er nicht zufällig als neuer Gegenstand entstanden ist, sondern seine Ursache gehabt hat. Denn es leuchtet mir unmittelbar ein, dass der Gegenstand nicht jetzt plötzlich in mein Blickfeld gesprungen ist, sondern in einer Zeit vorher schon in anderer Gestalt dagewesen ist. Da jedoch nicht allein dieser Gegenstand, sondern die ganze Welt permanent entsteht und vergeht und wir lediglich durch die Langsamkeit unseres Bewusstseins ein Standbild zu erkennen meinen, so ist dieses Standbild nichts anderes als eine Illusion. Denn nichts steht still. Von Anfang an mitgegeben sind uns allein unsere Erkenntnisformen und das Wollen-Prinzip, das zur ursprünglichen Einheit aller Wesen zurückstrebt. Dieses kann ich durch Analyse des Grundbewusstseins erkennen. Unser nach außen sich darstellender Körper, den wir nach unserer Selbstbewusstwerdung wahrnehmen, ist lediglich der Ausdruck dieser angelegten Erkenntnisformen und der Willensakte, aus denen allmählich das Bewusstsein in der Auseinandersetzung mit dem Äußeren entsteht. Eine andere Erkenntnis nähme auch andere Körper wahr, woraus wiederum folgt, dass das Äußere eine Illusion darstellt.

Die einzigen Gegenstände einer Anschauung überhaupt, die mit reinen Verstandesbegriffen ausgedrückt werden können (nach der Definition Kants), sind die Erkenntnisformen Zeit, Raum und Kausalität. Aber begriffen werden können diese Formen erst nach Ausbildung eines Gegenwartsbewusstseins, das sich auf ein Grundbewusstsein zurückbezieht, in welchem die Erkenntnisformen vorbewusst zugrunde liegen. Die Erkenntnisformen sind die einzigen Verstandesbegriffe, über die ich nach Ausbildung meines Gegenwartsbewusstseins apriorische, also unmittelbar wahre Sätze bilden kann. Über alle anderen Verstandesbegriffe, auch über das Verhältnis zwischen Handelndem und Leidendem, das wir jetzt betrachten, kann ich nichts angeben, was vor meiner Erfahrung schon angelegt sein soll. Denn im Grundbewusstsein findet eine Identifikation statt und bedeutet, dass sich ein Individuum selbst am Äußeren erkennt und dass dieser Akt zugleich durch das soziale Gegenüber gespiegelt werden muss. Identifikation bedeutet aber ausschließlich, dass das Individuum seinen Willensakt durch Spiegelung im Gegenüber erkennt. Dieses beinhaltet die unmittelbare Erkenntnis des gemeinsamen Wertes von Individuum und Gegenstand und die Erfahrung der eigenen Freiheit. Das Ganze nenne ich die Identifikation. Alles über diese Unmittelbarkeit hinaus versinkt im Vorbewussten, also das Konkrete, wie es dem Individuum als Handelndem und Leidendem während des Vollzuges seines Willensaktes ergangen ist. Das Verhältnis zwischen Handelndem und Leidendem kann späterhin im Gegenwartsbewusstsein erst abstrakt begriffen werden, wenn dieser Teil des Bewusstseins sich auf die Identifikation zurückbesinnt, in welcher dieses Verhältnis schon einmal vorbewusst und ganz konkret zugrunde liegt. Denn wenn ein Verhältnis zwischen zwei Gegenständen völlig neuartig bliebe, dann könnte es nicht verstanden werden. Die abstrakte Neuartigkeit des Verhältnisses zwischen Handelndem und Leidendem, die ich im Gegenwartsbewusstsein erkenne, trifft auf meine Identifikation, in der auf vorbewusste und ganz anschauliche Weise genau dieses Verhältnis zugrunde liegt. Dieser Verstandesbegriff des Verhältnisses zwischen Handelndem und Leidendem erwächst auf der Grundlage meiner Identifikation und ist deshalb kein reiner Verstandesbegriff, der vor aller Erfahrung auf den Gegenstand der Anschauung geht.

Kein Gegenwartsbewusstsein kann aus sich heraus etwas Neues erkennen, sondern es verallgemeinert und abstrahiert immer nur das, was im Grundbewusstsein vorliegt. Uns erscheint es dann als Neuigkeit, weil die Anschaulichkeit und Unmittelbarkeit des Grundbewusstseins vorbewusst ist. Der eigentliche Erfahrungsakt, wie etwa die Wechselbeziehung zwischen Handelndem und Leidendem, dient dem jungen Individuum zur Installation seines Selbstbewusstseins. Es erfährt etwas über sich selbst und das Äußere, an welchem sich sein Leben vollziehen wird und das vorher genauso dagewesen ist, wie es hinterher sein wird. Denn die Gemeinsamkeit des Selbstwertes mit dem Wert aller anderen Wesen ist zeitlos. Dieses kann das Individuum nicht formulieren und ausdrücken und wird doch immer mit ihm sein. An dem Erfahrungsakt sind weitere Erkenntnisse wie diejenige der Aktiv-Passiv-Wechselbeziehung angeschlossen, deren konkrete Erlebnisse nicht ins Bewusstsein gelangen, sondern im Vorbewussten abgelegt werden. Aus diesem können sie jedoch durch das Gegenwartsbewusstsein zusammengefasst und in abstractum extrahiert und wiedererinnert werden. Denn die vielen Erlebnisse, in denen es um diese Wechselbeziehung gegangen ist, haben etwas Gemeinsames ins Vorbewusste geprägt, das damit wiedererinnert werden kann, und das ist die ganz charakteristische Beziehung zwischen Aktiv und Passiv. Da aber die konkrete anschauliche Erlebnisweise des Grundbewusstseins überwiegend ins Vorbewusste fällt, scheint es dem Gegenwartsbewusstsein, das nur mühsam auf sein Grundbewusstsein reflektieren kann, wie ich es noch darstellen werde, als habe es die Wechselbeziehung zwischen Handelndem und Leidendem als reinen Verstandesbegriff entdeckt, der schon immer in ihm angelegt gewesen sei. In Wahrheit hat das Individuum ein Erkenntnismerkmal wiedererinnert, an welchem sein Selbstbewusstsein sich entfaltet hatte. Deshalb ist jene Wechselbeziehung kein allgemeiner Verstandesbegriff, der vor aller Erfahrung auf den Gegenstand des Verhältnisses von Aktiv zu Passiv geht, sondern die Abstraktion des bestimmten Erkenntnismerkmals, an dem sich ein Selbstbewusstsein entfalten konnte. Dieses Erkenntnismerkmal kann späterhin wiedererinnert werden, jedoch erst nach der Erfahrung des Grundbewusstseins, und keineswegs ist dieses als abstrakter Begriff a priori im Gehirn angelegt.

Vollkommen unmöglich ist es dagegen, dass ein gegenwärtiges Bewusstsein die Wechselbeziehung zwischen Aktiv und Passiv erkennt, wenn dieser Gegenstand als vollkommen neuartiger entgegenträte und überhaupt keine Bezüge aufwiese. Also als von vornherein angelegtes abstraktes Denken. Es verhält sich vielmehr dergestalt, dass überhaupt keine „idealen" Gegenstände ohne Bezüge zu Grundbewusstheiten existieren, sondern dass diese Gegenstände einen Teil des abstrakt zusammengefassten menschlichen Selbstbewusstseins repräsentieren. Unser Denkvermögen erwächst aus den späterhin verallgemeinerten Umgangsspuren und Erkenntnismerkmalen, welche aus den anschaulichen und intuitiven Erlebnissen des Grundbewusstseins extrahiert werden. Deshalb gibt es keine „idealen" Gegenstände, die, nach Überzeugung der Allgemeinheit, schon immer dagewesen seien, nach unserem Tode zurückblieben und als in der Wirklichkeit verborgenes Geheimnis von intelligenten Wesen erkannt werden könnten. Solche Gegenstände geben lediglich ein Meinungsbild wider.

7. ZUSAMMENFASSUNG UND WIEDERHOLUNG
DER GRUNDLAGEN

Wir sehen also, dass dasjenige, was die Philosophen vor uns als allgemeine Verstandesbegriffe angesehen hatten, die a priori auf Gegenstände der Anschauung gehen und somit vor aller Erfahrung im Gehirn angelegt sein sollen, welches allerdings absurd ist, sich erst nach der Ausbildung des Grundbewusstsein ausgestaltet. Da in diesem sich zuallererst ein Selbstbewusstsein am Äußeren erkennt, erwachen die sogenannten Verstandesbegriffe bestenfalls im Verlauf der Selbsterkenntnis und a posteriori, also nachdem das Individuum seine Erfahrung mit den frühen und besonderen Gegenständen erlebt hat. Die Verstandesbegriffe sind Abstraktionen unserer Selbstbewusstwerdung und erwachsen späterhin aus unserem rein anschaulichen Umgang mit den frühen Gegenständen. Diese Abstraktionen sind wir selbst, und sie können natürlich keine geheimnisvolle Neuigkeit sein, die irgendwie in uns hineingelangt sei. Hieraus ergibt sich weiterhin, dass die landläufige Auffassung von einer „Realität", deren Geheimnisse entschlüsselt werden müssten, um diese zu verstehen, unhaltbar ist. Denn im Verlauf dieser Untersuchung werde ich herausarbeiten, dass keine „Realität" auf der einen Seite und dem gegenüber kein denkendes Individuum auf der anderen Seite existiert, sondern lediglich eine einzige Welt vorhanden ist. Einzig zwei Komplexe bringt das Individuum in die Welt mit hinein, einmal sein Wollen-Prinzip, also die unstillbare Sehnsucht, mit dem Äußeren wieder vereint sein zu wollen, dem Ganzen habhaft zu werden, welches sich späterhin zur Gier nach Macht, Reichtum, Ansehen und sexueller Triebhaftigkeit entwickelt, und zum anderen seine Erkenntnisformen von Zeit und Raum.

Die Zeit selbst ist allein darstellbar durch einen Satz, der wirklich nicht durch Denken herausgebracht worden ist, sondern der sich vor aller Erfahrung von selbst versteht, nämlich: „Verschiedene Zeiten sind nicht zugleich, sondern nacheinander". Für den Raum gilt dem Prinzip nach Ähnliches, nämlich dass ich nach dem Wegdenken aller möglichen Gegenstände aus dem Raum den leeren Raum selbst nicht auch noch wegdenken könne. Wenn dieser nicht weggedacht werden kann, dann ist das Denken Raum. Hieraus folgt, dass sich aus diesen beiden Komplexen, dem Wollen-Prinzip und den Erkenntnisformen, sich die einzige Welt entwickelt. Es kann keine getrennte Welt außerhalb des individuellen Denkens vorhanden sein, die es möglichst genau zu erforschen gelte, weil anfangs weder eine „Realität" vorhanden ist, noch ein Individuum, dass sich selbst erkennt hat. Denn zum einen erkennt sich kein Individuum allein durch seine permanente Sehnsucht, sich das Äußere einverleiben zu wollen, weil außer dem permanenten Verschlingungswunsch lediglich die leeren Formen von Zeit und Raum vorhanden sind, und zum anderen kann von unseren Erkenntnisformen nichts anderes ausgesagt werden, als daß sie vor all unserer Erfahrung vorhanden gewesen sind. Die Erkenntnisformen sind anfangs leer und ohne jeden Gegenstand. Vorhanden sind einzig und allein Lust-Unlust und die leeren Formen von Zeit und Raum, mehr nicht. Von einer wie immer gearteten „Realität" kann keine Rede sein.

Daß heutige Denkbeamte sich nicht entblöden, weitere und bisher unbekannte Zeiten zu phantasieren, ist dem Lachen der Magd zu vergleichen, die sich auf einem Spaziergang mit Sokrates darüber amüsiert, dass dieser beim Nachdenken gestolpert ist. Die Magd ist genauso naiv wie die Geldphilosophen. Alles dasjenige, was der Intellekt neu erfunden hat und sich nicht in irgendeiner Weise auf das individuelle Grundbewusstsein zurückbeziehen lässt, ist unwahr. Dieses ist das Thema dieser Arbeit. Genauer gesagt bedeutet das (was ich im Folgenden ausführen werde), dass alle anschaulichen Gegenstände, die bisher nicht auf ähnliche Weise in der Historie des Bewusstseins real aufgetreten sind (wie z.B. das Einhorn), unwirklich sind. Antilopenähnliches und Pferdeähnliches sind erlebt worden, jedoch nicht als Vermischung in einem Wesen. Alle „idealen" Gegenstände, die sich nicht mehr auf die frühe Umgangsweise mit den anschaulichen Gegenständen zurückführen lassen, sind unwahr. Und alle Handlungsgegenstände, die auf vorbewussten Konflikten beruhen, sind uneigentlich.

Aus den beiden Komplexen Wollen-Nichtwollen und Erkenntnisformen entsteht weder eine Selbsterkenntnis noch kann ausgesagt werden, dass eine „Realität" vor der Selbsterkenntnis vorhanden sei. Vielmehr entsteht eine Selbsterkenntnis dadurch, dass das individuelle Ergreifen-Wollen des vom Individuum Getrennten durch das soziale Umfeld bestenfalls positiv gespiegelt wird und erst dadurch das Individuum seinen Willensakt erkennt. Zugleich wird der äußere Gegenstand als etwas erfahren, das dem Individuum zu sich selbst verhilft, weil durch die positive Spiegelung des Willensaktes der Widerstand, den der Gegenstand dem Individuum entgegengesetzt hatte, zurückgewichen ist. Denn was dem Individuum zu sich selbst verhilft, kann nicht mehr entgegenstehen. Das bedeutet, dass im Grundbewusstsein das durch die positive Begleitung des sozialen Umfeldes entstehende Selbstbewusstsein des Individuums und die Welt der frühen Gegenstände untrennbar miteinander verbunden sind. Selbstbewusstsein und Äußeres liegen im Grundbewusstsein als Erkenntnis einer einzigen Welt. Erst späterhin, nach der Ausbildung zu einem zur Abstraktion fähigen Gegenwartsbewusstsein, meint das Individuum, dass ihm eine äußere „Realität" entgegenstehe, weil seine Selbstbewusstwerdung, die sich an den frühen Gegenständen verwirklicht hatte, ins Vorbewusste entschwunden ist. Es ist ihm nicht bewusst, dass es selbst vom Äußeren gar nicht getrennt werden kann.

Tatsache ist jedoch, dass kein Gegenwartsbewusstsein eine ihm getrennt entgegenstehende und vollkommen neuartige Wirklichkeit erkennen kann, sondern dass vielmehr jedes Gegenwartsbewusstsein auf demjenigen aufzubauen hat, das schon einmal auf äußerst anschauliche Weise begriffen worden ist. Deshalb entnimmt kein Gegenwartsbewusstsein etwas Neues aus einer gegenüberstehenden „Realität", sondern es extrahiert und abstrahiert Sätze aus dem in seinem Grundbewusstsein Liegendem, damit das Individuum sich mit seinesgleichen darüber verständige. Dieses habe ich am Beispiel der Zahlen und der von den früheren Philosophen so benannten allgemeinen Verstandesbegriffe zu zeigen versucht. Wenn wir also unser Gegenwartsbewusstsein als ein ständig auf ein Grundbewusstsein Zurückgreifendes verstehen, dann wird sich vor uns lediglich eine einzige Welt eröffnen. Zugleich wird die phantasierte entgegenstehende „Realität" als Schein entlarvt werden und dem gegenüber die einzige Wirklichkeit der drei Phänomene aufleuchten: Das Phänomen der anschaulichen Gegenstände, dasjenige der sogenannten „idealen" Gegenstände und dasjenige der Handlungsgegenstände.

8. DIE DEFINITION VON WIRKLICHKEIT UND „IDEAL"

Bisher hatte ich herausgearbeitet, dass wir über die Erkenntnisformen von Zeit und Raum nichts weiter angeben können, als daß sie uns vor unserer Identifikation im Grundbewusstsein zur Verfügung stehen. (Wenn Stephen Hawkins Raum und Zeit als äußeres Phänomen behandelt, dann entwickelt er lediglich ein Phantasieprodukt, das für die Allgemeinheit vollkommen wertlos ist. Zeit und Raum können nicht draußen vorkommen, weil sie vor der Erkenntnis des Draußen bereits zugrundeliegen.) Deshalb kann ich mit Hilfe von Zeit und Raum keine Wirklichkeit von Tagtraum und Traum unterscheiden, weil ich in allen drei Zuständen mit Hilfe der Zeit- und Raumerkenntnis Gegenstände wahrnehme. Dagegen definiere ich Wirklichkeit dadurch, dass ich sage: Wirklichkeit sei dann, wenn in einem Gegenwartsbewusstsein eine äußere Vorstellung anwesend ist. Äußere Vorstellung bedeutet, dass die mir in den Blick fallende Anschaulichkeit schon einmal auf irgendeine ähnliche Weise in der Historie meines Bewusstseins aufgetreten ist. Erst der Bezug des Gegenwartsbewusstseins auf das Grundbewusstsein, bzw. die Wiedererkenntnis der vorbewussten Identifikation des Grundbewusstseins, sichert die Wirklichkeit. Ohne diesen Bezug auf das Vorbewusste bliebe die Gegenwart neuartig und könnte nicht erkannt werden.
Wenn uns demnach in einer Gegenwart ein Haus, ein Baum, ein Pferd etc. begegnen, dann muss ich in der Historie meines Bewusstseins bereits einmal auf etwas Hausähnliches, Baumähnliches oder Pferdähnliches gezeigt haben, damit ich in der Gegenwart nicht vor vollkommen unbekannten Gegenständen zurückschrecke. Doch gibt es kein Erleben und keinerlei Denken, das nicht auf unser Wollen bezogen ist. Denken ist also niemals rein, sondern motiviert durch bestimmte Gegenstände. Und nach Gegenständen hat sich unser frühes Wollen verzehrt. Denn ohne soziale Komponente, also ohne Spiegelung der frühen Willensakte durch eine Bezugsperson, bliebe die Erkenntnis rudimentär. Spiegelung bedeutet, dass dem Erkennenden von seiner Neugierde, seinem Erstaunen oder seinem Erschrecken möglichst wenig abgestritten wird und er trotz aller Gefühlsregungen gegenüber dem Äußeren sich selbst als nicht hinterfragbares Gut wahrnehmen kann. Dann erst weicht der Widerstand des Äußeren zurück, weil das Individuum diesem eine Selbsterkenntnis verdankt. Diese Identifikation bedeutet die Grundlegung von Wirklichkeit und Selbstwirklichkeit. Beide sind im Grundbewusstsein untrennbar miteinander verbunden. Und jedes spätere Denken ist lediglich die Abstraktion aus dieser

Verbindung. Die einzelnen frühen Welterlebnisse verschwinden zwar wegen der Gleichartigkeit ihrer Erkenntnis im Vorbewussten (immer gleiche Erkenntnis der Werte von Selbstsein und Äußerem), jedoch wird diese vorbewusste Erkenntnis als verallgemeinerte Identifikation, welche die Selbsterkenntnis durch das Äußere beinhaltet, auf jede Gegenstandsbegegnung der Gegenwart bezogen. Dadurch verliert der gegenwärtige Gegenstand seine Neuartigkeit und die äußere Vorstellung wird gesichert. Wirklichkeit entsteht dadurch, dass in einer äußeren Vorstellung der Gegenwart die Historie des Bewusstseins aktiviert wird. Die Historie wird nicht als vergangene anschauliche Begegnung erinnert, sondern in einer ganz anderen Funktion, nämlich als vergangene Identitätsstiftung von Selbstbewusstsein und Äußerem. Der Bezug des Gegenstandes der Gegenwart auf die Identifikation im Grundbewusstsein sichert die Wirklichkeit, weil in der Identifikation das Individuum sich schon einmal am Äußeren erkannt hatte und damit die Gegenstände der Gegenwart ihre Neuartigkeit ablegen können. Eine Wirklichkeit kann nur dann entstehen, wenn ihre Gegenstände schon einmal auf identitätsstiftende Weise in der Historie des Bewusstseins aufgetreten sind. Da hierdurch die Quantität der Gegenstände auf charakteristische Weise eingeschränkt wird, kann ein Phantasiegemälde wie dasjenige von Hawkins nicht wirklich sein. Anschauliche Wirklichkeit ist eine Beziehung der Gegenwart auf die Vergangenheit.

Wirklichkeit entsteht nur dann, wenn ein in einer Gegenwart gegebener Gegenstand auf eine individuelle Identifikation trifft, durch welche sich das Individuum schon einmal am Äußeren hat erkennen können. Beim Tagtraum dagegen gestaltet nicht die Beziehung des Äußeren auf die Identifikation die Anschaulichkeit, sondern die Beziehung von vergangenen Erlebnissen auf die Identifikation gestaltet eine durch die Wirklichkeit hindurchgesehene Phantasie. Der Tagtraum wird demnach durch eine Beziehung von drei Zeitebenen aufeinander, Vergangenheit der Identifikation, Gegenwart der rein körperlichen Anwesenheit und Zukunft, gestaltet. Die Phantasie ist der Entwurf einer Zukunft.

Beim Nachttraum wiederum können die Gegenstände durch verschiedene Zeiten und Räume wandern, ohne sich um Chronologie und Raumordnung zu scheren. Es treten gar verschiedene Zeiten im selben Raum auf, wenn in der Traumgegenwart ein Gegenstand als Symbol erscheint, das auf eine andere Zeit verweist. Oder dieselbe Person tritt in verschiedenen Räumen zugleich auf. Viele Träume verstehen wir nicht ohne Analyse, weil ein Tagesrest aus der Wirklichkeit einen Konflikt im Grundbewusstsein berührt, der hervordrängen will. Der Traum drückt dieses chiffriert in Bildern aus. Der Nachttraum benutzt alle drei Zeitebenen und schert sich nicht um eine Chronologie. Dagegen ist die Wirklichkeit sofort einsichtig, wenn ähnliche Gegenstände bereits einmal als äußerliche im Grundbewusstsein erkannt worden sind. Der wirkliche Gegenstand wird im Rückbezug auf die Vergangenheit erkannt, und seine Zukunft ist abgeschnitten. Tritt diese wieder hinzu, verändert sich die Wirklichkeit zum Tagtraum.

Wir können bis hierher festhalten, dass dasjenige, was die Älteren als allgemeine Verstandesbegriffe bezeichnet haben, nicht vor aller Erfahrung auf eine Anschauung gehen kann, sondern nach der individuellen Identifikationsphase von einem Gegenwartsbewusstsein aus dem Grundbewusstsein herausgezogen, abstrahiert und zusammengefasst wird. Die Verstandesbegriffe umfassen allgemein die Gegenstandserfahrungen der menschlichen Spezies. Deshalb sind sie genauso wahrhaftig wie die Anschaulichkeit, weil beide auf das Grundbewusstsein bezogen sind. Wenn die „idealen" Gegenstände nachträglich aus dem Grundbewusstsein abstrahiert werden, sind sie nicht ideal, weil sie mit dem Untergang der menschlichen Spezies versinken. Die Zahlen, hatten wir gesehen, können nicht begriffen werden, solange nicht das Individuum nach einer Anzahl von Gegenständen gegriffen hat. Wenn ich von den konkreten Gegenständen abstrahiere, bleiben die abstrakten Zahlen übrig. Da im Grundbewusstsein das Selbstsein zusammen mit dem Äußeren untrennbar vorliegt, kann diese Aktion nur das Abstraktionsvermögen des späteren Gegenwartsbewusstseins durchführen. Da die Zahlen unserer Identifikation entstammen, sind sie wahr. Sie existieren nicht auf irgendeiner „idealen" Ebene.

Von der Raumerkenntnis kann ich sagen, dass sie zwar vor aller Erfahrung vorhanden sei, weil ich sonst überhaupt keine Gegenstände im Raum wahrnähme, jedoch kann ich sie als meine Erkenntnisform nicht selbst erkennen. Deshalb nehme ich im Bewusstsein viele Räume wahr, die samt und sonders Ausschnitte jenes Raumes darstellen, den ich zuallerletzt als meine Erkenntnisform nicht wegdenken kann. Deswegen kann ich niemals etwas Unteilbares erkennen, weil alles dasjenige, was im Raum vorkommt, genauso geteilt werden kann wie der Raum selbst. Jedes Teil, und sei es noch so winzig, verdrängt einen Raum und kann bis in alle Ewigkeit genauso geteilt werden wie der Raum, den es einnimmt. Was ich als geteilt zu denken vermag, kann nicht unteilbar sein. Im Grundbewusstsein liegen auf vorbewusste Weise Raumerfahrungen vor, auf die ein Gegenwartsbewusstsein späterhin zurückgreift. Diese kann es auch als zweidimensionale Gegenstände der Geometrie abstrahieren und dann Berechnungen damit anstellen. Dann sehen wir sehr schön, dass etwa rechtwinklige Dreiecke und Vierecke keine „idealen" Gegenstände sind, sondern aus der Beziehung eines Gegenwartsbewusstseins auf ein allgemeines Grundbewusstsein erwachsen. Somit stellt der komplexe Gegenstand $c^2 = a^2 + b^2$ keinen „idealen" Gegenstand dar, sondern erwacht zum Leben, weil sich ein Gegenwartsbewusstsein auf sein Grundbewusstsein zurückbezieht und seine Zahlen- mit seiner Raumerkenntnis in Beziehung setzt. Der Satz des Pythagoras ist ein wahrer Gegenstand, der Gültigkeit innerhalb der menschlichen Spezies besitzt und nicht darüber hinaus. Tiere erkennen diesen Gegenstand nicht. Gut, der Einwand ist trivial, dass diese über keine Vernunft verfügten und dazu nicht in der Lage seien. Ich verzichte auf Einwände und sage: Denkt euch ein höheres sterbliches Wesen, das uns hier auf der Erde besuchte. Dieses kann über keine Zeiterkenntnis verfügen, weil es andernfalls keine Millionen Lichtjahre überbrückt haben kann, um zu uns zu gelangen. Denn besäße es eine Zeiterkenntnis und dächten wir es zugleich als mit Lichtgeschwindigkeit geflogen, dann hätte es Millionen Jahre gebraucht, um von seinem Sonnensystem zu unserem zu reisen. Darüber wäre es gestorben. Wenn es jedoch schneller als mit Lichtgeschwindigkeit geflogen wäre, dann könnte nicht es selbst hier bei uns angekommen sein, sondern irgendeine Generation vor ihm, denn das schneller als mit Lichtgeschwindigkeit fliegende Wesen wäre auf seiner Reise immer jünger geworden. Beide Reisen, diejenige mit Lichtgeschwindigkeit und die andere der Meta-Lichtgeschwindigkeit, liegen außerhalb unserer Erkenntnis, wenn tatsächlich solch ein Wesen hier angekommen sein sollte. Deshalb kann auch ein Wesen, wenn es denn einen Weg gefunden hätte, die unermessliche Distanz zu überbrücken, nicht über unsere Zeiterkenntnis verfügen. Es besäße ein anderes Bewusstsein. Und für dieses andere Bewusstsein existierte der Satz des Pythagoras nicht, sondern ganz andere Gegenstände.

Betrachten wir schließlich noch dasjenige, was die älteren Philosophen die Kategorie der Quantität genannt hatten. Sie dachten diese als autonomen Verstandesbegriff, der dem Gehirn als allgemeiner Begriff über die anschaulichen Gegenstände vor aller Erfahrung, also von Geburt an, zur Verfügung stehe. Diese Kategorie beinhaltet Einheit, Vielheit, Allheit. Doch wie soll ich Allheit verstehen, ohne dass ich mich selbst einmal als einzelnes Selbstbewusstsein gegenüber dem All verstanden habe? Allheit verweist auf nichts anderes als auf die Identifikationsphase des Individuums im Grundbewusstsein. In dieser erfährt das Individuum durch ein frühes Streben nach Inbesitznahme eines

Gegenstandes eine Erkenntnis über sich selbst. Es verdankt sich dem Gegenstand, und somit weicht auch der Widerstand des Äußeren zurück. Der Gegenstand wird vom Selbstbewusstsein integriert, und das Selbstbewusstsein verdankt sich dem Gegenstand. Dadurch erkennt das Individuum als vorbewusste Erfahrung die Gemeinsamkeit des Wertes von Selbstsein und Gegenstand. Abstrahiert vom konkreten Erfahrungserlebnis bedeutet diese vorbewusste Zugrundelegung nichts anderes als Allheit, in welcher zugleich Vielheit und Einheit verborgen sind.

Einheit (Einzelheit) ist an die Zahl Eins gebunden, die eine Identität als eine einzelne Gegenstandsbegegnung darstellt. Das Gegenwartsbewusstsein erinnert sich späterhin wieder an die Zahl Eins als einer allgemeinen Gegenstandsbegegnung. Vielheit wiederum kann nur durch Rückbezug auf viele frühere allgemeine Begegnungen gedacht werden, aber natürlich nicht konkret, weil diese vorbewusst entfallen sind, sondern abstrakt als vielerlei Anzahl. Wir halten fest, dass alle von den Älteren als allgemein aufgefassten Verstandesbegriffe in Wahrheit dem Grundbewusstsein entstammen und keine von diesem losgelöste Existenz führen. Wie ich weiter ausführen werde, gilt dieses für alle abstrakten Denkbegriffe. Deshalb sind die „idealen" Gegenstände, als unabhängig von unserem Bewusstsein existierend gedacht, in Wirklichkeit eine Illusion. Sie gleichen ganz im Gegenteil der Anschaulichkeit, die ebenfalls auf das Grundbewusstsein bezogen ist. Die „idealen" Gegenstände sind lediglich unsere abstrahierte Anschaulichkeit, nur daß die komplexen „idealen" Gegenstände sich nicht mehr ohne weiteres auf die Anschauung zurückführen lassen. Je komplexer sie werden, desto mehr führen sie eine isolierte Existenz im Gegenwartsbewusstsein. Allein deshalb werden sie als „Ideal" empfunden.

Im Verlauf dieser Untersuchung werden wir diesen Zusammenhang, der für viele so befremdlich ist, weil sie den Anschein für Wirklichkeit halten, immer besser verstehen. Erkenntnis der Wirklichkeit stellt sich nur nach beharrlicher Reflektion und Besinnung auf die eigene Person ein. Ich werde also fortgesetzt die drei Phänomene des Bewusstseins reflektieren: Die anschaulichen Gegenstände, die „idealen" Gegenstände und die Handlungsgegenstände. Auch dann noch wird es viele geben, die sich von der Wirklichkeit einer einzigen Welt bedroht fühlen und die lieber dem Dualismus von Denken und „Realität" anhaften wollen.

Die Struktur der einen zusammenhängenden Welt und die Abhängigkeit eines zur Abstraktion fähigen Gegenwartsbewusstseins vom Grundbewusstsein ist keine Theorie, sondern Wirklichkeit. Wirklich ist diese Struktur deshalb, weil jeder, der es will, bei sich selbst die Historie seines Bewusstseins ausfindig machen könnte. Und was jeder bei sich selbst findet, ist wahrhaftig, weil er existiert. Am leichtesten gestaltet sich die Analyse bei einem Konflikt, dessen Zusammenhänge sich bis ins frühe Grundbewusstsein hinein verfolgen lassen. Dort hat er vorbewusst geruht, und nachdem er erkannt und ausgesprochen worden ist, wird er verschwinden und sich in der Gegenwart nicht mehr auswirken. Damit kann jeder bei sich selbst nachprüfen, dass sich die Handlungsgegenstände der Gegenwart auf sein historisches Grundbewusstsein beziehen. Wir werden später noch sehen, dass nicht allein die konfliktbelasteten, sondern auch die adäquaten Handlungsgegenstände selbstverständlich dieselbe Struktur besitzen. Vollkommen absurd ist es, allen Ernstes zu behaupten, dass neben der Wirklichkeit der Handlungsgegenstände noch eine zweite Welt bestehe, nämlich die anschaulich entgegenstehende „Realität", und darüber hinaus noch eine dritte, die Welt der „idealen" Gegenstände, die nach dem Absterben der Menschheit weiterbestehen soll. So verhält es sich natürlich keineswegs, denn wenn im Grundbewusstsein Glück oder Unglück des späteren Lebenslaufes angelegt werden, dann gilt die gleiche Beziehungsstruktur auch für die anschaulichen und die „idealen" Gegenstände. Denn das junge Individuum greift zuerst nach anschaulichen Gegenständen, und wie diese sich allgemein und zusammengefasst in der Begegnung verhalten haben, kann das zur Abstraktion fähige Gegenwartsbewusstsein späterhin in den sogenannten „idealen" Gesetzen darstellen. Und wenn das junge Individuum sich im Greifen und Begreifen erkennt, dann kann seine spätere Handlungskausalität von der Anschaulichkeit nicht abgetrennt werden.

9. DIE GRUNDLAGE VON HANDLUNGSGEGENSTAND UND DENKEN

Ich bin also selbst der Historie meines Bewusstseins auf den Grund gegangen. Nachdem ich allmählich immer mehr meine Handlungsweisen und diejenigen der Personen, die für mich von Bedeutung gewesen sind, verstanden hatte, habe ich die persönlichen Anteile an meiner Bewusstseinsstruktur weggestrichen, und übrig geblieben sind allgemeine Funktionen von verschiedenen Bewusstseinsebenen, die für alle menschlichen Individuen Gültigkeit besitzen. Das ist Wirklichkeit, und eine entgegenstehende „Realität" ist Illusion, weil alle Gegenstände, anschauliche, „ideale" und Handlungsgegenstände, in der Historie unseres Bewusstseins auftreten. Da es darüber hinaus keine anderen Gegenstände gibt, existiert auch keine entgegenstehende und von uns selbst isolierte Äußerlichkeit.

Nicht das allein verbürgt die Wirklichkeit, denn ich hatte nach dreißigjähriger Beschäftigung mit der Transzendentalphilosophie herausgefunden, dass deren Analyse des Raum-Zeit-Gefüges mit meiner Bewusstseinsanalyse übereinstimmt. Meine Analyse des historischen Bewusstseins basiert auf der Psychoanalyse und auf der Transzendentalphilosophie. Wirklich wird meine Forschung aber dadurch, dass ich ihre Ergebnisse an meinem eigenen Bewusstsein überprüft habe. Die Kriterien für Wirklichkeit sind demnach, dass ich möglichst viele Handlungsmotive der Gegenwart, meine eigenen und diejenigen von anderen, entlang der Historie meines Bewusstseins zurückverfolgen kann. Daraus ergibt sich die Struktur meiner Biographie. Und daß ich existiere, ist Wirklichkeit. Nebenbei gesagt finde ich es belustigend, wenn Denkbeamte von mir fordern, ich möge eine Bücherliste angeben, damit formal alles korrekt zugehe. Ich habe keine, weil ich selbst diese Liste bin! Diese Herren können nur fremde Gedanken aus Büchern zusammenschreiben, und was das Schlimme ist: Sie können die fremden Gedanken nicht überprüfen, weil sie von sich selbst keine Ahnung haben und das Fremde dann auch nicht auf sich zurückführen und überprüfen können! Deshalb schreiben sie selten Wahres und Wirkliches, weil der isolierte Intellekt, wie ich entwickeln werde, keine Wahrheit erkennt.

Ich selbst dagegen lasse nach der Analyse von Handlungsmotiven alles Persönliche weg und erhalte die Struktur meines historischen Bewusstseins, die ich auf alle menschlichen Individuen übertragen kann. Dann ist die Struktur objektiv und wahrhaftig geworden. Meine ersten beiden Bücher haben sich mit dem komplexen Thema der Handlungsanalyse beschäftigt, die beim zweiten Buch als eine praktizierte Kritik an der neueren Philosophie angewendet worden ist, dieses hingegen verfolgt die Analyse des Denkens, aus der sich die Struktur des Daseins gewinnen lässt. Doch müssen die drei Phänomene von Anschaulichkeit, „Ideal" und Handlungsweise auch immer zusammen betrachtet werden, weil neben der Bewusstseinsstruktur keine zweite Welt existiert. In den ersten beiden Büchern hat sich eine erschreckende Fatalität bei der Handlungsanalyse herausgestellt. Jeder kann nämlich mit seinen Handlungen übereinstimmen und von seinem gegenwärtigen Lebenslauf überzeugt sein. Wenn er jedoch eine gegenwärtige Handlungsweise an eine Bewusstseinsanalyse gebunden hätte, dann wäre die Wahrscheinlichkeit gegeben, dass seine Handlung lediglich eine Kompensationsabsicht darstellt, die auf ein bestimmtes Moment seines historischen Grundbewusstseins bezogen ist. Wäre dagegen dieses Kompensationsmoment nach einer Bewusstseinsanalyse erkannt worden, dann hätte die gegenwärtige Handlungsweise, von der das Individuum ohne Bewusstseinsanalyse bisher überzeugt gewesen ist, gar nicht stattgefunden, weil eine ganz andere Handlung, nämlich die eigentliche, wie ich sage, in den Blick geraten wäre. Das bedeutet, dass wir bei dieser Betrachtung von zwei Wirklichkeiten reden, die beide mit Überzeugung vertreten werden. Eine ist kompensierend und damit uneigentlich und die andere eigentlich und wahrhaftig. Deswegen hatte ich diejenige Erkenntnis, die lediglich in der Gegenwart reflektiert und nicht auf die Historie des Bewusstseins bezogen wird, eine unvollkommene Erkenntnis genannt. Das ist mehr oder weniger der Fall bei allen philosophischen Betrachtungen unserer Zeit. Dagegen ist diejenige Erkenntnis, welche die Historie des Bewusstseins beachtet, die vollständige.

Welche Art Erkenntnis bei jedem vorliegt, lässt sich leicht herausfinden. Ein Traum nämlich bleibt bizarr und unverständlich, wenn die Historie des Bewusstseins nicht erfasst worden ist. Ein Traum ist dadurch gekennzeichnet, dass sich ein Konflikt aus dem Grundbewusstsein auf einen bestimmten Tagesrest der Gegenwart bezieht und in Bildern veranschaulicht und verdichtet wird. Wer also wie einige der heutigen Denkbeamten bestreitet, dass das Raum-Zeit-Gefüge Kants gültig sei, der hat auch keine Ahnung von der Historie seines Bewusstseins und kann nicht einen Tagesrest auf einen vergangenen Konflikt beziehen. Der Konflikt wird weitergären und immer wieder irgendeine Kompensation hervorrufen bis ans Ende aller Tage und sogar darüber hinaus. Solch eine Erkenntnis nenne ich unvollständig. In einer Bewusstseinsanalyse kann dagegen die strenge Logik jedes Traumes verdeutlicht werden. Die

Durchführung der Analyse wird eine Handlungsänderung in Gang setzen, weil durch den Bezug des Gegenwartsbewusstseins auf das Grundbewusstsein das Individuum mehr mit sich selbst übereinstimmt und damit an Selbstsicherheit gewinnt. Diese Erkenntnis nenne ich eine vollständige. Dagegen beherrscht kein Individuum die Kompensationshandlungen seiner unvollständigen Erkenntnisse, weil die individuellen Konflikte im Vorbewussten begraben liegen.

Vom Grundbewusstsein geht nun aber nicht allein die individuelle Handlungskausalität aus, sondern auch das Denken. Im Grundbewusstsein hat sich ein Selbstbewusstsein an den Gegenständen entfaltet, so dass die äußere Welt und die Selbsterkenntnis nicht mehr voneinander lösbar sind. Diesen Vorgang hatte ich Identifikation genannt, die verdeutlicht, dass überhaupt keine dem Selbstbewusstsein entgegenstehende „Realität" existieren kann. Jedes Individuum bringt anfangs nichts anderes in die Welt mit hinein als seine Raum-Zeit-Erkenntnis und sein permanentes Streben nach Wohlbefinden, das unaufhörliche Wollen, das lediglich metaphysisch begründet werden kann als Versuch, den Zustand von der Einheit aller Wesen, der vor der Geburt geherrscht hatte, wiederherzustellen. Dieses werde ich später verdeutlichen. Anfangs ist weder ein Bewusstsein vorhanden noch eine Welt, sondern ein aus einer Harmonie gerissenes Individuum. Deshalb schreit der Säugling. Die Abgerissenheit vermag nur die Gier nach Vereinnahmung des Äußeren, und sei es zuerst die Mutterbrust, zu lindern. Nichts anderes steht dem Individuum zur Verfügung als seine Erkenntnisformen, sein unaufhörliches Wollen und eine außenstehende Welt. Diese Welt ist etwas Äußeres, das neu ist und deshalb nicht erkannt werden kann.

Aus den Erkenntnisformen von Zeit und Raum, über die ich nichts aussagen kann als wenige Sätze a priori, und aus dem eigentlich nicht begründbaren Wollen kann sich keine Selbsterkenntnis entfalten, solange das Wollen nicht durch irgendetwas gespiegelt wird und auf das Individuum zurückfällt. Dieses geschieht in der Auseinandersetzung mit der fremden Welt. Zuerst ist jeder Gegenstand so neu und unbekannt wie sich das Individuum selbst vorkommt, das nichts anderes spürt als sein nicht begründbares Streben nach Wohlbefinden. Durch die vom sozialen Umfeld begleitete Einvernahme des Äußeren wird ein erstaunlicher Prozess in Gang gesetzt, der die Handlungskausalität, die Errichtung der Anschaulichkeit und das Denken begründet. Also alle drei uns bekannten Phänomene. Das Individuum macht nämlich die Erfahrung, dass, wenn sein Besitzstreben nach den Gegenständen von Bezugspersonen positiv begleitet wird, der eben noch entgegenstehende Widerstand des Außenstehenden zurückweicht. Durch die positiv begleitete Spiegelung des individuellen Wollens in den Bezugspersonen erlebt sich das Individuum als Gut, als Selbstwert, welches wir als einen Baustein zum Selbstbewusstsein bezeichnen können. Darüber hinaus wird ein Vertrauensverhältnis zu den sozialen Mitwesen errichtet, weil die Urwunde der Abgerissenheit, die das unbegründbare Wollen in Gang gesetzt hat, grundsätzlich angenommen worden ist, und drittens, wie ich gesagt hatte, weicht der Widerstand des Äußeren zurück, weil das Individuum sich selbst durch den Gegenstand erkannt hat. Was sich als nützlich erwiesen hat, kann nicht mehr entgegenstehen. Diesen Vorgang stellt die Grundlegung des Bewusstseins dar, weil das Individuum über die Nichtbegründbarkeit seines Wollens hinauswächst und etwas über sich selbst durch das Äußere erfährt. Da die Selbsterkenntnis durch das Äußere ermöglicht und das Äußere im Selbstsein erkannt wird, gibt es im Grundbewusstsein keinen Dualismus von Selbstsein und Äußerem. Das Grundbewusstsein ist vom Gegenwartsbewusstsein geschieden, weil im Grundbewusstsein alle gleichen oder ähnlichen anschaulichen Gegenstände, die gesamte anschauliche Welt, welche dem Individuum auf seinem späteren Lebensweg begegnet, zugrunde gelegt wird. Denn vollkommen neue Gegenstände, die dem Individuum in seiner späteren Gegenwart widerfahren, können überhaupt nicht erkannt werden. Diese blieben so neuartig wie am allerersten Anfang. Deshalb wird im Grundbewusstsein keine unübersehbare Vielfalt von Gegenständen begründet, sondern eine immer gleiche Erkenntnis des Selbstseins durch den Gegenstand, die zu jeder Zeit gleiche Erkenntnis des Wertes von Individuum und Gegenstand. Hierauf nimmt jede anschauliche Gegenwartserkenntnis Bezug, die dadurch gar keine Unerklärbarkeit des Neuen mehr aufweist.

Zum zweiten wird im Grundbewusstsein auch das installiert, was die älteren Philosophen als allgemeine Verstandesbegriffe, die vor aller Erfahrung auf Gegenstände der Anschauung gehen sollen, aufgefasst haben. Also die sogenannten Kategorien. Jedoch können allgemeine Verstandesbegriffe, also ein abstraktes Denkvermögen, nicht von vornherein im Bewusstsein angelegt sein, solange sich das Individuum noch gar nicht durch das Äußere erkannt hat. Ein solches Abstraktionsvermögen wäre grundlos. Erst von seiner Selbsterkenntnis, die sich allmählich zum Selbstbewusstsein auswächst, vermag das Individuum zu abstrahieren, zu verallgemeinern und seine Erfahrungen zu den sogenannten „idealen" Gesetzen auszugestalten. Hieraus wird gleichfalls deutlich, dass ein „Ideal", dass nicht ursprünglich dem Grundbewusstsein entstammt, ins Blaue geschwafelt und unwahr ist. Das Individuum besitzt anfangs weder sich selbst noch die Welt und schon gar nicht sein Denken. Erst im Verlauf der Konstituierung des Grundbewusstseins erwächst eine Selbsterkenntnis am Äußeren, die aber wegen ihrer immer gleichen Erkenntnisweise nicht differenziert werden kann und deshalb vorbewusst bleibt. Späterhin, also a posteriori, wenn das zur Abstraktion fähige Gegenwartsbewusstsein hinzugetreten ist und Erkenntnisse differenziert werden können, werden aus den frühen Gegenstandsbegegnungen des Grundbewusstseins, die vorbewusst abgelegt worden sind, die allgemeinen Verstandesbegriffe und z. B. die Gesetze der Mathematik und Logik herausgezogen. Und deshalb führen die sogenannten „idealen" Gegenstände keine eigenständige Existenz, weil ich die Zahl Eins als extremste Form der Abstraktion vom konkreten allerersten Gegenstand begreifen muss. Die Zahlenreihe kann ohne eine anschauliche Gegenstandsreihe nicht verstanden werden.

Von der Raumerkenntnis, hatte ich nach Kant ausgeführt, lässt sich nur angeben, dass sie zuletzt nicht weggedacht werden kann, wenn alle Gegenstände nacheinander aus dem Raum entschwunden sind. Deshalb ordnet zwar die Raumvorstellung bestimmte Teilflächen als Abstraktion der Raumvorstellung zueinander, also z.B. das rechtwinklige Dreieck und die Vierecke beim Satz des Pythagoras, jedoch kann weder der Charakter eines Dreiecks noch eines Vierecks als neu hinzutretende Gegenstände von einem Gegenwartsbewusstsein erkannt werden, wenn nicht bereits anschauliche Gegenstände auf vorbewusste Weise im Grundbewusstseins vorhanden wären. Diese sind so gestaltet, dass zweidimensionale Dreiecke oder Vierecke daraus abstrahiert werden können. A priori zugrunde liegt allein die Vorstellung vom leeren Raum ohne alle Gegenstände. Da die Verhältnisse der Flächen zueinander beim Satz des Pythagoras über die Zahlen ausgedrückt werden, die ebenfalls sich erst nach Installation des Grundbewusstseins herausziehen lassen, existiert der Satz $c^2=a^2+b^2$ nicht als „Ideal", sondern besitzt lediglich seine Gültigkeit bezogen auf die menschliche Spezies. Drei- und Vierecke sind Abstraktionen von anschaulichen Gegenständen des Grundbewusstseins. Alle Charaktere von sogenannten „idealen" Gegenständen existieren als Abstraktionen eines Gegenwartsbewusstseins, das sich auf ein rein anschauliches Grundbewusstsein zurückbezieht. Daraus folgt, dass keine „idealen" Gegenstände vorkommen, sondern sie uns nur „ideal" scheinen, weil ihre Herkunft vorbewusst zugrunde liegt.

Die „idealen" Gegenstände scheinen als immer gültige dazustehen, weil ihre Herkunft nicht im vollen Bewusstsein liegt. Dabei sind sie Gegenstände des Bewusstseins und können deshalb nach dessen Untergang nicht mehr weiterexistieren. Der Charakter des Grundbewusstseins ist vorbewusst, damit die Mannigfaltigkeit der Phänomene, die stetig vorbeihuschenden Vorstellungen, an etwas gebunden wird, das beharrlich zugrunde liegt. Da jedoch die Permanenz der mehr oder weniger klaren Vorstellungsbilder im vollen Bewusstsein vorhanden ist, kann das andere dieser stetigen Vorstellungen, ihre beharrliche Zugrundelegung, nur außerhalb des vollen Bewusstseins, im Vorbewussten, liegen. Im Grundbewusstsein konstituiert sich ein Selbstbewusstsein, das nicht den Charakter der stetig sich abwechselnden Phänomene aufweist. Im Grundbewusstsein entfaltet sich ein individuelles Selbstbewusstsein in der Auseinandersetzung mit dem Äußeren und unter Begleitung des sozialen Umfeldes. Auf jedem Punkt der Zeitachse vermerkt das junge Individuum anfangs gleichartige Erkenntnisse über sich selbst und die Gegenstände. Die konkrete frühe Gegenstandserfahrung gerät wegen ihrer Vielfalt und Unübersichtlichkeit meistens in Vergessenheit, aber die gleichartigen Erkenntnisse des Selbstwertes und des Wertes der Mitwesen, die nicht differenziert werden können und daher vorbewusst bleiben, begründen das ruhende Selbstbewusstsein und das Bewusstsein des Äußeren.

Wenn dem jungen Individuum durch das soziale Umfeld vermittelt wird, dass es trotz seiner Begierde, sich der Gegenstände zu bemächtigen (das beginnt ganz zu Anfang mit dem Schreien nach der mütterlichen Brust), ein unbedingt liebenswertes individuelles Gut bleibt, also Zuwendung in Wort und Tat erfährt, dann weicht der Widerstand des äußeren Gegenstandes, der sich der Habhaftwerdung entgegengestemmt hat, zurück, weil das Individuum dem Gegenstand genau diese Erkenntnis über seinen individuellen Selbstwert verdankt. Das Kleinkind verwächst mit der warmen Brust über den Milchfluss zu einer Einheit. Diese Erkenntnis wird natürlich nicht rational begriffen, sondern intuitiv erfasst, weil der Selbstwert des Individuums durch die Bezugspersonen gespiegelt worden ist. Zugleich gewinnt das junge Individuum ein positives Verhältnis zum Äußeren, es respektiert das Äußere in seinem Wert, weil die Gegenstände ihm gewissermaßen zu sich selbst verholfen haben. Dieses ist die Grundlegung eines gesunden Selbstbewusstseins. Wird dagegen der individuelle Selbstwert durch die Bezugspersonen missachtet, dann kann das Individuum weder ein intaktes Selbstbewusstsein errichten, noch das Äußere in seinem Wert erkennen. Der mangelnde Respekt vor dem anderen begründet ein bösartiges Verhalten durch das Individuum. Die Missachtung des individuellen Selbstwertes wirkt sich als Geringschätzung der Mitwesen aus.

Die Erkenntnisse des Grundbewusstseins sind also intuitiv und vorbewusst, darunter fällt auch die Erfahrung der eigenen Freiheit, die das junge Individuum macht. Diese Freiheitserfahrung geschieht durch den Wegfall der äußeren Widerstände im Verlauf des Begehrens der Gegenstände. Was nicht mehr entgegensteht, gibt den Weg frei. Wenn das Individuum dagegen späterhin seiner Gier nach Macht, Ansehen, Reichtum und Geschlechtslust erliegt, kann niemals mehr von Freiheit eine Rede sein, weil nach jedem erreichten Ziel Langeweile eintritt und alsbald neues Verlangen erwacht. Wir sehen hieran, dass sich im Grundbewusstsein eine vorbewusste Erkenntnis vom individuellen Selbstsein und vom Äußeren konstituiert, die über eine Handlungsmoral entscheidet. Das Selbstbewusstsein und die Grundlegung des äußeren Charakters wachsen mit den Gegenstandserfahrungen. Das junge Individuum erfährt im Grundbewusstsein auf intuitive Weise etwas darüber, was vor seiner Geburt anwesend gewesen ist und nach seinem Tod sein wird, nämlich etwas über den gemeinsamen Wert aller Wesen und Dinge und über die individuelle Freiheit. An diesen frühen intuitiven Erkenntnissen vollziehen sich späterhin die flüchtigen Gedanken und Vorstellungen. In der rationalen und begrifflichen Erkenntnis sagen wir, dass jedem Gegenstand etwas in anderer Gestalt als seine Ursache vorhergegangen sei. Meine Bewusstseinsanalyse liefert dagegen die metaphysische Erklärung des Kausalitätsprinzips und ist ein weiteres Indiz dafür, dass das Äußere ein Spiegelbild des Bewusstseins darstellt.

Das Stück für Stück in den frühen Gegenstandserfahrungen angewachsene Selbstbewusstsein und die grundlegende Erkenntnis des Äußeren habe ich die individuelle Identifikation genannt. Diese liegt beharrlich zugrunde, und hierauf werden alle späteren Erkenntnisse des Gegenwartsbewusstseins zurückgeführt. Ohne diese Identifikation könnten alle Gedanken und Vorstellungen nur ein zusammenhangloses Nacheinander bilden, das nicht erkannt zu werden vermag. Denn kein durch ein Gegenwartsbewusstsein erkannter Gegenstand kann vollkommen neu sein, weil eine absolute Neuigkeit außerhalb jeder Vorstellung liegt. Also muss jeder in einer Gegenwart erkannte Gegenstand schon einmal als ähnlicher Gegenstand im Grundbewusstsein aufgetreten sein und sei es, dass irgendwelche frühen Gegenstände nur Umgangsspuren hinterlassen haben und die konkreten Erlebnisse im Vorbewussten verschwunden sind. Ich meine damit das, was ich weiter oben beschrieben hatte, also die Weise des frühen Umgangs mit den Gegenständen, die wir im Nachhinein, in der

Abstraktionsfähigkeit des Gegenwartsbewusstseins, als allgemeine Verstandesbegriffe zusammenfassen. Also z.B. Aussagen über die Quantität von Gegenständen, die ich in Einheit, Vielheit, Allheit aufteilen kann. Jedoch ist entscheidend, dass ich eine Aussage über eine Quantität von Gegenständen nur dann treffen kann, wenn ich mir zuvor selbst am Umgang mit frühen Gegenständen bewusst geworden bin. Das bedeutet, dass ich den Begriff von einer Quantität von Gegenständen nur dann verstehen kann, wenn ich früher schon einmal mit anschaulichen Gegenständen umgegangen bin. Dort habe ich etwas über einen Gegenstand, über viele Gegenstände und über alle Gegenstände auf ganz konkrete Weise erfahren. Wenn ich späterhin mit Gegenständen hantiere, beziehe ich mich auf dieses Vorbewusste und kann erst dadurch die Begriffe von Einheit, Vielheit und Allheit verstehen.

Aus dem Grundbewusstsein, durch das ich mich selbst im Umgang mit den Gegenständen erkenne und in welchem ich eine intuitive Erkenntnis über die Einheit aller Wesen und meinen Selbstwert erlangen kann, erwächst das Verständnis der Zahlenreihe und dasjenige, was früher als reine Verstandesbegriffe bezeichnet worden ist. Aber die Auffassung über die reinen Verstandesbegriffe geschah aus Unwissenheit, denn kein Gegenwartsbewusstsein kann reine Gegenstände aus sich selbst hervorbringen, und wenn es das unternimmt, dann sind das lediglich Chimären und Phantastereien, eine irreale Welt wie z.B. Erfindungen, die eine Neuigkeit darstellen. So hat in unseren Tagen ein Denkbeamter eine neue Zeit erfunden, weil er der Meinung ist, dass das Raum-Zeit-Gefüge Kants nicht mehr gültig sei. Doch ist seine „Lagezeit" deshalb eine Chimäre, weil sie in keinem Grundbewusstsein aufgefunden werden kann. Ich kehre lieber zur ernsthaften Philosophie zurück und sage, dass die vielen konkreten Gegenstandsbegegnungen des Grundbewusstseins zwar im Vorbewussten liegen, aber dasjenige, was von einem zur Abstraktion fähigen Gegenwartsbewusstsein wiedererinnert werden kann, sind die von den früheren konkreten Gegenstandsbegegnungen entkleideten allgemeinen Umgangsspuren und die Zahlenreihe. Aus dieser Betrachtung folgt nun, dass alle isolierten Gegenstände eines reinen Gegenwartsbewusstseins, die nicht auf ein Grundbewusstsein zurückgeführt werden können, Gegenstände des Scheins sind, weil sie vollkommene Neuigkeiten darstellen. Hierunter fallen Gegenstände der Astrophysik wie z.B. Dunkle Materie, Schwarze Löcher oder, ganz beliebt und en vogue, der Urknall. Dagegen bleibt der echte „ideale" Gegenstand auf das Vorbewusste des Grundbewusstseins bezogen und ist überhaupt nicht neu. Dieses habe ich am Satz des Pythagoras dargestellt, der „ideal" scheint, weil er nicht sofort auf ein Grundbewusstsein bezogen werden kann, sondern erst nach seiner Analyse.

Zusammenfassend lässt sich ausdrücken, dass alle Ergebnisse aus Forschungsgebieten, die in der Isolation eines Gegenwartsbewusstseins operieren und nicht in irgendeiner Weise an ein allgemeines Grundbewusstsein gebunden werden können, unvollständige Erkenntnisse darstellen. So ist der hanebüchene Schwachsinn offensichtlich nicht ausrottbar, wenn ein sogenannter Urknall als Geburt der Zeit, pathetisch als Sekunde Null, dargestellt wird. Wie die echten Philosophen ausgeführt haben (wie ärmlich sind dagegen unsere heutigen Denkbeamten), lässt sich weder ein Anfang noch ein Ende der Zeit denken, sondern einzig und allein, dass mehrere Zeiten nicht zugleich sind, sondern nacheinander. Jedem ist dieser Satz dann gewiss, wenn sein Bewusstsein begonnen hat. Das bedeutet nichts anderes, als daß die Denkbarkeit der Zeit eben gerade das Bewusstsein darstellt, und daraus ergibt sich weiterhin, dass die Zeit nicht draußen existiert, sondern im Gehirn. Deshalb kann die Zeit nicht draußen mit dem Urknall begonnen haben. Die Zeit beginnt und endet auch nicht im Gehirn, weil ich das nicht denken kann, oder besser gesagt, ich versuche das zu denken und es gelingt mir nicht überzeugend, sondern ich denke und verstehe allein, dass verschiedene Zeiten nicht zugleich sind, sondern nacheinander. Jeder Gedanke über einen Anfang und ein Ende der Zeit kann andererseits von einem weiteren Gedanken wieder in Frage gestellt werden und ist niemals gewiss. Dagegen ist der Urknall ein isolierter Gegenstand des Gegenwartsbewusstseins und somit vollkommen neu. Er ist eine Chimäre und steht mit der Unwirklichkeit einer Vorstellung von einem Einhorn auf einer Stufe.

Mir ist auch nicht bekannt, dass der Urknall zuverlässig berechnet worden, sondern dadurch, dass festgestellt worden ist, dass sich das Weltall immer weiter ausdehnt, schien es nötig gewesen zu sein, irgendwann einmal seine Explosion als Anfang annehmen zu müssen. Das ist natürlich kompletter Unsinn, denn wenn ich feststelle, dass das Weltall sich permanent ausdehnt, dann liegt das an der Dimension der Erkenntnisform Zeit meines Bewusstseins, bei der ich weder Anfang noch Ende denken kann, sowie an der Zahlenreihe, die durch die Zeit gegründet wird und welche die Grundlage aller Berechnungen darstellt. Permanente Ausdehnung des Alls ist nichts anderes als stetes Fließen der Erkenntnisform der Zeit. Das Universum kann nicht anders erkannt werden. Es bleibt dabei, dass der Gegenstand Urknall im Gegensatz zu den drei bekannten Phänomenen vollkommen neu ist und deshalb nur als Unwirklichkeit und Uneigentlichkeit erkannt werden kann. Die drei wahrhaftigen Phänomene sind dagegen einmal die Gegenstände der Anschauung, die deshalb real sind, weil es solche oder ähnliche gibt, die auf die herausragend andere Weise, die ich beschrieben habe, schon einmal im Grundbewusstsein aufgetreten sind; zweitens die „idealen" Gegenstände, die, wie ich gezeigt habe, ihre Herkunft der Geburt der Zahlenreihe und dem frühen Umgang mit den Gegenständen im Grundbewusstsein verdanken (deshalb sind sie nicht im eigentlichen Sinne „ideal", sondern Gegenstände des Grundbewusstseins); und drittens die Handlungsgegenstände, deren Beziehung auf das Grundbewusstsein am evidentesten hervortritt. Hierauf werde ich im weiteren Verlauf noch ausführlich zurückkommen. Der Gegenstand Urknall dagegen fällt aus allen drei bekannten Phänomenen heraus und ist eine reine Chimäre. Da jegliches Denken erst nach der Selbstbewusstwerdung beginnen kann, verlegt es seinen eigenen Anfang in die sogenannte Außenwelt. Denn seine eigene Gründung gelangt ihm nicht ins volle Bewusstsein. Deshalb erscheint ihm ein Zeitbeginn verständlich.

Die Buddhisten bezeichnen diejenigen, die nicht auf ihre zeitlose Existenz meditieren und ihre Gedanken und Emotionen für die Wirklichkeit halten, als Unbewusste. Ich sage eher Vorbewusste, weil ich gegen das Vorbewusste noch das Unbewusste abgrenze, wie ich später erläutern werde. Einige von den Buddhisten sagen, dass keine Beziehung mehr möglich sei zwischen Bewussten und Unbewussten, zwischen denen, die auf ihr unveränderliches Sein meditieren und ihre Gedanken als Illusionen erkennen und denen, die ihre Verstandesgeburten für „Realität" halten. Und der Astro-Unsinn steht auch in einem gewaltigen Gegensatz zur Einfachheit des Seins, wenn einem das Phantasieprodukt der „Dunklen Materie" aufgetischt wird. Früher meinten die Astrophysiker, da sie zwischen den Gestirnen nichts entdecken konnten, dass das reine Nichts zwischen den Sternen vorhanden sei. Jetzt meinen sie, dunkle Materie entdeckt zu haben, die genauso dunkel ist wie ihre Ahnung. Um mit Platon zu sprechen, müssen wir sagen: Wenn wir das Nichts als Nichts benennen, haben wir es als Etwas bezeichnet, woraus folgt, dass das Nichts ein Etwas ist und nicht Nichts. Aber lassen wir Platon beiseite! Nach einer Bewusstseinsanalyse wissen wir, dass Zeit und Raum als unsere Erkenntnisformen existieren und nicht als äußere „Realität". Jeder Gegenstand wird dadurch hervorgebracht, dass er zu einer bestimmten Zeit in der äußeren Vorstellung des Raumes seine Stelle einnimmt. Dieses geschieht unter der Bedingung, dass er zu einer anderen Zeit an derselben oder an anderer Stelle des Raumes in einer anderen Gestalt anwesend gewesen ist. Da die Zeit weder Anfang noch Ende besitzt, wechselt der Gegenstand fortwährend seine Gestalt und existiert zu einer anderen Zeit in anderer Form. Da verschiedene Zeiten nacheinander stattfinden, kann er sich zu einer anderen Zeit keineswegs in Nichts aufgelöst haben, weil die Erkenntnisform der Zeit ihn hervorgebracht hat. Zu einer anderen Zeit ist er in anderer Gestalt anwesend gewesen. Dächte ich den Gegenstand ins Nichts entschwunden, existierte die Welt zufällig zusammengesetzt, ein Gegenstand kommend, ein anderer gehend, und alles geschähe beziehungslos. (Ein Argument Schopenhauers). Deshalb gibt es in der gegenständlichen Welt kein Nichts, sondern allein Gegenstände, die durch unsere Erkenntnisformen Zeit und Raum hervorgebracht worden sind.

Außerhalb dieser Gegenstände der Erkenntnis gibt es noch die Gegenstände der intuitiven oder meditativen Erkenntnis, die wir im Grundbewusstsein analysiert haben. Diese sind die Erkenntnisse über die Einheit des Selbstwertes mit den Werten der Mitwesen und über die individuelle Freiheit, die außerhalb von Zeit und Raum vorhanden sind und auf welche die permanente Veränderung der gegenständlichen Welt bezogen ist, damit diese überhaupt verstanden werden kann. Die metaphysischen Gegenstände werden im Grundbewusstsein zu jedem Punkt auf der Zeitachse als immer die gleichen erfahren und wechseln niemals ihre Gestalt. Hiermit habe ich in groben Zügen die Grundlagen unserer Erkenntnis ausgeführt, die ich im weiteren Verlauf immer mehr entfalten werde. Nebenbei hat sich Platons auf logische Weise abgeleitete Darstellung bestätigt, dass nämlich keinerlei Nichts existiert. Nur derjenige behauptet die Existenz eines Nichts, der einen isolierten Gegenstand seines Gegenwartsbewusstseins betrachtet und diesen nicht auf die Historie seines Bewusstseins zurückführt. Die permanente Veränderung des Äußeren vollzieht sich an der Erkenntnis der Zeitlosigkeit des Grundbewusstseins. Deshalb ergibt die isolierte Erforschung eines angeblichen Äußeren ein Hirngespinst. Immerhin sind die Astrophysiker jetzt bei der dunklen Materie angelangt, doch ist der Weg noch weit von der unvollständigen Erkenntnis zur vollständigen.

Stephen Hawkins behauptet, dass unsere Welt sich aus dem Nichts von selbst zusammengeballt habe, ohne dass ein göttlicher Plan dahinter verborgen sei. Eine göttliche Existenz kann wahrlich weder bewiesen noch gänzlich abgestritten werden, jedoch ist die Existenz eines ewigen Planes gewiss, dem alle Wesen sich überlassen dürfen, weil jedes menschliche Individuum ihn durch Meditation direkt erfahren könnte. In der logischen Gegenargumentation begebe ich mich zuerst auf die gleiche unwahre Ebene des Hawkins. Unwahr ist ein „idealer" Gegenstand immer dann, wenn er keinerlei Bezüge zum Grundbewusstsein aufweist. Und dass ein Etwas aus dem Nichts entsteht, hat kein Individuum jemals erlebt. Zwischen dem Etwas und dem Nichts herrscht keinerlei Wesensverbindung. Das bedeutet, dass ein Etwas, das aus dem Nichts entstanden sein soll, vollkommen zufällig zu diesem Etwas geworden wäre. Es wäre damit genauso möglich, dass aus einem Reiskorn ein Kastanienbaum erwüchse. So ungefähr hat es Eckhart Tolle ausgedrückt. Da aber unser Etwas, die Welt, durch ein strenges Kausalitätsprinzip beherrscht wird, das jeder Wirkung eine bestimmte Ursache zuweist, denn jeder Kastanienbaum ist aus seiner bestimmten Frucht entstanden, ist dieses Etwas dem Nichts vollkommen fremd, weil innerhalb des Nichts niemals etwas entsteht und vergeht. Rein zufällig soll also aus solch einem Nichts unsere streng kausalitätsbezogene Welt entstanden sein, in der nach einer strengen Abfolge alle Wesen permanent entstehen und vergehen. Bereits auf dieser Ebene des intellektuellen Glasperlenspiels kann niemand so etwas Blödsinniges glauben.

Als zweites Argument können wir anführen, dass ein Nichts keine ewige Existenz aufwiese, wenn es irgendwann ein Etwas aus sich herausgesetzt hätte. Dann kann auch niemand mit Sicherheit ausschließen, dass vor der begrenzten Existenz des Nichts nicht irgendein anderes Etwas vorhergegangen sein kann. Damit verliert das Nichts seine Identität, weil in einer Kette von Etwasheiten nicht ein Glied ein Nichts sein kann. Ein begrenztes Etwas ist kein Nichts! Alles verändert sich in Permanenz, jede Form wandelt sich in eine andere Form, unsere Gedanken kommen und gehen, einmal hören wir dieses, ein anderes Mal jenes, ständig wechseln unsere Gefühle, wir werden geboren und wir sterben. Von der ersten Minute unseres Lebens an befinden wir uns bereits auf dem Wege in den Verfall und in den Tod. Da die Permanenz der Veränderung als einziges konstatiert werden kann, besitzt keinerlei Wesen irgendeine von der Veränderung unabhängige Eigenständigkeit. Deshalb ist bereits alles dasjenige, was wir erblicken, eine Illusion, über welche nicht noch ein Nichts hinausweisen könnte. Da wir selbst als Individuen nun unbestreitbar wirklich sind, weil jeder bei sich wahrnimmt, dass er existiert, sind alle unsere Veränderungen an eine Zeitlosigkeit gebunden, die jeder auch bei sich selbst entdecken könnte. Wenn wir demnach nicht wie Hawkins ins Blaue hinein schwafeln, sondern unsere Gedanken an eine Selbsterkenntnis anbinden, entdecken wir, dass die Zeit nicht in der Welt vorkommt, sondern, bevor wir zu denken begonnen haben, in uns selbst zugrunde gelegen hat. Wir verstehen dann mit absoluter Gewissheit, dass verschiedene Zeiten nicht zugleich stattfinden können und daß weder ein Zeitanfang noch ein Zeitende mit der gleichen Gewissheit festgestellt werden kann. Behaupten kann einen Zeitanfang allerdings jeder Dummbeutel. Unser historisches Bewusstsein lässt sich als die Existenz der Zeit ausdrücken. Die Historie des Bewusstseins beginnt sich jedoch erst dann zu entfalten, wenn jeder frühzeitig seinen Selbstwert und das Gut aller anderen Wesen erfahren hat. An dieser Zeitlosigkeit verfliegt die Zeit. Jeder könnte die zeitlose Existenz durch Meditation wieder erfassen. Deshalb gründet diese Erkenntnis, dass weder ein Zeitenanfang noch ein Zeitenende existieren und somit auch kein Nichts festgehalten werden kann, auf einer Wahrheit. Ein Nichts, das keine unendliche Dauer aufweist, ist ein begrenztes Etwas. Unsere Erkenntnis ist im Gegensatz zu einer nicht an die Selbsterkenntnis gebundene Behauptung wie diejenige des Hawkins wahr, weil es gewiss ist, dass wir existieren. Jedes Denken muss letztendlich auf einer Gewissheit gründen, und wenn auch unwahres Denken sich zur öffentlichen Meinung wandelte, dann bliebe solch ein Denken trotzdem unwahr.

10. KURZE ANALYSE EINER PSEUDOWISSENSCHAFT

Bei der sogenannten analytischen Philosophie tritt im Gegenwartsbewusstsein, also lediglich in einem abgelösten Teilbereich unseres Bewusstseins, die isolierte Erkenntnis des Sprachproblems auf. Dadurch führt sie ihren Namen zu Unrecht, weil die echte Analyse ihre Gegenstände auf die Historie des Bewusstseins zurückführt. Die falsch bezeichnete analytische Philosophie meint, dadurch daß die philosophischen Probleme in der Sprache artikuliert werden, müsse diese auch das Ziel der Untersuchung sein. Auf diese Weise wird der Erkenntnisgegenstand Sprache isoliert. Aus dem kindischen Argument dieser Scheinphilosophie könnte auch abgeleitet werden, dass die Tendenz zur Fettleibigkeit bei den unteren Schichten der Bevölkerung im restringierten Sprachcode der Unterschicht erforscht werden kann. Die menschliche Identifikation beginnt jedoch nicht mit der Sprache, sondern mit einzelnen Schritten der Selbsterkenntnis, aus welchen sich dann im weiteren Verlauf ein Selbstbewusstsein gestaltet. Da dieses Selbstbewusstsein jedoch adäquat zur individuellen Idee oder kompensatorisch ausfallen kann und alle Konflikte latent bleiben und einige hervorbrechen, bleibt jede spätere Erkenntnis vom Selbstbewusstsein abhängig, oder, wie ich es anders ausgedrückt hatte, die Historie des Bewusstseins zeichnet sich dadurch aus, dass das Gegenwartsbewusstsein auf das Grundbewusstsein bezogen ist. Daraus folgt aber, dass der Intellekt in einem Abhängigkeitsverhältnis zum Grundbewusstsein steht und seine angeblichen Wahrheiten und Wirklichkeiten nach der individuellen Identifikation erkennt.

Selbstverständlich stelle ich nicht in Abrede, dass die frühen Gegenstände der Erkenntnis, die in Wirklichkeit immer eine Selbsterkenntnis durch die Gegenstände darstellt, bereits ganz schnell mit Begriffen belegt werden. Und wenn während der Ausgestaltung des Grundbewusstseins der Widerstand der begehrten Gegenstände im Moment des Besitzen-Wollens zurückweicht und das Individuum sich selbst erkennt, dann ist der Gegenstand im wahrsten Sinne auch begriffen worden. Zugleich versinken diese konkreten frühen Erlebnisse im Vorbewussten und mit ihnen zusammen auch das konkret Begriffene. Übrig bleiben die Namen der Gegenstände, die im Gedächtnis gespeichert werden können. Findet in einem späteren Gegenwartsbewusstsein eine Erkenntnis statt, dann kann ihr Gegenstand niemals ein vollkommen neuer sein, weil alles Neue grundsätzlich außerhalb der Erkenntnis liegt. Vielmehr erinnert sich das Gegenwartsbewusstsein an einen früheren Gegenstand gleichen oder ähnlichen

Namens und stellt ein Beziehungsgeflecht zu früheren Gegenständen her. Dadurch, dass die ganz frühen Gegenstände im Moment der Selbsterkenntnis zeitlos gegründet worden sind (durch die intuitive Erkenntnis des Selbstwertes und der Wertegleichheit der Mitwesen, eine Erkenntnis, die bei jedem frühen Gegenstand immer gleich und niemals anders aussieht), ruht jedes Gegenwartsbewusstsein auf diesem Fundament. Die ursprünglichen Namen der früheren Gegenstände, die das Gedächtnis erinnern kann, fließen aus dem Vorbewussten in die Erkenntnis des Gegenwartsbewusstseins mit ein und formen seinen Begriff durch das Beziehungsgeflecht, das mit dem Grundbewusstsein verbunden ist. Da alle drei Phänomene, die anschaulichen Gegenstände, die „idealen" Gegenstände und die Handlungsgegenstände, durch die Historie des Bewusstseins entstehen, muss eben diese Historie das Ziel der Untersuchung sein und nicht die Sprache.

Betrachten wir z.B. als konkreten Begriff die Tapferkeit, die von den sogenannten analytischen Philosophen als Universalie angesehen wird. Die Tapferkeit kann vielen zugeteilt werden, so argumentieren sie, und Sokrates teilt diese Eigenschaft mit allen, die tapfer sind. Das ist natürlich Unsinn, weil die Tapferkeit als Universalie lediglich eine Scheinexistenz führt. Eine Scheinexistenz erreiche ich dadurch, dass ich die Tapferkeit aus ihren Bezügen herauslöse und alleine im Gegenwartsbewusstsein betrachte. Jedoch ist die universelle Tapferkeit weder diejenige von Sokrates noch die von Alkibiades. Die sogenannten analytischen Philosophen haben also einen neuen Gegenstand Tapferkeit dadurch erschaffen, dass sie von vielen individuellen Tapferkeiten abstrahieren und eine neue allgemeine Tapferkeit durch Zusammenfassung im Denken herausgebracht haben. Der neue Gegenstand erweckt dann den Anschein einer Universalie, aber in Wirklichkeit kann er nicht erkannt werden. Denn es gibt niemanden, der universell tapfer ist, sondern nur solche, die mehr oder weniger selbstsicher sind und Gefahren unterschiedlich einschätzen. Universalien sind Chimären des Denkens, die durch Beschränkung auf die zweite Bewusstseinsebene zustande kommen.

Eine individuelle Handlungssicherheit ist nämlich davon abhängig, wie das soziale Umfeld die frühen Gegenstandserkenntnisse begleitet hat. Wenn ein junges Individuum in seinen frühen Versuchen, sich die Welt anzueignen, nicht bestärkt, sondern unterdrückt worden ist, dann konnte sich sein Besitzstreben nach dem unbekannten Außenstehenden weder in eine adäquate und eigentliche Selbsterkenntnis umsetzen (beide Begriffe der Selbsterkenntnis werden im weiteren Verlauf deutlich werden), noch der Wert des Äußeren so

erkannt werden, dass dieses Respekt abnötigt. Denn im Grundbewusstsein erkennt sich jemand durch das Äußere, wenn ihm sein Besitzstreben nach den Gegenständen vom Umfeld als nicht abstreitbarer Selbstwert gespiegelt worden ist. Das bedeutet, dass jeder frühe Willensakt prinzipiell alles zu erreichen trachtet, nämlich das Verschlingen des Gegenstandes wünscht und die Einswerdung mit diesem anstrebt. Da dieses unmöglich ist, müssen die Willensakte sublimiert und anders abgegolten werden, nämlich durch Selbsterkenntnis und Anreicherung des Selbstbewusstseins und zweitens durch Erkenntnis des gemeinsamen Wertes vom Selbstsein und von den Mitwesen. Wenn aber einem jungen Individuum durch das soziale Umfeld die Erkenntnis des Selbstwertes und des Wertes der anderen nicht ermöglicht wird, dann wird dieser Konflikt das Individuum auf seinem späteren Lebensweg begleiten und jede Handlungsgegenwart durch Kompensationsversuche dieses Defektes beeinflussen. Denn die frühen Willensakte konnten nicht sublimiert werden, und diese kennen nicht anderes als beständiges Streben nach ihrer Verwirklichung. Klar liegt auf der Hand, dass aus einem konfliktträchtigen Grundbewusstsein keine Handlungssicherheit erwächst und späterhin schon gar nicht ein Gefahrenpotential abgewogen werden kann. Deshalb existiert die Tapferkeit nicht als Universalie, sondern ist durch und durch ein individueller Gegenstand.
Betrachten wir einen Satz aus der sogenannten analytischen Philosophie: „Notwendigerweise, wer tapfer ist, ist in mindestens einer Hinsicht tugendhaft" (Wolfgang Künne, Internetaufsatz). Dieser Satz wird in der Analyse nicht allein als falsch, sondern auch als albern und lächerlich entlarvt. Die Bezeichnung der Tapferkeit als Tugend können wir auf die Antike zurückführen. Bei den ständigen kriegerischen Auseinandersetzungen war es für das Überleben eines Staates oder eines Stammes natürlich wichtig, dass die einzelnen Krieger sich tapfer verhielten. Da der Krieg in der Antike immer ein Kampf Mann gegen Mann war, konnte jedermann offensichtlich leicht einschätzen, ob der einzelne Krieger sich tapfer verhalten hat oder nicht. Das bedeutet nach meiner Analyse, dass jeder Augenzeuge oder auch jeder, der später über das Kampfgeschehen unterrichtet worden ist, in seinem augenblicklichen Bewusstsein, in seinem Gegenwartsbewusstsein, wie ich sage, einen Begriff von Tapferkeit erhält, über welchen er sich mit anderen austauschen kann, weil dieser Begriff allgemeingültig scheint. Wenn wir jedoch das Gegenwartsbewusstsein verlassen und in die Historie des Bewusstseins vordringen, dann erkennen wir, dass die Tapferkeit demgegenüber individuell ist und davon abhängt, welcher Grad an Selbstsicherheit und Welterkenntnis vom Individu-

um erreicht worden ist. Der allgemeine Begriff der Tugend beginnt sich umso mehr aufzulösen, je weiter wir in der Bewusstseinsanalyse voranschreiten. Heutzutage kann niemand es mehr als Tugend bezeichnen, wenn ein Kampfpilot auf einen Knopf drückt und seine Raketen abfeuert, weil er nur noch ein geringes Risiko eingeht. In der Antike konnte der Krieger entweder siegen oder sterben und nur in seltenen Fällen auch bei Verwundung dem Tod entrinnen. Somit kann die Tapferkeit nicht zur Tugend gezählt werden, weil ein Tugendbegriff unveränderlich zu bestehen hat, solange es lebende Individuen gibt. Die Tapferkeit hat ihre antike Bedeutung aufgegeben und existiert heute nicht mehr. Deshalb gibt es nur einen einzigen Tugendbegriff, und der ist das Mitleid, Mitleid haben mit allen anderen Wesen und Demut vor deren Existenz. Alle anderen Tugendbegriffe sind auf das Mitleid bezogen. Mitleid ist ein wahrer Gegenstand, weil er streng auf die frühe individuelle Selbstbewusstwerdung ausgerichtet ist. Denn in den allgemeinen Grundbewusstheiten aller menschlichen Individuen liegt das Verhältnis zu den Mitwesen zugrunde. Dagegen ist der sogenannte allgemeine Begriff Tapferkeit die Chimäre einer isolierten Bewusstseinsebene. Mich wundert es, dass die sogenannten analytischen Philosophen dergestalt naiv und oberflächlich ins Blaue hineinschwafeln und deren Kurse auf den Akademien trotzdem besucht werden.

In der Handlungsanalyse hatte ich oft gezeigt, dass das moralische Handeln davon abhängig ist, in welchem Maße sich die Selbsterkenntnis und die Erkenntnis des Äußeren im Grundbewusstsein verwirklicht haben. Denn jedes vom sozialen Umfeld unterdrückte individuelle Streben nach Inbesitznahme des Äußeren wird einen Konflikt in den Aufbau des Selbstbewusstseins säen. Jede individuelle Willensäußerung besteht auf sich selbst und muss sublimiert werden. Deshalb bleibt der Konflikt für alle Zeit handlungsbestimmend und bedeutet, dass das Individuum sich nach diesem Defekt verwirklicht, weil seine ursprüngliche Willensäußerung nicht adäquat umgesetzt worden ist. Da einzig das unersättliche Streben nach Inbesitznahme des Äußeren das Selbstbewusstsein und die Welterkenntnis konstituiert, kann als Kompensation im Falle eines Konfliktes auftreten, dass das Individuum später zusammenrafft, wessen es nur habhaft werden kann. Darunter fallen auch immaterielle Güter wie die Gier nach Sex, Macht und Ansehen. Solcherart Individuum wird sich gegen Mitwesen und Dinge umso rücksichtsloser verhalten, je drängender sich sein Defekt gestaltet.

Eine adäquate Selbsterkenntnis im Grundbewusstsein vermittelt dagegen die Erkenntnis des eigenen Selbstwertes und zugleich den Wert des Gegenstandes. Dadurch entsteht eine Demut gegenüber der äußeren Welt. Jedes Individuum wird sich umso verantwortungsbewusster verhalten, je adäquater es sich selbst am Äußeren erkannt hat. Hieran sehen wir deutlich, dass in der Bewusstseinsanalyse ein allgemeiner Tugendbegriff als unvollständig entlarvt wird und die moralische Handlungsweise nur vollständig in der Analyse des historischen Bewusstseins aufgewiesen werden kann. Der isolierteTugendbegriff des Gegenwartsbewusstseins dagegen entsteht durch Übereinstimmung der Individuen miteinander über den Begriff der Tugend und ist unvollständig und kann nur in der individuellen Analyse vollständig erkannt werden. Das nützen die sogenannten analytischen Philosophen, die ihren im Gegenwartsbewusstsein isolierten Gegenständen scheinbar logische Bezeichnungen überstülpen und diese hin- und herschieben wie beim Glasperlenspiel. Dann nennen sie ihre Chimären etwa Universalie erster Stufe oder, schön ist auch F-heit, oder particulars, die F sind, dann wieder abstrakter Term, P mit einem Stern oder zweien usw. Alle diese Bezeichnungen enthalten schon rein äußerlich keinerlei Bezug zu einem Grundbewusstsein. Diese Gegenstände entstehen sämtlich durch Isolation des Gegenwartsbewusstseins; sie sind vollkommen neu und können im Grunde genommen nicht erkannt werden. Solche Gegenstände erhalten ihre Berechtigung lediglich durch willkürlich geknüpfte Verhältnisse zueinander. Beziehe ich dagegen die Historie des Bewusstseins mit ein in der Absicht, eine vollständige und keine hohle Erkenntnis zu erlangen, dann erscheinen die Kindereien der sogenannten analytischen Philosophen sogleich lächerlich. Die echte Analyse wird aus einer Welterkenntnis gewonnen, die in der Historie des Bewusstseins die wahren Gegenstände und keine Chimären erkennt. Diese Gegenstände sind das Unbewusste, das Vorbewusste und das unabänderliche Streben nach Inbesitznahme des Äußeren. Wenn in der echten Analyse alle drei Phänomene, die anschaulichen Gegenstände, die „idealen" Gegenstände und die Handlungsgegenstände, erläutert und zu einer Einheit zusammengefasst werden können, dann ist die Analyse zugleich wahr. Denn, wie Schopenhauer gesagt hat und nicht verstanden worden ist, existiert nichts Abgerissenes und Vereinzeltes. Deshalb sind die Gegenstände, die in der Erkenntnis alle miteinander verbunden sind, wahr.

Wir sehen also, dass eine Universalie lediglich eine Scheinexistenz führt, denn eine echte Universalie müsste dadurch definiert werden, dass sie aller individuellen Bezüge ledig ist und als allgemeiner Begriff, in der Gegenwart geäußert, von jedermann verstanden wird. Jedoch wäre solch ein Gegenstand, der keinerlei historische Bezüge aufwiese und plötzlich gegenwärtig erschiene, etwas vollkommen Neues und könnte nicht erkannt werden. Der Gegenstand Tapferkeit scheint lediglich als allgemeiner Begriff eine universale Existenz zu führen, aber nur, weil jedem Individuum eine intuitive und vorbewusste Erkenntnis von Tapferkeit zur Verfügung steht, auf welche das jeweilige individuelle Gegenwartsbewusstsein sich beziehen kann. Dieser Bezug dringt wegen des vorbewussten Charakters des Grundbewusstseins nicht ins volle Bewusstsein. Jedoch weisen viele Gegenstände der sogenannten Analytiker überhaupt keine historischen Bezüge auf und sind damit eigentlich nicht erkennbar. Deshalb muss die Stelle der Historie eine abstrakte Logik einnehmen, damit die Scheingegenstände hin- und hergeschoben werden können. Wenn dann überhaupt gar keine Abstammung ihrer Gegenstände erkennbar ist, werden diese zu Chimären des Gegenwartsbewusstseins, reine Erfindungen wie etwa „Lagezeit". Dann lässt sich ungestört das Glasperlenspiel betreiben.

In Wirklichkeit aber entstammt das Denken genauso dem Grundbewusstsein wie die anschaulichen Gegenstände und die Handlungsgegenstände. Dieses habe ich anhand der Historie des Satzes des Pythagoras nachgewiesen und es gilt sicherlich auch für die Differential- und Integralrechnung. Besser einschätzen als ich können das die Mathematiker und Physiker. Was sie jedoch nicht sagen können, ist, dass ihre Berechnungen die Funktionsweise der Welt erläutern. Denn in der frühen Erkenntnis sind das Selbstsein und das Äußere untrennbar miteinander verbunden. Deshalb ist die Existenz eines isolierten Äußeren eine Scheinerkenntnis. Die „idealen" Gegenstände besitzen den Charakter, dass ihre Historie umso schwerer nachzuweisen ist, je komplexer sie ausfallen. Sie können jedoch nur dann noch wahr sein, solange irgendein Bezug zum Grundbewusstsein nachweisbar ist. Wenn das nicht mehr möglich ist, sind sie Gaukeleien des Gegenwartsbewusstseins und unwahr. Sie bleiben selbstverständlich unwahr, wenn sie in sich selbst noch stimmig erscheinen. Wenn sie von jeder Historie abgerissen sind, wie z.B. der grandiose Humbug des Stephen Hawkins, dann sind sie unwahr. Zugleich bleibt immer noch gültig, dass die „idealen" Gegenstände eigentlich überhaupt nicht „ideal" sind; ich nenne sie nur so, damit jeder weiß, worüber ich rede. Die „idealen" Gegenstände verdanken ihre Existenz ganz allein der Beziehung des Gegenwartsbewusstseins auf das Grundbewusstsein, sowie dem Abstraktionsvermögen des Bewusstseins. Deshalb versinken diese Gegenstände auch dann, wenn das Bewusstsein untergegangen ist.

11. ANALYSE VON WEITEREN „IDEALEN" GEGENSTÄNDEN

Keineswegs verfügen auf der anderen Seite die Gegenstände, die landläufig als eine dem Bewusstsein entgegenstehende „Realität" angesehen werden, über eine Wirklichkeit, sondern über eine Unwirklichkeit. Ich meine die Gegenstände der Anschaulichkeit. Denn ich könnte z.B. in einer Gegenwart keinen Baum erkennen, wenn ich nicht irgendwann einmal eine Beziehung zu einem ähnlichen Wesen hergestellt hätte, die darüber hinaus noch herausragend gewesen ist, weil ich dort erfahren habe, dass der Eigenwert der Pflanze und mein Selbstwert ein und dasselbe sind. Ohne jedwede Weise von Pflanzenkenntnis kann späterhin ein Baumwesen nicht erkannt werden. Dieses ist die Wahrheit, dass nämlich alle drei Phänomene auf solch eine Grundlegung bezogen sind. Und genau deshalb, weil die anschaulichen Gegenstände der Gegenwart nur dadurch existieren, dass sie auf meine individuelle historische Identifikation zurückweisen, führen sie keine „Realität", die an sich vorhanden ist. Der Begriff eines anschaulichen Gegenstandes ist nur deshalb erkennbar, weil jedermann eine vorbewusste Identifikation zugrunde liegt, in welcher dieser Gegenstand auf welche Weise auch immer schon einmal aufgetreten sein muss. Da jede Identifikation vorbewusst ist, scheint der Begriff des Gegenstandes objektiv zu sein, in Wirklichkeit ist er aber individuell.

Dagegen ist der historische Bezug bei den Handlungsgegenständen offensichtlich, weil es Handlungsweisen gibt, unter denen das Individuum leidet. Da jeder nach Wohlbefinden strebt, muss solch einer Handlung etwas zugrunde liegen, über welches das Individuum nicht verfügt. Im weiteren Verlauf dieser Arbeit werde ich diesen Zusammenhang erörtern.

Eine Wenn-Dann-Beziehung im Gegenwartsbewusstsein kann nur verstanden werden, weil das Grundbewusstsein sich durch das unabänderliche Streben nach Besitzergreifung des Äußeren ausgestaltet hat. Das Motiv kann als das „Wenn" angesehen werden und das Zugreifen als „Dann". Ähnliches gilt für die Und-Oder-Erkenntnis. Auch hier könnte eine vollkommen beziehungslose und vom Grundbewusstsein isolierte Wenn-Dann-Beziehung und eine Und-Oder-Erkenntnis niemals verstanden werden. Die Historie der abstrakten Aussage „Alle S sind P" führt zurück auf das Konkrete, z.B. „Alle Bäume sind Pflanzen". Und die Historie dieser Majorprämisse wiederum auf die Abstammung der Gegenstände Baum und Pflanze. Der Begriff Baum liegt in der Historie des Bewusstseins weiter zurück als der Begriff Pflanze, weil für die Pflanze ein höheres Abstraktionsvermögen nötig ist, das sich erst allmählich ausgestaltet. „Baum" ist konkreter ebenso wie „Gänseblume". Aber hinter beiden ähnlichen Gegenstandserfahrungen steht ein Komplex, der über das Sich-Aneignen-Wollen hinausreicht. Das ist die frühe Erkenntnis des Selbstwertes im Grundbewusstsein, auf welchen das Gegenwartsbewusstsein immer bezogen ist. Denn wenn der Wunsch nach Vereinnahmung des Äußeren durch das soziale Umfeld positiv begleitet worden ist, dann hat auch der Widerstand des entgegenstehenden Äußeren zurückweichen können, weil das junge Individuum dem Gegenstand eine Erkenntnis verdankt hat, nämlich diejenige seines eigenen Selbstwertes und des Wertes der Mitwesen. Dieser Komplex installiert zukünftig das Selbstbewusstsein und das Wissen um die Gegenstände. Zugleich verschwindet diese individuelle Identifikation im Vorbewussten, weil der Komplex der frühen Selbsterkenntnis bei jeder Gegenstandserfahrung gleich aussieht und deshalb nicht differenziert werden kann. Denn die Gegenstände der Wahrheit wie Wesensgut, individuelle Freiheitserfahrung und die intuitive Erkenntnis über die Einheit aller Wesen liegen außerhalb der Zeit und damit außerhalb des vollen Bewusstseins. Demgegenüber erkennt das volle Bewusstsein nur Gegenstände in der Zeit, Gegenstände einer bestimmten Gestalt, die zu einer bestimmten Zeit an einer bestimmten Stelle des Raumes eingetreten sind. Dem vollen Bewusstsein ist jede Zeitlosigkeit fremd, so dass wir permanent unsere Gegenstände der Erkenntnis vergleichen, unterscheiden und gegeneinander abwägen. Dann wird, so meinen wir, unser persönliches Glücksstreben einst erfolgreich sein. Das ist jedoch ein ganz großer Irrtum.

Das frühe Baumerlebnis und das etwas spätere Pflanzenerlebnis ist mit einem Begriff, nämlich Baum und Pflanze, belegt worden, dessen vollständige Begreifbarkeit des Erlebnisses im Vorbewussten verschwindet. Übrig bleibt der Name, der im Gedächtnis gespeichert werden kann, jedoch mit einer vorbewussten Identifikation unterlegt worden ist. Diese Identifikation stellt späterhin die Verbindung zur Gegenwart her, so dass die Gegenstände Baum und Pflanze wieder mit ihren Begriffen belegt werden können, die einmal individuell verstanden worden sind. Nur ein Individuum, das sich selbst am Äußeren erkannt hat, kann späterhin überhaupt ein Gegenwartsbewusstsein entwickeln. Liegen die besonderen Gegenstandserfahrungen im Grundbewusstsein vor, dann können zwischen den Gegenständen späterhin auch Verbindungen geknüpft werden. Denn der Satz „Alle Bäume sind Pflanzen" könnte in einer Gegenwart nicht verstanden werden, wenn nicht eine Erkenntnis über ein Einzelnes und ein Gemeinsames vorbewusst zugrunde lägen, nämlich z.B. ein einzelnes Individuum, das sich zuerst als unersättlich gierig erkennt, weil die

Gier nach Inbesitznahme niemals endet, und ein Gemeinsames, der Wert des Äußeren im Zusammenhang mit dem Selbstwert. Die Majorprämisse „Alle Bäume sind Pflanzen" wird durch den historischen Bezug auf das Grundbewusstsein erkannt, in welchem ein Einzelnes und ein Gemeinsames einmal individuell erfahren worden sind. Ohne Selbstbewusstwerdung könnte das Individuum nicht „Bäume" und „Pflanzen" mit den einzelnen Bäumen und dem Gemeinsamen in Verbindung bringen.

Daß der Satz „Alle Bäume sind Steine" falsch ist, kann ebenfalls nicht gänzlich ohne Rückbezug auf das Grundbewusstsein geklärt werden. Die individuelle Identifikation geschieht einerseits durch die intuitive Erkenntnis des eigenen Selbstwertes, das sich dem Äußeren verdankt. Jede frühe Gier nach Gegenständen äußert sich in der Erfahrung zeitlos und ändert niemals ihre Gestalt, so dass anfangs Baum- und Steinerfahrung überhaupt noch nicht geschieden sind. Andererseits aber konstituiert sich das Bewusstsein langsam auf dieser zeitlosen Gründung, an welcher die späterhin ins Bewusstsein tretenden Gegenstände vorbeilaufen, auf ihre Wirklichkeit geprüft und erkannt werden. Denn permanent neue Gegenstände können nicht in die Erkenntnis gelangen, sondern nur solche, die auf die frühe Selbsterkenntnis bezogen werden können.

Nachdem der Gegenstand Stein also als wirklicher Gegenstand der Identifikation im Grundbewusstsein abgelegt, ist dieser, mit seinem Begriff versehen, erkannt worden. Danach verschwindet das konkrete Erlebnis im Vorbewussten, und übrig bleibt der Name „Stein" im Gedächtnis. Tritt späterhin ein ähnlicher Gegenstand ins Bewusstsein, dann bezieht sich sein Begriff sogleich auf das vorbewusst abgelegte Erlebnis, so dass der Name sich wieder mit dem Begriff verbinden kann. Das bedeutet, dass die steinhaften Attribute sich auf der Grundlage der Identifikation ausgestalten und damit auch begriffen werden kann, dass die steinhaften Attribute andere sind als die baumhaften. Wir sehen hieran sehr deutlich, dass eine Majorprämisse niemals allein in der Isolation eines Gegenwartsbewusstseins, also einer Logik, verstanden werden, also rein intellektuell aufgefasst werden kann, sondern sich immer auf eine individuelle Identifikation zu beziehen hat, die starke nicht-intellektuelle Erkenntnisse aufweist. Dadurch ist auch die Logik nicht „ideal", weil sie ohne individuelle Identifikation nicht verstanden wird. Wenn die Logik auf das Grundbewusstsein zurückgeführt werden kann, in welchem sich die individuelle Identifikation entfaltet hat, dann ist sie wahr. Hingegen ist ein intellektuelles System ohne Bezüge zum Grundbewusstsein, auch wenn es sich stimmig anhören sollte, in jedem Falle unwahr. Die Logik besitzt eine strenge Abhängigkeit von den Grundbewusstheiten der menschlichen Spezies. Das ist der Grund dafür, dass sie als wahr erkannt wird. Deshalb ist sie den Tieren gleichgültig und für höhere Lebewesen, die über der menschlichen Spezies stehen, nur aus Gründen der Erforschung über die Menschheit interessant.

Wahr und unwahr ist etwas anderes als die Wahrheit, von der es nur eine einzige gibt. Hingegen kommen viele wahre und unwahre Gegenstände vor. Wahrheit ist die Stille selbst ohne die Spur eines Gedankens. Denn wenn sich Individuen mit ihren Gedanken identifizieren und das Denken zum Maßstab erheben, dann können diese Gedanken auch negative Emotionen auslösen; doch kann die Wahrheit niemals negativ sein. Individualphilosophisch und Erleuchtungsphilosophisch ausgedrückt bedeutet das, dass die Gegenstände des Denkens dann wahr sind, solange sie auf irgendeine Weise auf das Grundbewusstsein zurückgeführt werden können. Gelingt das nicht mehr, weil sie neu erfundene Gegenstände ohne Beziehung zum historischen Bewusstsein darstellen, dann sind sie reine Behauptungen des isolierten Gegenwartsbewusstseins und damit unwahr.

Wir haben die Analyse des Satzes „Alle Bäume sind Pflanzen" noch nicht beendet und betrachten den Begriff „Alle". Der Begriff „Alle" kann nicht verstanden werden, ohne dass er durch den Begriff „Einer" oder „Einzelheit" einmal hindurchgegangen ist. Und genau das ist im Grundbewusstsein geschehen, weil in jeder individuellen Historie auch festgelegt ist, dass sich ein Individuum an allen Gegenständen erkennt. Denn wenn jeder Gegenstand auf immer die gleiche zeitlose Weise begriffen wird, dann stellt dieses doch geradezu die Inkarnation des Begriffes „Alle" dar. Der Begriff „Einer" (Ein Individuum) bleibt anfangs unbestimmt, weil die individuelle Identifikation vorbewusst beginnt. Das Selbstbewusstsein erwächst erst mit den Gegenstandsbegegnungen und damit, dass späterhin immer mehr Gegenstandsbegegnungen auf das Grundbewusstsein zurückweisen. Wenn die Konstituierung des Selbstbewusstseins durch die Bezugspersonen begleitet worden ist, dann kann das Individuum auch „Einer" (Ein Individuum) im Gegensatz zum Begriff „Das" (Das Individuum, Ich selbst als bestimmtes Individuum oder ein anderes) verstehen. Das Hilfsverb „sein" dagegen deutet wegen seiner abstrakten Leere auf eine späte Entwicklungsphase des Bewusstseins, weil die Konstituierung des Selbstbewusstseins schon abgeschlossen sein muss, um das Selbstsein gegenüber dem Sein des Äußeren differenzieren zu können. Denn Selbstbewusst-Sein bedeutet Sein durch das Äußere, und das Äußere existiert in seinem Sein nicht ohne das selbstbewusste Sein. Wir sehen also sehr genau, dass sich die Sprache mit der Entfaltung des Bewusstseins entwickelt und daß die isolierte sogenannte Sprachanalyse nichts anderes darstellt als fundamentloses Glasperlenspiel.

Mit der Minorprämisse „Die Esche ist ein Baum" verhält es sich natürlich ähnlich. Damit ein Gegenwartsbewußsein den Begriff „Esche" erkennen kann, müssen ähnliche Gegenstände, also Bäume, Büsche, Wiesen, Blumen, Reet etc. im Grundbewusstsein schon einmal aufgetreten sein, damit eine bestimmte Esche gegenüber ähnlichen Wesen differenziert werden kann. Erst dann kann die Minorprämisse verstanden werden. Der Gegenstand der Konklusion, der darauf im Gegenwartsbewusstsein erscheint, nämlich „Die Esche ist eine Pflanze", wird dadurch erkannt, dass im Rückbezug auf das Grundbewusstsein schon einmal historische Baumwesen aufgetreten sind, die als Pflanzen individuell verstanden worden sind, so dass sich das denkende Individuum in der Lage sieht, die Merkmale der Esche mit unter denjenigen der Pflanzen zu begreifen. Demnach wird der logische Schluß durch verschiedene Rückbezüge innerhalb des historischen Bewusstseins vollzogen, das nichts anderes als individuell ist. Denn das Selbstbewusstsein jedes Individuums entfaltet sich durch sein individuelles Wollen, das durch das soziale Umfeld gespiegelt wird. Deshalb führt die Logik kein vom individuellen Bewusstsein unabhängiges Dasein, auch wenn ich in höchster Abstraktion äußere, dass alle S gleich P seien.

Es gibt also keine reinen Verstandesbegriffe, die von vornherein im Bewusstsein angelegt sind, weil alle drei Phänomene, anschauliche Gegenstände, „ideale" Gegenstände und Handlungsgegenstände, Phänomene einer einzigen Welt darstellen, nämlich der Welt des historischen Bewusst-Seins. Denn am individuellen Anfang ist weder ein Selbstbewusstsein vorhanden noch eine Erkenntnis des Äußeren, sondern alleine der unstillbare Drang nach Vereinnahmung, sei es der Nahrung oder der Gegenstände, und der Wunsch nach Wohlbefinden, also nach dem Zustand, der vor der Geburt geherrscht hatte.

Darüber hinaus gibt es nichts, das am Beginn eines individuellen Daseins noch vorhanden wäre. Da sich dieses so verhält, entwickelt sich das Bewusstsein entlang seiner Historie, und zwar ausschließlich an anschaulichen Gegenständen, die dem Verschlingungswunsch entsprechen können. Erst späterhin, wenn die Abstraktionsfähigkeit sich ausgeweitet hat, können die bisher so genannten „idealen" Gesetze aus dem Umgang mit den frühen Gegenständen wiedererinnert werden. Aber nicht, weil die „idealen" Gegenstände in einer entgegenstehenden „Realität" verborgen sind, aus der sie entnommen werden können, sondern weil dem individuellen Gegenwartsbewusstsein ein Grundbewusstsein vorhergegangen ist, durch welches das Individuum sich am Äußere bewusst werden musste. Diese frühe Bewusstwerdung hatte so zu geschehen, dass an ihr alle späteren Erkenntnisse nacheinander vorbeilaufen können, was voraussetzt, dass die frühe Erkenntnis zeitlos und damit vorbewusst ist. Denn verschiedene Zeitpunkte können nur an etwas vorbeilaufen, das nicht die Zeit ist. Diese zeitlose und intuitive Erkenntnis, welche die Erkenntnis der Existenz darstellt, kann durch Meditation wieder hervorgeholt werden. In dem Moment herrscht dann kein einziger Gedanke mehr, sondern absolute Stille und Vertrauen, sich ihr vollkommen überlassen zu können. Das Äußere steht dann glasklar vor dem Meditierenden.

B. DIE STRUKTUR DES DASEINS

1. EINFÜHRUNG IN DEN ZUSAMMENHANG VON WIRKLICHKEIT UND WAHRHEIT

Martin Heidegger ist der letzte der neueren Philosophen gewesen, der seine intellektuelle Tätigkeit auf etwas bezieht, das jedem wahrhaftig zur Verfügung steht, und das ist die eigene Existenz. Diejenigen, die herumfaseln, ohne sich selbst bewusst zu sein, sind lächerliche Phantasten. Sie fabulieren ohne Rückbezug auf das historische Bewusstsein und können dadurch neue Begriffe wie z.B. „Lagezeit" erfinden, die nichts sind als Chimären des isolierten Gegenwartsbewusstseins. (Eine genaue Analyse findet der Interessierte in meiner Kritik an der neueren Philosophie). Zwar gibt es noch einige Ernsthafte wie den hochbegabten Henrich, der zumindest dasjenige ahnt, was wir herausgefunden haben, dass nämlich ein Denken ohne Bezug auf das Selbstsein nichts Wahres erkennen kann. Jedoch schießt dieser Mann nur mit dem Bogen ungefähr in die Richtung, in der das Licht leuchtet, und sein Pfeil fällt nach relativ kurzer Strecke mit kinetischer Restenergie, die nur noch dem Eigengewicht des Pfeiles entspricht, zu Boden. Was hätte er erreichen können, wenn er auf seine frühen Konditionierungen reflektiert und diese sich bewusst gemacht hätte!

Ich hatte bei den „idealen" Gegenständen gezeigt, dass diese noch irgendeine Beziehung zum Grundbewusstsein aufweisen müssen, damit sie wahr seien. Die anschaulichen Gegenstände und die Handlungsgegenstände liegen in der Historie des Bewusstseins vor den bisher so genannten „idealen" Gegenständen, weil diese letzteren erst später durch Abstraktion des frühen Umgangs mit den anschaulichen Gegenständen gewonnen werden. Die „idealen" Gegenstände verdanken ihre Existenz also dem individuellen Umgang mit der Anschauung und sind deshalb nicht „ideal", sondern mit dem Untergang des Bewusstseins der Vernichtung preisgegeben. Denn Abstraktionen eines höheren Bewusstseins als das unsrige führten auch zu anderen „idealen" Gegenständen. Da auch noch die komplexe Mathematik mit Zahlen arbeitet und die Zahlen als Abstraktion der allerersten anschaulichen Gegenstände dem Grundbewusstsein entstammen, ist die Mathematik wahr. Dagegen liegen die Theorie vom Urknall und Stephen Hawkins Modell über die Zeit außerhalb der Historie des Bewusstseins und sind damit unwahr. Denn der Urknall wird als Entstehung der Zeit angesehen, und auch bei Hawkins wird die Zeit als objektive

Größe betrachtet, so dass beide Theorien nicht auf das Bewusstsein bezogen werden können, weil das historische Bewusstsein einzig Zeitdenken ist und überhaupt nichts Objektives.

Jedoch herrscht in der Konstitutionsphase des Grundbewusstseins das Problem, dass kein Individuum sich selbst erkennen kann, sondern sich erst in der Spiegelung seiner Willensakte durch das soziale Umfeld wahrnimmt. Dadurch übernimmt es von Außen die sozialen Konditionierungen und die Ausgestaltung seines Selbstbewusstseins. Da jede frühe Willensäußerung den Wunsch nach Wiederverschmelzung mit dem Äußeren darstellt und außerhalb der Zeit steht, ist jeder Willensakt darauf angelegt, sich voll und ganz umzusetzen. Dieser totale Anspruch kann nur dadurch sublimiert werden, dass das Individuum seinen unveränderlichen Selbstwert und das Äußere als das gleiche Gut erkennt und ihm dadurch intuitiv vermittelt wird, dass es dem Äußeren seine Selbsterkenntnis verdankt. Denn die Begierde des jungen Individuums nach Einverleibung der frühen Gegenstände wird vom sozialen Umfeld als Selbstwert gespiegelt. Diesen erkennt das Individuum in seinem Handlungsakt am Gegenstand.

Fällt diese Selbsterkenntnis aber konfliktbelastet aus, dann werden sich die Defekte bis in seine individuelle Gegenwart hinein auswirken, weil der ursprüngliche Willensakt, der nicht adäquat sublimiert werden konnte, seinen Anspruch auf vollkommene Umsetzung niemals aufgibt. Deshalb wird solch ein Individuum seine Gegenwart nach seinen Defekten des Selbstbewusstseins gestalten, so dass ihm die adäquate Umsetzung seines vorgesehenen Lebenslaufes, der in ihm eigentlich angelegt gewesen ist, misslingt. Das bedeutet, dass die Konflikte die individuelle Gegenwart gestalten, solange die Analyse des historischen Bewusstseins vermieden wird und die Defekte nicht aus dem Vorbewussten ins Bewusstsein überführt werden. Deshalb ist nur derjenige zu tieferen Einsichten fähig, der seine Lebensthemen aufgearbeitet hat durch die Analyse seines historischen Bewusstseins. Erst dann kann er seine Handlungswirklichkeit adäquat umsetzen und wird wahrscheinlich entdecken, dass auch die anschaulichen Gegenstände deshalb wirklich sind, weil sie auf irgendeine Weise im Grundbewusstsein schon einmal aufgetreten sein müssen. Denn wenn die Handlungsgegenstände eine Historie aufweisen, können die anschaulichen Gegenstände davon nicht getrennt sein. Ich habe lediglich hinzugefügt, dass auch die bisher so bezeichneten „idealen" Gegenstände keiner gesonderten und „idealen" Welt entstammen, sondern gleichfalls ihr Herkommen dem Grundbewusstsein verdanken. Deshalb entstehen alle Gegenstände aus dem Zeitdenken, dem historischen Bewusstsein, und daraus folgt, dass diejenigen Gegenstände, die nicht auf das Grundbewusstsein zurückgeführt werden können, reine Phantasieprodukte, Chimären darstellen und unwirklich oder unwahr sind. Diese Begriffe, Unwirklichkeit und Unwahrheit, werden sich im Verlauf dieser Abhandlung mehr und mehr aufhellen.

Der Begriff des Seins ist der dunkelste, schreibt Heidegger zu Anfang seines Hauptwerkes (Heidegger, Martin, Sein und Zeit, Tübingen 2001), weil das Sein nicht eine bestimmte Region des Seienden umgrenze. Dieses verhält sich deshalb so, füge ich hinzu, weil das Sein oder die Existenz, wie ich sage, sich jeder intellektuell-begrifflichen Erfassung entzieht und nur intuitiv als anwesend in der Meditation empfunden werden kann in vollkommener Stille, ohne die Spur eines Gedankens. Sobald ein Gedanke erscheint, verflüchtigt sich die Existenz. Sie ist glasklar und die Wahrheit (die Wahrheit ist von einem wahren Gegenstand geschieden, weil es viele wahre Gegenstände gibt, jedoch nur eine einzige Wahrheit) und in jedem Individuum vorhanden und kann dann erfasst werden, wenn das Individuum zum Zuschauer seiner Gedanken geworden ist und damit vom Hamsterrad seiner intellektuellen Tätigkeit nicht mehr durchgedreht wird. Wenn das Individuum zum Zuschauer seiner Gedanken werden kann, dann ist es nicht mehr identisch mit seiner intellektuellen Tätigkeit und stellt außer dieser noch etwas anderes dar. Die Zuschauerrolle bedeutet die erste Voraussetzung für die Wahrheitserfahrung.

Nebenbei folgt daraus, dass alle naturwissenschaftlichen Betrachtungen, bei denen auf intellektuelle Weise Begriffe aus Oberbegriffen abgeleitet werden, für die Erfassung der Existenz irrelevant sind. Gleichwohl sind sie noch wahr, solange ihre Entstehung aus der Historie des Bewusstseins abgeleitet werden kann. Die zweite Voraussetzung für die Erfassung der Existenz stellt ein geläutertes Individuum dar, weil kein Individuum, das sich nicht zumindest in Grenzen seine Konflikte und Defekte bewusst gemacht und seine Lebensthemen aufgearbeitet hat, zum ruhenden Zuschauer seiner Gedanken werden kann. Denn endlos dreht sich das Hamsterrad des Denkens um die individuellen Konflikte, weil der Intellekt permanent versucht, die nicht adäquate Lebensführung auszugleichen. Er zieht die Konfliktkompensationen in der Zeit auseinander, vergleicht die Gegenwart mit der Vergangenheit und wünscht eine bessere Zukunft herbei. Die Erkenntnis der Existenz bedingt also eine ständige Auseinandersetzung mit sich selbst und seinen Lebensthemen und kann nur in stetiger Überprüfung der Selbsterkenntnis erreicht werden.

Leider kann das Individuum auch sich selbst betrügen und seine Scheinwelt als seine eigentliche Identität ansehen. Die Scheinwelt hält das Individuum für wirklich und eigentlich, weil es diese auf seinen Konflikten des Grundbewusstseins errichtet hat. Und da das Individuum nur den Schein kennt, erwächst dieser zur Identität. Wenn das Individuum dagegen seine Konflikte erkannt und diese aus dem Vorbewussten ins Bewusstsein überführt hat, entsteht sogleich die neue Wirklichkeit, welche für das Individuum weniger belastend ist und ihm gemäßer verläuft. Das Individuum wird seine alten Zwänge, die ihm ohne Analyse gar nicht bewusst waren, sofort fallenlassen. Deshalb ist jede individuelle Wirklichkeit solange eine Illusion, wie das Individuum sich der Selbsterkenntnis und der Aufarbeitung seiner sozialen Konditionierungen verweigert. Wirklichkeit ist demnach eine mehr oder weniger reale, eine, die mehr oder weniger adäquat nach der jeweiligen individuellen Idee verläuft. Das bedeutet, dass die Wirklichkeit, in der sich jeder wähnt, eine Illusion ist, die jedes Individuum durch Arbeit an sich selbst in eine adäquatere Wirklichkeit überführen könnte. Dieses ist ganz genau die Aufgabe aller Individuen während ihrer Lebenszeit.

Die individuelle Wirklichkeit kann auch eine Lebenslüge sein, während die Existenz die Wahrheit bedeutet, die in jedem Individuum außerhalb jedes Gedankens in aller Stille anwesend sein könnte. Sie ist die Existenz und gleichbedeutend mit dem Wesensgut und wird von den meisten nicht bemerkt, weil die Individuen sich mit ihrem Intellekt identifizieren. Doch wenn die Gedanken während der Meditation verschwinden, wird der Meditierende nicht mitgerissen. Die Existenz ist ganz einfach, und wer sie erkennt, möchte in Lachen ausbrechen, wie einfach sie ist und daß ihre Einfachheit einem so lange verborgen geblieben ist. Die Existenz gestattet absolutes Vertrauen, weil sie jeden Lebensweg genau kennt. Die Existenz weiß auch, dass jedem Individuum die adäquate Umwandlung seiner in ihm angelegten Idee aufgetragen worden ist und daß jeder solange erneut ins Leben geworfen wird, bis er seine Verwirklichung endlich erreicht hat. Dieses ist der Zusammenhang von Wirklichkeit und Wahrheit, den ich in vorliegender Abhandlung weiter ausgestalten werde.

2. DIE ENTSTEHUNG DER GEGENSTÄNDE

Da wir nichts anderes als Zeit denken können, wenn ein späterer Gedanke einem früheren folgt, und niemals werden beide gleichzeitig gedacht, ist das Bewusstsein historisch. Meine Fähigkeiten der Rückbesinnung enden nicht beim vorvorigen Gedanken, sondern in der Analyse kann ich sogar bis in meine Kindheit zurückgelangen. Die Gedankenquelle kann nicht aus sich selbst heraus angefangen haben zu sprudeln, weil einerseits das Denken dann etwas Zufälliges wäre, und andererseits sind beim Denken von Zeit weder ein Anfangs- noch ein Endpunkt auszumachen. Alle apriorischen Sätze über die Zeit betreffen niemals ihren Anfang und ihr Ende. Dagegen kann jeder Rede über einen Zeitanfang und ein Zeitende eine Gegenrede gegenübergestellt werden. Aber niemand, der klaren Verstandes ist, bezweifelt den Satz: Verschiedene Zeiten sind nacheinander und nicht zugleich.

Der Mensch ist ein Individuum und äußert sich über seinen Intellekt. Das bedeutet, dass wir uns das Tosen der Gedankentätigkeit nur auf eine Grundlage bezogen vorstellen können, die jedoch wiederum nicht aus Gedanken bestehen kann. Diese Grundlage ist natürlich das zu wesentlichen Teilen im Vorbewussten liegende Grundbewusstsein, das zweierlei Aufgaben zu erfüllen hat, nämlich einmal überhaupt eine Selbsterkenntnis zu etablieren, in welcher die Willensakte, die permanente Gier nach Einverleibung des Äußeren für das Individuum sichtbar werden. Das andere Mal bedeutet Grundbewusstsein, wenn denn das Bewusstsein ein streng historisches ist, dass alle drei uns bekannten Phänomene, anschauliche Gegenstände, „ideale" Gegenstände und Handlungsgegenstände, ebenfalls dieser Grundlegung entspringen, die wiederum mehr enthalten muss, als diese drei Phänomene hergeben. Da diese drei Phänomene unsere intellektuelle physische Welt entfalten, ist das Grundbewusstsein teils metaphysisch und fällt deshalb ins Vorbewusste.

Den Vorgang, wie anfangs eine Selbstbewusstwerdung erreicht wird und wie sich hieraus die Grundlegung für die drei Phänomene des späteren Gegenwartsbewusstseins ergibt, habe ich immer wieder dargelegt. Vorbewusst ist das Grundbewusstsein deshalb, weil durch positive Begleitung des sozialen Umfeldes die Bejahung der frühen Willensakte immer die gleiche Bestätigung des individuellen Selbstwertgefühls ergibt. Und was nicht differenziert werden kann, fällt ins Vorbewusste. Die Erfahrungen des gemeinsamen Wertes aller Wesen und die Kenntnis über die kurze Unmittelbarkeit der eigenen Freiheit im Verlauf der frühen Selbstbewusstwerdung sind intuitiv und können nicht durch Begriffe ausgedrückt werden.

Im Grundbewusstsein beginnt einmal die Selbsterkenntnis und das andere Mal die Erkenntnis der drei Phänomene. Das spätere Gegenwartsbewusstsein mit seinem Gerassel der Gedankenkette kann daher nicht zufällig entstanden sein, sondern ist aus dieser individuellen sozialen Konditionierung entsprossen. Deshalb ist für eine erweiterte Erkenntnis, eine vollständige Erkenntnis, eine Analyse des Selbstbewusstseins die Voraussetzung. Der Teil des Grundbewusstseins muss analysiert werden, in welchem die soziale Konditionierung stattgefunden hat, weil das Gegenwartsbewusstsein hiervon geprägt wird. Der wirklich metaphysische Part des Grundbewusstseins, der das genaue Gegenstück zur Begrifflichkeit darstellt, wird in der Meditationserfahrung zum Erlebnis. Dann herrscht absolute Stille und nicht die Spur eines Gedankens.

Gerade deshalb, weil das Grundbewusstsein die Voraussetzung für eine Selbsterkenntnis sowie für eine Erkenntnis der drei Phänomene liefert, aber zugleich dieses Grundbewusstsein der Analyse unterworfen werden muss, weil sein metaphysischer Part außerhalb der Begrifflichkeit liegt, werden Äußerungen über die eigene Befindlichkeit und über die Gegenstände des Äußeren nur durchschnittlich verstanden. Denn ich hatte beispielsweise gezeigt, dass die Gegenstände des Äußeren anfangs dem Individuum dazu dienlich seien, sich selbst zu erkennen. Und wenn das Individuum sich durch das Äußere erst erkennt, sind Äußeres und Selbsterkenntnis nicht mehr voneinander lösbar, so dass die äußere „Realität" als abgeschlossenes Entgegenstehendes in Wirklichkeit eine Illusion darstellt. Das Sein ist also in Wirklichkeit Bewusst-Sein, und wir verständigen uns nicht über Gegenstände einer äußeren „Realität" und über eine klar erfassbare Befindlichkeit, sondern über Gegenstände des Selbstbewusstseins und über eine Befindlichkeit, deren Wurzeln in unserer Historie begründet liegen.

Dieses ist nun die Voraussetzung dafür, dass wir die Struktur des Daseins nur dadurch erfassen können, indem wir uns zu uns selbst verhalten und unser eigenes Dasein versuchen zu ergründen. Ich will darauf hinaus, dass wir das landläufige Verständnis der Menge, die sich zu sich selbst nur im durchschnittlichen Verständnis verhält und deshalb wenig darüber aussagen kann, übersteigen durch Analyse des Bewusst-Seins. Denn da das Grundbewusstsein im Wesentlichen im Vorbewussten liegt, bleibt den meisten nichts anderes übrig, als sich mit ihrem gegenwärtigen Bewusstsein, dem Hamsterrad der Gedankentätigkeit, zu identifizieren. Sie meinen dann, dass sie sich selbst im

Angesicht einer äußeren „Realität", eines ihnen geschlossen Entgegenstehenden, erkannten, weil sie von der Entstehungsweise ihres Selbstseins und des Äußeren durch die vorbewusste Weise abgeschnitten sind. In der Isolation des Gegenwartsbewusstseins benennen sie: Mein, Dein, Der Gegenstand, und sitzen der Illusion einer ihnen entgegenstehenden „Realität" auf, weil sie vom Ausgangspunkt des historischen Bewusstseins, dem Vorbewussten, abgelöst sind.

Von diesem Vorbewussten nehmen jedoch die Selbsterkenntnis und die Erkenntnis der drei Phänomene ihren Anfang, welches bedeutet, dass im Grundbewusstsein noch keine Trennung zwischen der Erkenntnis des Inneren und derjenigen des Äußeren vorliegt. Wir müssen demnach in unserer Analyse die dumpfe Meinung der Menge übersteigen, die sich einerseits mit ihren Gedanken identifiziert, aber sich trotz aller vermeintlichen Voraussicht nicht erklären kann, warum bestimmte Handlungsweisen scheitern, und andererseits spürt die Menge, dass trotz ihrer Identifikation mit dem Intellekt dieser aus etwas entsprungen sein muss, weil die Welt sonst nichts anderes als ein Traumgebilde des Zufalls wäre. Als Bezugspunkte bleiben ihr lediglich die sogenannte äußere „Realität" und, gewissermaßen als metaphysisches Gegengewicht, die Religion. Dieses führt zu hanebüchenen Theorien wie z.B. derjenigen des vermeintlichen Urknalls, der die Funktion eines Bezugspunktes erfüllen soll. Zur christlichen Religion füge ich kurz an, dass sie im Kern eine wahre Botschaft enthält, ihre Priester jedoch diese nicht begriffen haben und deshalb nicht verkünden können. Denn die Überwindung des Todes durch die Wiederauferstehung eines gekreuzigten Menschen hängt in der Luft, denn warum sollte ein Mensch uns so etwas anzeigen? Deshalb entstand die Gottgleichheit Jesu, die diesen Widerspruch abmildert. Bereits die Evangelisten haben Jesus Christus nicht verstanden, denn wenn Jesus es kurz vor seiner Kreuzigung ablehnt, seine Familie wiederzusehen, hat dieses nichts zu schaffen mit Gleichgültigkeit, Hochmut oder Arroganz, sondern damit, dass jemand, der sich der Existenz bewusst geworden ist (in der Fassungskraft der Menschen, die in der Antike gelebt haben, können wir für „Existenz" den Namen „Gott" setzen), alle Emotionen, Vergleiche und Unterscheidungen ohne jeden Wert sind. Die zeitlose Existenz vermag jedoch nicht allein Jesus Christus zu erkennen, sondern jedes Individuum, wenn es von seinem Gedankensturm nicht mehr fortgerissen wird. Wer mehr hierüber erfahren möchte, braucht bloß bei Meister Eckehardt nachzulesen. „Wir alle sind in Gott", hat er gesagt. Jesus Christus ist ein Erleuchteter gewesen, der die Existenz erkannt hat und dieses vermitteln wollte.

Er ist an der Verblendung der Menschen gescheitert und hat für seine Gewissheit den Tod auf sich genommen.

Als Zweites kann ich Jesus' Gleichnis von den Arbeitern im Weinberg anführen. Natürlich scheint es erst einmal ungerecht zu sein, wenn diejenigen Winzer, die kürzere Zeit im Weinberg gearbeitet haben als andere, die gleiche Bezahlung vom Besitzer erhalten. Da Jesus ein Erleuchteter war, kannte er auch den Lebensplan, dem sich jeder vertrauensvoll überlassen darf. Er wollte ausdrücken, dass der Herr des Weinbergs jeden so entlohnt, wie der Eigner es für richtig hält. Das haben die Arbeiter anzunehmen und zu akzeptieren. Jesus hat also in der Fassungskraft der Menschen des antiken Zeitalters die Kenntnis jedes Lebensplanes durch die Existenz verdeutlicht.

Am Anfang eines individuellen Daseins herrscht nichts anderes als das scheinbar unergründliche Wollen-Nichtwollen-Prinzip und die Erkenntnisformen Zeit, Raum und Kausalität. Das Wollen-Nichtwollen wird jedoch vom Individuum überhaupt noch nicht erkannt, weil es ihm dazu gespiegelt vorgehalten werden muss. Wenn nichts anderes herrscht als Unergründlichkeit, kann auch nichts erkannt werden. Ursprünglich äußert sich Wollen-Nichtwollen als Drang, die Wunde des In-die-Welt-geworfen-Seins zu lindern. Das Individuum ist nämlich durch seine Geburt von der ursprünglichen Einheit aller Wesen, dem Zustand, der vor der Geburt geherrscht hatte und den ich noch erläutern werde, getrennt und hilflos herausgeworfen worden. Deshalb besteht sein Streben darin, sich ständig Nahrung und äußere Gegenstände wieder einzuverleiben. Zugleich greift das Individuum nicht zufällig nach allen Gegenständen, die sich ihm darbieten, sondern es trifft eben seine persönliche Auswahl. Das bedeutet, wenn wir von einem Individuum reden, dass das Potential all seiner Willensakte vorliegen muss, und dieses kann nichts anderes sein als das Unbewusste.

Unbewusst ist jeder Willensakt des Grundbewusstseins solange, bis er vom sozialen Umfeld gespiegelt worden ist; danach rückt er ins Vorbewusste. Vorbewusst bleibt der Willensakt deshalb, weil in der Konstitutionsphase des Grundbewusstseins, welche die Selbsterkenntnis durch das Äußere beinhaltet, jede Sehnsucht nach einem Gegenstand die gleiche nichtdifferenzierbare Erkenntnis liefert, nämlich die intuitive Erkenntnis des eigenen Selbstwertes und des Wertes des äußeren Gegenstandes, sowie die Erfahrung der eigenen Freiheit durch das Zurückweichen des äußeren Widerstandes im Moment der Selbsterkenntnis. Der Gegenstand kann dann trotzdem noch nicht verschlungen werden, aber er steht dann nicht mehr entgegen. Sein Widerstand ist sublimiert worden. In dieser Konstitutionsphase werden die Gegenstände also nicht als vom Individuum getrennte erkannt, sondern das Individuum erkennt sich selbst durch das Äußere und das Äußere wird in der Selbsterkenntnis erfahren. Somit existiert im Grundbewusstsein keine vom Individuum getrennte „Realität", und auch späterhin, im sich ausgestaltenden Gegenwartsbewusstsein, tritt die vom Individuum getrennte so benannte „Realität" nur als Illusion auf, weil wesentliche Teile des Grundbewusstseins vorbewusst sind und die Gemeinsamkeit der Entstehung von Selbsterkenntnis und Äußerem gar nicht reflektiert wird. Vielmehr müssen die Gegenstände des Grundbewusstseins auf diese besondere Weise vorliegen, damit späterhin alle Gegenstände des Gegenwartsbewusstseins auf diese besonderen Gegenstände bezogen werden können.

Denn kein Gegenstand eines späteren Gegenwartsbewusstseins könnte erkannt werden, wenn er als vollkommen neuer plötzlich ins Bewusstsein träte, sondern er muss auf irgendeine ähnliche Weise schon einmal im Grundbewusstsein ans Licht gelangt sein. Die Allgemeingültigkeit der späteren Gegenstände wird durch die vorbewussten Erfahrungen im Grundbewusstsein abgesichert.

Hieraus wird auch deutlich, dass eine Gegenstandserkenntnis nicht von einer Handlungserkenntnis getrennt werden kann, denn ursprünglich sind es Willensakte gewesen, die sich nach der Einverleibung von Gegenständen gesehnt hatten. Die Handlungsweise ist der äußerlich sichtbare Willensakt. Die Willensakte schöpfen aus dem Potential des Unbewussten, welches wir somit als individuelle Idee bezeichnen, in welcher alle individuellen Willensakte vorliegen. In der Spiegelung durch das soziale Umfeld gelangen dann die Willensakte, die an bestimmte Gegenstände gebunden sind, ins Vorbewusste. Diejenigen Willensakte, die sich nicht an Gegenstände haben binden können, verharren weiterhin im Unbewussten. Da später die Gegenstände des Gegenwartsbewusstseins nur in Bezug auf das vorbewusste Grundbewusstsein erkannt werden können, ist die Gegenwart auch nicht von den frühen Willensakten und der Sozialisation ablösbar. Das bedeutet, dass wir die Gegenstände der Gegenwart immer motiviert wahrnehmen. Auch durch diese Tatsache wird ausgedrückt, dass eine von uns abgelöste „Realität" eine reine Illusion darstellt. Aus dieser Betrachtung ergibt sich die Historie des Bewusstseins, weil einmal die Willensakte aus dem Unbewussten nur über das Vorbewusste ins Bewusstsein treten und sich dort in der Gegenwartserkenntnis verwirklichen. (Die Verwirklichung kann auch Gegenstände wie Machtgier, Geldgier, Gier nach Ansehen, Sexsucht, Spielsucht usw. enthalten). Und zweitens muss jeder gegenwärtig dem Bewusstsein gegebene Gegenstand theoretisch bis ins Grundbewusstsein hinein der Analyse zur Verfügung stehen.

Zusammenfassend ist es wichtig zu begreifen, dass die Selbsterkenntnis und alle drei Gegenstandsphänomene, also Anschauung, Handlungsgegenstände und „ideale" Gegenstände, zusammen entstehen und späterhin auch nicht wieder getrennt werden können. Dessen ungeachtet sieht die durchschnittliche Erkenntnis das Ich als von einer entgegenstehenden „Realität" getrennte Persönlichkeit an. An dieser Illusion halten die Naiven fest und verlieren sich in den absurdesten Schwafeleien. Dabei müssten diese nur bei sich selbst nachsehen und könnten dann erkennen, dass sie einmal mißmutig, einmal frohgestimmt, einmal traurig, einmal wütend, bald diesem Ziel, bald jenem nachjagend und gleichzeitig sich ihrer Handlungsweise frei dünkend, jedoch eines ganz gewiss nicht sind, nämlich ein ganz bestimmtes unveränderliches Ich. Was nicht festgehalten werden kann, ist eine Illusion. Darüber hinaus belästigen uns noch die penetranten Naturwissenschaftler, die mittelalterlichen Pfaffen in moderner Ausgabe, und erzählen uns, dass das Weltall sich permanent ausdehne. Weil sich das so verhält, sage ich, ist das Weltall ebenfalls eine Illusion, denn das gegenwärtige Weltall wird nicht mehr dasjenige des danach betrachteten sein. Sie wagen es, uns ins Gesicht zu sagen, dass sie einer Illusion hinterherjagen und wir ihre Schilderungen auch noch glauben sollen! Wir wissen es inzwischen besser nach unserer Analyse, dass die Selbsterkenntnis und die drei Gegenstandsphänomene allerdings auf eine Realität bezogen sind, an welcher das ständig sich verändernde Ich und die mit dem Ich sich verändernde Außenwelt vorbeiziehen können. Deshalb steht diese Wirklichkeit als Wahrheit außerhalb der Zeit. Wenn sich das Ich und die drei Gegenstandsphänomene nicht auf diese Wahrheit bezögen, wären beide lediglich Traumgebilde und vollkommen zufällig.

Ich komme zurück auf den Anfang eines individuellen Daseins, in welchem nichts anderes vorhanden ist als unaufhörliches Wollen-Nichtwollen und die Erkenntnisformen Zeit, Raum und Kausalität. Das strenge Nacheinander der Zeit und das Nebeneinander im Raum sind eigentlich zwei unvereinbare Formen, sage ich nach Schopenhauer, und wundere mich, dass diese einfache Wahrhaftigkeit in der Geldphilosophie gar nicht reflektiert wird. Wahrscheinlich ist sie zu einfach für die Mühle der zwanghaften Gedankentätigkeit; aber aus dem Einfachen eine Philosophie zu errichten, zeugt eben von dem Genie Schopenhauers. Wahre Erkenntnis kann nur aus einer inneren Ruhe entstehen, wenn der echte Philosoph das intellektuelle Geschwafel an sich vorbeiziehen lässt. Übrigens ist die Wahrheit, die Existenz oder das Gewahrsein, wie die Buddhisten sagen, das Sein oder das Wesensgut oder der Selbstwert, wie ich sage, das Einfachste selbst und ohne die Spur eines Gedankens. Deshalb widersprechen sich die Schwafler bereits nach wenigen Sätzen.

Die Kausalität verbindet also die eigentlich unvereinbaren Erkenntnisformen von Zeit und Raum, weil jeder Gegenstand, den wir betrachten, zu einer bestimmten Zeit seine Stelle im Raum eingenommen hat. In einer vergangenen Zeit hat er in anderer Gestalt dieselbe oder eine andere Stelle im Raum eingenommen, und in einer zukünftigen Zeit wird er wiederum in anderer Gestalt dieselbe oder eine andere Stelle im Raum einnehmen. Wenn wir die fossilen Energieträger verfeuern, die nichts anderes sind als untergegangene Welten und Lebewesen, dann verschwinden diese nicht ins Nichts, sondern lagern sich zumindest als Kohlendioxyd in der Atmosphäre ab. Wenn durch die nachfolgende Erderwärmung Menschen in Meeresfluten ertrinken, bedeutet das, dass die untergegangenen Zeitalter auf die Gegenwart bezogen sind und überhaupt kein Nichts existiert, sondern ausschließlich Veränderung. Wir Individuen verändern uns in unserer Gestalt und verschwinden nach unserem Ableben genauso wenig ins Nichts wie die äußeren Gegenstände, sondern kehren wieder dahin zurück, wo wir vor unserer Geburt hergekommen waren. Dieses bestätigt die Analyse des Bewusst-Seins, weil in der Besonderheit des Grundbewusstseins die Selbsterkenntnis durch das Äußere stattfindet und beide im Nachhinein nicht wieder getrennt werden können. Deshalb existieren ein Ich und eine davon getrennte äußere Welt lediglich als Illusion, denn das Bewusst-Sein erkennt in Wirklichkeit nichts anderes als Veränderung, und jede Erkenntnis der Naturwissenschaft wird späterhin von einer neuen Erkenntnis, besser gesagt Illusion, abgelöst werden. Und das geschieht, solange Bewusst-Sein vorkommt. Denn Bewusst-Sein ist nichts anderes als Denken von Zeit ohne Anfang und ohne Ende. Dasjenige, was vor aller Erfahrung eingesehen wird, ist der Satz: „Verschiedene Zeiten sind nacheinander und nicht zugleich". Anfang und Ende können dagegen erst nach dieser Erkenntnis und unseren Erfahrungen begriffen werden. Dann aber auch nur intellektuell mit Hilfe von Begriffen und nicht in unmittelbarer Gewissheit. Der Satz: „Die Zeit hat einen Anfang genommen" bedarf einer langwierigen Erläuterung und kann trotzdem mit einer Gegenrede widerlegt werden.

Aus dieser Betrachtung folgt, dass kein Gegenstand neu entstanden sein kann, weil dann die Welt völlig zufällig zusammengesetzt existierte (ebenfalls ein Gedanke Schopenhauers), sondern jeder Gegenstand hat seine Ursache gehabt.

Da Selbsterkenntnis und Erkenntnis des Äußeren nicht getrennt werden können, bedeutet dieses für das Bewusst-Sein, dass es historisch ist. Jeder Gegenstand eines Gegenwartsbewusstseins muss nämlich auf die Besonderheit des Grundbewusstseins treffen, in welchem die Existenz außerhalb der Zeit, der Selbstwert und der Wert der anderen, vorbewusst erkannt worden sind. Denn die in der Welt herrschende Permanenz der Veränderung wird erst dann wahrgenommen, wenn sie an der wahren Realität außerhalb der Zeit, der Existenz, vorbeiläuft. Jeder Gegenstand ist auf irgendeine ähnliche und besondere Weise schon einmal im Grundbewusstsein aufgetreten, weil ein neu in die Gegenwart tretender Gegenstand nicht erkannt werden könnte.

Gegenstandsphänomene, die auf das Grundbewusstsein bezogen werden, gibt es lediglich dreierlei, nämlich die „idealen" Gegenstände, die ich in der Voruntersuchung behandelt hatte, die anschaulichen Gegenstände und die Handlungsgegenstände, die ich noch untersuchen werde. Die Voruntersuchung hatte natürlich zum Ergebnis, dass neben den beiden letzteren Gegenstandsphänomenen auch die „idealen" Gegenstände dem Grundbewusstsein entstammen. Woher auch sonst, denn wenn die intellektuelle Tätigkeit nichts anderes darstellt als endloses Denken von Zeit, dann kann diese keine „Idealität" außerhalb der Zeit erkennen. Deshalb erwachsen die „idealen" Gegenstände durch Wiedererinnerung des ursprünglich rein anschaulichen Grundbewusstseins, wenn späterhin der rein anschauliche Umgang mit den Gegenständen abstrahierend zum „idealen" Gesetz erhoben wird. Das angebliche „Ideal" ist jedoch in Wirklichkeit Schein, weil große Teile des Grundbewusstseins vorbewusst sind und die Herkunft der „idealen" Gesetze verschleiern.

Das Grundbewusstsein konstituiert sich allein auf der Grundlage der Erkenntnisformen von Zeit, Raum und Kausalität, sowie dem Wollen-Nichtwollen. Mehr ist am individuellen Anfang nicht vorhanden, und die Gestalt, die wir dort schreiend liegen sehen, ist Gegenstand unserer Erkenntnis und entspricht nicht dem Individuum, wie es sich selbst wahrnimmt. Das Individuum ist anfangs lediglich leere Erkenntnisform und Wollen-Nichtwollen. Letzteres umfasst alle individuellen Willensakte zusammen und liegt im Unbewussten. Wir können das Unbewusste auch als individuelle Idee bezeichnen, weil je nach Sozialisation verschiedene Lebensläufe in die Gegenwart treten könnten, die aber alle auf das Individuum bezogen wären. Jeder mögliche Lebenslauf wäre derjenige desselben Individuums. Deshalb gibt es einen idealen Lebenslauf und damit eine individuelle Idee.

Das Wollen-Prinzip ist die Wunde der Geburt, weil das Individuum von der Einheit aller Wesen, die vor der Geburt geherrscht hatte, fortgerissen worden ist. Durch ständigen Wunsch nach Einverleibung aller möglichen Gegenstände versucht das Individuum, die Geburt rückgängig zu machen. Das Individuum existiert als Drang zurück, der aus dem Unbewussten gespeist wird. Dieser Drang ist zugleich ein Bestreben vorwärts, hin zum Tod. Auch der Nachtod ist ein Zusammenfallen mit allen anderen Wesen. Da am Anfang neben den Erkenntnisformen, die noch leere Form sind, nichts weiter vorhanden ist als unbewusster Drang, kann das Individuum aus sich selbst heraus kein Bild von sich gewinnen, sondern es benötigt dazu eine Spiegelung von einem Gegenüber, damit es sich erkenne. Alle individuellen Willensakte beanspruchen prinzipiell ihre vollkommene Umsetzung, die auf das in der Wirklichkeit nicht erreichbare Extrem ausgerichtet ist, sich mit sämtlichen Wesen wieder zu vereinigen. Deshalb müssen die Willensakte in der Wirklichkeit sublimiert werden. Das Individuum erkennt sich am Äußeren und das bedeutet, dass ein Willensakt sich auf einen Gegenstand richtet mit dem Ziel der absoluten Einverleibung des Äußeren. Dagegen setzt das Äußere seinen unüberwindlichen Widerstand, der natürlich auf irgendeine Weise aufgelöst werden muss, damit die individuelle Selbsterkenntnis nicht scheitere. Die Auflösung des Entgegenstehenden bedeutet zugleich die Sublimierung des Willensaktes und seine Erkenntnis, weil der Willensakt abgegolten wird, wenn der Widerstand des Gegenstandes zurückgewichen ist. Wenn dem Individuum durch das soziale Umfeld bedeutet worden ist, dass es trotz seiner vergeblichen Einverleibungsversuche des Äußeren ein nicht hinterfragbares Gut bleibt, wird der Willensakt vom Umfeld gespiegelt und das Individuum erkennt sich selbst. Zugleich ist der Widerstand des Äußeren zurückgewichen, so dass das Individuum dem Gegenstand eine Erkenntnis über sich verdankt. Das Individuum erkennt sich selbst als Gut sowie das Wesensgut des Äußeren. Da diese frühen Willensakte zu jeder Zeit und an jedem Gegenstand gleich ablaufen, entrücken diese frühen Erkenntnisse ins Vorbewusste und bilden sich aus zum Bezugspunkt für alle weiteren Erkenntnisse. Damit ist ein Willensakt aus dem Unbewussten ins Vorbewusste übergetreten.

Wir sehen an dieser Analyse deutlich, dass während der Ausgestaltung des Grundbewusstseins keine Gegenstände an sich erkannt werden, weil eine Selbsterkenntnis sich erst am Gegenstand entfaltet und in der Selbsterkenntnis Äußeres und Selbstsein miteinander verwoben sind. Handlungserkenntnis und Gegenstandserkenntnis sind miteinander verbunden, denn wenn das Individuum vom sozialen Umfeld daran gehindert wird, sich selbst als Gut, als Selbstwert zu erkennen im Willensakt, dann kann es weder zu sich selbst eine positive Beziehung errichten, noch das Äußere in seinem Wert erfassen, weil es am Widerstand des verlangten Gegenstandes gescheitert ist. Der Willensakt konnte nicht sublimiert werden. Da aber jeder Willensakt auf seine vollkommene Umsetzung drängt, wird jede spätere Handlungsweise auf diesen Defekt ausgerichtet sein in der vorbewussten Absicht, den Konflikt zu kompensieren. Jeder nicht sublimierte Willensakt bleibt latent. Auch die beiden anderen Gegenstandserkenntnisse, die anschauliche und die „ideale", werden dem Ziel der Kompensation untergeordnet, welches bedeutet, dass Individuen in ihren Gegenwartsbewusstheiten nicht allein gemäß ihren Konflikten und Defekten handeln, sondern ihre gesamte Welterkenntnis darauf ausgerichtet ist.

Wir haben gesehen, dass sich im Grundbewusstsein ein Selbstbewusstsein konstituiert, dass brüchig oder festgefügt ausfallen kann, je nachdem, wie die frühen Willensakte vom sozialen Umfeld gespiegelt worden sind. Dieses Selbstbewusstsein fällt natürlich nicht beliebig aus, sondern konstituiert sich um die individuelle Idee. Wir Menschen individualisieren uns während unserer Lebenszeit, weil die Freiheit und die Leichtigkeit des Schwebens in der Einheit aller Wesen, die vor unserer Geburt geherrscht haben und nach unserem Tod wieder erreicht werden, nur erkannt werden an der Mühsal, Schinderei und gescheiterter Selbsterkenntnis während der Lebenszeit. Deshalb ist unsere Aufgabe, im Leben so viel wie möglich von unserer individuellen Idee umzusetzen, welches natürlich nur gelingt, wenn wir von unserer Lebensgegenwart aus auf die Konflikte reflektieren, die in unserem Grundbewusstsein vorbewusst ruhen, damit wir diese ins volle Bewusstsein überführen. Erst dann handeln wir nicht mehr nach dem Konflikt, sondern adäquat nach unserer individuellen Idee. Erreichen wir das nicht, müssen wir solange weitere Leben abarbeiten, bis wir endlich adäquat nach unserer individuellen Idee gelebt haben, denn alle Willensakte dringen prinzipiell auf ihre vollständige Umsetzung.

Die adäquate Selbsterkenntnis reinigt uns von dem Gedankenmüll, der stetig auf die Kompensation der Konflikte ausgerichtet ist, die nie erreicht wird, weil der Konflikt nicht in der Kompensation, sondern allein durch volle Bewusstwerdung entschwindet. Das ist das Hamsterrad des Intellekts! Erst wenn der Gedankenmüll langsam abgetragen wird, können wir uns der zeitlosen Existenz öffnen, die jedem Individuum zugrunde liegt. Ihre intuitive Erfassung bedeutet letztendlich Ruhe, Stille und Abwesenheit aller Gedanken, sowie die

Vermittlung von Gelassenheit, weil jede Einzelheit nach einem Plan verläuft. Daraus folgt weiterhin, dass alle Theoriegebäude eines Intellekts, bei dem das betreffende Individuum sich nicht selbst auf den Grund gegangen ist, sinnlos ausfallen, weil das intellektuelle System immer auf der Verfassung des individuellen Selbstbewusstseins und nicht auf einer wahren Erkenntnis gründet. Eigentliche Selbsterkenntnis bedeutet, dass das Individuum sich seiner Konflikte bewusst ist, und Wahrheit ist die zeitlose Existenz, die genauso zu jedem Individuum gehört wie auch zu allen anderen Wesen. Beiderlei Erkenntnisweisen können verschüttet sein. Deshalb drückt intellektuelles Geschwafel meist eine hierarchische Weltstruktur aus, weil das betreffende Individuum versucht, durch Reichtum, Macht und Ansehen seine vorbewussten Konflikte zu kompensieren und eine herausgehobene Stellung für sich selbst zum Schaden anderer zu erreichen. Dagegen steht die selbstbewusste Erkenntnis, dass alle Wesen miteinander in Verbindung stehen und gleichermaßen Achtung und Rücksicht verdienen.

Nur der durch nachträgliche Selbsterkenntnis gereinigte Intellekt kann etwas Wahres erkennen, weil in der frühen Gegenstandserkenntnis sich zugleich das Selbstbewusstsein konstituiert. Davon ist der Intellekt abhängig. Scheitert in der frühen Sozialisationsphase die Erkenntnis des eigenen Selbstwertes, dann bleibt dem Individuum neben dem Selbstwert auch der Wert der anderen Wesen verborgen. Der Widerstand des Äußeren beharrt, und die Gegenstände können nicht adäquat integriert werden. Die Konfliktkompensation des Individuums wird späterhin darauf abzielen, scheinbar entgegenstehende Widerstände anderer Wesen zu brechen. Dabei existieren diese Widerstände, die auf der nicht adäquaten Selbsterkenntnis beruhen, lediglich in der Vorstellung des Individuums und sind unwirklich. Jedoch ist das Individuum der festen Meinung, dass das Äußere ihm grundsätzlich böse gesonnen sei, und es verspürt in seinem Inneren das selbstverständliche Recht, andere Wesen an die Wand zu drücken, um den besten Platz für sich selbst einzunehmen. Diese Weise der Einstellung ist in unserer Gesellschaft weit verbreitet und führt in extremer Ausformung zum Hitlerismus. Das Zusammenleben in unserer heutigen Gesellschaft hat sich prinzipiell nicht geändert. Das Perfide und Durchtriebene der gesellschaftlichen Individuen von Bedeutung ist, dass sie die Jugend mit Erfolg lehren, im Zusammenleben mit anderen möglichst schnell die besten Plätze zu besetzen. Diese Weltanschauung beruht aber nicht auf der Wahrheit, sondern auf Defekten im eigenen Selbstbewusstsein. Es wird sozusagen im eigenen Interesse gelogen und betrogen, weil die aggressive Konfliktkompensation dem gequälten Selbstbewusstsein scheinbar Linderung verschafft. In der Philosophie wird dann z.B. die zeitlose Existenz bestritten, die gar keine Theorie darstellt, sondern Wirklichkeit ist. Voraussetzung ihrer Erkenntnis ist allerdings ein gereinigter Intellekt, weil das Hamsterrad der Gedankentätigkeit nicht auf Erkenntnis der Wahrheit ausgerichtet ist, sondern auf Konfliktkompensation des gequälten Selbstbewusstseins. Somit steht vor aller Wahrheitserkenntnis die schonungslose Selbstanalyse der eigenen frühen Sozialisation und die Überführung möglichst vieler vorbewusster Konflikte in das volle Bewusstsein. Dabei kann das Individuum selten die Hilfe eines verständnisvoll spiegelnden Gegenübers entbehren. Das Individuum wird eine Erleichterung verspüren, wenn die Gedankentätigkeit sich plötzlich vom Zwanghaften abwendet und eine andere Richtung einschlägt, hin zu der Erkenntnis, dass keine Selbstverwirklichung anderen Wesen abträglich sein darf.

Neben der Handlungserkenntnis gibt es noch die Erkenntnis der anschaulichen und diejenige der „idealen" Gegenstände. Handlungserkenntnis nenne ich den Strang des historischen Bewusstseins, der allgemein bei einem Individuum durch Sozialisation im Grundbewusstsein entspringt und vollkommen das unfreie Gegenwartshandeln beeinflusst. Handlungsgegenstand ist demgegenüber ein einzelner Handlungsakt des Gegenwartsbewusstseins, der innerhalb des historischen Bewusstseins auf einen bestimmten Akt im Grundbewusstsein bezogen ist. Die Anfangskonstituierung des Bewusstseins verläuft rein anschaulich, weil die „idealen" Gegenstände erst langsam während der Ausbildung zur Abstraktionsfähigkeit aus dem frühen Umgang mit den anschaulichen Gegenständen erwachsen. Deshalb sind diese nicht „ideal", sondern gewinnen lediglich einen Anschein von „Idealität", weil ihre Herkunft aus der anschaulichen Konstituierung des Grundbewusstseins nicht offensichtlich ist. Diejenigen abstrakten Gegenstände aber, die so aufgeblasen worden sind, dass sie sich überhaupt nicht mehr auf das Grundbewusstsein beziehen lassen wie etwa das Zeitmodell des Hawkins, sind auch dann unwahr, wenn die Logik der Ableitung innerhalb des Systems selbst richtig sein sollte. Vom Grundbewusstsein vollkommen abgelöste Gegenstände sind immer pure Erfindungen ohne jeglichen Wert. Die Erkenntnis der anschaulichen Gegenstände wiederum verläuft während der Konstituierungsphase des Grundbewusstseins parallel zur Handlungserkenntnis. Deshalb existiert keine von uns abgeschiedene „Realität". Die Anschaulichkeit ist genauso ein Erkenntnisstrang des Grundbewusstseins wie die Handlungserkenntnis, weil sich das Individuum im Ergreifen von anschaulichen Gegenständen erkennt. Die äußeren Gegenstände springen nicht in unser Bewusstsein hinein, denn wie sollten sie das auch anstellen und die Schranke zwischen Äußerlichkeit und Innerlichkeit überwinden? Vielmehr erwächst unsere Anschauung im Zusammenhang mit der Selbsterkenntnis und den Handlungsgegenständen. Deshalb ist die Anschauung keine eigenständige „Realität". Am Anfang existiert ganz allein die Wunde der Trennung von der Einheit aller Wesen, und dieses gilt es jetzt zu erkennen.

Schmerz alleine löst Unbehagen aus, jedoch wird der Schmerz dadurch noch lange nicht erkannt. Die einzelnen Willensakte kennen nichts anderes als ihre vollkommene Umsetzung, das Streben zurück zur Einheit aller Wesen, die durch die Geburt verlorengegangen ist. Deshalb will sich das junge Individuum die äußeren Gegenstände einverleiben. Erst durch den Widerstand, den die Gegenstände diesem Vorhaben entgegensetzen, und durch die Wiederspiegelung des Verschlingungswunsches vollzieht sich die Erkenntnis. Das Individuum erkennt sich selbst als Gut oder nach seinem Scheitern als Schlecht, so dass die begehrten Gegenstände solche der Sozialisation und nicht solche einer entgegenstehenden „Realität"" sind. In allen anschaulichen Gegenstandsbegegnungen erkennt sich das Individuum selbst, und alle Gegenstände werden je nach der Sozialisation als Wert oder Nichtwert erkannt und nicht als Gegenstände an sich. Jeder anschauliche Gegenstand des sich konstituierenden Grundbewusstseins ist Gegenstand durch die Selbsterkenntnis, und jedes Individuum erkennt sich selbst durch den Gegenstand. Da im späteren Gegenwartsbewusstsein grundsätzlich keine neuen Gegenstände auftreten können, sind alle anschaulichen Gegenstände des Gegenwartsbewusstseins auf gleiche oder ähnliche Gegenstände des Grundbewusstseins bezogen. Daher bedeutet Grundbewusstsein eine individuelle Selbstgründung durch die anschaulichen Gegenstände. Da diese Selbstgründung jedoch gelungen oder mißlungen ausfallen kann und die Selbsterkenntnis über die Gegenstände erfolgt, ist auch die Anschaulichkeit vom Selbstbewusstsein abhängig. Da das Bewusstsein grundsätzlich historisch ist, bleibt jede gegenwärtige Anschauung auf das Grundbewusstsein bezogen. Unsere Anschauung ist grundsätzlich individuell und entnimmt ihre Gegenstände nicht aus einer entgegenstehenden „Realität".

Im konkreten Fall bedeutet das, dass der Name „Ball" erst in der Gegenwart zum Begriff werden kann, wenn alles dasjenige, was im Gegenwartsbewusstsein an ballartigen Vorstellungen vorbeifliegt, auf eine grundbewusste Erfahrung bezogen wird, die keine Vorstellung in der Zeit sein darf und alsbald von einer neuen Vorstellung abgelöst wird, sondern ganz im Gegenteil eine Zeitlosigkeit enthalten muss. Diese Zeitlosigkeit drückt sich darin aus, dass sich das Individuum während seiner frühen Gegenstandsbegegnungen immer in seinem Selbstwert erkannt hat und darauf der Widerstand des Äußeren, nach dem gegriffen worden, zurückgewichen ist. Der Gegenstand, nach welchem sich das Individuum frühzeitig verzehrt hat, wurde als „Ball" benannt, und die konkrete und zeitlose Ballerfahrung ist im Vorbewussten verschwunden. Der Name „Ball" wurde vom Gedächtnis gespeichert und kann bei allen nachfolgenden Ballbegegnungen wieder zum Begriff werden. Aber natürlich nicht, weil späterhin sozusagen ein fertiger Ball aus einer „Realität" entnommen wird, sondern weil die Ballvorstellung in der Zeit, die alsbald von einer anderen Vorstellung abgelöst werden wird, an der Zeitlosigkeit des Grundbewusstseins ihren Halt findet. Eine stetige Ablösung von Vorstellungen in der Zeit könnte dagegen niemals erkannt werden, weil die Erkenntnis dann nur aus neuen Vorstellungen bestünde, die sich vielleicht zufällig wiederholten. Deshalb ist es Unsinn, wenn die sogenannte analytische Philosophie angibt, dass die philosophischen Probleme in der Sprache artikuliert werden und deshalb die Sprache untersucht werden müsse. Die Sprache gründet natürlich in der Historie des Bewusstseins und genau dieses muss ich untersuchen. Somit hat die analytische Philosophie ihren Namen nicht verdient; die Individualphilosophie führt die wahre Analyse durch. Sie sagt nämlich, dass es nur eine Welt gibt, die sich während der Konstitutionsphase des Grundbewusstseins in die drei bekannten Phänomene Anschauung, Handlung und „Idealität" auffächert. Alle drei besitzen jedoch dieselbe Wurzel, die als individuelle Selbsterkenntnis, welche sich immer an äußeren Gegenständen entfaltet, analysiert werden kann. Das Äußere existiert im Selbstbewusstsein. Es besteht überhaupt kein Widerspruch, wenn ich angebe, dass die Selbsterkenntnis sich an äußeren Gegenständen entfalte und jemand etwa ausrufen könne: Da ist sie doch, die entgegenstehende „Realität"! Denn das Greifen nach den frühen Gegenständen ist noch lange kein Begreifen, sondern ganz allein Verschlingungswunsch. Das Begreifen erfolgt durch den gespiegelten Verschlingungsakt, welches ich als Selbsterkenntnis benenne, die sich immer an einem Äußeren vollzieht.

Jede fortlaufende Gegenwartserkenntnis ist auf ein individuelles Selbstbewusstsein bezogen. Deshalb gibt es keine allgemeingültige und für alle gleiche „Realität", sondern Bewusst-Sein. Es ist offensichtlich, dass das Äußere und unsere Körperlichkeit sich im nächsten Augenblick verändert haben und nicht mehr dem Vorhergegangenen entsprechen. Beide unterliegen permanenter Wandlung und sind damit eine Illusion, weil nichts Festzuhaltendes existiert.

Innerhalb einer Sprachgemeinschaft meinen wir, dass die Namen mit den Gegenständen, die sie bezeichnen, übereinstimmten, aber daß deren Begrifflichkeit durch die Historie des Bewusstseins entsteht, wenn nämlich ein Gegenstand der Gegenwart auf ein Grundbewusstsein trifft, in welchem jener Gegenstand auf andere Weise, d.h. zeitlos, erkannt worden ist, das wird erst nach aufwendiger Analyse eingesehen. Die Anschaulichkeit liegt im Grundbewusstsein bereit und ist auf das Engste mit den Handlungsgegenständen verbunden, weil die frühe Selbsterkenntnis des Individuums unterschiedlich ausfällt und alle Defekte des Selbstbewusstseins auf irgendeine Weise in der Handlungsgegenwart kompensiert werden müssen. Diese enge Verbindung besteht, weil die frühen Gegenstände der Selbsterkenntnis rein anschaulich sind.

Wir hatten aber auch gesehen, dass das Grundbewusstsein, genauer gesagt die individuelle Selbsterkenntnis, die durch den Verschlingungswunsch nach äußeren Gegenständen konstituiert wird, nicht allein Ausgangspunkt für die anschauliche Welterkenntnis ist, sondern auch für die „ideale". Das Gegenwartsbewusstsein, das endlose Aufeinanderfolgen von Gegenständen in der Zeit, ist auf das Grundbewusstsein bezogen, das einen zeitlosen Anteil aufweist, der im Vorbewusstsen liegt. Dasjenige, was früher als Verstandesgesetze aufgefasst worden ist, sowie die Zahlenreihe, entstehen erst nach der Konstituierung des Selbstbewusstseins, welches das Individuum aus seiner Auseinandersetzung mit der Anschaulichkeit gewonnen hatte. Erst späterhin, durch Rückkopplung auf das Grundbewusstsein, kann der urkonkrete früheste Umgang mit den Gegenständen abstrahiert werden. Dann erwächst die Zahlenreihe aus der frühen Begegnungsreihe mit den Gegenständen, und was die Älteren als Verstandesbegriffe und Kategorien aufgefasst hatten, stellt nichts anderes dar als die Abstraktion der Weise des Umgangs mit den frühen Gegenständen aus der Zeit der individuellen Selbstbewusstwerdung.

Das Äußere scheint als entgegenstehende „Realität" für uns stillzustehen, und deshalb meinen wir, aus diesem Äußeren „ideale" Gesetze ableiten zu dürfen. In Wirklichkeit ist das Äußere ein permanent sich Veränderndes, aus dem überhaupt nichts Fixierbares entnommen werden kann. Wahr ist dagegen, dass wir die „idealen" Gesetze im Nachhinein aus unseren urkonkreten und anschaulichen Konstitutionserlebnissen gewinnen. Allerdings ist unser sich entwickelndes Gegenwartsbewusstsein im Falle des Phänomens der „idealen" Gegenstände zu einer Ablösung vom Grundbewusstsein in der Lage, d.h. es isoliert sich und treibt seine Abstraktionen weiter, die dann außer den reinen

Zahlen nicht mehr auf das Grundbewusstsein bezogen werden können. Der bombastische Schwachsinn des Stephen Hawkins ist so ein Fall, der es sogar zustande bringt, die Welt als Individuum darzustellen, indem er die Zeiterkenntnis nach außen verlegt. Richtig ist, dass wir die „idealen" Gesetze im Verlauf unserer Entwicklung und unseres Lernens aus dem konkreten Umgang mit den Gegenständen, der sich zu unserem Grundbewusstsein ausgebildet hat, durch Abstraktion dieses frühen Umganges wiedererinnern. Ich frage mich, wie viele Jahrhunderte es diesmal dauern wird, bis die blinde Naturwissenschaft nicht mehr allein als Zentrum der Welterklärung angesehen wird. Früher ist es die nicht hinterfragbare göttliche Ordnung gewesen. Insofern bestätigt sich wieder meine Ansicht, dass wir eigentlich in der Naivität des Mittelalters steckengeblieben sind und allein die äußere Form des alten Systems sich geändert hat.

Übrigens sagt Heidegger auf S. 13 seines Hauptwerkes in seiner typischen Begrifflichkeit, die sich einem jedoch im Verlauf der Durcharbeitung durchaus erschließt: „Nur wenn das philosophisch forschende Fragen selbst als Seinsmöglichkeit des je existierenden Daseins existentiell ergriffen ist, …" Wenn klar ist, dass er das individuelle Dasein meint, heißt das in meiner Analyse, dass das Individuum dann sein historisches Bewusstsein zu erkennen habe. Das philosophisch forschende Fragen als Ausdruck eines Gegenwartsbewusstseins bezieht das Individuum auf seine eigene Existenz. Er fährt fort: „ …besteht die Möglichkeit…der Inangriffnahme einer zureichend fundierten ontologischen Problematik…" Das bedeutet, dass wir erst dann zu einer Welterkenntnis vordringen, wenn wir uns zuvor selbst verstanden haben. Diese Aussage stellt mehr dar, nämlich ein Erkenntnisprinzip, und erhebt Heidegger über alle neueren Philosophen und macht eine Beschäftigung mit ihm lohnenswert.

Wie armselig erscheint dem gegenüber das langweiligste Buch der Welt, Gadamers Wahrheit und Methode, ein Buch, in dem ich nicht einen einzigen Satz aufgefunden habe, der des Nachdenkens wert gewesen wäre! Wie leer muss dieser Kopf gewesen sein, der soviel Nichtssagendes ein ganzes Buch durchfabuliert! Bei Habermas dagegen schlafe ich nach drei Seiten ein, weil er rein intellektuell argumentiert. Doch erkennt der Intellekt allein, wie wir gesehen haben, keine Wahrheit, sondern lediglich die Richtigkeit des eigenen Denksystems. Deshalb muss der Intellekt zur Ordnung gerufen werden von seinem Individuum, das sich fragt, was denn seine Betrachtungen mit ihm selbst zu schaffen hätten und ob er so etwas schon einmal selbst erlebt habe.

Denn nur das selbst Erlebte kann als wirklich und wahrhaftig analysiert werden; das rein Erdachte ohne Anbindung an ein Grundbewusstsein ist hingegen ein Hirngespinst.

Übrigens hat Heidegger auch formuliert, dass das Individuum versuche, sich aus der Welt heraus zu verstehen, und meine handschriftlichen Aufzeichnungen zum vorliegenden Buch enthalten auch eine Auseinandersetzung mit seinem Hauptwerk. Da ich die Erfahrung gemacht habe, dass die Verlage davor zurückschrecken, die Öffentlichkeit mit Textstellen und großen Namen zu traktieren, enthält diese Arbeit lediglich meine eigenen Gedanken. Es gibt große Übereinstimmungen zu meiner Individualphilosophie bzw. Philosophie der Erleuchtung, aber natürlich begeht Heidegger auch den Kardinalfehler, die Außenwelt als eigenständiges Sein anzusehen. Wir wollen den Lesern keine Auseinandersetzungen zumuten! Der ganze Rest der neueren Schwafelphilosophien kann getrost beiseitegelassen werden, weil sie nichts anderes als Erdichtungen enthalten, die die Jugend verwirren. Einen nehme ich noch aus, nämlich den hochbegabten Henrich. Dieser hat die Wahrheit geahnt und versucht, seine Philosophie auf ein Subjektsein zu beziehen. Leider gelangt er nicht über eine Intellektualität hinaus, welche für sich genommen keine Wahrheit erkennen kann. Denn die Grundlegung aller drei Phänomene ist die zeitlose Existenz, die im Vorbewussten analysiert werden kann. Henrich hätte also entweder durch Psychoanalyse die Historie seines Bewusstseins erforschen oder durch Meditation auf intuitivem Wege die Nichtintellektualität erfahren müssen. Denn ich verdeutliche noch einmal: Die Wahrheit ist bar jeglichen Gedankens!

Das Individuum ist sogar mehr als ein auf die Welt bezogenes, weil es durch die Welt erst zum Individuum geworden ist. Die Analyse des Grundbewusstseins hat die Einzigartigkeit dieser frühen Erkenntnis ergeben. Im Greifen nach den frühen Gegenständen erkennt das Individuum seine Willensakte durch das Zurückweichen der äußeren Widerstände. Das bedeutet, dass das Äußere nicht als so seiende „Realität" erfahren wird, sondern als etwas, das dem Individuum eine Erkenntnis über sich selbst ermöglicht. Eine entgegenstehende „Realität" tritt im Grundbewusstsein niemals auf, sondern die immer gleiche Erkenntnis des eigenen Wertes und des Wertes des Äußeren. Dieser Wert kann nicht in Frage gestellt werden, weil allein das Wesensgut, wie ich sage, dem Individuum eine Erkenntnis über sich selbst ermöglicht, und zweitens tritt zu jedem Zeitpunkt der grundbewussten Erkenntnis die gleiche Qualität des Wesensgutes in Erscheinung, so dass eine Einteilung dieser Begebenheiten auf der Zeitachse irrelevant ist und das Wesensgut somit zeitlos existiert. Die Zeitlosigkeit rückt ins Vorbewusste und bildet den Bezugspunkt für die Welterkenntnis. Ich muss jedoch immer wieder darauf verweisen, dass späterhin keine entgegenstehende „Realität" erkannt wird, weil die Welterkenntnis sich aus dem Grundbewusstsein heraus gestaltet und nicht von außen entnommen wird. Denn zuerst erkennt das Individuum an der reinen Anschaulichkeit seine Willensakte und damit sich selbst, und deshalb liegen alle Gegenstände der Anschauung zumindest als Synonyme im Grundbewusstsein vor, weil späterhin im Gegenwartsbewusstsein keine vollkommen neuen Gegenstände erkannt werden können.

Gleichzeitig mit der Grundlegung der Anschaulichkeit entwickelt sich im Grundbewusstsein die Handlungserkenntnis, weil die Wertschätzung von Selbstsein und Äußerem nur in der Spiegelung durch die Bezugspersonen ermöglicht wird. Wenn das Individuum sich in seiner Wertschätzung verpasst, bleiben alle späteren Handlungsgegenstände auf diesen Defekt bezogen. Das bedeutet wiederum, dass das Individuum nicht einer entgegenstehenden „Realität" seine Handlungsgegenstände entnimmt, sondern dem Grundbewusstsein. Die Welt ist also nicht dem Individuum entgegenstehend, sondern Welt durch das Individuum. Da ich Anschaulichkeit und „Idealität" bereits näher erläutert habe, werde ich die Handlungserkenntnis im Folgenden ausführlich darlegen. Die „idealen" Gesetze schließlich werden ebenfalls nicht einer äußeren Realität entnommen, sondern sind eine Abstraktionsleistung des späteren Gegenwartsbewusstseins. Alle „idealen" Gesetze entwickeln sich aus dem vorbewusst zugrunde liegenden Umgang mit den rein anschaulichen Gegenständen. Entwirft das Gegenwartsbewusstsein darüber hinaus „ideale" Gegenstände, die nicht mehr auf das Grundbewusstsein zurückgeführt werden können, wie z.B. den immer wieder perpetuierten Unsinn vom sogenannten Urknall, dann sind diese Gegenstände niemals wahr. Auf die am häufigsten heraus posaunten naturwissenschaftlichen Theorien, die alle unwahr sind, werde ich zurückkommen. Diese sind zustande gekommen, weil die Forscher Zeit und Raum als äußere Gegebenheiten ansehen. Da Zeit und Raum aber subjektive Erkenntnisformen darstellen, sind ihre Einsichten nicht auf die eigene Wahrhaftigkeit bezogen und unbegründet.

Eine Handlung ist immer eine Erkenntnis, weshalb wir von Handlungserkenntnissen reden. Die Handlungsgegenstände können nur zu solchen werden, wenn sie als Motive auf das Individuum eine Anziehung ausüben. Das Individuum erkennt einen Gegenstand als Motiv, das die Handlung bewirkt. Deshalb stellt eine Willensregung keine Ursache einer Handlungsweise dar, weil ich nicht wollen kann, dass mich ein Motiv anziehe und ich auch nicht wollen kann, dass mich ein anderes Motiv bewege. Darum treten die Willensakte mit der Handlung gleichzeitig ein, weil sie nicht wie die Motive der Handlung vorhergegangen sind. Die Willensakte könnten auch überhaupt nichts bewirken, weil sie als Ganzes die zeitlose individuelle Idee repräsentieren, die niemals selbst in die Zeiterkenntnis wechseln kann. Der metaphysische Charakter der Willensakte besteht darin, sich voll und ganz umzusetzen und mit den äußeren Gegenständen wieder zu einer Einheit zu verschmelzen. Dieses lässt sich in unserer Wirklichkeit nicht durchführen, weshalb die Willensakte sublimiert werden müssen, und aus dem Gelingen oder Scheitern dieser Sublimierung entstehen später die Motive.

In der Konstitutionsphase des Grundbewusstseins, in welcher das Individuum sich selbst durch das Äußere erkennt, richten sich einzelne Willensakte auf Gegenstände in der Absicht, mit diesem Äußeren wieder zusammenzufallen. Die Sublimierung erfolgt jetzt in der Spiegelung der Willensakte durch die Bezugspersonen. Die im Charakter der Willensakte liegende Unbegrenztheit kann in der Wirklichkeit nur ein Scheitern zur Folge haben, aber dadurch, dass dieses Scheitern letztlich umgewandelt wird in eine Erkenntnis, wird es wieder zum Guten gewendet, nämlich in eine Selbsterkenntnis des Individuums. Wenn dem Individuum in dieser Phase des Aufbaues des Selbstbewusstseins durch die Bezugspersonen vermittelt wird, dass es trotz seines notwendigen Scheiterns nichts von seinem Wert einbüßt, dann weicht in dem Moment der Widerstand des Äußeren zurück, so dass sich das Individuum durch den Gegenstand erkennt. Es erkennt sich selbst und den Gegenstand als Gut, weil der Widerstand des Äußeren nachgegeben und dem Individuum eine Erkenntnis über sich ermöglicht hat. Der eigene Wert und derjenige des Gegenstandes sind in dieser Erkenntnis nicht geschieden und können damit nicht differenziert werden. Deshalb verschwindet die Erkenntnis im Vorbewussten.

Hingegen errichtet späterhin das Gegenwartsbewusstsein seine hierarchische Weltsicht, weil es durch sein Denken der Zeit, das andere als Hamsterrad des Intellekts bezeichnen, ständig Gegenstände gegeneinander abwägt, unterscheidet und vergleicht. Diese sollen dem Individuum zu seinem Glück verhelfen. Dem Individuum ist dasjenige ins Vorbewusste entschwunden, was es einmal auf direktem Wege und intuitiv erfahren hatte, die Einheit des Wesensgutes, die Wertegleichheit von Selbstsein und Gegenstand. Trotzdem bleibt das Gegenwartsbewusstsein auf das Grundbewusstsein bezogen und liefert die drei

Phänomene Anschaulichkeit, „Idealität" und Handlungserkenntnis, weil reine Intellektualität ohne Bezugnahme auf ein Fixum lediglich Hirngespinste liefern könnte und keine Wirklichkeit. Doch ist diese Beziehung der Gegenstände auf sein Grundbewusstsein dem Individuum nicht bewusst.

Betrachten wir die Möglichkeit des Scheiterns einer Sublimierung von frühen Willensakten. Wenn die Bezugsperson selbst z.B. narzisstisch veranlagt ist, dann richtet sich ihr Interesse auf sich selbst und nicht auf das abhängige Individuum. Die Bezugsperson versucht, ihr schwaches Selbstbewusstsein zu kompensieren und sich nicht dem Abhängigen zuzuwenden. Ständig vermittelt sie dem Zögling, was sie alles Großes vollbracht habe, welches unausgesprochen beinhaltet, welch geringen Wert demgegenüber das abhängige Individuum darstellt. Denn der Abhängige erlebt keine positive Bestätigung seines Selbstwertes, weil er der Schilderung der fremden Großtaten nichts entgegenzusetzen weiß. Diese Weise des Umgangs mit einem Abhängigen ist ein nichtsexuelles Vergehen, eine psychische Vergewaltigung. Das junge Individuum scheitert in seiner Werterkenntnis, und das heißt bezogen auf den individuellen Willensakt, dass dieser nicht sublimiert werden kann. Denn das junge Individuum kommuniziert über die Anschaulichkeit mit der Bezugsperson, weil es Gegenstände begehrt und der Verschlingungswunsch vom Gegenüber gespiegelt und dann in eine Sublimierung umgewandelt werden soll. Also beharrt im Falle eines narzisstischen Gegenübers der Widerstand des Äußeren, so dass zum Gegenstand keine gleichberechtigte Beziehung errichtet werden kann und der Gegenstand fortan als „feindlich" angesehen wird. Ebenfalls verfehlt sich das Individuum selbst in der Erkenntnis seines Wertes und erlebt das ungebrochene Entgegenstehen des Äußeren als Versagen.

Wer wird jemals bezweifeln, dass diese Konflikte des Grundbewusstseins sich auf alle späteren Handlungsweisen auswirken? Denn jeder Willensakt, der nicht sublimiert werden konnte, beharrt trotzdem auf seiner vollständigen Umsetzung. Das bedeutet, dass die Handlungsgegenstände des Gegenwartsbewusstseins auf die Defekte im Selbstbewusstsein bezogen sind und daß sie andere Gegenstände darstellen als bei einem intakten Selbstbewusstsein. Deshalb variieren die individuellen Lebensläufe nach der Ausgestaltung des Selbstbewusstseins. Und wenn die Möglichkeit einer idealen Biographie besteht, dann gibt es auch eine individuelle Idee des Menschen. Da im Grundbewusstsein nicht allein der Wert des Selbstseins, sondern auch derjenige des Anderen erkannt wird, wird dadurch die Welterkenntnis konstituiert und das moralische Verhalten gegenüber den Anderen. Die Handlungsgegenstände werden nicht als Motive einer entgegenstehenden sogenannten „Realität" entnommen, sondern erwachsen aus der Qualität der selbstbewussten Konstitution. Die Welt der Handlungen ist Bewusst-Sein.

Wir hatten gesehen, dass alle drei uns bekannten physischen Phänomene, „ideale" Gegenstände, anschauliche Gegenstände und Handlungsgegenstände, reines Zeitdenken darstellen, und zwar einmal in die Zukunft gerichtet, indem ein Gegenstand dem anderen folgt und keiner mit einem anderen zusammen erkannt werden kann, und das andere Mal in die Vergangenheit gewendet, durch ständige Bezugnahme auf das Grundbewusstsein. Die ganze Zeit ist im Bewusstsein, es ist Zeitdenken. Deshalb ist naturwissenschaftliches Denken ebenfalls Zeitdenken, so dass z.B. die permanente Ausdehnung des Weltalls gar nicht anders gedacht werden kann, weil das Gegenwartsbewusstsein niemals Fixpunkte erkennt. Wenn das doch einmal der Fall sein sollte, dann sind solche Gegenstände Chimären wie die statische Weltordnung des Mittelalters oder in unserer Zeit der Urknall-Humbug. In unseren Tagen geistert das überall nachgebetete Gespenst vom Urknall herum, der angeblich den Zeitanfang markiere. Da die Zeit aber weder angefangen hat, noch endet und schon gar nicht draußen in einer sogenannten „Realität" existiert, gibt es auch keinen Urknall. Daraus folgt, dass der naturwissenschaftliche Gegenstand des Weltalls keine „Realität", sondern eine Illusion des Bewusstseins darstellt. Gleichfalls hatte ich herausgearbeitet, dass das permanente Denken der Zeit natürlich auf eine zeitlose Existenz bezogen sein muss, um nicht zufällig zu sein. Diese ist das Wesensgut, das vor der Ausbildung des Zeitdenkens intuitiv erkannt wird und jedem Individuum im Vorbewussten zur Verfügung steht. Aber eben nur vorbewusst, so dass jedes Individuum sich selbst zu verstehen meint, ohne dass es ausdrücken kann, warum sich dieses so verhalte.

Wir haben von Kant gelernt (Daß einige Denkbeamte von ihm nichts lernen wollen, ist ein im Vorbewussten liegendes Motiv), dass Zeit und Raum nicht weggedacht werden können, sondern von Anfang an in jedem Kopf vorhanden sind. Deshalb kann das Zeitverständnis nicht aus Begriffen abgeleitet und in einer Erläuterung dargelegt werden und es daher kompletter Unsinn ist zu behaupten, dass mit dem Urknall die Zeit ihren Anfang genommen habe. Richtig ist, dass jedes Phänomen ohne Anfang und Ende flieht. Aber vor aller Erfahrung verstehe ich den berühmten Satz: „Verschiedene Zeiten sind nicht zugleich, sondern nacheinander". Dieser Satz über die Zeit ist unmittelbar einsichtig. Dagegen ist der Satz: „Die Zeit hat einen Anfang genommen" nur dann einsichtig, wenn wir vorher das Dogma der Urknalltheorie aufgestellt haben. Da heutzutage fast jeder an diesen Schwachsinn glaubt, werden viele auch die Sätze Kants bestreiten, weil sie nicht zugeben können, dass sie von Meinungsmachern betrogen worden sind. Diese Betrüger fälschen die Wahrheit, indem sie ihre Theorien langsam zu Dogmen erheben, woraus dann weitere Lügen abgeleitet werden.

Wahrhaftig ist also, dass die Zeit ohne Anfang und Ende existiert und daß kein Urknall stattgefunden hat. Hieraus folgt wiederum, dass der Intellekt nicht in der Lage ist, die Wahrheit zu erkennen, sondern nur der Intellekt, der sich einer unmittelbaren Einsicht bewusst ist. Daraus ergibt sich die Historie des Bewusstseins, in welchem einmal die Phänomene als reines anfang- und endloses Zeitdenken erkannt und das andere Mal immer auf das Grundbewusstsein bezogen werden. Im Grundbewusstsein liegt die zeitlose Existenz vorbewusst zugrunde. Da diese in jedem Individuum die gleiche ist, könnte jeder sie auch nach Aufdeckung seines Betrogenseins und seiner Verblendung erkennen. Allerdings hätte das eine vollkommene Umgestaltung unserer Gesellschaft zur Folge, welche die Machthaber nie zuließen. Deshalb betrügen sie. Dagegen hat meine Analyse des Grundbewusstseins ergeben, daß das Individuum sich erst allmählich selbst erkennt in der Auseinandersetzung mit dem Äußeren. Darüber hinaus sind Bewusstsein und Äußeres nicht mehr voneinander lösbar, weil sie beide in der unmittelbaren Erkenntnis des Wesensgutes, der zeitlosen Existenz, zusammengefallen sind. Auf dieser vorbewusst zugrunde liegenden Erkenntnis errichten sich die drei Phänomene von „Idealität", Anschauung und Handlungsweise. Die Welt beginnt sich erst mit dem Grundbewusstsein zu entfalten und ist Bewusst-Sein. Deshalb könnten wir die Gesellschaften mit der Analyse unseres Bewusst-Seins zum Guten verändern; unsere geschundene Umwelt drückt nichts anderes aus als unsere Verblendung.

Durch die Charakteristik des historischen Bewusstseins eilt jedem Individuum die eigene Vergangenheit voraus, weil im Grundbewusstsein die Konditionierung für die Welterkenntnis festgelegt wird. Zugleich bleibt seine Geschichtlichkeit dem Individuum verborgen, weil die frühen Gegenstandserkenntnisse gleichartig verlaufen und im Vorbewussten verschwinden. Daß diese intuitive Erkenntnis der zeitlosen Existenz die Grundlage zur Konstituierung von Selbstbewusstsein und Welterkenntnis abgibt, dringt dem Individuum nicht ins volle Bewusstsein. Denn da jede spätere Gegenstandserkenntnis durch Flüchtigkeit gekennzeichnet ist, einmal durch Werden und Vergehen des Äußeren und des Selbstseins und das andere Mal durch die Aneinanderreihung verschiedenster Gegenstände, muss das permanente Fliehen für das Bewusstsein zum Stillstand gebracht werden. Das geschieht dadurch, dass das Gegenwartsbewusstsein einmal ähnliche Gegenstände im Grundbewusstsein wiedererinnert, wodurch kein Gegenstand der Gegenwart neu ist, und zum zweiten durch die intuitive Grunderkenntnis über die Werteeinheit aller Wesen. Das permanente Verfließen der Gegenstände der Gegenwart vollzieht sich also an der intuitiv verstandenen Zeitlosigkeit des Grundbewusstseins.

Ich hatte weiterhin nachgewiesen, dass aus der Umgangsweise mit den frühen Gegenständen der Anschauung späterhin diese Auseinandersetzung zu den Zahlen abstrahiert werden kann, sowie zu demjenigen, was die älteren Philosophen Verstandesbegriffe und Kategorien genannt hatten. Daraus erwachsen in fortlaufender Abstraktion unsere „idealen" Gegenstände. Auf die Handlungserkenntnis bezogen bedeutet das, dass die Charakteristik der frühen Willensakte die Gegenwartshandlungen antreibt, weil in den Willensakten der zeitlose Drang wirkt, die Entzweiung zwischen Individuum und Äußerem wieder aufzuheben. Da dieses der Wirklichkeit widerstreitet, weil eine Wiederverschmelzung des Individuums mit dem Äußeren unmöglich ist, außer beim Essen und späterhin beim Geschlechtsakt, müssen die frühen Willensakte adäquat sublimiert werden. In der adäquaten Sublimierung wird die Grenzenlosigkeit der frühen Willensakte mit Hilfe des sozialen Umfeldes in eine Selbsterkenntnis des Individuums umgewandelt, die mit der Gewissheit verbunden ist, dass das Äußere dazu beigetragen hat. Die selbstsichere Grundlage für späteres Handeln, also die Konstitution des Selbstbewusstseins, verläuft entlang der adäquaten Sublimierung, und jeder Abstrich an ihr nötigt das Gegenwartsbewusstsein zu irgendwelchen Kompensationen. Denn jeder Willensakt beabsichtigt ursprünglich nichts anderes als seine vollständige Umsetzung.

Doch die Beziehung zwischen der Konstitution des Selbstbewusstseins und der Gegenwartshandlung wird vom Individuum selten wahrgenommen, weil es sich mit den kompensierenden Handlungsweisen genauso identifiziert wie mit den adäquaten. Die kompensierte Handlungsgegenwart erwächst dem Individuum zur selbstverständlichen Identität.

Wenn ein Individuum z.B. zu größenwahnsinnigen Handlungen neigt, dann ist es davon überzeugt, ein selbstverständliches Recht an diesen Handlungen zu besitzen, weil das konfliktträchtige Grundbewusstsein zum großen Teil im Vorbewussten liegt. Da der Größenwahn tiefliegende Unsicherheit kompensiert, ist dieser für das Überleben des Individuums notwendig, über welches sonst die bedrohliche Welt hereinbräche. Deshalb ist die Welt voller Psychopathen, Meinungsmacher und Führer, die sich mit ihrer Gegenwartserkenntnis identifizieren und andere dergestalt betrügen, dass sie ihnen nachlaufen oder nachreden. Im Allgemeinen gelangen Defekte des Grundbewusstseins nur dann ins volle Bewusstsein, wenn die Konflikte die individuelle Gegenwart dermaßen belasten, dass sie eine Analyse des defekten Selbstbewusstseins fordern. Seine Gegenwartshandlung wird dem Individuum jedoch nur dann zur Belastung, wenn es unter seiner Handlungsweise selbst leidet; übt es sadistische Handlungen dagegen an anderen aus, dienen diese der Kompensation und belasten das Individuum selbst nicht. Ist ein Individuum motiviert, eine belastende Handlungsweise abzustellen, dann muss es sich auf die Analyse seines historischen Bewusstseins einlassen und den Konflikt im Grundbewusstsein aufspüren. Im Falle der Bewusstwerdung des Konfliktes wird die belastende Handlungsweise sich sofort verändern, weil sie mit der Erkenntnis dingfest gemacht und schon durch reines Aussprechen dem Vorbewussten enthoben worden ist.

Die Frage nach dem Sinn des Daseins ist auf die Erkenntnis der individuellen Historie gerichtet. Denn es ist offensichtlich, dass die frühen Bezugspersonen großen Einfluss auf Selbsterkenntnis und Welterkenntnis ausüben, und wenn diese Einflussnahme auf die individuelle Vergangenheit ungebrochen in der Gegenwart wirkt, dann werden die Konflikte solange an die nachfolgenden Generationen weitergegeben, bis endlich eine Erkenntnis stattfindet und die verhängnisvolle Kette unterbrochen wird. Wirklicher Fortschritt wird in der individuellen Selbsterkenntnis erreicht und weniger dadurch, dass das angebliche Äußere erforscht wird, welches keine „Realität" darstellt, sondern eine Illusion. Die angebliche „Realität" scheint nur gerade stillzustehen, weil immer kleinere Teilchen entdeckt werden und jeder vermutet, dass irgendwann einmal das kleinste aufgefunden sei, so dass die Suche endlich aufhöre. Doch werden alle Teile permanent von weiteren Teilchen abgelöst, weil im Zeitdenken eine Vorstellung auf die andere folgt und nicht, weil die Teilchen wirklich sind. Deshalb sind die Teilchen keine „realen", sondern Denken.

Durch Selbsterkenntnis kann das Individuum seine verhängnisvolle Tradition erneuern und zum Guten verändern. Leider steht die Charakteristik der Handlungserkenntnis diesem wirklichen Ideal entgegen, weil auch die kompensierende Gegenwartshandlung als Teil der Identität übernommen wird, die erst dann eine Selbsterforschung veranlasst, wenn das Individuum sich von seiner Handlungsweise belastet sieht. Deshalb ist das Individuum meistens seiner

Tradition ausgeliefert, die sich in einer hierarchischen Weltsicht äußert, deren feste Einteilung diejenige Sicherheit verschafft, die dem Selbstbewusstsein mangelt. Die Herrschenden unterstützen diese Tradition, indem sie z.B. die Naturwissenschaft fördern und die Möglichkeiten der individuellen Selbsterkenntnis wie Meditation und Psychoanalyse geringschätzen und diffamieren. Und aus dem gleichen Grund wird die Selbsterkenntnis in der allgemeinen Bildung weder gelehrt noch geübt.

Ein Denkbeamter kann kein Philosoph sein, weil er seine Anstellung legitimieren muss. Deshalb schreibt er für seinen Beruf und nicht für die Philosophie. Er ventiliert ständig die Meinungen anderer schlechter Philosophen, weil keiner der schlechteste sein darf. Leider lernt auch die Jugend, dass es wichtiger für das Fortkommen sei, eine Meinung zu besitzen, als sich mit den wenigen echten Philosophen auseinanderzusetzen. Die Schlechten bestärken sich gegenseitig in ihrer Meinung, die ihnen ihr Fortkommen sichert. Je mehr Schlechte in der Unwahrheit übereinstimmen, desto mehr Leute laufen ihnen nach, die bislang noch keine Meinung hatten. Dann gehört die Unwahrheit zum sogenannten Allgemeinwissen, das keines ist, sondern nachgeplapperte Meinung. Glücklicherweise lässt sich die Lüge leicht nachweisen, weil sie immer auf das eigene Fortkommen ausgerichtet ist und deshalb in irgendeiner Weise eine hierarchische Struktur aufweist. Das habe ich an der blödsinnigen Mehrheitsmeinung vom angeblichen Urknall nachzuweisen versucht. Denn wenn ein äußerer Zeitanfang behauptet wird, erreicht der Meinungsmacher zweierlei: Einmal muss er sich nicht mit sich selbst befassen, weil die Zeit in Wirklichkeit seine Erkenntnisform darstellt, dieser ungebrochen außen vorlässt, und zweitens verläuft ein angeblich äußerer Zeitanfang immer von irgendeinem Anfangshaufen bis zu einem in die Unendlichkeit sich ausdehnenden Weltall. Durch diese Weltsicht lassen sich allerlei analoge Reihen fortsetzen wie z.B. diejenige vom Primitiven und Ungebildeten, der nicht mitgekommen ist, bis zur Höhe des jeweiligen Meinungsinhabers. Äußerlich wird das ausgedrückt durch Talare, weiße Kittel und Doktorhüte. Meinungsinhabern gelingt es, die Masse zum Nachplappern des allergrößten Schwachsinns zu bringen und etwa die Zeit als objektive Größe zu behaupten, die irgendwann angefangen habe. In Wirklichkeit ist eine äußere „Realität" immer eine Illusion, weil sich im Grundbewusstsein erst eine Selbsterkenntnis durch ein Äußeres ausbildet und das Äußere durch das wachsende Selbstbewusstsein erkannt wird. Selbstbewusstsein und Äußeres bedingen sich gegenseitig und sind nicht voneinander lösbar. Darüber hinaus ist jedes Individuum im Besitz der Wahrheit, die ihm jedoch ins Vorbewusste entglitten ist. Die Wahrheit ist äußerst klar und lächerlich einfach und dazu ohne die Spur eines Gedankens. Sie besagt, dass alle Dinge und Wesen den gleichen Wert besitzen und daß sie über einen Plan verfügt, dem wir uns vertrauensvoll überlassen dürfen. Es besteht überhaupt kein Unterschied zwischen dem Baum, der Photosynthese betreibt und Sauerstoff abgibt, und mir selbst, der ich am Schreibtisch eine Arbeit vollende. Alles dasjenige, was wir an Selbsterkenntnis verfehlen, wird in einem nächsten Leben wieder bereitstehen. Dagegen ist eine hierarchische Struktur einer Weltsicht ein Werk des Intellekts, der nach dem individuellen Tod genauso untergehen wird wie sein Werk.

Wenn die Philosophie nicht mehr besoldet wird, dann fliehen die falschen Philosophen von den Akademien wie die Schaben vor dem Insektengift. Keiner glaubt daran, dass die ehemaligen Meinungsmacher dann noch weiterhin Philosophie betreiben werden. Für die echte Philosophie gibt es dagegen bestimmte Kriterien: Erstens untersucht die echte die Funktion der Erkenntnis, weil sie begriffen hat, dass es eine vollständige und eine unvollständige Erkenntnis gibt. Dazu erkennt sie zweitens das Phänomen, dass der Trug für die Wirklichkeit genommen werden kann. Drittens untersucht die echte Philosophie die menschlichen Handlungsgegenstände, weil Individuen verwerfliche Handlungen durchführen, obwohl sie in ihrem Innersten wissen, dass sie verabscheuungswürdig agieren. Viertens ist in der echten Philosophie immer etwas über das Existenzrecht anderer Wesen enthalten. Und fünftens und zuletzt bringt der echte Philosoph sich selbst in seine Betrachtungen mit ein, indem er die Historie seines Bewusstseins erkundet und aus der Selbsterkenntnis heraus argumentiert. Denn seine Selbsterkenntnis enthält die Wahrheit, von der er auszugehen hat.

3. DIE GRUNDPROBLEME DER ERKENNTNISARBEIT

Die Begriffe von Selbsterkenntnis und Wahrheit sind auf bestimmte Grundprobleme bezogen, die bei jeder Erkenntnisarbeit, sei es Individualphilosophie, Meditationsarbeit oder Psychoanalyse, auftreten. Bei allen drei Arbeitsweisen bleibt der Intellekt auf eine Selbsterkenntnis bezogen, und deshalb wird bei allen dreien etwas Wahres erkannt, hingegen bei der Schulphilosophie bis auf wenige Ausnahmen nicht. Die Lernenden weise ich nebenbei darauf hin, dass das Höhlengleichnis des Platon hierzu eine gute Ergänzung liefert, jedoch das zu beherzigen ist, was vermutlich kein Denkbeamter liefert, weil es intellektuell nicht begründet werden kann, dass nämlich nach der Lektüre des vollständigen Platon dieses Gleichnis tiefer verstanden wird als mit noch so vielen Interpretationen ohne Lektüre des ganzen Textes. Hierauf hat schon Schopenhauer hingewiesen, und gleichwohl sind endlos Stunden auf den Akademien verschwafelt worden. Die Grundprobleme der Erkenntnisarbeit besagen, dass Individuen von ihren Handlungsweisen überzeugt sein können, obwohl diese mit ihrer individuellen Idee nicht übereinstimmen und deshalb für sie selbst und für andere schädlich sind. Das zweite Problem ist auf die Anschaulichkeit bezogen und drückt aus, dass diese nach einer Analyse keine entgegenstehende „Realität" darstellt. Das dritte schließlich befaßt sich mit der unendlichen Geburt von scheinbar neuen naturwissenschaftlichen und als „ideal" betrachteten Gegenständen, solange unser Bewusstsein existiert.

Ich hatte bisher herausgearbeitet, dass anfangs nicht etwa ein primitives individuelles Bewusstsein und eine zu erkennende „Realität" vorhanden sind, sondern die leeren Erkenntnisformen Zeit, Raum und Kausalität und die Willensakte, die sich nach Einverleibung von jeglichem Getrennten sehnen. Denn alle drei Phänomene, nämlich Handlungserkenntnis, Anschauung und „ideale" Gegenstände, sind aufeinander bezogen und gehen aus dem gierigen Wollen und den Erkenntnisformen hervor. Da diese drei Phänomene unser gesamtes Erleben ausmachen, gibt es daneben nicht noch eine zweite Welt, die von uns vollkommen abgeschieden, überflüssig und nutzlos wäre. Es existieren weder ein Nichts noch etwas Sinnloses. In der Handlungsanalyse kann nachgewiesen werden, dass die Handlungsweisen grundsätzlich mehr oder weniger adäquat nach dem Unbewussten verlaufen können und dasselbe Individuum theoretisch viele Lebensläufe zu absolvieren vermag, die alle auf eine individuelle Idee bezogen sind. Der höchst einfache Begriff der Gerechtigkeit drückt aus, dass jedes Individuum in einem weiteren Leben alles dasjenige erneut angehen muss, was es von seiner ursprünglichen individuellen Idee nicht umgesetzt hat. Deshalb wird die individuelle Idee als zeitlos erkannt.

Erst aus diesen Anfangsgründen heraus, nämlich aus der Willensgier und den leeren Erkenntnisformen, entwickelt sich ein Bewusstsein vom Selbstsein und vom Äußeren, aber nicht als vom Äußeren getrenntes Selbstsein, sondern weil eine Selbsterkenntnis unter Mithilfe des Äußeren stattfindet und das Äußere im Verlauf der Selbsterkenntnis verstanden wird, sind das Selbstsein und das Äußere unauflösbar verbunden. Das Äußere ist somit keine entgegenstehende „Realität". Beide, das Selbstsein und das Äußere, werden im Grundbewusstsein als gleichwertig erkannt, wenn die Bezugspersonen den Erkenntnisakt verantwortungsvoll begleitet haben. Im schlechtesten Fall bleibt der Widerstand des begehrten Gegenstandes beharrlich und das Erwünschte wird gehasst, weil es dem Individuum keine Selbsterkenntnis ermöglicht hat. Das Individuum erlebt sein Scheitern als Versagen, welches die Grundlage bildet für die spätere Sucht nach Kompensation und die Einstellung zu den Mitwesen. Das Unglück wird anderen zugeschoben, wie es sich an den Führungspersönlichkeiten des sogenannten Dritten Reiches analysieren lässt. Im Grundbewusstsein wird demnach ein gemeinsamer Wert des Äußeren und des Selbstseins erkannt, der, da er bei jeder frühen Erkenntnis der gleiche ist, nicht differenziert werden kann, im Vorbewussten verschwindet und die Grundlage bildet für alle späteren Erkenntnisse. Die Erkenntnis des zeitlosen Wesensgutes oder der Existenz, wie ich außerdem sage, bildet den Ausgangspunkt für die Konstituierung des Selbstbewusstseins und den Bezugspunkt für das spätere Gegenwartsbewusstsein.

Die Illusion von einer entgegenstehenden „Realität" entwickelt sich erst späterhin, wenn die Gegenstände der Gegenwart auf das Grundbewusstsein bezogen werden. Dann scheint es, dass die Gegenwart abgelöst vom Selbstbewusstsein existiert, weil wesentliche Teile des Grundbewusstseins im Vorbewussten liegen. Dabei könnte eine vom Selbstbewusstsein getrennte Gegenwart überhaupt nicht erkannt werden, weil diese dann vollkommen neuartig wäre, sondern alle Gegenstände der Gegenwart müssen auf irgendeine Weise schon einmal in der individuellen Erkenntnis aufgetreten sein, um jetzt in der Gegenwart wiedererkannt zu werden. Daß die frühen Gegenstände auch das Selbstbewusstsein gegründet haben, rückt dem Individuum gar nicht ins Bewusstsein, das meint, als Individuum von Anfang an dagewesen zu sein. Somit haben wir einen Begriff von Wahrheit, der nur im strengen Sinn zeitlos sein kann: Das Wesensgut, nämlich der Selbstwert und der Wert der anderen, ist wahr, weil es bei jeder frühen Erkenntnis, also bei jedem Punkt auf der Zeitachse, als gleich erkannt wird. Da jede Gegenwartserkenntnis bei näherer Analyse bestandlos flieht, muss diese auf die zeitlose Werthaltigkeit bezogen sein, damit sie kein Traum bleibe. Denn abgelöst von der zeitlosen Existenz erkennen wir nirgendwo, weder bei uns persönlich noch bei anderen, irgendeine Eigenständigkeit, sondern nichts als permanente Veränderung.

Darüber hinaus haben wir den Begriff vom Schein geklärt, der sich auf die Illusion einer entgegenstehenden „Realität" bezieht. Die Außenwelt ist im extremen Zeitraffer nichts anderes als ein bunter Zeitstrich, der nicht erkannt werden kann. Erst dadurch, dass das Individuum im Grundbewusstsein etwas Zeitloses über sich selbst und die Dinge erkannt hat, scheinen die ähnlichen Dinge der Gegenwart stillzustehen. Da aber zugleich mit der Anschaulichkeit auch die beiden anderen Phänomene, Handlungsgegenstände und „ideale" Gegenstände, im Selbstbewusstsein entstehen, kann darüber hinaus nicht noch eine vom Selbstbewusstsein isolierte „Realität" existieren.

Die Gleichartigkeit der frühen Gegenstandsbegegnungen, die intuitive Erkenntnis des unveränderlichen Wertes von Äußerem und Selbstsein, verschwindet im Vorbewussten. Nur hier tritt also ein beharrliches Selbstsein, eine Eigenständigkeit auf, das wir im Meditationserlebnis auch wieder hervorholen könnten. Da die Dinge benannt worden sind, ragen ihre Namen aus dem Vorbewussten heraus, die im Gehirn gespeichert werden konnten. Die frühe Umgangsweise mit den Dingen kann späterhin zu den uns bekannten „idealen" Gegenständen abstrahierend zusammengefasst werden. Dabei ist dem Intellekt die Herkunft dieser Gegenstände aus dem Grundbewusstsein nicht deutlich, so dass er immer der Gefahr unterliegt, den logischen Fortschritt seines Denkens, das abgelöst vom Grundbewusstsein fortschreitet, zum blühenden Unsinn, besser gesagt zur Unwahrheit, zu treiben. Ein Beispiel dafür ist Hawkins, der nichts von der Zeit weiß. Doch erwachsen die drei Phänomene erst aus der intuitiv erkannten Zeitlosigkeit des Vorbewussten, weil einmal die anschaulichen Gegenstände der Gegenwart nichts Neues darstellen, sondern früher schon einmal auf andere Weise erkannt worden sind. Zum Anderen werden späterhin die „idealen" Gegenstände aus dem frühen Umgang mit der Anschaulichkeit abstrahiert. Und drittens ist die Handlungsgegenwart von der frühen Ausbildung des Selbstbewusstseins abhängig. Das Individuum erkennt und bewegt sich in seiner Gegenwart nach der Ausbildung seines Grundbewusstseins und unterscheidet sich dann prinzipiell nicht vom Tier, wenn es diesen Bezug nicht reflektiert.

Für die Nichtwissenden zerfällt die Wirklichkeit in drei Welten, die Anschaulichkeit, die „Idealität" und die freie Willensentscheidung, und die Widersprüche dieser abstrusen Dreiteilung werden verdrängt, weil der Nichtwissende sich in seinem Zustand behaglich eingerichtet hat. In Wahrheit existiert nur eine einzige Welt, eine Wirklichkeit, die auf der vorbewussten und zeitlosen Werterkenntnis gründet. Erst, wenn diese Wahrheit, die in jedem Individuum und in jedem anderen Wesen vorhanden ist, erkannt wird, dann wandelt sich die Erscheinung des Äußeren zur Wirklichkeit. Jedoch kann die Wahrheit wegen ihres vorbewussten Charakters nur von ganz Geübten festgehalten werden, und bald darauf erscheint den meisten wieder die Illusion einer dem Individuum entgegenstehenden „Realität" unter dem Gerassel der Gedankenkette. Deshalb ist es nötig, permanent die Handlungsgegenwart auf das Grundbewusstsein zurückzuführen, sowie auf die zeitlose Existenz zu meditieren. Der Grad der Bewusstheit lässt sich an der gleichmütigen und frohgestimmten Gelassenheit des Individuums ablesen. Dagegen ist jeder aufbrausende Choleriker und erfolgsgewöhnte Intrigant ein Unwissender. Denn Affekte und zwanghafte Kompensationshandlungen werden durch Gegenstände der Gegenwart ausgelöst, die auf ähnliche Gegenstände des Grundbewusstseins weisen, welche die Installation des Selbstbewusstseins belastet haben. Meistens steht der verborgene Konflikt mit einer früheren Bezugsperson in Verbindung. An dieser belasteten Erkenntnis eines Gegenstandes der Gegenwart wird deutlich, dass die Erkenntnis keine isolierte Wahrnehmung irgendeiner gegenwärtigen „Realität" darstellt, weil es natürlich Unsinn wäre, nur den affektiv aufgeladenen Gegenständen die Beziehung zum Grundbewusstsein zuzugestehen. Durch den Affekt ragt dieser Gegenstand lediglich aus den allgemeinen heraus, die im geringeren Maß die Aufmerksamkeit erregen. Wäre überhaupt kein Maß an Aufmerksamkeit vorhanden, dann könnte auch kein Gegenstand erkannt werden. Deshalb ist die Gegenstandserkenntnis eine Erkenntnis des Bewusst-Seins und keine Erkenntnis des Seins von Gegenständen.

Zum Verständnis des Begriffes vom Schein lässt sich auch gut die Analyse der Handlungsgegenstände hinzuziehen. Die Willensakte stehen an der Nahtstelle von unserer Wirklichkeit und dem zeitlosen Zustand vor unserer Geburt. Die Willensakte dringen auf vollständige Umsetzung ihres Vereinigungswunsches mit den anderen Wesen, welcher natürlich in unserer zeitbedingten Wirklichkeit sublimiert werden muss. Deshalb ist es für eine Pädagogik bedeutsam, dass sie sich einerseits dem jungen Individuum gegenüber vernünftig und zugewandt präsentiere, und andererseits ist es von höchster Wichtigkeit, den

Selbstwert des Individuums zu unterstreichen, damit es sich selbst am Äußeren erkenne. Die meisten Bezugspersonen scheitern jedoch daran, dass sie trotz aller Pflicht zur Hinwendung gleichzeitig zur Grenzsetzung gegenüber dem abhängigen Individuum verpflichtet sind. Die Sublimierung des extensiven Willensaktes verläuft dann erfolgreich, wenn die Grenzsetzung dergestalt umgesetzt wird, dass der Widerstand des Äußeren zurückweicht und dem Individuum den Weg für eine Selbsterkenntnis freigibt. Wird die Gradwanderung zwischen Anerkennung des Selbstwertes und Grenzsetzung durch die Bezugspersonen vereitelt, dann kann das junge Individuum weder ein adäquates Selbstbewusstsein errichten, noch wird sich eine Mitleidsfähigkeit gegenüber den anderen Wesen entwickeln. Der Sublimierungserfolg oder Misserfolg, den das soziale Umfeld erreicht hat, übt großen Einfluss auf den individuellen Lebenslauf und auf das Auftreten des Individuums in der Gesellschaft aus.

Jeder Lebenslauf variiert zwischen adäquater Selbsterkenntnis, die einen gelassenen und auseinandersetzungsfähigen Fortschritt nach den individuellen Anlagen innerhalb der Gesellschaft ermöglicht, und pathologischer Unsicherheit, die auf vielfältige Weise dadurch kompensiert werden muss, dem pathologischen Bedrohungsgefühl, das durch die Existenz des fremdgebliebenen Gegenstandes ausgelöst wird, zu begegnen. Wenn im pathologischen Fall die Sublimierungen gescheitert sind, bedeutet das auf die frühen Willensakte bezogen, dass diese nicht abgegolten worden sind und zugleich ihren extensiven Anspruch auf die Verschmelzung mit dem Äußeren nicht aufgegeben haben. Vielfache Kompensationen und Ersatzhandlungen sind die Folge, die dem Individuum die Möglichkeit vorenthalten, sich nach seinen Anlagen adäquat zu entwickeln. Die pathologischen Ersatzhandlungen verursachen viel Leid beim Individuum selbst wie auch bei anderen Wesen. Das Fatale daran ist jedoch, dass der Kompensationsdrang im Verlauf der Entwicklung des Individuums schließlich zu seiner Identität dazugehört und es meint, dass es das selbstverständliche Recht an seinen Handlungsweisen besitze, die in Wirklichkeit anderen Wesen schaden. Daß das Individuum sich damit selbst Schlechtes zufügt, wird verdrängt. Das Individuum führt die pathologischen Kompensationen durch und verfällt zugleich der Illusion, dass seine Handlungsweisen nach seiner freien Willensentscheidung verlaufen. Solch ein Individuum lebt in einer Scheinwelt, die nach erfolgreicher Analyse seiner Handlungsgegenstände sofort zusammenbräche, welches bedeutet, dass sich kompensatorische Handlungsweisen im Moment der Erkenntnis alsbald auflösen. Dieses geschieht, weil der Moment der Erkenntnis zugleich eine Erkenntnis des Selbstwertes darstellt, der eine zeitlose Existenz und zugleich Bezugspunkt für das Gegenwartsbewusstsein ist. Da die Existenz des Wesensgutes die Wahrheit ist und auch unvermittelt empfunden wird, werden falsche Handlungsweisen sogleich obsolet. Aus dem Kreis der Menschen mit besonders pathologischen Ersatzhandlungen rekrutieren sich die Verbrecher, aber auch die große Masse überdächte nach erfolgreicher Selbstanalyse ihre bisherigen Lebenswege. Deshalb beruhen alle Grundzüge einer hierarchischen Denkweise und alle Weisen von Rücksichtslosigkeit auf einer Scheinwelt, denn da eine erfolgreiche Konstituierung des Selbstbewusstseins nicht von allein geschieht, sondern nach dem Zurückweichen der Widerstände des Äußeren, sind wir anderen Wesen auch zum Dank verpflichtet. Das schließt eine Ausbeutung anderer zum eigenen Vorteil aus. Weil die Scheinwelt der hierarchiegebundenen Handlungsweisen unsere augenblickliche Welterkenntnis darstellt, bleibt jedes Individuum der Selbsterkenntnis verpflichtet.

Aus meiner Analyse ergibt sich, dass die Handlungsgegenstände ursprünglich ebenso aus der Auseinandersetzung des Individuums mit seiner Umwelt erwachsen wie auch die anschaulichen und die „idealen" Gegenstände. Die drei Phänomene sind solche einer einzigen Welt, und deshalb verwickeln sich die sogenannten Phänomenologen nach fünf Sätzen in Widersprüche, weil eine entgegenstehende „Realität" eine Illusion ist und ein isoliertes Äußeres nicht überzeugend beschrieben werden kann. Sie stoßen sofort auf das Problem einer Innenwelt, die nicht geleugnet werden kann. Es gibt keine „Realität", keine Eigenständigkeit von vielfältigen Phänomenen, weil jedes von einer Selbsterkenntnis isolierte Phänomen einmal ein anderes gewesen ist und einst wiederum eine andere Gestalt angenommen haben wird. Es verändert sich ohne Unterlass. Von dem Phänomen, das vor mir gerade festzustehen scheint, kann ich seine vergangenen und zukünftigen Zustände nicht wegnehmen, weil sie dieses Phänomen geradezu gestalten. Deshalb ist das Bild des Phänomens, das vor mir gerade zu beharren scheint, eine Illusion. Dagegen gibt es drei wirkliche und wahrhaftige Phänomene, die deshalb entstehen, weil das permanente Denken von Zeit sich auf ein früher Erlebtes bezieht, in welchem ähnliche Phänomene auf andere Weise schon einmal aufgetreten sind. Dort ist ihre Zeitlosigkeit intuitiv erkannt worden, so dass die vorbeifliegenden Phänomene der Gegenwart jetzt stillzustehen scheinen. Stillstehende Phänomene sind solche des Grundbewusstseins. Die Phänomene der Anschauung, der Handlung und des „Ideals" repräsentieren keine drei Welten, sondern erwachsen aus der Selbsterkenntnis des Individuums, welche ihm die äußeren Gegenstände ermöglicht haben. Erkenntnis geschieht durch das Zurückweichen der Widerstände des Äußeren, die den Weg zur Selbsterkenntnis freigeben. Bleibt das Äußere sperrig, dann kommt es auch zu keiner adäquaten Selbsterkenntnis des Individuums. Das Äußere wird also nicht als feststehende „Realität" erkannt, sondern als von seiner Sperrigkeit Zurückweichendes, das dem Individuum zu sich selbst verhilft.

Die Wirklichkeit des Äußeren und nicht die Abbildung einer „Realität", an der die naiven Phänomenologen so verzweifelt haften und die nichts anderes ist als ein permanent sich Veränderndes und Flüchtiges, entsteht durch Wiedererkenntnis vergangener Phänomene. Anschauungsgegenstand und Handlungsgegenstand entstehen zusammen, weil durch den Wert des Äußeren auch der eigene Selbstwert erkannt wird. Aus der adäquaten oder weniger adäquaten Erkenntnis des Selbstwertes entstehen die späteren Handlungsgegenstände. Sie werden nicht aus einer abgeschlossenen „Realität" entnommen, indem diese etwa die Motive zu den Handlungen lieferte. Die Motive zur späteren Handlungsgegenwart erzeugen vielmehr jegliche inadäquaten Erkenntnisse des Selbstwertes, die irgendwie kompensiert werden müssen. Aus genau dieser Begegnungsweise mit den frühen Gegenständen können späterhin ebenso die „idealen" Gegenstände abstrahiert werden, die als „Ideal" falsch bezeichnet worden sind, weil ihre Herkunft aus dem Grundbewusstsein nicht offensichtlich ist. In Wirklichkeit sind sie Denkgesetze der menschlichen Individuen, weil diese späterhin ihre Umgangsweise mit den frühen Gegenständen wiedererinnern und abstrahieren können. Dieses hatte ich am Satz des Pythagoras dargestellt. In der Anschauung werden keine zweidimensionalen Dreiecke und Vierecke aufgefunden, sondern dreidimensionale ähnliche Formen, die zu zweidimensionalen abstrahiert werden können. Die Abstraktion kann aber erst durchgeführt werden, wenn vorher ähnliche anschauliche Gegenstände begriffen worden sind, sonst könnten geometrische Figuren nicht erkannt werden. Diese Figuren sind Denkgesetze, an denen noch weitere „ideale" Gegenstände entwickelt werden können, über welche die Individuen deshalb übereinstimmen, weil sie sich während der Entwicklung des Grundbewusstseins mit dem Äußeren haben auseinandersetzen müssen. Die Auseinandersetzungen sind individuell verlaufen, jedoch gelangen wir durch Abstraktion von der Individualität und in der gedanklichen Wiedererinnerung der frühen Gegenstände zu den „idealen" Gegenständen. Die Bezeichnung „Ideal" ist falsch, weil diese Gegenstände nicht Teile einer vom Individuum gesonderten Welt darstellen, die lediglich ein bestimmtes Bewusstsein verlangen, um erkannt werden zu können, sondern der umgekehrte Weg ist richtig. Die „idealen" Gegenstände sind gewissermaßen ein Abfallprodukt der individuellen Selbsterkenntnis, die bekanntermaßen durch das Äußere ermöglicht worden ist.

Um der erfolgreichen Agitation der Meinungsmacher entgegenzuwirken, wiederhole ich, dass das Äußere keine entgegenstehende „Realität" ist, weil es die Grundlage der Selbsterkenntnis ausmacht und von dieser nicht getrennt werden kann. Wenn wir uns ein Individuum von einer anderen Welt denken, das sich mit ganz anderen Gegenständen hat auseinandersetzen müssen, im Extremfall ein Individuum einer Gegenwelt, dann erkennte es auch nicht unsere „idealen" Gegenstände. Unsere „idealen" Gegenstände sind solange wahr, wie noch irgendwie ein Bezug zum Grundbewusstsein hergestellt werden kann, z.B. durch Benutzung der Zahlen, die nichts anderes sind als die abstrahierte Anzahl von Gegenstandsbegegnungen. Je aufgeblasener aber die Denkgebilde erscheinen und je schwieriger es wird, noch einen Bezug zum Grundbewusstsein aufzuweisen, desto unwahrer ist das Denksystem, auch wenn es in sich selbst noch ungefähr nachvollziehbar sein sollte.

Ich selbst existiere wahrhaftig, weil ich lebe und immerzu versuche, Leid von mir abzuwenden, und über andere Wesen kann ich nur Vermutungen anstellen. Gewiss ist, dass sie nicht leben und leiden wie ich selbst. Wie verhält es sich dann mit den toten Gegenständen, existieren diese oder nicht? Und wie existieren sie, wenn sie weder leben noch leiden noch denken noch sich freuen oder traurig sein können? Was bedeutet ihr einfaches Da-Sein, das nichts anderes kennt als da zu sein? Da ich alles infrage stellen kann außer meiner eigenen Existenz, sind auch nur diejenigen Gegenstände wahrhaftig, die irgendeine Beziehung zu mir selbst aufweisen. Die anschaulichen Gegenstände werden entgegen der öffentlichen Agitation, die quasi-religiöse Züge aufweist, nicht als Gegenstände an sich erkannt, als entgegenstehende anschauliche Welt, weil in der Historie des Bewusst-Seins eine Anschaulichkeit vorhergegangen ist, die uns die gegenwärtige Anschauung vertraut erscheinen lässt. Wäre dieses nicht so, und die gesamte Anschauung erschiene uns explosionsartig in einem Bild, könnte sie als Neuigkeit, und ohne auf uns bezogen zu sein, niemals erkannt werden. Die Gegenstände der Anschauung sind also keine Gegenstände an sich, sondern ähnliche Gegenstände, die aus historischen Bewusstheiten erwachsen sind.

Bei den Handlungsgegenständen ist es offenkundig, dass keine gegenwärtige Handlungsweise zufällig geschieht, weil die Individuen sich erst selbst haben erkennen müssen und aus einem Selbstbewusstsein heraus handeln. Dieses

Selbstbewusstsein hat sich in der allerersten Beziehungsstruktur und in der Auseinandersetzung mit rein anschaulichen Gegenständen herausgebildet. Da die Anschaulichkeit nicht ohne die Historie des Bewusstseins erklärt werden kann, sind die Handlungsmotive der Gegenwart genauso wie die Anschaulichkeit auf die frühe Beziehungsstruktur bezogen. Denn beide, die frühen rein anschaulichen Gegenstände und die Beziehungsstruktur mit den Bezugspersonen, haben das Selbstbewusstsein installiert.

Die „idealen" Gegenstände sind noch einfacher zu erläutern, weil sie keine äußeren Gegenstände darstellen, sondern reine Denkgebilde. Ich hatte schon an anderer Stelle gesagt, dass z.B. die Berechnung einer Lichtstrahlbrechung ein anderer Gegenstand sei als das anschauliche Gegenstück. Nämlich wenn ich einen Stecken ins Wasser halte, scheint der dann gebrochen zu sein. Die Berechnung des vom Gegenstand reflektierten Lichtstrahles liefert uns zwar die Erklärung dazu, jedoch bleibt der Stecken trotzdem in der Wirklichkeit gerade und ungebrochen. Der berechnete Gegenstand ist wahr und der gerade Stecken ist wirklich, weil beide Gegenstände auf unser Grundbewusstsein zurückgeführt werden können. Der berechnete Stecken erscheint gebrochen und der wirkliche Stecken ist gerade. Dieser Widerspruch kann nur durch Beziehung der beiden widersprüchlichen Gegenstände auf das Grundbewusstsein aufgeklärt werden.

Die „idealen" Gegenstände, die den Charakter von reinen Denkgebilden besitzen, müssen gleichfalls einen Bezug zur Entstehungsgeschichte des Selbstbewusstseins aufweisen, um für uns menschliche Individuen (und niemals für andere Individuen!) wahre Gegenstände zu sein. Kann dieser Bezug nicht mehr nachgewiesen werden wie etwa bei dem komplexen Blödsinn des Hawkins, dann ist das Denkgebilde unwahr. Unwahre „ideale" Gegenstände werden in ihrem Charakter jedoch wesentlich schwerer erkannt als anschauliche und Handlungsgegenstände, weil auch die einfachen wahren Gegenstände wie etwa 2 x 2 = 4 lediglich einen abstrahierten Bezug zum Selbstbewusstsein aufweisen. Präsentiere ich dagegen einen anschaulichen Gegenstand wie eine Olineundra, die auf gar keine Weise jemals im Grundbewusstsein aufgetreten ist, dann liegt ihre Unwirklichkeit gleich auf der Hand. Eine Handlungsweise wiederum, die nicht an die Historie eines Individuums gebunden wäre, müsste zufällig genannt werden und befindet sich vollkommen im Widerspruch zum Charakter des Individuums. Denn ein Individuum zeichnet sich dadurch aus, dass es seiner bestimmten Idee folgt und keine Äußerung von zufälligen Zusammenballungen biochemischer Vorgänge darstellt.

Die wahren „idealen" Gegenstände sind durch Abstraktion aus dem menschlichen historischen Bewusst-Sein entstanden. In der Analyse des Bewusst-Seins hat sich eine Voraussetzung als richtig erwiesen, die schon Kant dargestellt hatte, nämlich: Alle Gegenstände können aus dem Raum fortgedacht werden, nur die Vorstellung vom zuletzt völlig leeren Raum können wir nicht auch noch wegdenken. Hierin stimmen wir überein mit der Einschränkung, dass, wenn sich die Agitation der Meinungsmacher auf diese Wahrheit einschösse, letztendlich auch viele daran glaubten, den leeren Raum wegdenken zu können. Wenn wir nun in Gedanken drei Linien so zusammenlegen, dass sich ihre Enden berühren, dann erhalten wir den Teil einer Fläche, die aus der unendlichen Fläche entstammt, welche die Grundfläche unserer leeren Raumvorstellung ausmacht. Die leere Raumvorstellung war von Anfang an in uns vorhanden. Wir sind die leere Raumvorstellung selbst, und das gezeichnete Dreieck ist ein Teil von uns. Wird ein Winkel des Dreiecks zu einem rechtwinkligen, erhalten wir ein rechtwinkliges Dreieck, das Pythagoras den Anlass geboten hat, über sich selbst nachzudenken. Da erst einzelne begonnen haben, gegen Kant zu agitieren, stimmen wir noch fast alle darin überein, dass die Vorstellung vom leeren Raum nicht weggedacht werden kann und dass wir einen gleichen Begriff über das rechtwinklige Dreieck besitzen, weil es ein Teil unserer Raumvorstellung und somit Teil unserer Selbsterkenntnis ist. Die Form unseres Dreiecks können wir anderen besser verständlich machen, wenn wir seine Seitenlängen in gleiche Stücke unterteilen und zählen. Für die Zahlen gilt das gleiche wie für die anschaulichen Gegenstände, von denen keine erkannt werden könnte, wenn sie uns als vollkommene Neuigkeit entgegenträte. Da auch die „idealen" Gegenstände selbstverständlich dem Grundbewusstsein entstammen, sind sie mit den anschaulichen Gegenständen und über diese auch mit den Handlungsgegenständen verbunden. Das bedeutet, dass jede Zahl eine frühe Gegenstandsbegegnung symbolisiert, die das Individuum alle nacheinander erlebt hat. Da wir das rechtwinklige Dreieck auf uns selbst zurückbeziehen können, ist es ein wahrer Gegenstand. Dagegen weist der Hawkins-Humbug überhaupt keine Bezüge zu Grundbewusstheiten auf und ist deshalb unwahr.

Das Grundbewusstsein zeichnet nun aus, dass keine Gegenstände an sich, also als eigenständig seiende, erkannt werden, weil die individuelle Erkenntnis sich zuerst auf die Willensakte richtet und nicht auf die Gegenstände. Das Individuum erkennt sich selbst durch die Sublimierung seiner Willensakte, die sich auf rein anschauliche Gegenstände gerichtet hatten. Dadurch entwickelt sich ein Selbstbewusstsein durch die sozial begleiteten Gegenstandsbegegnungen, so dass keine Erkenntnis auf Gegenstände an sich gerichtet ist, sondern auf die individuelle Selbsterkenntnis, auf welche späterhin die bekannten drei Phänomene bezogen werden müssen. Die gesonderte Erkenntnis des Grundbewusstseins liefert den Fixpunkt, an welchen die späteren stetig sich verändernden und permanent vorbeiziehenden Gegenstände geheftet werden. Dieser Punkt ist natürlich die intuitiv erkannte Zeitlosigkeit des Wertes von Individuum und Gegenstand, durch den unsere Welt der drei Phänomene erst entstehen kann. Da das Grundbewusstsein die Voraussetzung darstellt für die spätere Erkenntnis, kann von vorhandenen Gegenständen, die eine von uns abgelöste Existenz führen sollen, natürlich keine Rede sein. Selbstverständlich haben Agitatoren ein Interesse daran, die Erkenntnis zu fälschen und eine an sich vorhandene Welt herauszusetzen, weil sich die Gegenstände dann nach einem hierarchischen Maßstab einteilen lassen, über den die Meinungsmacher zu herrschen trachten. Dann lassen sich die Individuen einordnen in solche, die diese angeblichen Wertmaßstäbe besser oder schlechter wahrnehmen. Ständig verführen uns die Meinungsmacher mit ihren Gaukeleien, die aus ihren Fälschungen geboren werden.

Dagegen bedeutet wahre und wirkliche Erkenntnis, dass sich zuerst ein Selbstbewusstsein durch die frühen Gegenstände zu konstituieren hat. Jede Gegenstandsbegegnung ist zugleich eine Erfahrung der Selbsterkenntnis, und vom konkreten Vorgang abstrahiert ergeben sich die Zahlen 1 bis n. Wegen der Gleichartigkeit der frühen Gegenstandserkenntnisse fällt das konkrete Ereignis ins Vorbewusste, aber späterhin, bei erwachendem Abstraktionsvermögen des Gegenwartsbewusstseins, kann die reine Zahl wiedererinnert werden. Als Abstraktion der frühen anschaulichen Gegenstandsbegegnung fällt sie nicht dem Vorbewussten anheim, sondern ragt aus diesem gewissermaßen heraus. Wir erinnern uns, dass am individuellen Anfang nichts anderes vorhanden ist als die noch leeren Erkenntnisformen von Zeit, Raum und Kausalität und der unaufhebbare Wunsch nach Wiedereingliederung des vom Individuum Getrennten. In der Entfaltung des Grundbewusstseins erkennt das Individuum sich selbst als zeitlosen Wert und den Wert des Äußeren. Der Wert der begehrten Gegenstände wird deshalb erkannt, weil ihnen das Individuum eine Erkenntnis über sich verdankt. Der Widerstand des mit dem Wunsch der Verschlingung begehrten Gegenstandes weicht zurück, wenn er dem Individuum eine Erkenntnis über sich selbst ermöglicht hat. Dadurch wird die Totalität des ursprünglichen Willensaktes sublimiert. Der Gegenstand wird nicht an sich erkannt, sondern ist ein Konstitutionsmoment des Selbstbewusstseins. In der anschaulichen Gegenstandsbegegnung des Grundbewusstseins enthalten die Konstitutionsmomente stets die gleiche Werterkenntnis des Selbstseins und des Gegenstandes, so dass die anschauliche Begegnung wegen dieser Gleichförmigkeit ins Vorbewusste entgleitet. Da die reine Anzahl der Gegenstandsbegegnungen nicht der Anschaulichkeit angehört, können die Zahlen späterhin, im erwachenden Gegenwartsbewusstsein, wiedererinnert werden. Die Zahlen entstammen dem Grundbewusstsein.

Die Zahlenreihe stellt nicht das Einzige dar, was späterhin wiedererinnert werden kann, sondern darunter fällt auch die Abstraktion der komplexeren Umgangsweise mit den frühen Gegenständen. Dasjenige, was die älteren Philosophen als reine Verstandesbegriffe aufgefasst haben, die a priori auf Gegenstände gehen, ist keineswegs vor aller Erfahrung gegeben, sondern kann nachträglich aus den Konstitutionsmomenten des Selbstbewusstseins abstrahiert und wieder herausgezogen werden. Genauso wie die Zahlenreihe nicht dem Vorbewussten verfällt, kann auch die komplexere Umgangsweise späterhin abstrahiert wiedererinnert werden. Aus der frühen Umgangsweise, die absolut anschaulich gewesen ist, kann später abstrahiert wiedererinnert werden, ob etwa eine Einheit oder eine Vielheit von Gegenständen existiert hat. Ohne die unterlegten anschaulichen Gegenstandsbegegnungen aus dem Grundbewusstsein, in dem das Individuum sich erst selbst durch ein Äußeres bewusst geworden ist, können die Begriffe „Einheit" und „Vielheit" nicht gedacht werden, weil sie dann ohne Bezug aufträten und vollkommen neu wären. Das gleiche gilt für die Kategorie der Modalität, ob etwa ein Gegenstand wirklich oder erwünscht gewesen, ob er eigene Substanz besessen oder dieser noch etwas hinzugefügt worden, ob er notwendig zur Erde gefallen sei oder scheinbar zufällig. Alles dieses, was die Älteren unter der Kategorie der Modalität zusammengefasst haben und meinten, dass die Kategorien vorab im Gehirn vorlägen, ist in Wirklichkeit eine nachträgliche Denkleistung des Gegenwartsbewusstseins. Im Verlauf der Konstituierung des Selbstbewusstseins hat das Individuum anschaulich erfahren, dass es ein Ding und viele Dinge gibt, diese wirklich sind oder erwünscht, oder notwendig zur Erde gefallen, nachdem sie angestoßen worden sind oder scheinbar zufällig, welches späterhin wiederum den Stoß als Ursache und seine Wirkung einleuchten lässt. Wer glaubt wirklich daran, dass alle diese Abstraktionsleistungen als Verstandeskategorien im Gehirn fertig vorliegen? Weder ein Bewusstsein von sich selbst noch vom Äußeren liegen dort, sondern einzig die Erkenntnisformen, die noch vollkommen leer sind, und der unbändige Drang zurück zur Einheit aller Wesen. Deshalb sind die Kategorien eine nachträgliche Abstraktionsarbeit des Gegenwartsbewusstseins, das sich zurückbesonnen hat auf die Erlebnisse des Grundbewusstseins. Wegen dieser Anbindung an das Grundbewusstsein sind die Kategorien zugleich wahre Gegenstände.

Die Denkgesetze sind keine immer gültigen, die von allen Wesen erkannt werden könnten, wenn sie nur genügend Intellekt besäßen, sondern sie sind Denkgesetze, die auf unsere menschliche Spezies beschränkt sind und die wir nachträglich als Abstraktion aus unserer anschaulichen frühen Umgangsweise mit den Gegenständen wiedererinnern. Die Denkgesetze sind eine Abstraktionsleistung des Gegenwartsbewusstseins, das sich zurückbezieht auf das Grundbewusstsein. Sie sind für uns wahre Gegenstände, für ein höheres Wesen dagegen belanglos, oder für dieses so interessant, wie wir die Denkleistung von anderen Primaten erforschen. Die Denkgesetze reifen in unserem Vorbewussten und können vom sich entwickelnden Gegenwartsbewusstsein gepflückt werden. „Ideale" Gegenstände entstammen nicht einer gesonderten Welt des „Ideals", sondern sind Teil einer einzigen Welt, aus welcher die drei Phänomene hervorgegangen sind. Es existiert nämlich ein Grundbewusstsein, in welchem sich zuvor ein Individuum im Gegenüber mit anschaulichen Gegenständen erkannt hat. Die anschauliche Auseinandersetzung von Individuum und Gegenstand kann späterhin in den Denkgesetzen abstrahiert wiedergegeben werden. Die Wiedererinnerung entfaltet die Denkgesetze und ermöglicht die Erkenntnis von „idealen" Gegenständen, die „ideal" scheinen, weil der Bezug zum Grundbewusstsein nicht offensichtlich ist. Das Grundbewusstsein ist streng anschaulich und individuell und kann von keinem anderen Individuum nachvollzogen werden. Die Namen, mit denen die Dinge benannt worden sind, und der zur Abstraktion fähige Umgang mit den Gegenständen im Verlauf der Selbstbewusstwerdung ragen aus dem individuellen Grundbewusstsein heraus. Darüber verständigen wir uns, aber unsere Individualität, unser Selbstbewusstsein, müssen wir eigenständig und allein ergründen.

Die meisten klammern sich an die Illusion, die ihnen Halt verschafft, nämlich daß es zwei Welten gäbe, einmal diejenige des Denkens und das andere Mal die sogenannte „reale" Welt da draußen. Dann verleugnen sie auch noch die dritte Welt der Handlungsgegenstände, die irgendwie in die beiden anderen Welten integriert werden muss, indem dem Menschen als Schöpfungskrone ein freier Wille zugestanden wird. Welch ein Unsinn! Denn wenn der Wille frei wäre, dann entschieden sich die Individuen nicht freiwillig zu ihrem Leid, indem sie oft diejenigen Handlungen begehen, die immer wieder in der gleichen Katastrophe enden. Alles, was ich anschaue, sei es mich selbst oder seien es äußere Dinge, unterliegt der steten Veränderung, und alles ist von vorhergegangenen Dingen abhängig gewesen, die ich nicht mehr sehe, und wird sich auf nachfolgende auswirken, die ich erst später erblicken werde. Deshalb schaue ich im Augenblick kein reales Ding an, sondern eine Illusion, in der das Vorhergegangene und Nachfolgende verborgen vorliegt. Wenn Vergangenheit, gegenwärtiger Augenblick und Zukunft zusammen in einem Phänomen vorkommen, dann kann dieses keine „Realität" sein! Wenn wir annehmen, dass ich alle Zustände eines Dinges doch zugleich erblicken könnte, dann gäbe es keine Zeit mehr. Denn Zeit bedeutet immer die Erkenntnis eines Gegenstandes zu seinem Zeitpunkt. Erblickte ich alle Zustände eines Gegenstandes zugleich, dann wären Vergangenheit, Gegenwart und Zukunft zusammengefallen. Es herrschte Stillstand im Denken. Wenn die Welt des Denkens wirklich ideal wäre, dann erstreckte sich ihre Gültigkeit auch auf höhere Intelligenzen. Diese wären dann bloß keine höheren mehr, sondern uns gleich, weil alle über dieselben Denkgesetze verfügten. Wenn die Denkgesetze als Ideal existierten, folgt daraus, dass wir die einzige Spezies mit einer bestimmten Intelligenz im Universum sind, und gäbe es noch andere, müssten sie sein, wie wir selbst. Das ist unwahrscheinlich und zudem blödsinnig!

Ich gebe gern zu, dass die Wahrheit, die äußere Welt sei eine Illusion, Angst macht, jedoch rechtfertigt das nicht die vorherrschende dämliche Schwafelei und schon gar nicht, dass die Meinungsmacher verlangen, das Falsche zu denken und sie den Anspruch auf ihr System überall durchzusetzen trachten. Das Sein, die Existenz ist in Wahrheit ohne die Spur eines Gedankens, glasklar und lächerlich einfach. Es ist ein Plan, dem sich jeder vertrauensvoll überlassen kann. Alles dasjenige, was nicht ein Gedanke ist, rückt näher an die Wahrheit heran als der vermeintlich klügste Gedankengang. Diese Existenz ist in jedem Wesen vorhanden und kann nicht intellektuell erkannt werden, sondern wird frühzeitig intuitiv wahrgenommen als Ausdruck der eigenen individuellen Freiheit. Aufgrund ihrer zeitlosen Existenz liefert sie den Bezugspunkt für die drei Phänomene. Im Verlauf der Sublimierung der frühen Willensakte versinkt die intuitive Erkenntnis im Vorbewussten, kann aber z.B. mit Hilfe der Meditation wieder erlebbar gemacht werden. Das setzt jedoch voraus, dass das entsprechende Individuum seine Handlungsgegenstände überprüft und gereinigt hat, weil es sich sonst nicht aus seinem Gedankenkarussell befreien kann. Ein

Individuum, das von seinen Zwangsgedanken fortgerissen wird, kann sich selbst nicht erleben.

Ich hatte dargelegt, dass die Handlungsgegenstände eines jeden Individuums von den Sublimierungserfolgen der frühen Willensakte abhängig sind und das zwanghafte Denken in der individuellen Gegenwart dann am größten ist, je mehr Konflikte aus der Vergangenheit die individuelle Verwirklichung bedrohen. Der Intellekt ist ständig auf der Suche nach Möglichkeiten der Kompensation für Verletzungen aus der frühen Beziehungsstruktur. Er erkennt niemals von sich aus die adäquaten Handlungsgegenstände, die mit seiner individuellen Idee, seinem Unbewussten, übereinstimmen, er kann wahre nicht von unwahren „idealen" Gegenständen scheiden und er fälscht sogar die Wirklichkeit. Jeder hat wohl schon erlebt, dass Menschen etwas aus ihrer Anschauung behaupten, was nachweislich nicht vorhanden gewesen ist. Je größer die narzisstische Persönlichkeitsstörung ausfällt, desto falscher ist die jeweilige Anschaulichkeit. Vielmehr muss der Intellekt immer an eine praktische Selbsterkenntnis gebunden werden. Erst dann wird er frei von Zwangskompensationen. Erkenntnis der Wahrheit ist zum großen Teil Arbeit an sich selbst, und da das leider wenige durchführen, werden die meisten leicht von Schwätzern geblendet. In Wirklichkeit ist das System der verschiedenen Welten so offensichtlich dumm und blödsinnig, dass jeder, der es dann doch einmal durchschaut hat, vor Scham über die eigene Verblendung in Grund und Boden versinken möchte.

Da die zeitlose Existenz (das Wesensgut, das Sein) mit der intellektuellen Erkenntnis nichts zu schaffen hat, wird es, weil es für die Erkenntnis der drei Phänomene die Grundlage bildet, unmittelbar im Verlauf der Konstituierung des Grundbewusstseins erfasst. Nämlich in der Intuition der frühen Freiheitserfahrungen, wenn mit Unterstützung des sozialen Umfeldes die Widerstände der Gegenstände, die anfangs so kompromisslos begehrt werden, plötzlich schwinden und das Individuum zu einer Erkenntnis über sich selbst und über die Gegenstände gelangt. Das Individuum erfährt das Sein der begehrten Gegenstände nicht als Eigenständigkeit des Äußeren da draußen, das irgendwie ins Individuum hineinspringt, sondern als unser aller Sein, als nicht hinterfragbares Gut. Denn da der Intellekt niemals vollkommen neue Gegenstände begreifen kann, muss die gesamte Anschauung auf irgendeine Weise schon einmal aufgetreten sein, und zwar in außer-intellektueller Manier, in welcher das Individuum in immer gleicher Form etwas über seinen Wert und denjenigen des Äußeren erfahren hatte. Denn der Intellekt selbst erkennt nur einen Gegenstand zu seinem Zeitpunkt, und da die Zeit eine Erkenntnisform ohne Anfang und Ende darstellt, könnte keine Anschauung rein intellektuell begriffen werden. Sie bliebe eine zufällige und sinnlose Aneinanderreihung von Gegenständen.

Dagegen verläuft die unmittelbare Erkenntnisweise des Grundbewusstseins bei jeder Gegenstandsbegegnung gleichartig und kann deshalb weder ausgedrückt noch intellektuell erfasst werden, weil die gleichartigen Erkenntnisse nicht differenziert werden können. Deshalb bleibt die Sublimierung der sich nach dem Äußeren verzehrenden Willensakte individuell, weil gleichartige und intuitive Erlebnisse nicht mitgeteilt werden können. Kein Individuum wird ein anderes verstehen, und die meisten Individuen wissen nichts über sich selbst, weil die frühe Beziehungsstruktur im Vorbewussten liegt. Gerade solche Nichtwissenden erheben Anspruch auf Meinungsführerschaft, weil ihr hierarchisches Denken nach einem Bezugspunkt strebt, den sie natürlich selbst vorgeben wollen. Denn wer den Wert des Ganzen nicht kennt, dem liefert der Intellekt die Illusion der Vielfalt. Die Naivität erhebt immer ihr Haupt, wenn die Historie des Bewusstseins unbekannt ist. Wir wissen es besser, dass im Intellekt zu jedem Zeitpunkt stets verschiedene Gegenstände auftreten, die eigentlich nicht erkannt werden könnten, wenn sie nicht auf andere und spezielle Weise früher schon einmal aufgetreten wären. Erst der Rückbezug des Gegenstandes der Gegenwart auf einen vergangenen Prozess nimmt dem gegenwärtigen Gegenstand die Neuigkeit. Dadurch, dass wir diesen Rückbezug wegen des vorbewussten Charakters des Grundbewusstseins nicht bemerken, meinen wir, dass jeder Gegenstand des Augenblicks eigenständig sei. In Wirklichkeit ist er auf das Grundbewusstsein bezogen, in welchem er von der Erkenntnis unseres Selbstseins nicht ablösbar ist. Der Gegenstand des Augenblicks ist also vergangene Gegenwart, welches von uns dann bemerkt wird, wenn wir einen Augenblick der Gegenwart festhalten wollen und uns dann auffällt, dass bereits der nächste Augenblick herangekommen ist. Der vorherige ist bereits Vergangenheit geworden. Dasjenige, was nicht festgehalten werden kann, führt keine Existenz. Eine eigenständige Existenz eines Gegenstandes ist eine Illusion, weil er nur durch die Beziehung auf unser frühes Wissen erkannt wird.

Im Gegensatz dazu entfalten sich die anschaulichen Gegenstände auf individuelle Weise, weil während der Konstituierung des Grundbewusstseins Willensakte sublimiert werden, deren Anspruch auf vollständige Umsetzung ihres Wollens in eine Auseinandersetzung mit dem Äußeren umgewandelt worden ist. Anders kann sich ein Individuum gar nicht erkennen, als daß es nach einem Gegenstand greift und sich in seinem Greifen selbst begreift. Die im besten Falle positive soziale Begleitung dieses Aktes eröffnet dem Individuum die Zeitlosigkeit der Werterkenntnis des Selbstseins und des Äußeren. Damit ist der metaphysische Anspruch des ursprünglichen Willensaktes auf Wiederverschmelzung mit dem Gegenstand abgegolten. Die intuitive Erkenntnis der Zeitlosigkeit der Werte von Selbstsein und Gegenstand versinkt im Vorbewussten und wird Bezugspunkt für die Erkenntnis der drei Phänomene. Dadurch ist der Bogen gespannt worden von der zeitlosen Existenz vor der Geburt zur Zeitlichkeit der Lebensdauer, in welcher die zeitlose Existenz lediglich vorbewusst ist, und wiederum zur zeitlosen Existenz nach dem Absterben bis hin zur erneuten Geburt. Denn Gerechtigkeit und Chance zugleich für das Individuum bedeuten, dass es sooft Abschnitte von Zeitlichkeit zu wiederholen hat, bis es endlich die zeitlose Existenz erkannt hat. Denn nur diese Erkenntnis bringt Gelassenheit, Demut und moralisch einwandfreies Verhalten gegenüber anderen Wesen hervor. Diesen Weg wird die Menschheit gehen müssen, wenn sie nicht untergehen will.

Da im Grundbewusstsein nun eine Selbsterkenntnis stattfindet, die sich an einem Äußeren entfaltet, und das Äußere sozusagen mit dem Selbstbewusstsein zusammenfällt und die gemeinsame vorbewusste Grundlage für alle drei Phänomene bildet, ist die Eigenständigkeit von späteren anschaulichen Gegenständen eine Illusion, weil diese Gegenstände durch den Bezug auf das Vorbewusste erkannt werden und nicht als eigenständig Seiendes. Das bemerken wir ganz schnell, wenn wir z.B. die Existenz eines roten Tisches festhalten wollen. Das Rot existiert nicht als äußeres Ding, weil die ölige Substanz, mit der der Tisch angestrichen worden ist, bestimmte Lichtwellen im Nanometerbereich reflektiert, die dem Gehirn eingeben, Rot zu denken. Das ist etwas ganz anderes, und wenn wir uns jetzt ein Individuum einbilden, dass genau diesen Nanometerbereich nicht erkennen kann, dann existiert der Tisch für dieses Wesen entweder überhaupt nicht, oder auf andere Weise als für uns, nämlich als Ding, das noch irgendwelche anderen Wellen reflektiert, die wir selbst überhaupt nicht wahrnehmen. Da unsere Erkenntnisform der Zeit weder Anfang noch Ende denken lässt, kann ich zugleich die anderen Zustände des Tisches nicht leugnen, denn er ist vorher ein Samen gewesen, aus dem ein Baum gewachsen ist, und vor diesem Samen hat es einen Elternbaum gegeben, der auch mitgedacht werden muss, und dieser Elternbaum ist auch einmal ein Samen gewesen als die Umwelt noch anders ausgesehen hatte. Und ebenfalls muss ich den Rauch und die Wärme des in der Zukunft verfeuerten Tisches mit einbeziehen, welches die Atmosphäre mit Kohlendioxyd anreichert, der die Lebensbedingungen der dann existierenden Wesen verändern wird. Wo ist denn jetzt die Eigenständigkeit des roten Tisches geblieben? Sie ist eine Illusion, und wer auch immer versucht, eigenständig Seiendes anderen einzureden, verfolgt ganz bestimmte egoistische Interessen.

4. DER ZUSAMMENHANG DER PHÄNOMENE

Die Anschauung existiert also, weil ein junges Individuum seine Hand nach Gegenständen gereckt und diese ergriffen hat, um sie in den Mund zu nehmen und wieder eins mit ihnen zu werden. Die gegenwärtige Form der Gegenstände, die gerade gegenwärtige Gestalt der ruhelosen Veränderung wird erfasst und nicht der Inhalt der Form. Denn ich hatte geschildert, dass die Erkenntnis des Inhaltes unmittelbar und intuitiv erfahren wird und weder begriffen noch mitgeteilt werden kann. Dasjenige, was späterhin allgemeinverständlich ausgedrückt wird, sind die Namen der Gegenstände und der wiedererinnerte Umgang mit ihnen, der abstrahiert wird und dem Denken der Gegenwart zur Verfügung steht. Wir sehen daran, dass auch Anschaulichkeit und „ideale" Gegenstände aus einer Wurzel entstehen und zusammen mit den Handlungsgegenständen eine einzige Welt darstellen. Diese Welt der drei Phänomene erkennen wir während unserer zeitlichen Existenz, jedoch ist diese, wie ich oben geschildert hatte, nicht zu trennen von der Zeitlosigkeit, sondern als sinnvolles zusammenhängendes System anzusehen. Denn alle Phänomene existieren nur als solche durch ihren Bezug auf die zeitlose Existenz, die wir im Grundbewusstsein erlebt haben.

Da jeder in der Gegenwart auftretende Gegenstand nicht als eigenständiger erkannt wird, sondern als einer, der im Grundbewusstsein auf andere Weise schon einmal erfahren worden, ist eine Welterkenntnis von einer Selbsterkenntnis nicht ablösbar. Wer dieses doch unternimmt, um beispielsweise seiner eigenen Vergangenheit zu entgehen, hält andere zum Narren und versucht, in einem hierarchisch durchgegliederten System den besten Platz für sich zu beanspruchen. „Urknall", „Zeitanfang", „Entstehung aus dem Nichts, kurze Existenz, erneutes Fallen ins Nichts", „das Vergangene ruhen lassen", „wie die Welt funktioniert", „Leistungsträger", „Träume sind Schäume", „Was wollte Kant wirklich?", „Psychologismus" kreischen die Meinungsaffen von ihren Bäumen. Dagegen bedeutet ein Systemwechsel, dass unsere gesamte Anschaulichkeit auf der Entfaltung unseres Selbstbewusstseins beruht und von den beiden anderen Phänomenen, den Handlungsgegenständen und den „idealen" Gegenständen, nicht zu trennen ist. Denn die Ausgangslage am individuellen Anfang ist die völlige Nichtkenntnis von sich selbst und vom Äußeren. Ebenso wenig wird der Anspruch der Willensakte auf Wiederverschmelzung mit dem Äußeren erkannt, solange noch nichts anderes existiert als dieses unstillbare Begehren nach Wiederverschließung der Geburtswunde. Erst wenn das Individuum im Begreifen eines Äußeren etwas über sich selbst erfährt, das durch eben dieses Äußere vermittelt worden ist, beginnt die Erkenntnis. Das Selbstbewusstsein konstituiert sich durch die wohlbegleitete Erfahrung am Äußeren, so dass weder das Selbstsein noch das Äußere voneinander lösbar sind. Dieses findet seinen Niederschlag in der frühen intuitiven Erkenntnis des gleichen Wertes von Selbstsein und Äußerem, welches wiederum die Gewähr dafür bietet, dass alle zukünftigen anschaulichen Dinge und Wesen nicht neu und unerkannt bleiben. Die Dinge der Anschauung sind also nicht eigenständig, sondern drücken sich durch den steten Rückbezug auf ein individuelles Grundbewusstsein aus. Der Totalitätsanspruch der Willensakte ist umgewandelt worden in eine Selbsterkenntnis durch dasjenige, worauf sich die Willensakte gerichtet hatten. Dadurch sind diese sublimiert worden.

Jeder, der behauptet, dass ein Individuum in eine abgeschlossene Welt hineingeboren werde, die es dann zu erkennen habe, verfolgt dagegen eigene Interessen, weil dieses voraussetzt, dass es Individuen mit unterschiedlichen Begabungen gäbe, die die Welt nach ihren Fähigkeiten erkennten. In Wirklichkeit bliebe eine abgeschlossene Welt natürlich unbekannt, weil sie zum Individuum nicht in Beziehung steht. Was abgeschlossen ist, wird nicht aufgeschlossen, weil das Äußere niemals in das Innere, das Bewusstsein, hineinspringen kann. Alles dem Individuum Entgegenstehende erschiene diesem immer neu und fremd. Deshalb sitzt den Phänomenologen die nicht bestreitbare Innenwelt als stechender Dorn im Fleisch. Die Meinungsmacher bürden anderen den Unsinn auf, dass das ihrer Meinung nach eigenständige Äußere plötzlich in die Vertrautheit springe, wenn wir in die Welt sozusagen hineingewachsen seien, und diese Welt zugleich das entgegenstehende Eigene behalte. Das Nachsinnen wird oft durch den Satz, dass die Welt eben so sei, wie sie sich darstelle, glattgebügelt. Wir sollen sich gegenseitig Ausschließendes glauben, nämlich daß die Welt eigenständig entgegenstehe und zugleich vertraut sei. Daß die Adressaten dieses unglaublichen Schwachsinns solch eine öffentliche Meinung akzeptieren, beweist deren Rückständigkeit und Nichtwissen.

Ganz im Gegenteil erwachsen neben dem Phänomen der Anschaulichkeit auch die beiden anderen, die Handlungsgegenstände und die „idealen" Gegenstände, aus der Konstituierung des Selbstbewusstseins, weil einmal die Sublimierung der Willensakte sozial begleitet wird und das Selbstbewusstsein adäquat oder defizitär ausfallen kann. Alle Gegenwartshandlungen bleiben zum Zweck der Kompensation auf die frühen Konflikte oder auf die gelungene Sozialisation bezogen. Zum Zweiten wären alle Gegenstände, die ein Denken von sich aus ersänne, ohne sich auf etwas außerhalb seines Denkens zu beziehen, Chimären und unwahr. Deshalb sind die „idealen" Gegenstände Abstraktionen unserer frühen Selbstbewusstwerdung. Bisher wollten die Meinungsmacher uns weismachen, dass die „idealen" Gegenstände als Gesetze, die in einer äußeren „Realität" verborgen sind, von uns erkannt werden. Sie sollen uns die Funktion der Welt erläutern, wird immer gesagt. In Wirklichkeit ist das Äußere nichts als permanente Veränderung, und somit ist die Ideologie von der „Realität" eine Illusion. Was sich stetig verändert, besitzt keinerlei Eigenständigkeit, weil gar nichts festgehalten werden kann. Einzig Veränderung muss konstatiert werden. Die „idealen" Gegenstände sind dagegen nur deshalb wahr, weil sie unsere frühe Umgangsweise mit den anschaulichen Gegenständen zu den uns bekannten Gesetzen abstrahieren. Diese Gesetze sind wahr, weil wir sie einmal erlebt haben. Im Grundbewusstsein hat das Individuum die Gemeinsamkeit zwischen sich selbst und dem Äußeren erkannt, und solange sich die „idealen" Gegenstände darauf zurückbeziehen lassen, bleiben diese auch wahr. Dagegen sind alle Gegenstände, die ein Intellekt ohne Anbindung an eine Selbsterkenntnis ersonnen hat, unwahr. Das Einhorn ist eine Chimäre, weil es kein Mischwesen zwischen Antilope und Pferd gibt, und die Mär vom permanent sich ausdehnenden Weltall ist unwahr, weil der Intellekt nichts anderes vollführen kann als solch ein Zeitdenken. Ein solcher Gegenstand ist Trug, weil das Denken nicht auf seine Enstehungsweise zurückgeführt worden ist. Dann wäre klar geworden, dass der Intellekt niemals ruht und gar keine fixierten Gegenstände erkennen kann, sondern seine Gegenstände auf der Zeitachse auseinandergezogen denkt. Außerhalb der Zeit existiert keinerlei Denken, sondern Stille ohne die Spur eines Gedankens.

Wir verständigen uns deshalb so schnell untereinander, weil wir die Gegenwart beim Namen nennen und uns nicht in den Sinn kommt, dass die Namen der Dinge bis in das Vorbewusste des Grundbewusstseins reichen. So wird z.B. der Begriff „Tisch" deshalb verstanden, weil im Grundbewusstsein eine Vorstellung, ein Erlebnis des Selbstbewusstseins von „Holz", „Fläche", „Beine" usw. vorhanden ist. Der Rückbezug des Gegenwartsbegriffes „Tisch" auf die Anschaulichkeit des Grundbewusstseins (das Grundbewusstsein wird rein anschaulich erlebt) sichert den Wirklichkeitsbegriff „Tisch". Der reine Begriff „Tisch" abgelöst vom Grundbewusstsein enthält nicht den geringsten Hinweis auf den Gegenstand wie etwa der Begriff „Vierbeinfläche". Wir gehen zwar nach außen mit unseren Gegenwartsbegriffen um, und jeder meint, diese zu verstehen, aber in Wirklichkeit sind die Begriffe durch den Rückbezug auf das

Grundbewusstsein individuell. Lediglich Namen werden in den Raum gestellt, und jeder meint, den dahinter stehenden Gegenstand begriffen zu haben.

Das Phänomen der Handlungsgegenstände bleibt für die meisten undurchschaubar, weil jemand z.B. von seiner Handlungsweise vollkommen überzeugt sein kann, und er zugleich, wenn er denn nach Rückführung dieser Handlungsweise auf das Grundbewusstsein hätte erkennen müssen, dass seine Handlung, die er soeben noch aus vollster Überzeugung vertreten hatte, lediglich eine kompensierende Scheinhandlung eines verborgenen Konfliktes bedeutet, von dieser Handlungsweise sofort Abstand nähme. Und zwar dann ohne Reflektion und auf der Stelle intuitiv. Denn im Grundbewusstsein kann nichts anderes als die Wahrheit, nämlich die Einheit des Wertes aller Wesen, erkannt werden, und wenn die frühen Willensakte durch die Bezugspersonen unterschiedlich gespiegelt werden, dann gelingt oder misslingt die Selbsterkenntnis des abhängigen Individuums. Aus den gesäten Konflikten erfolgt unweigerlich der Drang nach Kompensation während des späteren Lebensweges, weil die frühen Willensakte einen Totalanspruch innehaben, der bei misslungener Sublimierung bestehen bleibt. Wenn das Individuum bei Erkenntnis seiner im Grundbewusstsein wurzelnden Konflikte diese nachträglich verarbeitet, wird die ehemals kompensatorische Handlungsweise, von der es so überzeugt gewesen ist, sofort obsolet. Bei Erkenntnis der Wahrheit zählt alles andere nicht mehr. Dieses Prinzip gilt für alle drei Phänomene, die aus der frühen Installation des Selbstbewusstseins erwachsen. Wenn also die ständig hinausposaunte, angebliche permanente Ausdehnung des Weltalls als notwendiges Phänomen erkannt worden ist, kehren Gelassenheit und Ruhe zurück, welche nur Phänomene vermitteln, die auf eine Selbsterkenntnis bezogen sind.

Die „idealen" Gegenstände sind solange wahr, wie sie noch auf den frühen rein anschaulichen Umgang mit den Gegenständen zurückgeführt werden können. (Hawkins System scheitert schon viel früher, weil er die Zeit als objektive Größe annimmt. Die sogenannte neuere Phänomenologie versagt aus einem ähnlichen Grund, weil sie Illusionen als eigenständiges Sein betrachtet. Ich habe das in meinem zweiten Buch dargelegt, aber es scheint nur wenige zu interessieren.) Die anschaulichen Gegenstände existieren nur, weil sie im Grundbewusstsein auf andere Weise und als ähnliche Gegenstände schon einmal aufgetreten sind. Daraus folgt, dass wir bei einem fremden Individuum, das uns in seiner Handlungsweise entgegentritt, niemals abschätzen können, ob es uns zwanghaft zur Kompensation seiner Konflikte missbraucht, oder ob seine Handlung auf einer ursprünglich adäquaten Sublimierung der frühen

Willensakte beruht. Deshalb gilt auch für alle Denksysteme nicht allein, dass sie dann unwahr sind, wenn diese selbst nicht mehr auf den einst rein anschaulichen Umgang mit den frühen Gegenständen zurückgeführt werden können, sondern wenn ihre Verfasser sie, wenn auch nicht voll bewusst, zu dem Zweck erdacht haben, eigene verborgene Konflikte zu kompensieren.

5. GRUNDZÜGE VON INDIVIDUALITÄT UND ERKENNTNIS

Jedes Individuum bringt sein gesamtes Potential aller Willensakte ein, das ihm als individuelle Idee im Unbewussten zur Verfügung steht. Kein Individuum richtet sich nach einer ihm entgegenstehenden „Realität", wie landläufig die Meinung vorherrscht, weil es nicht zufällig agiert, sondern individuell. Jedes Individuum besitzt einen ursprünglichen Anspruch, die Geburtswunde wieder zu verschließen und seine Willensakte vollkommen umzusetzen, also nach der Seinsstufe zurückzustreben, die vor der Geburt vorhanden gewesen ist. Einige Willensakte aus dem unerschöpflichen Unbewussten gelangen je nach dem sozialen Umfeld mehr oder weniger sublimiert ins Vorbewusste. Jedes Individuum gründet auf dieser zeitlosen Stufe des unbewussten Seins, die natürlich, da sie zeitlos ist, das Individuum niemals verlässt. Wäre der Mensch dagegen ausschließlich ein Produkt von biochemischen Vorgängen oder abhängig von irgendeiner Äußerlichkeit, dann bliebe er etwas zufällig Zusammengesetztes, dem nichts Individuelles anhaften könnte, oder ein Erzeugnis von etwas Äußerem. Denn Individualität bedeutet, durch Erkenntnis der Historie seines Bewusstseins die Handlungsweisen durchsichtig zu machen und gewissermaßen einen Geschmack von der Freiheit zu erlangen, die vor der Geburt vorhanden gewesen ist und nach dem Tod wieder anwesend sein wird. Denn jeder wird freier, wenn er nicht mehr den besten Platz in der Scheinwelt der öffentlichen Meinung anstreben muss.

Das Potential aller Willensakte ist zeitlos und bleibt deshalb im Unbewussten. Denn das Bewusstsein selbst ist streng historisch und damit zeitlich. Erst der Eintritt eines Willensaktes zu seinem Zeitpunkt kann dann erkannt werden, wenn er dem Individuum als Wunsch nach Verschlingung des Gegenstandes von einer Bezugsperson gespiegelt worden ist. Dann tritt im günstigen Falle die Sublimierung des Totalanspruches des Willensaktes ein. Von sich aus kann das Individuum den Willensakt nicht erkennen, weil nichts anderes vorhanden ist. Ein einfacher Willensakt wäre eine Unmutsäußerung des Nichtwollens, die sich z.B. auf ein vegetatives Hungergefühl richtet. An der Reaktion des Umfeldes auf diese Äußerung erkennt das Individuum seinen Willensakt. Fiele diese Spiegelung aus, herrschte einzig Nichtwollen (des Unbehagens) vor.

Bei jedem Individuum ist das Unbewusste die individuelle Idee, aus der einzelne Willensakte ins Vorbewusste überführt werden müssen, damit das Individuum überhaupt zu einer Erkenntnis über sich selbst und das Äußere gelange. Dabei wird meistens nicht begriffen, dass Äußeres und Selbstsein sich gegenseitig durchdringen und es somit zu keinerlei Erkenntnis eines eigenständigen Äußeren kommen kann, es sei denn als Illusion. Aus dem Wunsch nach Wiedererlangung des verlorengegangenen Ganzen strebt das junge Individuum nach Inbesitznahme jedes erreichbaren Gegenstandes. Nichtsublimierte und konfliktgebundene Willensakte äußern sich späterhin als Sexsucht, Spielsucht, Drogensucht oder Anhaften an alle möglichen Äußerlichkeiten, die begehrt und angehäuft werden müssen. Anhaftung in der Gegenwart drückt die widerspenstige Beharrlichkeit von Gegenständen aus, an welchen frühe Willensakte nicht sublimiert werden konnten. Solche Gegenstände sind nicht erfolgreich ins Selbstbewusstsein integriert worden. Das soziale Umfeld hat die Erkenntnis des Selbstwertes und den Wert dieser äußeren Dinge vereitelt. Hierbei entsteht ein extremes Spannungsfeld, weil jedes Individuum nach Totalumsetzung seiner Willensgier strebt und jeder Gegenstand zugleich äußerlich bleibt und nicht vereinnahmt werden kann. Aus diesem frühen Spannungsverhältnis entfaltet sich die Tradition des Mikrokosmos, das einzelne Selbstbewusstsein und die Familientradition, ebenso wie der Makrokosmos, die Weltgeschichte. Wenn die frühen Gegenstände adäquat ins Selbstbewusstsein integriert worden wären, dann träte keine extreme Anhaftung auf.

Kein isolierter Gegenstand des Äußeren kann erkannt werden, es sei denn als permanent sich verändernde Gestalt. Deshalb kann ein Ansich-Sein, eine eigenständige Objektivität einer äußeren Welt in unserem Bewusstsein nicht abgebildet werden. Der Anschein einer eigenständig existierenden Äußerlichkeit kommt dadurch zustande, dass das Individuum sich selbst durch das Äußere denkt. So wie es selbst existiert, meint es, müsse das Äußere gleichfalls vorhanden sein, denn das Individuum ist sich einst am Äußeren selbst bewusst geworden. Diese Grundlegung seiner selbst nimmt es immer mit sich. Der Totalanspruch des Individuums auf Wiedervereinigung mit dem Äußeren kann von den Gegenständen nicht erfüllt werden, weil nur die eßbaren verschlungen werden können, weshalb das Essen neben dem Geschlechtsverkehr keine Erkenntnis vermittelt, sondern Sättigung und Befriedigung. Alle anderen Gegenstände bleiben als Äußeres unbekannt, weil sie nicht vereinnahmt werden können.

Jetzt müssen wir aber bedenken, dass der Totalanspruch der Willensakte auf Einverleibung des Äußeren nicht in Frage gestellt werden kann, sondern ganz im Gegenteil ein Gut darstellt, weil die Willensakte versuchen, die Geburtswunde, die Loslösung der Individuen von der zeitlosen Einheit aller Wesen wieder rückgängig zu machen. Jedes Individuum ist prinzipiell ein nicht in

Frage zu stellender Selbstwert. Dasjenige, was nach der Einheit mit dem anderen strebt, will dieses nicht vernichten, sondern in der Einheit mit dem anderen aufgehen. Deshalb ist das Wollen grundsätzlich ein Gut und moralisch unantastbar. Es existiert somit keine Erbsünde.

Wenn der Widerstand des äußeren Gegenstandes, der ergriffen und später begriffen werden will, per se unüberwindlich ist und zugleich der Totalanspruch nach Verschlingung des Äußeren nicht hinterfragt werden kann, dann ist nicht etwa von Belang, dass ein eigenständiger Gegenstand irgendwie erkannt wird, sondern ob das Individuum seine Willensakte als Gut erkenne oder nicht. Ein äußerer Gegenstand, der äußerlich bliebe, wäre nicht eigenständig, sondern unbekannt. Es kann nicht entschieden werden, ob er eigenständig sei, oder nicht. Ebenso kann das Eigenständige nicht plötzlich in das Individuum hineinspringen, weil es dann seine Selbständigkeit verlöre. Die Erkenntnis beginnt also nicht mit einer Entschleierung einer bis dahin eigenständig gegenüberstehenden Welt, sondern mit einer Selbsterkenntnis, aus der die drei Phänomene Anschaulichkeit, Handlungserkenntnis und „ideale" Gesetzlichkeit erwachsen.

Selbsterkenntnis beinhaltet, dass das Individuum eine adäquate Erkenntnis von sich gewinnt, dass also der Totalanspruch der Willensakte in eine Werterkenntnis von Selbstsein und Äußerem umgewandelt wird, oder dass das Individuum an einer gebrochenen Erkenntnis scheitert, weil seine Willensakte nicht als das angenommen worden sind, was sie per se sind, nämlich ein Wert an sich. Damit ist eine Selbsterkenntnis genauso wie eine Erkenntnis des Äußeren missglückt, weil die äußeren Gegenstände ihren Widerstand gegen ihre vollständige Einverleibung niemals aufgeben. Deshalb bleiben sie unbekannt und erwachsen späterhin zu Gegenständen der Zwangskompensation. Die Gegenstände geben ihren Widerstand nur dann auf, wenn der individuelle Willensakt des Ergreifens und des Verschlingungswunsches von den Bezugspersonen als nicht hinterfragbares Gut gespiegelt wird, d.h. wenn das Individuum als das angenommen wird, was es in seinem Wert darstellt. Dann erkennt sich das Individuum selbst, und der Widerstand des Äußeren weicht zurück, weil das Individuum dem Gegenstand eine Erkenntnis über sich verdankt. Dann ist die Willensgier sublimiert worden.

Wir sehen also, dass nicht etwa der äußere Widerstand des Entgegenstehenden weicht und dieses sich bereitwillig dem individuellen Verschlingungswunsch hingibt. Der Gegenstand ist und bleibt äußerlich und kann weder als eigenständig noch als sonst etwas erkannt werden. Er bleibt unbekannt. Jedoch wird der beharrliche Widerstand des Äußeren in eine Selbsterkenntnis des individuellen Wertes umgewandelt, wenn der entsprechende Willensakt adäquat gespiegelt worden ist. Wenn der Gegenstand dem Individuum diese Erkenntnis vom individuellen Wert vermittelt, dann muss dem Äußeren auch der gleiche Wert beigemessen werden. Denn Selbsterkenntnis bedeutet den Eintritt in die Welt. Das Individuum kann nur von der Welt angenommen werden, wenn sich beide gleichberechtigt gegenübertreten. Diese Konstituierung des Selbstbewusstseins, die sich immer am Äußeren vollzieht, verläuft bei jeder Gegenstandserkenntnis ähnlich, weil das Gemeinsame, das alle Wesen aufweisen, zeitlos ist. Zu jedem Punkt auf der Zeitachse tritt bei adäquater Spiegelung durch die Bezugspersonen eine ähnliche Erkenntnis des Selbstwertes und des Wertes des Äußeren auf, die im Vorbewussten verschwinden, weil sie nicht differenziert werden können. Das Vorbewusste des Grundbewusstseins bildet den Bezugspunkt für alle weiteren Erkenntnisse, und keineswegs nimmt die individuelle Erkenntnis ihren Ausgang durch allmähliche Entschleierung einer eigenständig gegenüberstehenden Welt.

Den Bezugspunkt für Anschaulichkeit, Handlungsgegenstand und „Idealität" bildet nicht eine äußere Welt, sondern die vorbewusst zugrundeliegende Erkenntnis einer zeitlosen Existenz. Denn mit der vorbewusst zugrundeliegenden Werterkenntnis des Ganzen entfaltet sich zuerst die Anschauung, weil die Gegenstände des ersten Begehrens und Ergreifens rein anschauliche sein müssen. Im Verlauf der Entwicklung des Grundbewusstseins muss die Anschaulichkeit in dem Maße vorbewusst vorliegen, dass alle späteren anschaulichen Gegenstände, die im Gegenwartsbewusstsein auftreten, weder vollkommenes Unverständnis noch gar Erschrecken auslösen. Gefordert ist, dass alle Gegenstände des Gegenwartsbewusstseins sich auf solche oder ähnliche Gegenstände des Grundbewusstseins beziehen lassen, so dass kein einziger Gegenstand der Gegenwart vollkommen unbekannt bleiben kann. Das bedeutet, dass die Anschaulichkeit sich nicht aus der Entschleierung einer entgegenstehenden eigenständigen Welt ergibt, sondern aus der Beziehung einer angeschauten Gegenwart auf eine vorbewusst zugrundeliegende Vergangenheit. Dieses hatte ich als die Historie des Bewusstseins beschrieben und das bedeutet, dass die ganze Zeit die Grundlage des Bewusstseins ist.

Zugleich mit dem Ergreifen der ersten Gegenstände erwächst die Handlungserkenntnis, weil die entsprechenden Willensakte des Individuums als Gut oder Nichtgut gespiegelt werden, wodurch das Individuum im Falle der Missachtung seines Selbstwertes in seiner Selbsterkenntnis und seiner Erkenntnis des

Äußeren scheitert. Das bedeutet natürlich nicht, dass das Individuum keine Gegenstände erkennt, sondern dass es sich selbst als versagendes Individuum empfindet, weil die Widerstände des Äußeren nicht weichen und nicht in eine Selbsterkenntnis umgewandelt werden. Das Äußere bleibt sperrig, sozusagen ein Feind des Individuums, und liefert die innere Rechtfertigung dafür, späterhin rücksichtslos gegen andere vorzugehen. Das Selbstbewusstsein ist von Nihilismus und Wertlosigkeit geprägt, so dass der Drang vorherrscht, andere Individuen herabzumindern, um selbst umso besser dazustehen. Wir sehen hieran, dass der Erfolg oder Misserfolg in der Sublimierung der frühen individuellen Willensakte über Glück und Unglück des weiteren Lebenslaufes entscheiden. Im Falle des Erfolges gründen sich ein Bewusstsein des Selbstwertes und eine Verantwortlichkeit anderen Wesen gegenüber. Der andere Lebensweg wird von einem steten Kompensationsbedürfnis für das geringe Selbstwertgefühl geprägt sein. Auch hier erweist sich die gleiche Historie des Bewusstseins, weil alle Handlungsgegenstände des Gegenwartsbewusstseins vom Grundbewusstsein abhängig sind, in welchem das Individuum sich selbst durch das Äußere erkannt hat. Dieses entscheidet über die Konstitution des Selbstbewusstseins. Da die Biographien der Individuen die Spanne von adäquater bis gescheiterter Verwirklichung umfassen, verfügt jeder über eine individuelle Idee. Wenn die individuelle Idee der Träger der Willensakte ist und diese niemals ihre Umsetzung aufgeben, kann kein Mensch der Vernichtung verfallen.

Schließlich bleibt noch zu erwähnen, dass kein Denken die „idealen" Gesetze aus einer eigenständig gegenüberstehenden Welt heraus erschließt, weil eine fixierbare Äußerlichkeit eine Illusion ist. Die Welt erweckt lediglich den Anschein, dass sie eigenständig bestünde, weil die zeitlos existierende Grundlage der Phänomene im Vorbewussten liegt. In Wirklichkeit ist die Vertrautheit des Vorbewussten die eigenständige Existenz. Das Individuum überträgt seine vorbewusste Ahnung von Zeitlosigkeit auf eine angebliche „Realität". Die „idealen" Gesetze existieren allein für die menschliche Spezies als Abstraktion all ihrer gegenwärtigen Bewusstheiten, über die sie sich verständigen können, weil sie von ihren individuellen Grundbewusstheiten absehen. Das Grundbewusstsein entsteht rein anschaulich und individuell durch Sublimierung der individuellen Willensakte. Der Umgang mit den frühen Gegenständen und die daraus erfolgende Selbsterkenntnis, die sich am Äußeren entfaltet hat, kann späterhin unter Absehung von Anschaulichkeit und Individualität abstrakt als „ideale" Gesetzlichkeit wiedererinnert werden. Die „idealen" Gesetze sind gleichfalls in der Historie des Bewusstseins nachweisbar und existieren nicht als irgendein „Ideal". Sie gründen in allen individuellen Grundbewusstheiten und haben ihre Wurzeln im Gegensatz zu den beiden anderen Phänomenen am besten verschleiert. Die „idealen" Gesetze werden immer unwahrer, je weiter sie sich von der Gesamtheit aller individuellen Grundbewusstheiten entfernt haben, z.B. wenn ein abstraktes Denksystem nur noch von wenigen nachvollzogen werden kann.

Ein wenig konfliktbelastetes Selbstbewusstsein kann nur jemand erlangen, dessen frühe Willensakte adäquat sublimiert worden sind. Die frühen Willensakte müssen vom sozialen Umfeld dergestalt begleitet worden sein, dass das Individuum als Wert an sich nicht in Frage gestellt worden ist. Dadurch erlangt das Individuum im weiteren Verlauf eine Selbsterkenntnis, die, da die meisten frühen Willensakte nach Einvernahme von Gegenständen drängen, das Äußere mit einschließt. Das Individuum erfährt sich dann selbst als Gut, und der Widerstand des Äußeren, das sich gegen seine Einverleibung beharrlich sträubt, weicht zurück, weil das Individuum immerhin eine Erkenntnis über sich gewinnt. Die Erkenntnis des eigenen Wertes ist unermessliche im Gegensatz zur Bewusstlosigkeit des Anfangs mit seinen primitiven Äußerungen des Unwohlseins, welches noch nicht einmal als Hunger erkannt werden kann. Dadurch, dass im Moment der Selbsterkenntnis der Widerstand des Äußeren zurückweicht, vermitteln die Gegenstände sozusagen ihr Einverständnis und daß die Werterkenntnis des Selbstseins von derjenigen des Äußeren nicht getrennt werden kann. Das bedeutet, dass die Willensakte mit ihrem unstillbaren Verlangen nach Einverleibung des Äußeren sublimiert worden sind, weil sie zwar in ihrem ursprünglichen Totalanspruch gescheitert, jedoch adäquat so umgesetzt worden sind, wie es während der Lebensspanne, der Zeit der Trennung vom Ganzen durch die Geburtswunde, nur möglich ist. Sublimierung der Willensakte bedeutet Erkenntnis, nicht begrifflich, sondern, wie ich es entwickelt habe, intuitiv, Erkenntnis des nicht hinterfragbaren Wertes aller Wesen, welches wir auch Existenz oder Sein nennen können. Das individuelle Selbstbewusstsein erwächst aus der Welterkenntnis, so dass beide natürlich nicht voneinander getrennt werden können.

Der Lebenslauf richtet sich nach der im Unbewussten liegenden individuellen Idee, welche die Gesamtheit aller individuellen Willensakte darstellt, sowie nach dem Sublimierungserfolg der frühen Willensakte, welcher das Grundbewusstsein gestaltet. Hierauf werden alle späteren Erkenntnisse bezogen. Ein gesundes Selbstbewusstsein bedeutet immer eine gelassene Auseinandersetzung mit den Mitwesen, weil neben dem Wert des Selbstseins auch derjenige des Äußeren erkannt (und das heißt vorbewusst gegründet) worden ist. Ein auf der adäquaten Umsetzung der frühen Willensakte gegründetes Selbstbewusstsein kann sich nicht von irgendeiner Gruppe anderer Mitwesen bedroht fühlen und muss nicht zwangsläufig mit deren Vernichtung reagieren. Denn wenn frühe Willensakte nicht adäquat umgesetzt worden, also sublimiert worden sind, beharren sie doch zeitlebens auf sich selbst. Sie siedeln sich als Konflikte im Grundbewusstsein an und treiben das Individuum zu Kompensationen, die prinzipiell gegen andere gerichtet sind. Denn mangelndes Selbstbewusstsein bedeutet zugleich Mangel an Selbstwert und Erkenntnisdefizite an den Werten der Mitwesen. Die Sperrigkeit der frühen Gegenstände konnte nicht in eine Selbsterkenntnis und eine Erkenntnis des Äußeren umgesetzt werden und hat Konflikte ins Grundbewusstsein gesät. Da späterhin die intuitive Erkenntnis des Gemeinsamen nicht wiederholt werden kann, bleibt die Sperrigkeit des Äußeren bestehen und treibt das Individuum zu allen möglichen Formen der gewaltsamen Einverleibung von Gegenständen, die von den Suchtformen bis hin zum Vernichtungswunsch bestimmter Gruppen von Mitwesen reichen, welche auch einfach als lebensunwert deklariert werden können. Der Begriff des Unwertes weist auf die entsprechenden Individuen zurück, welche die Wertmaßstäbe umgedreht haben.

Jedes Motiv einer Gegenwartshandlung verweist durch die Historie des Bewusstseins auf einen frühen Vorgang im Grundbewusstsein, auf die Sublimierung der frühen Willensakte, welche den Ausgangspunkt markiert hat für die Selbsterkenntnis. Der Ausgangspunkt begründet die Erkenntnis der drei Phänomene, nämlich der gerade zu beschreibenden Handlungserkenntnis, der Anschaulichkeit und der „idealen" Gegenstände. Starke Affekte während einer Gegenwartshandlung verweisen auf verborgene Konflikte im Grundbewusstsein, die bisher das Individuum zu irgendwelchen Kompensationen getrieben haben, welche für die Mitwesen in jedem Falle schädlich gewesen sind, aber nun mit Macht sich Bahn brechen, weil die Kompensationen, die sich als Manipulationsversuche an anderen ausdrücken, nicht mehr genügen. Hätte jedoch das entsprechende Individuum durch Verfolgung der Historie seines Bewusstseins diese Konflikte ans Licht gehoben, so wären die Handlungskompensationen sofort obsolet geworden, weil im Moment der Bewusstwerdung des Konfliktes ein betreffender früher Willensakt sozusagen nachträglich durch Erkenntnis sublimiert worden wäre. Deshalb sind die menschlichen Individuen der Aufgabe der Selbsterkenntnis verpflichtet, welcher die Tiere enthoben sind, die sich ungebrochen nach ihrer Idee und den äußeren Umständen verwirklichen, Instinkthandlung genannt. Wir Menschen unterscheiden uns von den Tieren weniger durch unsere Denkfähigkeit, sondern durch unsere Verpflichtung zur Selbsterkenntnis, welche ein Vermögen zur Analyse bereits enthält. Denn eine sogenannte Vernunft, die nicht an eine Selbsterkenntnis gebunden wird, kann auch einem Unwert verpflichtet sein. Daß eine isolierte Vernunft nicht zum Maßstab erhoben werden kann, wissen wir Deutsche am besten.

Ein Lebenslauf eines menschlichen Individuums verläuft entweder adäquat nach seiner individuellen Idee, wenn die frühen Willensakte erfolgreich sublimiert worden sind, oder inadäquat, wenn Kompensationssucht gegen andere vorherrscht und der Lebenslauf sich nicht so gestaltet, wie es in der individuellen Idee, dem Unbewussten, angelegt ist. Deswegen herrscht im Augenblick einer späteren Konflikterkenntnis Trauer vor, die durch die Erkenntnis ausgelöst wird, dass das Individuum bisher gegen seine individuelle Idee, gegen sich selbst gelebt habe.

Die Handlungsmoral eines Individuums reicht von der tadelsfreien Verantwortlichkeit bis zur gewissenlosen Vernichtung von Mitwesen. Das Gewissen ist eine vorbewusste Selbstreflektion eines Gegenwartsmotivs auf das Grundbewusstsein, in welchem die Selbsterkenntnis, die von den Bezugspersonen gespiegelt worden ist, zugrunde liegt. Jeder Lebenslauf will sich nach der individuellen Idee, die im Unbewussten vorliegt, umsetzen; das bedeutet, dass jeder einzelne Willensakt den Anspruch besitzt, jedes Äußere zu vereinnahmen und mit diesem wieder zur Einheit zu verschmelzen. Deshalb müssen die Willensakte durch Selbsterkenntnis sublimiert werden, in der das Individuum auch erfährt, dass es dem Äußeren diese Selbsterkenntnis verdankt. Dann ist der Totalanspruch der Willensakte sublimiert, und theoretisch kann das Individuum nun zu dem Lebenslauf gelangen, der in seiner individuellen Idee angelegt ist. Die Sublimierung der Willensakte verklammert also den Zustand, der vor der Geburt geherrscht hatte, die Einheit aller Wesen außerhalb der Zeit, mit dem Lebenszustand der Zeiterkenntnis. Deshalb liegen Zeitlosigkeit und Zeiterkenntnis in uns gemeinsam vor.

Da jede Selbsterkenntnis durch das Äußere geschieht, der eine intuitive Erkenntnis des adäquaten Wertes von Selbstsein und Gegenstand zugrunde liegt, bedeutet ein Sublimierungserfolg der frühen Willensakte neben der gelungenen Selbsterkenntnis zugleich eine Verantwortlichkeit gegenüber den Mitwesen (bei mir sind die Unbelebten unter dem Begriff vom Mitwesen eingeschlossen). Diese intuitive Erkenntnis liegt vorbewusst zugrunde, weil in jedem Begreifen von frühen Gegenständen die gleiche Erfahrung des Zurückweichens ihrer Widerstände auftritt. Dieser Gewinn an individueller Freiheit kann nicht differenziert werden und verschwindet im Vorbewussten. Das Vorbewusste ist die immer gleiche intuitive Erkenntnis des Selbstseins durch das Äußere und die Grundlegung einer moralisch einwandfreien Handlungsweise, weil dem Individuum vorbewusst vorliegt, dass es seine Selbsterkenntnis und damit auch seinen adäquaten Lebenslauf dem Äußeren verdankt. Den Rückbezug einer Gegenwartshandlung auf dieses Vorbewusste stellt das Gewissen dar. Deshalb spüren wir es mehr oder weniger und können kaum angeben, woher es komme. Im Grundbewusstsein entfalten sich dann auf der Grundlage der Zeitlosigkeit des Vorbewussten die frühen Erkenntnisse der drei Phänomene Anschaulichkeit, Handlungsgegenstände und „ideale" Gegenstände.

Gewissenlosigkeit ist dagegen die Abwesenheit von adäquater Selbsterkenntnis, von der Wertschätzung des Selbstseins und der anderen Wesen und die dadurch gescheiterte Konstituierung eines Selbstbewusstseins, woraus leicht die Überzeugung erwachsen kann, dass das Äußere als isolierte Eigenständigkeit gegenüberstehe und jeder das Recht besitze, dieses für sich selbst zu benutzen. Und wenn andere in die Quere kommen, müssen diese eben vernichtet werden. Je weniger die frühen individuellen Willensakte vom sozialen Umfeld gespiegelt worden sind und sich dadurch nicht aus dem Unbewussten adäquat ins Vorbewusste absetzen konnten, je mehr die Bezugspersonen ihren eigenen mangelnden Selbstwert durch Selbstdarstellung kompensieren mussten, anstatt dem zu Beaufsichtigenden gelassen den Spiegel vorzuhalten, desto weniger kann von der individuellen Idee, vom Unbewussten, adäquat ins Vorbewusste umgesetzt werden. Da kein einziger Willensakt seinen Totalanspruch aufgibt, muss seine nicht erfolgte Umsetzung lebenslang kompensiert werden. Da die intuitive Erfahrung nicht zugrunde liegt, dass das Individuum sich selbst dem Äußeren verdanke, sondern vielmehr die Überzeugung herrscht, dass das Äußere als Eigenständigkeit dem Individuum zur Verfügung stehe, handelt jedes Individuum, das sich in seiner Selbsterkenntnis verfehlt hat, fast zwangsläufig zum Schaden seiner Mitwesen. Außerdem kann kein Individuum seine Willensakte aus sich selbst heraus erkennen, sondern dazu bedarf es der Spiegelung dieser Akte durch das soziale Umfeld. Sind die Bezugspersonen wiederum in ihrem Selbstbewusstsein gestört und handeln egozentrisch oder narzisstisch blockiert, anstatt sich dem Zögling gelassen zuzuwenden, dann ist nicht allein die Spiegelung gestört, sondern das fragile Selbstbewusstsein und die

Egozentrik der Vorgängergeneration wird an die nachfolgenden Generationen so lange weitergereicht, bis diese verhängnisvolle Kette irgendwann endlich durchgerissen wird. Dieses geschieht allein durch Selbstreflektion und Selbstanalyse, also durch Reflektion von kürzlich vorgenommenen und als belastend empfundenen Gegenwartshandlungen auf das Grundbewusstsein. Das können einzelne Individuen durchführen oder Gruppen oder auch mehr oder weniger ein ganzes Volk wie das deutsche, das seine verheerende moralische Disqualifikation durch die Existenz des Nazismus zumindest teilweise in Bestürzung, Trauer und Beschämung überführt hat.

Die Extrempunkte der individuellen Handlungsweisen reichen von den moralisch einwandfreien, die immer auf einer adäquaten Umsetzung von frühen individuellen Willensakten basieren, bis zur Umkehrung der Moral, in welcher die Vernichtung von anderen Völkern als erstrebenswert gilt. Grundlage des Bösen ist die verfehlte individuelle Selbsterkenntnis, die sich immer am Äußeren entfaltet, so dass dieses Äußere dem Individuum verschlossen bleibt und es meint, über die Fremdheit der unverstandenen Mitwesen nach eigenem Ermessen verfügen zu dürfen. Kompensation von nicht adäquat umgesetzten frühen Willensakten und daraus mangelnde Selbsterkenntnis bewirkt immer eine zwangsläufige Zielrichtung auf rücksichtslose Nutzbarmachung des Äußeren. Denn dem Individuum bleibt lediglich übrig, dass es seinen schwachen Selbstwert zu kompensieren trachte, indem es andere als noch minderwertiger ansieht, als es sich in seiner Unsicherheit selbst fühlt. Dadurch ragt das Individuum gewissermaßen unter den Minderwertigen heraus.

Von ihrer Herkunft aus gesehen, aus der Spätantike und dem frühen Mittelalter, sind die Deutschen ein großes Volk, aber ihr letzter Führer, der sein Gegenwartshandeln noch reflektieren konnte, ist Bismarck gewesen. Er hat Deutschland als saturiert angesehen und hätte vermutlich Selbstbewusstsein genug gehabt, die Flottenaufrüstung zu begrenzen, von der sich England bedroht gefühlt hat. Nach seinem Abgang haben Größenwahnsinnige auf dem Niveau von Kleingärtnern das zweite Reich in den Abgrund gestürzt. Danach ging es noch weiter hinab bis zur vollständigen moralischen Disqualifikation des ganzen Volkes, die aus der Nichterkenntnis des Zusammenhanges von Selbstwert und Äußerem hergerührt hat. Von den heutigen Jammergestalten und Predigern des permanenten Wachstums auf Kosten anderer will ich gar nicht reden, weil sie ihrer eigenen Erbärmlichkeit gar nicht ins Gesicht sehen und deshalb auch gar nicht reflektieren können. Es ist ihnen nur geblieben, es sich in ihrer Jämmerlichkeit gemütlich zu machen, die aus der verweigerten

131

Selbstreflektion zwangsläufig entstanden ist. Solche Individuen müssen an jeglicher Machtausübung gehindert werden! Dagegen erfolgte aus einer Rückführung eigenen Gegenwartshandelns auf das individuelle Grundbewusstseins zwar eine Bewusstwerdung des Elends, weshalb diese Reflektion gemeinhin vermieden wird, aber danach könnte das betreffende Individuum nur zu neuen Ufern aufbrechen, weil alles andere als das eigene Elend erstrebenswerter wäre.

Die moralisch verantwortungsvolle Handlungsweise entsteht aus der adäquaten Sublimierung der frühen individuellen Willensakte und ist immer in jedem Individuum als Potential vorhanden. Deshalb gibt es keine Erbsünde. Denn die adäquate Selbsterkenntnis wird durch das Zurückweichen der äußeren Widerstände ermöglicht, also durch Zustimmung des Äußeren, dem das Individuum verpflichtet bleibt. Deshalb ist die adäquate Selbsterkenntnis die Grundlegung für verantwortungsvolles Handeln gegenüber den Mitwesen. Dagegen wird jedes Individuum, dem diese Anerkennung verweigert worden ist, zum Schaden seiner Mitwesen den mangelnden Selbstwert in der Erniedrigung seiner Umwelt kompensieren, damit es selbst unter den Niedrigen noch hervorrage. Deshalb richten sich das Gute und das Böse zugleich nach der Verantwortlichkeit des sozialen Umfeldes, weil beide von der Selbsterkenntnis, die von den Bezugspersonen gespiegelt wird, abhängen. Das Selbstbewusstsein erwächst aus dem Sublimierungserfolg der individuellen Willensakte, die wegen ihres Ursprungs aus dem zeitlosen Unbewussten, in welchem sie noch mit allen Wesen vereint vorgelegen hatten, auch nach unserer Geburt diese Einheit wiederherzustellen trachten. Deswegen besteht ihr Anspruch nach vollkommener Einvernahme der äußeren Gegenstände während der Erkenntnis der Zeit, der Lebensspanne. Jeder Willensakt will sich an seinem Gegenstand vollkommen umgesetzt sehen, welches natürlich unmöglich ist. Deshalb muss der Verschlingungswunsch der Willensakte umgewandelt werden in eine Selbsterkenntnis des Individuums, die dadurch ausgedrückt wird, dass das Individuum durch das Zurückweichen des äußeren Widerstandes im Falle geglückter Sublimierung seine Freiheit erfährt. Das ist die Grundlegung des Guten.

Das Böse hat hingegen seine Wurzeln in jedweder Verweigerung des sozialen Umfeldes, den Selbstwert des jungen Individuums in seinem Begehren nach äußeren Gegenständen widerzuspiegeln. Dadurch zerschellen die entsprechenden Willensakte am Widerstand des Äußeren, das sich der vollkommenen Einvernahme widersetzt. Der Anspruch der Willensakte kann nicht in eine Selbsterkenntnis, die durch den Gegenstand erst ermöglicht wird, überführt und dadurch nicht sublimiert werden. Gleichwohl beharrt der Anspruch der individuellen Willensakte wegen ihres zeitlosen Charakters. Da jede Selbsterkenntnis eine Erkenntnis des Selbstseins durch das Äußere darstellt, die durch die Spiegelung des individuellen Selbstwertes in den Bezugspersonen angestoßen wird, bedeutet eine konfliktbelastete Selbsterkenntnis zugleich eine mangelhafte Erkenntnis des Wertes des Äußeren. Der ursprüngliche Willensakt, der durch einen Totalanspruch nach Verschlingung des frühen Gegenstandes geprägt ist, zerbricht bei der nichtadäquaten Selbsterkenntnis am Widerstand des Äußeren. Dagegen weicht bei der adäquaten Selbsterkenntnis dieser Widerstand zurück und vermittelt dem Individuum eine Erkenntnis über sich selbst und den Wert des Äußeren. Da jede Selbsterkenntnis eine Werterkenntnis von Individuum und Äußerem darstellt, wird die Empfindung der eigenen Wertlosigkeit durch Erniedrigung der Mitwesen kompensiert. Dieses stellt die Grundlegung des Bösen dar.

Unser Dasein ist kein einfaches Vorhandensein im landläufigen Sinne, sondern beruht auf einer Erkenntnis von uns selbst, mit welcher sich alle drei bekannten Phänomene entfalten. Diese drei, nämlich die Gegenstände der Anschauung, die Handlungsgegenstände und die „idealen" Gegenstände, sind nicht vor unserer Erkenntnis vorhanden, sondern entfalten sich mit dieser zugleich. Vor jeder individuellen Erkenntnis gegeben sind lediglich das Unbewusste als Vermögen aller individuellen Willensakte und die leeren Erkenntnisformen von Zeit, Raum und Kausalität, die es ermöglichen, dass jedes gegenwärtige Phänomen durch Bezug auf das Grundbewusstsein erwächst. Da die Anschauung des leeren Raumes nicht weggedacht werden kann, ist stets die Unterscheidung zwischen Selbstsein und Anderen als beiderlei Dasein im Raum präsent. Die Erkenntnis der permanenten Veränderung alles Seienden wird dagegen vom vorbewussten Charakter des Grundbewusstseins verdeckt. Viele können das stete Verfließen alles Seienden eingeschlossen der eigenen Individualität schlecht denken. Deshalb verlegen sie die vorbewusste Zeitlosigkeit ihrer eigenen Existenz unreflektiert nach draußen, so dass die permanente Veränderung alles Äußeren in eine Eigenständigkeit umgedeutet wird, die im Gegensatz zur eigenen Vergänglichkeit weiterbestehen soll. Irgendwie lässt sich der permanente Wechsel aller Dinge doch nicht vollkommen aus der Welt schaffen, so dass demgegenüber eine Beharrlichkeit konstruiert werden muss. Denn, dass jede Veränderung sich am Beharrlichen zu vollziehen habe, das vermögen sie nicht ganz abzuleugnen.

Da jedes Selbstbewusstsein vom Sublimierungserfolg seiner individuellen Willensakte abhängig ist, entfaltet sich das Individuum nach seinem im Unbewussten angelegten Potential, der individuellen Idee, und den äußeren Umständen. Das individuelle Dasein ist kein einfaches Vorhandensein von Eigenschaften, sondern enthält seine Möglichkeiten, die mehr oder weniger verschüttet sind. Denn bereits nach wenig Nachdenken verkommt die Vorstellung einer dem Individuum gegenüberstehenden Welt zu einer Illusion, weil das Äußere genauso wie das Individuum einer permanenten Veränderung unterworfen ist und überhaupt keine Eigenständigkeit, kein Selbst, wie die Buddhisten sagen, konstatiert werden kann, sondern allein Veränderung.

Zum Zweiten bedeutet Nichterkenntnis, dass nicht begriffen wird, dass jeder anschauliche Gegenstand, wenn er denn einer entgegenstehenden Welt entstammen soll, ein fremder und verschreckender sein müsste, solange er nicht im historischen Bewusstsein auf andere Weise vertraut vorliegt. Entgegenstehendes bleibt grundsätzlich fremd und kann nur integriert werden, indem sich Individuum und Gegenstand gleichzeitig in der Erkenntnis verändern. Dann ist das Entgegenstehende aber zu einem anderen geworden. Deshalb kann die uns bekannte Welt nicht entgegenstehend sein. Die Anschauung ist uns vertraut, weil sie aus der Beziehung zu unserem Grundbewusstsein erwächst und nichts Entgegenstehendes darstellt.

Drittens gehört zur Nichterkenntnis, dass wir Handlungen durchführen, die uns und anderen merklich schaden, bis wir die inadäquate Motivauswahl endlich auf ihre Entstehungsweise im Grundbewusstsein zurückgeführt haben. Aber auch von allen anderen Handlungsweisen kann keiner behaupten, dass diese adäquat nach demjenigen verlaufen, was das Individuum eigentlich anstrebe, solange die individuelle Historie der Handlungen nicht einleuchtet.

Und viertens bedeutet Nichterkenntnis, „ideale" Gegenstände anzunehmen, die in einer „Realität" verschlüsselt vorliegen sollen und die nur von einem höheren Intellekt erkannt werden könnten. Mit solch einer Ansicht werden die abscheulichen Verbrechen gegenüber anderen lebenden Wesen insgeheim gerechtfertigt. Da jedoch alle Gegenstände unseres Bewusstseins aus seiner Historie erwachsen, gilt das natürlich auch für die „idealen" Gegenstände. Somit leben die meisten Individuen in Unwissenheit und behaupten ein Dasein der drei Welten, nämlich einmal die Welt des Denkens, in der die „idealen" Gegenstände herrschen, zweitens die sogenannte „reale" Welt der Anschauung und drittens womöglich noch die Welt der freien Handlungsweisen, welche die menschlichen Individuen im Gegensatz zur strengen Kausalabhängigkeit der gesamten übrigen Welt durchführen. Diese lächerliche und absurde Verblendung ist der Alltag.

Alltäglichkeit bedeutet, dass das Individuum sich einmal seiner Existenz sicher ist und daß es in der Meinung befangen ist, dass die äußere Welt nichts mit seiner eigenen Person zu schaffen habe. Zum anderen denkt es offensichtlich nicht über den Widerspruch nach, dass ihm die Welt, obwohl sie nicht zu ihm gehört, so vertraut erscheint. Das Individuum geht seinen Geschäften, Interessen und Trieben nach, ohne sich in Gedanken über sich selbst zu vertiefen. Der Grund dafür, dass das Individuum sich so schnell in der Welt, die angeblich nicht die seine ist, zurechtfindet, liegt natürlich im historischen Bewusstsein, aus welchem die drei Phänomene von Anschaulichkeit, Handlung und den „idealen" Gegenständen erst entstehen. Das Individuum wird sich durch Sublimierungserfolge seiner Willensakte bewusst, die im Grundbewusstsein auf vorbewusste Weise abgelegt werden. Die spätere Welterkenntnis erwächst durch Bezugnahme der Gegenwartsphänomene auf das Grundbewusstsein. Die gesamte Welterkenntnis gründet im Sublimierungserfolg der individuellen Willensakte. Priorität in der Konstituierung des Grundbewusstseins haben natürlich die anschaulichen Gegenstände, weil nur nach solchen des unmittelbaren Umfeldes das junge Individuum die Hand ausstrecken kann. Jeder Willensakt besitzt aufgrund seines zeitlosen Charakters den Anspruch auf Wiederverschmelzung mit dem Gegenstand, welches nicht erfüllt werden kann und daher während der Zeiterkenntnis, die nach der Geburt und vor dem Tod herrscht, sublimiert werden muss. Ein Sublimierungserfolg stellt sich ein, wenn dem Individuum im Moment seines Begehrens nach dem Gegenstand durch das soziale Umfeld gespiegelt wird, dass das Individuum unveränderlich einen Selbstwert darstellt, welches nichts anderes bedeutet, als daß das Umfeld die Willensakte annimmt. Das klingt trivial, ist jedoch in der Praxis der Pädagogik deshalb schwer durchzuführen, weil die Bezugspersonen des Umfeldes wiederum mit einer Vorgeschichte belastet sind, deren egozentrischer oder narzistischer Kompensationszwang das einfache Geben an das junge Individuum behindert. Wenn also das junge Individuum in seinem Wert vom Umfeld positiv gespiegelt wird, dann kann das nur an einem Willensakt durchgeführt werden, der sich bedingungslos nach der Wiederverschmelzung mit dem Gegenstand sehnt. Außerhalb der Willensakte ist nichts vorhanden, das gespiegelt werden könnte, weil alle Willensakte zusammen die individuelle Idee repräsentieren, die im Unbewussten liegt und auf den zeitlosen Zustand vor der Geburt und nach dem Tod verweist. Dasjenige, was uns allein zu Gesicht kommt, sind einzelne Willensakte der individuellen Idee, die ins Vorbewusste überführt werden. Nur das Individuum kann zuerst in seinem Selbstwert gespiegelt werden und nichts anderes. Das Individuum begreift den Gegenstand nicht als Entschleierung einer entgegenstehenden Anschaulichkeit, weil das Entgegenstehende prinzipiell im Widerstand beharrt und nicht verschlungen werden kann. (Außer natürlich bei etwas Eßbarem, das dadurch sozusagen eine Hinterpforte zum zeitlosen Zustand bereithält. Es ähnelt dem Sexualakt, der ebenfalls eine Weise der Wiederverschmelzung mit dem Äußeren darstellt). Jedoch wird der zeitlose Totalanspruch des Willensaktes sublimiert, weil die Wertspiegelung durch das Umfeld den Willensakt gutheißt. Dann erkennt das Individuum sich selbst, und weil alle Willensakte sich prinzipiell auf etwas außerhalb des Individuums richten, wird das Äußere in die Selbsterkenntnis mit einbezogen. Das Individuum erkennt keinen anschaulichen Gegenstand in seinem Sosein, sondern sich selbst durch den Gegenstand. Da das Individuum dem Gegenstand eine Erkenntnis über sich selbst verdankt, ist der Widerstand des Äußeren zurückgewichen und der Willensakt sublimiert worden.

Die frühen anschaulichen Gegenstände können nicht differenziert werden, weil die Willensakte auf der totalen Vereinnahmung aller Gegenstände bestehen. Es herrscht der unterschiedslose Verschlingungswunsch. Deshalb kann auch der Willensakt selbst nicht erkannt, sondern lediglich sublimiert werden, indem das Begehren nach dem Gegenstand als Selbstwert gespiegelt wird. Dadurch erst erkennt sich das Individuum, und auch der Wert des Gegenstandes scheint auf, weil das Individuum dem Äußeren eine Erkenntnis verdankt. Da bei jeder Gegenstandsbegegnung zu jeder Zeit während dieser Konstituierung des Grundbewusstseins dieselben intuitiven Erkenntnisse ablaufen, nämlich eine Selbsterkenntnis durch das Äußere, versinken diese Erfahrungen im Vorbewussten, weil sie nicht auseinandergehalten werden können. Die Erkenntnisse des Grundbewusstseins sind zeitlos. Jedoch erwachsen bei fortgesetzter Sublimierung der Willensakte das Selbstbewusstsein und eine intuitive Vertrautheit mit einer Anschaulichkeit, die durch das Band der Gemeinsamkeit von Selbstwert und dem Wert der anderen mit dem Individuum in Verbindung steht. Deshalb entsteht die spätere Verbundenheit mit einer Welt, die nicht zu unserer Person dazugehört, der Außenwelt. Ohne die vorbewusst zugrundeliegende Zeitlosigkeit in unserem Bewusstsein verdeutlichte sich uns auf erschreckende Weise die Illusion der Außenwelt, an der nichts aufgefunden werden kann als permanente Veränderung. Die vorbewusste Erkenntnis von Zeitlosigkeit im Grundbewusstsein wird einfach und vulgär auf die Außenwelt übertragen, so dass jeder der Meinung ist, sie sei immer schon in eben dieser Gestalt vorhanden gewesen. Jeder anschauliche Gegenstand der Gegenwart, der eigentlich eine Illusion darstellt, scheint nur deshalb stillzustehen, weil er auf einen ähnlichen Gegenstand unseres Grundbewusstseins bezogen ist, der mit einer intuitiven Gewissheit seines zeitlosen Wertes verbunden ist und überdies unser eigenes Dasein noch mit einschließt. Kein anschaulicher Gegenstand der Gegenwart könnte erkannt werden, wenn er nicht auf andere Weise oder als ähnlicher Gegenstand in der Vergangenheit des Grundbewusstseins vorläge.

Wenn ich sage, dass ein Gegenstand der Anschauung eine Illusion darstellt, dann bedeutet das nicht, dass dieser nicht wirklich vorhanden ist. Er ist aber für mich vorhanden und nicht in einem Sosein, das unabhängig von mir existiert. Betrachten wir als Gegenstand der Anschauung ein Pferd, dessen Wärme und Lebendigkeit ich spüre, wenn ich es abklopfe. Wenn dieses Pferd morgen beim Schlachter am Haken hängt, dann wird gemeinhin gesagt, dass seine Wärme und Lebendigkeit fort seien. Das ist natürlich falsch, weil das Pferd dann zwar keinen lebenden Organismus mehr darstellt, jedoch die Wärme und Lebendigkeit, die ich gespürt habe, schon vor dem Ereignis meines Pferdestreichelns in mir selbst latent vorhanden gewesen sind und nach dem Tod des Pferdes in mir weiterhin wirksam bleiben, bis ein neues Motiv bei mir diese Empfindungen wieder hervorruft. Absurd ist es zu denken, dass das Pferd aus dem Nichts entstanden sei, eine Zeitlang existiert habe und dann wieder im Nichts verschwinde. Es wird sich vielmehr mit seinem Tod verändert haben, und wenn es aufgegessen wird, werden seine Bestandteile biochemische Prozesse in anderen Körpern auslösen. Wenn diese Körper eines Tages wiederum in der Erde vermodern, werden sie die Pflanzen düngen, die auch Auswirkungen auf die Umwelt durch Photosynthese nehmen. Diese Kette könnte noch viel weiter ausgeführt werden. Das lebendige Pferd verändert sich mit jedem Pulsschlag seines Herzens, das sein Blut durch die Adern pumpt, genauso wie sich die Umwelt des Pferdes stetig verändert und wir selbst auch, die wir jede Sekunde älter werden.

Ebenso können wir in die Vergangenheit hinein verfolgen, wie das Pferd immer jünger wird und so weiter über seine Eltern und den ganzen Pferdestammbaum hinab bis zum Urpferdchen und sogar noch darüber hinaus. Wer kann jetzt wirklich behaupten, dass er das wahre Pferd in seinem Sosein vor sich habe? Das Pferd existiert für uns, weil in unserem historischen Bewusstsein u.a. einmal die Gegenstände Wärme und Lebendigkeit und Körperkraft vorliegen. Diese sind nicht statisch, sondern mit der Ausbildung unseres Selbstbewusstseins mitgewachsen. Irgendwann in unserer Frühzeit haben wir einen Begriff erlangt über ein vierfüßiges Lebewesen, nach dem wir gegriffen und vielleicht am Schwanz gezogen haben. Der Vorgang ist sozial begleitet, und vom Umfeld ist der entsprechende Gegenstand auch benannt worden. Im Verlauf der Ausbildung des historischen Bewusstseins ist dieser konkrete Vorfall ins Vorbewusste entwichen. Der Begriff „Hund" dagegen konnte wegen seiner Abstraktheit im Gedächtnis gespeichert werden. Der Laut des Hundes unterscheidet sich vom Gegenstand des Miauens und erweitert die Erkenntnis über die Vierfüßigen. Die Wärme und Lebendigkeit der Katze ist eine andere als beim Hund. Die Trägheit der Rinder ist eine andere als die Leichtfüßigkeit der Pferde. Das bedeutet, dass der Gegenstand Pferd aus der Historie des individuellen Bewusstseins erwächst und natürlich nicht als soseiender Gegenstand erkannt werden kann, weil permanente Veränderung keine Gegenstände als feststehende „Realität" liefert. Die Zugrundelegung aller anschaulichen Gegenstände kann durch das historische Bewusstsein zurück bis ins Grundbewusstsein zurückverfolgt werden. Jeder anschauliche Gegenstand der Gegenwart ist mit seiner Historie behaftet, die ins Grundbewusstsein reicht. In diesem hat sich das Individuum an dem Gegenstand selbst erkannt und keinesfalls etwas Äußeres aus der Vielfalt herausgegriffen und in seinem Sosein verstanden, besser gesagt: auswendig gelernt. Die Anschauung ist individuell, und jeder Mensch versteht lediglich seine eigene. Die konkreten Vorgänge des Begreifens fallen ins Vorbewusste, aus dem noch die Benennungen herausragen. Wir verständigen uns, indem wir die Dinge beim Namen nennen. Lächerlich ist es, wenn die sogenannten analytischen Philosophen (der wahre Begriff der Analyse gebührt natürlich der Individualphilosophie bzw. Philosophie der Erleuchtung) die Sprache untersuchen wollen, weil die Probleme der Philosophie in der Sprache artikuliert werden. Die Sprache ist lediglich das Rudiment des historischen Bewusstseins. Unwissenheit ist es allein, die Anschauung als entgegenstehende „Realität" anzunehmen.

Dagegen birgt jede Krise die Möglichkeit, vom Zustand der Unwissenheit in denjenigen des Wissens überzuwechseln. Denn jeder Konflikt der Gegenwart beruht letzten Endes auf Misserfolgen bei der Sublimierung der Willensakte im Grundbewusstsein. Konflikte äußern sich in Handlungszwängen, Depressionen oder entzünden sich an Personen, die eine vergangene Beziehung wiederbeleben. Wenn diesen Konflikten durch die Historie des Bewusstseins nachgegangen wird, die Erinnerungen in Worte gefasst und begriffen werden, dann führt die Erkenntnis sofort eine Entlastung und Handlungsänderung herbei. Die Konflikte sind dann aus dem Vorbewussten ins volle Bewusstsein übergetreten. Echtes Wissen bedeutet in diesem Falle, dass der Handlungsgegenstand der Gegenwart auf seine Entstehungsweise im Grundbewusstsein zurückgeführt worden ist. Jede Erkenntnis der Funktionsweise des historischen Bewusstseins führt das Individuum aus seiner Unwissenheit und Abhängigkeit.

Die anschaulichen Gegenstände erwachsen dergestalt oder auf ähnliche Weise aus dem Grundbewusstsein, wie ich es am Beispiel des Gegenstandes Pferd verdeutlicht habe. Die anschaulichen Gegenstände können nicht aus einer stetig sich verändernden Außenwelt entnommen werden. Während des Aufbaues des Grundbewusstseins, auf das sich späterhin alle Gegenstände der Gegenwart beziehen, werden keine Gegenstände an sich erkannt, sondern das Individuum erkennt sich selbst durch das Äußere, und der Begriff des Äußeren ist dann nicht mehr von der Selbsterkenntnis zu scheiden. Auch die späteren „idealen" Gegenstände des Denkens können natürlich nicht vom Grundbewusstsein abgelöst irgendeinem „Ideal" entnommen werden. Vielmehr entstammen alle Abstraktionen des späteren Gegenwartsbewusstseins, angefangen von der Zahlenreihe als Aufzählung der frühindividuellen Begegnungen von Gegenständen, dem Grundbewusstsein. Die „idealen" Gesetze abstrahieren die Begegnungserfahrungen des Grundbewusstseins, denn wir haben davon auszugehen, dass das Individuum sich durch das Äußere selbst erkennt. Dadurch, dass das Äußere untrennbar mit der Selbsterkenntnis verbunden ist und vor der Ausgestaltung des individuellen Selbstbewusstseins nichts anderes vorhanden ist als das Unbewusste, seine individuelle Idee, und die leeren Erkenntnisformen von Zeit, Raum und Kausalität, kann darüber hinaus gar kein „Ideal" des Denkens existieren. Es kann auch nicht außerhalb von uns z.B. als Analysis oder Geometrie als Gegenstand eines „Ideals" vorkommen, den es mit erwachendem Bewusstsein zu entdecken gelte. Die „idealen" Gesetze entstehen als abstrahierende Wiedererinnerung der grundbewussten Erfahrungen lediglich für die menschliche Spezies. Sie sind für uns nur wahr, solange sie noch auf unser Grundbewusstsein bezogen werden können. Sie sind die Abstraktionen unserer Selbsterkenntnis.

Streng verflochten mit dem Phänomen der Anschauung sind die Handlungsgegenstände, weil in der Selbsterkenntnis, die sich am Äußeren vollzieht, die soziale Komponente einbezogen werden muss. Über die Qualität der Selbsterkenntnis entscheidet die Weise der Widerspiegelung der frühen Willensakte durch das Umfeld. Denn das Individuum erkennt sich selbst in der Spiegelung seiner Willensakte durch die Bezugspersonen, welche ihm die Willensakte als unbedingtes Gut vorhalten. Sind die Bezugspersonen dagegen selbst in einer narzißtischen Störung befangen und können sich nicht gelassen dem zu beaufsichtigenden Individuum zuwenden, weil sie selbst etwas zu kompensieren haben, dann verfehlt sich das Individuum in seiner Selbsterkenntnis, was bedeutet, dass es seine Willensakte nicht adäquat sublimieren kann. Da die Willensakte einen zeitlosen Anspruch auf ihre totale Umsetzung besitzen, sät eine gescheiterte Sublimierung einen Konflikt ins Grundbewusstsein. Kein Willensakt gibt seinen Totalanspruch auf, so dass jede Handlung der Gegenwart durch das historische Bewusstsein auf diesen Konflikt bezogen bleibt. Wenn der frühe Willensakt nicht adäquat sublimiert worden ist, verlangt er in der Gegenwart nach Kompensation des Konfliktes, welche prinzipiell darauf ausgerichtet ist, durch Erniedrigung der Mitwesen den eigenen Selbstwert zu erhöhen. Die Einteilung der Mitwesen nach unterschiedlichen Wertmaßstäben, von denen das komplexbelastete Individuum überzeugt ist, bedeutet eine Weise der Kompensation. In seiner hierarchisch strukturierten Denkweise strebt der Psychopath nach oben, nach der Machtausübung, während dagegen in der Konstituierung des Grundbewusstseins auch die Gleichwertigkeit aller Wesen erfahren werden kann. Jede Verfehlung dieser vorbewussten Selbstgründung wendet die spätere Handlungsweise zum Bösen. Andererseits ist das komplexbelastete Individuum von der Richtigkeit seiner Handlungsweise überzeugt, weil es in seinen Kompensationen Bestätigung findet. Komplexkompensationen werden zur Weltanschauung gewendet, weil das Individuum stetig nach dem besten Platz in der Hierarchie streben muss. Immer suchen solche Individuen nach Verbündeten, woraus eine öffentliche Meinung entsteht, die von einer entgegenstehenden „Realität" mit einer Vielfalt von Wesen ausgeht, die hierarchisch strukturiert ist. Die öffentliche Meinung beinhaltet auch die Überzeugung von einem Denken, welches angebliche „ideale" Gegenstände erkennt, woher die auch immer kommen mögen. Die Meinung herrscht, dass es Menschen gäbe, die geeigneter seien als andere, solche Gegenstände zu erkennen. Das komplexeste „Ideal" bleibt in der öffentlichen Meinung natürlich der Erkenntnis der Besten vorbehalten. Und solch einer sei z.B. der in Wirklichkeit urkomische und absurde Hawkins. In Wahrheit sind diese Vertreter der öffentlichen Meinung der tiefsten Unwissenheit verfallen. Sie wissen nichts über sich selbst anzugeben, nämlich zu ihrer Verpflichtung, sich selbst zu erkennen und vorbereitet von der Welt zu gehen.

Das Individuum verhält sich zu sich selbst, weil sein Gegenwartsbewusstsein auf das Grundbewusstsein bezogen ist. Dabei kann es sich adäquat oder nicht adäquat zu seiner individuellen Idee verhalten. Denn die Willensakte, die aus dem Unbewussten, der individuellen Idee, ins Vorbewusste drängen, können einmal adäquat sublimiert werden, indem das Individuum sich durch das Äußere als Selbstwert erkennt und die Gemeinsamkeit des eigenen Wertes mit dem Äußeren versteht, und das andere Mal diese Erkenntnis verfehlen und einen schwärenden Konflikt ins Grundbewusstsein säen, der durch den Totalanspruch der Willensakte niemals endet, sondern permanente Kompensation verlangt. Im besten Falle, wenn die frühen Willensakte adäquat sublimiert werden konnten, verläuft der Willensakt gemäß der individuellen Idee, und im schlechtesten Falle verläuft der Lebensweg in Kompensationen und vorbewusst belasteten Zwangshandlungen, also inadäquat nach der individuellen Idee. Der Charakter der Willensakte ist zeitlos, weil sie sich, was in ihrem Totalanspruch zum Ausdruck kommt, nach der Einheit aller Wesen, die vor der Geburt geherrscht hatte und nach dem Tode wieder vorhanden sein wird, zurücksehnen. Wenn also die Zeitlosigkeit der Willensakte nicht während der Erkenntnis der Zeit, während der Lebenszeit sublimiert werden konnte, wenn der Lebensweg nach Kompensationen und Zwangshandlungen verläuft, dann ergibt sich durch den zeitlosen Anspruch der Willensakte die Notwendigkeit einer erneuten Wiedergeburt nach dem Tode, weil im folgenden Leben das angestrebt werden soll umzusetzen, was die individuelle Idee ausmacht. Das verläuft solange in weiteren Leben, bis das Individuum sich verwirklicht hat. Verwirklichung heißt adäquate Selbsterkenntnis und Erkenntnis des Wertes der anderen, welches Demut und Achtung gegenüber den Mitwesen beinhaltet.

In keiner anschaulichen Gegenwart kann ein Gegenstand aus einer entgegenstehenden „Realität" entnommen werden, weil dieser Gegenstand fremd und entgegenstehend bliebe. Ein aus einem abgeschiedenen Äußeren entnommener Gegenstand kann nicht erkannt werden. Verwandelte sich der Gegenstand, durch welches Wunder auch immer, in etwas Vertrautes, dann wäre die „Realität" nicht mehr entgegenstehend. Aber zwei „Realitäten", eine vertraute und eine entgegenstehende fremde, können nicht zugleich existieren. Über den anschaulichen Gegenstand verständigen wir uns mit seinem Begriff, der jedoch lediglich einen Namen darstellt. Hinter jedem Gegenwartsbegriff steht eine individuelle Selbsterkenntnis, die sich im Gegenüber mit dem Äußeren selbst bewusst geworden ist und auch die Qualität des Äußeren begriffen hat. Dieses ist der Fall beim gesunden Selbstbewusstsein, während das pathologische in zunehmende Feindschaft gegenüber dem Äußeren gerät. Die frühen Erkenntnisse des Grundbewusstseins beinhalten im gesunden Fall eine gleichförmige und zeitlose und intuitive Erkenntnis der eigenen und der fremden Qualitäten, die im Vorbewussten verschwinden. Erst an dieser zeitlosen und grundbewussten Erkenntnis gewinnen die permanent sich verändernden Gegenstände der Gegenwart ihren Halt. Das bedeutet auf den Begriff bezogen, dass der Gegenstand der Gegenwart auf ähnliche und andere Weise schon einmal im Grundbewusstsein aufgetreten, sein konkretes Erscheinen jedoch im Vorbewussten verschwunden und lediglich sein Name im Gedächtnis gespeichert worden ist. Im Rückbezug des gegenwärtig erkannten Gegenstandes auf den im Grundbewusstsein vorliegenden Namen mit seinen vorbewussten Erkenntnissen erwächst der gegenwärtig gegebene Gegenstand zu einem Begriff. Das Denken und die Welterkenntnis sind individuell und können von anderen nicht nachvollzogen werden. Erst in der individuellen Analyse, wenn die Handlungsmotive durch das historische Bewusstsein auf ihre Grundlegung zurückgeführt werden, kann der Unterschied zwischen Kompensation und adäquater Lebensweise verdeutlicht werden. Gewöhnlich wird diese Reflektion auf die Historie des individuellen Bewusstseins nicht durchgeführt, weil jeder meint, im Einklang mit den Phänomenen der gegenwärtigen Welt zu leben. Der Widerspruch, dass eine entgegenstehende „Realität" gar nicht erkannt werden kann außer als permanent sich Veränderndes und daß der komplette Blödsinn einer Existenz von verschiedenen Welten vorherrscht, also einmal die sogenannte „Realität", zweitens die Welt des Denkens und drittens diejenige der Handlungen, kommt nicht in den Sinn. Die Allgemeinheit befindet sich in Unwissenheit darüber, dass jeder Gegenwartsbegriff von einer frühen und individuellen Selbsterkenntnis geprägt worden ist und daß das Individuum dadurch zugleich einen grundlegenden Begriff vom Äußeren erlangt hat, welches grundsätzlich ausschließt, dass Selbsterkenntnis und Äußeres jemals getrennt werden können. Deshalb bedeutet Wissen auch, die Erscheinung der äußeren Welt als Illusion aufzufassen.

Der den Gegenständen der Gegenwart zugewiesene Name verwandelt sich erst durch Beziehung auf das individuelle Grundbewusstsein zum Begriff. Es bedeutet daher den Schein der Unwissenheit, wenn jeder meint, dem anderen eine Welt zu beschreiben, welche dieser genau gleich zu sehen habe. Vom Zustand der Unwissenheit ins Wissen gelangt ein Individuum, wenn es sich darüber Gedanken macht, was seine Erkenntnisse mit ihm selbst zu schaffen haben, oder warum es eine Handlungsweise, die es belastet, trotzdem immer wiederholt. Denn da jedes Individuum nach der Abwesenheit von Schmerz strebt, können die das Individuum belastenden Handlungen nicht auf einem freien Willen beruhen. Im Zustand der Unwissenheit befindet sich das Individuum, wenn es seinen Geschäften, Antrieben und Vorlieben nachgeht, ohne viel über sich selbst nachzudenken. Kein Intellekt erkennt die Wahrheit, wenn er nicht an eine Selbstreflektion des Individuums angebunden wird. Ohne diese Anbindung versteht der Intellekt lediglich eine Folgerichtigkeit innerhalb seines Denksystems. Deshalb gibt es Individuen, die von ihrem Blödsinn einer entgegenstehenden „Realität" und der Existenz mehrerer Welten zugleich überzeugt sind und darüber hinaus Philosophie betreiben. Da die Allgemeinheit in ihrer Unwissenheit befangen ist, können sich diese sogenannten Philosophen zu Meinungsgestaltern erheben, weil sich jeder von deren Unsinn blenden lässt. Da sie ihre Meinungen an die nachfolgenden Generationen weitergeben, wird der Unsinn perpetuiert. Aber wer auch immer, der meine Analyse bis hierhin verstanden hat, wird daran glauben, dass jene Denkbeamten etwas Wahres erkannt haben?

Die Erkenntnis von „idealen" Gegenständen entstammt genauso wie die Anschauung dem Umgang eines sich mit dem Äußeren bewusst werdenden Individuums. Weder kann die Selbsterkenntnis vom Äußeren noch das Äußere von der Selbsterkenntnis getrennt werden, sondern das Individuum erlangt einen intuitiven Begriff seines Selbstseins durch das Äußere. Darüber hinaus existieren vor der Selbstbewusstwerdung lediglich das Potential aller individuellen Willensakte, die das Unbewusste darstellen, und die leeren Erkenntnisformen. Da diese leer sind, lassen sie sich in wenigen apriorischen Sätzen ausdrücken, nämlich für die Zeit: Verschiedene Zeiten sind nacheinander und nicht zugleich. Und für den Raum: Der von allen Gegenständen entleerte Raum kann zuletzt nicht auch noch weggedacht werden. Die Darstellung der Kausalität erspare ich mir, weil ich die geringe Chance, dass diese Untersuchung gedruckt wird, nicht gänzlich vernichten möchte. Ich füge hinzu, dass Schopenhauer über die Erkenntnisformen das Beste abgeliefert hat, was jemals geschrieben worden ist. Doch eine Auseinandersetzung mit seinem Werk kostet viel Energie und verschafft erst danach persönlichen Gewinn. Warum erfährt die Allgemeinheit so wenig über das Beste? Weil die Meinungsmacher nicht über ihre Meinungen hinausgelangen und über eine ungebrochene Identität verfügen.

Über das Unbewusste und die leeren Erkenntnisformen hinaus existiert nicht noch ein „Ideal". Die „idealen" Gegenstände entstehen aus der frühen Auseinandersetzung des Individuums mit den anschaulichen Gegenständen. Der frühe Umgang mit den Gegenständen wird späterhin abstrahiert und wiedererinnert. Doch durch die hohe Abstraktion im Gegenwartsbewusstsein bis hin zu den Gesetzen der naturwissenschaftlichen Erkenntnis ist die Rückführung der „idealen" Gegenstände auf den frühen anschaulichen Umgang mit den Gegenständen kaum noch möglich. Deshalb scheinen die „idealen" Gegenstände aus der Historie des Bewusstseins herauszufallen und ein Eigenleben als sogenannte objektive Naturwissenschaft zu führen. Jedoch können die Naturgesetze von der Allgemeinheit der menschlichen Spezies deshalb nachvollzogen werden, weil sie ähnlich wie die Namensgebung bei den anderen Gegenständen von den individuellen Grundbewusstheiten abstrahieren. Deshalb interessiert sich kein Tier für unser Denken, und jedes uns überlegene Wesen betrachtete unser Denken nicht anders, wie wir die Merkfähigkeit von Schimpansen erforschen. Die Erforschungen der sogenannten Naturwissenschaft werden endlos weitergeführt werden und permanent irgendwelche Neuigkeiten herausbringen, welche die vorherigen Ergebnisse ablösen. Es zählt immer nur die Aktualität der letzten Erkenntnis, die in jeder weiteren Erkenntnis aufs Neue bewiesen wird. In Wahrheit basiert die Endlosigkeit der „idealen" Gegenstände darauf, dass ihre Neuigkeiten zu abstrakt sind, um auf die Historie des Bewusstseins wieder bezogen werden zu können. Doch wenn das nicht mehr möglich ist, sind sie unwahr geworden, und sie verhallen in der leeren Erkenntnisform der Zeit. Die Zeit kann nur als ganze gedacht werden, so dass ein Zeitanfang und ihr Ende außerhalb der Erkenntnis liegen. Deshalb stellt die permanente Ablösung von irgendwelchen neuen „idealen" Gegenständen nichts anderes dar als unsere leere Erkenntnisform der Zeit.

Die drei Phänomene Anschaulichkeit, Handlungsgegenstand und „idealer" Gegenstand sind streng auf das sich an der Außenwelt bewusst gewordene Individuum bezogen. Die Außenwelt ist aus der Selbsterkenntnis nicht mehr herauslösbar, weshalb sie, als „Realität" an sich genommen, Unwissenheit ausdrückt. Ohne diese tiefere Erkenntnis bleibt lediglich der Schein von verschiedenen Seinsverfassungen übrig. In der Individualphilosophie beginnt dagegen jede Erkenntnis mit der Konstituierung eines Selbstbewusstseins, das sich den anschaulichen Gegenständen verdankt. Die anschauliche Außenwelt kann jedoch keine „Realität" an sich darstellen, weil sie sich durch das Zurückweichen ihrer Widerstände vermittelt und dem Individuum zu einer

Selbsterkenntnis verhilft. Diese frühe Erkenntnis, die zeitlos ist, bildet den Bezugspunkt für die Entstehung der drei Phänomene. Es ist ein wesenhaftes Moment des individuellen Daseins, dass es selbst erst aus der Kontaktaufnahme mit der Außenwelt entsteht, welche im Nachhinein nicht wieder aus dem Grundbewusstsein herausgelöst werden kann. Die differenzierten drei Phänomene erwachsen erst später, nach Ausbildung eines Gegenwartsbewusstseins, durch ihre Beziehung auf das Grundbewusstsein. Deshalb können weder Anschaulichkeit, noch Handlungsgegenstände, noch „ideale" Gegenstände herausgelöst und an sich betrachtet werden. Das wird bei den Handlungsgegenständen am allerdeutlichsten, weil Handlungskonflikte einen offensichtlichen streng historischen Charakter besitzen. Wird die Herauslösung der Gegenstände aus dem Selbstbewusstsein aber doch unternommen, indem etwa verschiedene „Realitäten" wie etwa Denken, Anschauung, Handlung behauptet werden, dann entstehen durch das Unterdrücken einer Bewusstseinsanalyse verschiedene Fassungen von diffusem Seienden, die allesamt Schein bleiben. Aber von solcherart Geschwafel sollten wir uns nicht beirren lassen, auch wenn diejenigen, die so etwas zusammenfaseln, eine Bewusstseinsanalyse als schädlich bezeichnen, wie ich gelesen habe. Natürlich ist sie schädlich – schädlich für die Lüge! Es gibt kein Nebeneinander eines individuellen Daseins mit einem anderen, genannt Welt. Denn die Welt bildet die Grundlage des individuellen Seins, weil sich das Individuum im Gegenüber mit ihr erst erkannt hat. Da sich das Individuum der Welt verdankt, kann diese nicht mehr vom individuellen Sein getrennt werden. Wer ein Nebeneinander von individuellem Dasein und Welt behauptet, befindet sich im Zustand der Unwissenheit.

Das Geschick des Individuums ist unlösbar mit der Welt verknüpft. Die aus dem Unbewussten ins Vorbewusste strebenden Willensakte besitzen wegen ihrer Zeitlosigkeit einen Totalanspruch, der auf die vollkommene Einverleibung der frühen Gegenstände ausgerichtet ist. Da dieses in der Erkenntnis der Zeit, der Lebenszeit, nicht möglich ist, prallen die Willensakte am Widerstand des Äußeren ab. Diese Frustrationen werden vom sozialen Umfeld und der Konstitution des Individuums mehr oder weniger gut aufgefangen. Da die frühen Willensakte nur sublimiert und nicht vollkommen abgegolten werden und sie zugleich ihren zeitlosen Anspruch nicht aufgeben, wirkt sich der Erfolg der Sublimierung auf den späteren Lebensweg aus. In der Phase der Sublimierung der individuellen Willensakte, dem Grundbewusstsein, erwacht das individuelle Selbstbewusstsein in der Auseinandersetzung mit den anschaulichen Gegenständen. Die Werterkenntnis des Selbstseins und des Äußeren wird geschaffen, an welcher sich späterhin die drei Phänomene entfalten. Da in dieser Phase der Grunderkenntnis entweder Handlungskonflikte gesät, oder durch adäquate Erkenntnis des Selbstwertes die frühen Willensakte erfolgreich sublimiert werden, sind persönliches Geschick und Welt untrennbar miteinander verbunden. Denn im Grundbewusstsein wird auch das Verhältnis zu den Mitwesen festgelegt. Jede verdreckte Umwelt ist verdrecktes Bewusstsein. Die größte Unwissenheit und zugleich eine Gefahr für die Allgemeinheit bedeutet es, wenn jemand die Notwendigkeit sieht, dass die Menschheit irgendwann ins Extraterrestrische aussiedeln muss, weil sie die Lebensgrundlage der Erde zerstört hat. Menschen verlassen zuletzt die zerstörte Erde lieber, als bei sich selbst nachgeforscht zu haben!

Die Auffassung der Räumlichkeit kann vom individuellen Dasein nicht abgelöst werden. Zwar ist das historische Bewusstsein ein streng zeitliches, weil die drei Phänomene aus der Zeitstruktur vom Gegenwartsbewusstsein zum Grundbewusstsein erwachsen, aber die Gegenstände des Äußeren erkennt das Individuum als im Raum geordnet. Dadurch, dass sich die Aussage Kants über den Raum bestätigt, nämlich dass ich alle Dinge aus dem Raum wegdenken könne, allein bei der zuletzt leeren Anschauung des Raumes mir dieses nicht gelinge, kann das Individuum zwischen sich selbst und den Anderen unterscheiden. Die Anschauung vom leeren Raum kann das Individuum bei der Erforschung seines historischen Bewusstseins jedoch nicht mitnehmen. Denn das Nebeneinander der Standpunkte im Raum ist vom strengen Nacheinander in der Zeit streng geschieden. Die Anschauung vom Raum ist, wie Kant richtig dargelegt hat, eine Bedingung der Erkenntnis.

In der Individualphilosophie hatten wir herausgefunden, dass jedes individuelle Erkennen seinen Ausgang nimmt vom totalen Vereinnahmungswunsch nach den äußeren Gegenständen. Dieses ist der Urantrieb für die Erkenntnis des Selbstseins, die sich am Äußeren entfaltet. Dadurch, dass die Sublimierung immer eine Qualität aufweist, die zwischen adäquater und konfliktträchtiger Selbsterkenntnis schwankt, bleiben durch den zeitlosen Charakter der Willensakte alle späteren Handlungen auf das Grundbewusstsein bezogen. Diese Beziehung ist in den allermeisten Fällen vorbewusst, solange das Individuum seine gegenwärtigen Handlungen noch nicht in ihrer historischen Entstehungsweise analysiert hat. Die Unternehmungen in der Welt geschehen demnach unter Ausschluss einer Selbstklärung und in Unwissenheit, obwohl alle individuellen Tätigkeiten streng auf das historische Bewusstsein bezogen sind.

Deshalb kommt es auch dazu, dass sogenannte Philosophen ihren blinden und lächerlichen Zwängen folgen und die Relevanz der Raum-Zeit-Struktur Kants bestreiten. Das bedeutet in der Ausführung, dass es diesen gelungen ist, den leeren Raum wegzudenken und verschiedene Zeiten zugleich stattfinden zu lassen. Oder sie erfinden frech neue Zeiten, weil das besser in ihr System hineinpasst. Und das Publikum klatscht dazu Beifall.

6. WAHRE ERKENNTNIS UND INTELLEKTUELLE ZWÄNGE

Das Verhältnis zwischen individuellem Dasein und der Welt ist kein Verhältnis zweier Seinsweisen, weil die Welt zum Individuum gehört und beide in gegenseitiger Durchdringung das Dasein bilden. Das Seinsverhältnis zwischen individuellem Dasein und Welt ist im Grundbewusstsein angelegt. Denn in diesem erfährt sich das Individuum durch das Äußere und die Gemeinsamkeit seiner selbst mit den Gegenständen, von mir Wesensgut genannt. Diese zeitlose Existenz ist keine esoterische Spinnerei und kann von jedem Individuum zu jeder Zeit wirklich erfahren werden, aber nur dann, wenn der Intellekt sich die Zwänge seiner Unwissenheit bewusst gemacht hat. Denn wenn das Individuum sich nicht von den Konflikten seiner Vergangenheit gereinigt hat, wird es immer, durch den Totalanspruch seiner Willensakte bedingt, gezwungen werden, seine frühen Konflikterlebnisse in der Gegenwart zu kompensieren und sich sogar mit seinen Handlungskompensationen im Einklang zu wähnen, weil es gar kein anderes Leben kennt. Das Elend gehört zum Individuum, aber es ist immerhin sein elendes Da-Sein. Da die Kompensationen prinzipiell auf die Erniedrigung der Mitwesen und auf die Erhöhung des eigenen Selbstwertes ausgerichtet sind, sucht der Intellekt stetig nach diesen Gelegenheiten und lässt dem Individuum keine Ruhe, sich zu besinnen. Denn nur in der Besinnung kann die Wahrheit aufleuchten, die nicht die Spur eines Gedankens enthält. Sie ist vollkommene Stille und glasklare Existenz und vermittelt eine Einfachheit, bei der jeder in Gelächter ausbrechen möchte. Dieses Auslachen gilt jedem selbst, weil das Befangen-Sein in komplizierter Verstrickung deutlich geworden ist.

Also erst nach Reinigung von seinen Zwangshandlungen (das Denken ist ebenfalls eine Handlungsweise) wird das Individuum in die Lage versetzt, als Zuschauer seiner Gedanken fungieren zu können. Dann erfährt es, dass es als Zuschauer seiner Gedanken etwas anderes darstellt als seine Gedanken selbst. Die permanente Identifikation mit dem Intellekt wird durchbrochen. Da der Intellekt seinen Zuschauer nicht bemerken kann, weil diese Person das andere des Denkens ist, können Gedanken grundsätzlich keine Wahrheit erkennen, sondern nur solch ein Individuum ist in der Lage vollständiger zu verstehen, das sich von seinen Zwängen befreit und sich dergestalt selbst bewusst geworden ist, dass es sein Selbstbewusstsein nicht mehr mit seinem Intellekt verknüpfen muss. Nach der Einsicht erst, dass das Individuum mehr darstelle als seine Gedanken, kann es direkt auf die Existenz meditieren und diese in ihrer

Einfachheit und glasklaren Präsenz aufleuchten lassen. Das Potential dazu ist in jedem Individuum vorhanden, aber durch mehr oder weniger große Müllhaufen verschüttet.

Daß der von der Selbsterkenntnis isolierte Intellekt keine Wahrheit erkennt, ist natürlich auch der Grund dafür, dass die große Mehrheit aller neueren philosophischen Systeme kompletter Blödsinn ist. Offensichtlich waren die älteren Philosophen mehr mit sich im reinen als es heutzutage der Fall ist. Wahrscheinlich ist der Schulbetrieb schneller und gnadenloser geworden, so dass der Druck angewachsen ist, ein helles Blendsystem herauszuspinnen. Damit also wegen der Hilflosigkeit des Intellektes kein Unsinn entstehe, ist es nötig, dass Intellekt und Selbsterkenntnis zusammenarbeiten und dass der Intellekt im rechten Moment sich selbst hinterfragt und in Gelassenheit die Wahrheit akzeptiert, die außerhalb von ihm vorhanden ist. Ansonsten wird leicht ein bunter Strauß von Humbugensien zusammengebunden.

Alle drei Gegenstände, also Anschauung, Handlung und „ideale" Gegenstände, erwachsen aus dem unstillbaren Streben des Individuums, seine durch die Geburt verlorengegangene Einheit mit den anderen Wesen wiederherzustellen. Deshalb kann jeder mit der Analyse seiner Handlungskausalität auch eine vollständigere Erkenntnis von Anschauung und „Ideal" erlangen. Das Individuum beginnt sich dann möglicherweise zu fragen, woran sich die permanente Veränderung bei ihm selbst und bei anderen eigentlich vollziehe. Ebenfalls verlangt eine Untersuchung, ob nicht beispielsweise der bombastische Hawkins-Humbug dadurch zustande gekommen sei, dass der Intellekt seine Hirngespinste durch vollkommene Isolierung erdichtet habe. Er ist getrennt gewesen von der Entstehungsweise der sogenannten „idealen" Gegenstände, die sich durch Abstraktionsvermögen des Individuums von seiner frühen anschaulichen Erfahrung entfalten. Auf diese Gründung nicht mehr bezogene „ideale" Gegenstände sind Chimären.

Das individuelle Selbstbewusstsein verdankt sich dem frühen Umgang mit den Gegenständen, die in gewisser Weise ihren Widerstand aufgegeben haben und im Selbstbewusstsein integriert worden sind. Auf dieser Grunderfahrung errichten sich die uns bekannten drei Phänomene, die anschauliche Welt, zweitens die Welt der „idealen" Gegenstände und drittens die Handlungsgegenstände. Wenn späterhin durch Bezug des Gegenwartsbewusstseins auf das Grundbewusstsein die uns bekannte Welt durch diese drei Phänomene konstituiert wird, dann ist die Einzigartigkeit der unmittelbaren individuellen Freiheitserfahrung dafür maßgeblich. Diese entsteht durch das Zurückweichen der

Widerborstigkeit von den begehrten Gegenständen, weil dem jungen Individuum vom sozialen Umfeld sein unhinterfragbarer Selbstwert vorgehalten worden ist. Dieser Vorgang bildet die Grundlage für die entstehende Weltsicht und nicht die Erkenntnis einer entgegenstehenden „Realität", die vollkommen unmöglich ist. Vielmehr entfaltet sich das individuelle Grundbewusstsein durch eine Selbsterkenntnis, die sich am Äußeren vollzogen hat. Äußeres und Welt sind dann nicht mehr voneinander lösbar.

Wahre Erkenntnis bedingt immer eine Abkehr des Individuums von seinem alltäglichen Umgang mit der Welt, weil seine Handlungen im Wesentlichen auf Zwängen beruhen. Es muss der Alltäglichkeit entsagen und versuchen, sich auf sich selbst zu besinnen. Das kann dadurch geschehen, dass es im Ruhezustand die Gedanken äußert, die ihm dazu gerade einfallen, welches den Hintergrund hat, dass der Intellekt grundsätzlich nach Kompensation eines beschädigten Selbstbewusstseins trachtet. Wenn dem Individuum dann noch jemand gegenübersitzt, der die Gedankengänge geschickt spiegelt, dann wird mit Sicherheit das Gegenwartsbewusstsein auf tiefere Schichten des Grundbewusstseins stoßen. Das Individuum wird zugleich Formationen seiner Unwissenheit ablegen und seiner individuellen Idee näher rücken. Es wird freier werden. Es existieren nur wenige gute Bücher in der Philosophie, so dass kaum eine Welterkenntnis aus der Literatur geleistet werden kann, weil wertvolle Gedanken einen Autor voraussetzen, der sich auf sich selbst besonnen und somit seinen Intellekt an eine Selbsterkenntnis angebunden hat. Platon, Kant, Schopenhauer und auch Heidegger sind positive Beispiele. Gleichwohl ist die Selbstbesinnung keine einfache Aufgabe, weil stetig die Gier nach Anerkennung, nach Reichtum, Macht und Lustbefriedigung im Vorbewussten wühlt. Deshalb kann sich das Individuum dadurch motivieren, wenn es bemerkt, dass die Zwänge seiner Handlungsgegenwart nach ihrer Analyse zurückgehen. Denn die permanente Sucht nach Sexualität erniedrigt z.B. nicht allein die Sexualobjekte, sondern auch den Süchtigen selbst. Daher bildet die Psychoanalyse eine Möglichkeit der Reinigung des Intellekts von seinen zwanghaften Gedanken und ist die Voraussetzung dafür, in einer nichtintellektuellen Erkenntnis auf die Existenz zu meditieren. Das ist der Grund für das Vorkommen der Meinungsschwafelei, dass die wenigsten etwas über diese Zusammenhänge wissen und zu allem Unglück auch noch an den entscheidenden Positionen in der Gesellschaft sitzen.

Die ruhige und müßige Betrachtung der Welt abseits des alltäglichen Umgangs mit ihr führt selten zu Erkenntnissen, weil das Individuum sich nicht von seinen Gedankengängen zu lösen vermag. Da der Bezug des Gegenwartshandelns auf das Grundbewusstsein streng historisch ist, ist der Intellekt ständig auf der Suche, angetrieben durch den zeitlosen Anspruch der Willensakte, frühe Verletzungen zu kompensieren. Das Individuum befindet sich im Hamsterrad seiner Gedankengänge, die darauf ausgerichtet sind, den Selbstwert zu stützen. Dieses äußert sich im Streben nach Erfolg, Ansehen, Macht und Reichtum. Die Erkenntnis richtet sich nicht auf die Ursache des Gedankenkarussells, und das Individuum identifiziert sich dergestalt mit seinem Intellekt, dass es nicht auf die Idee kommt, einmal als Zuschauer seiner Gedanken zu fungieren. Für das Individuum sind seine Gedanken es selbst. Das in der Unwissenheit befangene Individuum ist darauf ausgerichtet, die gegenwärtige Welt nach seinen unerkannten Zwängen zu benutzen. Dabei wird es umso rücksichtsloser mit seinen Mitwesen verfahren, je größer sein Drang nach Zwangskompensationen früher Defekte ausfällt. Der im Grundbewusstsein angelegte Erfolg oder Misserfolg bei der Sublimierung der frühen Willensakte bleibt auf die individuelle Handlungsgegenwart bezogen. In der frühzeitig entdeckten Welt des Grundbewusstseins, welche die Selbsterkenntnis darstellt, die sich am Äußeren entfaltet hat, und in der festgelegt worden ist, wie weit die frühen Widerstände des Äußeren zurückgewichen und die frühen Willensakte sublimiert worden sind, ist die Entdeckung der gegenwärtigen Welt angelegt und damit zugleich die Moral der individuellen Handlungen. Denn das Individuum benutzt die gegenwärtige Welt gemäß seiner Vorgeschichte.

Die Welt ist weder ihre Aufzählung (Sonne, Mond, Gebirge, Baum, Stein), wie Heidegger meint, noch die wissenschaftlich erforschte Substantialität, wie ich sage, weil beide zwei einzelne Momente der Welt darstellen und somit die Welt nicht sind. Die Welt kann als Äußerlichkeit nicht begriffen werden, weil sie ein Konstitutionsmoment des individuellen Daseins ist. Die Außenwelt ist nicht dasjenige, was das Individuum nicht ist, weil das Selbstbewusstsein sich durch das Begehren nach den Gegenständen konstituiert und Äußeres und Selbstbewusstsein als konstitutive Momente untrennbar im Grundbewusstsein vorliegen. Da die „idealen" Gegenstände ebenfalls wie die Anschaulichkeit und die Handlungsgegenstände auf das Grundbewusstsein bezogen sind, jedoch die Naturwissenschaft ihre Ergebnisse als aus einer „Realität" entnommen ansieht, so liefert die Naturwissenschaft keine absolut wahren Erkenntnisse, sondern lediglich relative. Der Weg zur Wahrheit führt über eine Untersuchung der alltäglichen Handlungsweisen und der Denkweisen der Individuen, sowie über die Analyse unseres Bewusstseins, welche einen Zusammenhang der drei Phänomene Anschaulichkeit, Handlungsgegenstände und „ideale" Gegenstände liefert.

Die Erkenntnis unserer Alltäglichkeit bildet nicht zuerst Einzelheiten ab, sondern erzeugt den Eindruck eines Raumganzen, äußert Heidegger. Nach diesem Überblick können Einzelheiten festgestellt werden. Dieses liegt natürlich daran, füge ich an, dass vor aller Erfahrung unsere Raumerkenntnis vorhanden ist, die wir nicht wegdenken können. Also versuchen wir als Experiment zuerst verschiedene Einrichtungsgegenstände, dann die Mauern, das ganze Haus, die Stadt, danach die Umwelt, die Sonne, den Mond und alle Gestirne wegzudenken. Es bleibt der eine, riesige, leere Raum übrig. Jetzt versuche ein jeder, diesen leeren Raum auch noch fortzudenken, es ist unmöglich! Unsere Raumerkenntnis nehmen wir überall mit hin, und alle Einzelräume konstituieren sich als Abteilungen des einen Raumes.

Wenn wir aus der Alltäglichkeit eines Raumes irgendein Werkzeug herausgreifen, dann ist der alltägliche Gebrauch dieses Werkzeugs weder dessen Sein, wie Heidegger es auffasst, noch dessen Ansich als entgegenstehende „Realität", weil sich der Gebrauch dieses Werkzeugs für jemanden, der es niemals zuvor gesehen hätte, gar nicht erschlösse. Das Werkzeug wäre ihm unbekannt, und höchstens nach gehörigem Nachdenken fände er den rechten Gebrauch heraus. Dagegen wäre ein Sein an sich eines Gegenstandes immer vorhanden und müsste jedem auch sogleich einleuchten. Denn eine ergrübelte Werkzeug-Existenz kann nicht unerschütterlich anwesend sein und für immer bestehen.

Das Werkzeug ist im Raum vorhanden, weil es einen Zweck erfüllen soll, über welchen sich einer unserer Vorfahren einmal Gedanken gemacht hatte. Dieser wollte sich die Arbeit erleichtern. Wenn ich dieses Werkzeug also von vornherein verstehe, dann nicht deshalb, weil ich von dessen Ansich-Sein erleuchtet werde, sondern weil mir auf meinem bisherigen Lebensweg das Werkzeug oder zumindest ein ähnliches einmal erläutert worden ist und ich dessen Zweck begriffen habe. Ich bin sozusagen über die Erläuterung auf den findigen Vorfahren bezogen, und wenn wir uns diese Beziehung wegdenken, dann bleibt kein Sein des Werkzeuges übrig, sondern eine sinnlose Zusammenballung von verschiedenen Materialien. Das Werkzeug wird erst zu einem solchen, wenn ich seinen Zweck begriffen habe, indem mein Bewusstsein sich auf eine vergangene Zweckerfüllung bezieht.

Eine Existenz an sich des Werkzeugs anzunehmen bedeutet dagegen, dass die Zweckmäßigkeit des Gegenstandes schon immer dagewesen ist, bevor wir uns überhaupt bewusst geworden sind, und dass der Zweck des Gegenstandes nach unserem Tod das bleibt, was er angeblich ist. Das ist natürlich kompletter Unsinn, weil der spezielle Gegenstand Werkzeug streng auf seinen Erfinder bezogen ist, der ihm nicht ein Sein hat verschaffen können, das uns alle überdauert. Überdies müsste dieses Sein an sich jedem sogleich einleuchten, denn wenn sich dieses nicht so verhielte und der Sinn des Seins mühsam herausgebracht werden müsste, dann wäre es kein Sein an sich, sondern ein interpretiertes Denkgebilde mit praktischem Bezug. Für alle anderen Gegenstände der Anschauung gilt das gleiche, weil ich die Gegenstände der Anschaulichkeit genauso historisch auszulegen habe wie das spezielle Werkzeug. Es existiert keine „Realität" an sich, weil diese solange hinterfragt werden kann, bis sie zuschanden geworden ist. Die Meinungsgestalter hängen an ihrer „Realität", weil sie über andere zu verfügen wünschen. Denn wenn eine „Realität" vorhanden ist, dann gibt es auch Individuen mit unterschiedlicher Auffassungsgabe, die sogenannte Wirklichkeit nach rechtem Maßstab zu begreifen oder zu versagen. Diese können dann eingeordnet und hierarchisch eingeschätzt werden. Meinungsgestalter sind wie Fett und schwimmen oben auf der Brühe des Nichtwissens und der Schwafelei.

Die Anschauung der Natur bietet nichts Fesselndes und Bewegendes, sondern das Bewusstsein, das die Natur erblickt, löst diese Empfindungen aus. Wenn mich gerade ein Stück Natur besonders bewegt, dann deshalb, weil entlang der Historie meines Bewusstseins eine ähnliche Natur bereits vorliegt, welche mit Affekten verbunden ist, die bis in mein Gegenwartsbewusstsein hineinreichen. Das Naturentdeckte ist nichts Seiendes, sondern das historische Bewusstsein. Von einem Seienden wird allgemein vorausgesetzt, dass jeder es als gleiches Seiendes erkenne und dieses auch nach längerer Zeit noch anwesend sei. Es soll ein Ruhendes sein, etwas, in dem das Seiende sichtbar zum Ausdruck gelange und für alle gültig sei. So etwas ist das Naturentdeckte keineswegs.

Betrachten wir eine Zeitlang als Beispiel einen Tisch. Merkwürdigerweise entschwindet das Sein des Tisches, je länger wir auf ihn blicken. Dem einen kommt er schön vor, dem Zweiten fällt nichts dazu ein, der Dritte findet ihn hässlich. Die einen wollen an ihm essen, die anderen schreiben, die Dritten lesen. Er ist Esswerkzeug, Schreibwerkzeug, Lesewerkzeug. Steht er draußen im Garten, verwandelt er sich plötzlich erneut: Ein Eichhörnchen benutzt ihn zum Hinüberhuschen, ein Vogel als Ruheplatz. Für beide Wesen ist er eines ganz bestimmt nicht, nämlich Tisch! Ich fasse zusammen: Der Tisch ist einmal ein von der Allgemeinheit mit Überzeugung bezeichnetes Seiendes, dann eine individuell empfundene Tischheit, welche die Spanne von hübsch bis hässlich umgreift, und drittens für andere Wesen ein Nichttisch. Demnach ist der Tisch zugleich ein von der Allgemeinheit als sicher bestimmtes Seiendes, ein In-jedem-Menschen-verschieden-Tisch und ein anderes Seiendes. Welches ist denn nun das wirkliche Sein des Tisches?

Wenn jetzt jemand aus der Allgemeinheit behauptet, dass dadurch, dass der Tisch ihm zur Verfügung stehe, dieser ein Seiendes darstelle, das an sich vorhanden sei, wie Heidegger meint, dann hat er den Tisch als Seiendes in ein anderes verwandelt, nämlich in ein zur Verfügung stehendes Seiendes. Ist der Tisch selbst dann nichts Seiendes mehr oder ein anderes? Wenn ein anderes, dann besitzt der Tisch mehrere Seinheiten. Andererseits kann der Begriff „Zur-Verfügung-stehen" nicht erkannt werden, wenn er nicht auf irgendeine Weise in der Historie des Bewusstseins vorläge. Die Bekanntheit durch die Historie gaukelt vor, dass das Seiende eines Tisches schon immer anwesend gewesen sei. In Wahrheit existieren weder der Tisch an sich, noch das Zur-Verfügung-stehen an sich, sondern allein der Zweck eines Tisches, den ein früheres Bewusstsein einmal erfunden hatte. Dieses ist uns intuitiv bewusst und reicht durch die Historie der Bewusstheiten hindurch bis in unser Gegenwartsbewusstsein hinein. Es existieren weder ein Sein des Tisches, noch steht der Tisch als Seiendes zur Verfügung, sondern einzig und allein herrscht Bewusst-Sein. Dem obigen Naturentdeckten wird genauso ein ontischer Schein verliehen, der die Spanne von einer Vorhandenheit bis zu einem Begriff des Zur-Verfügung-stehens umgreift. Am angeblich Vorhandenen wird deutlich, dass es kein ontisches Sein darstellt, weil es in jedem Bewusstsein anders auftritt und in vielen Farben schillert. Denn je nachdem, wie ein Individuum frühzeitig z.B. an ein Naturentdecktes herangeführt worden ist, sind verschiedene Affekte und Gefühle damit verbunden. Ein allgemeingültiges ontisches Natur-Sein kann noch nicht einmal in der Theorie existieren, weil es als allgemeingültiges über allen Bewusstheiten stehen muss. Dann wäre es jedoch in der Historie des Bewusstseins nicht auffindbar und könnte als etwas vollkommen Neues nicht erkannt werden. Die meisten werden in der Annahme eines Natur-Seins getäuscht, weil etwas in der Historie ihres Bewusstseins schon einmal aufgetreten ist, das die Verbindung zum gegenwärtigen Naturerlebnis herstellt. Das verhält sich auch so bei der allerruhigsten Kontemplation von Natur ohne jede Aufwallung. Denn eigentlich stellt die Natur nichts anderes dar als die reine Veränderung in der Zeit, die für uns nur dadurch stillzustehen scheint, weil wir im Grundbewusstsein eine zeitlose und intuitive Erkenntnis über uns

selbst und das Äußere gewonnen haben. Jederzeit ist unser Gegenwartsbewusstsein auf das Grundbewusstsein bezogen und ermöglicht auch die ruhige
Kontemplation von Natur, die ohne diesen Bezug nur Erschrecken auslösen
müsste.

Ebenso verhält es sich mit einem Zur-Verfügung-stehenden, das angeblich als
ontisches Ansich vorkommen soll. Das Zur-Verfügung-stehen betrifft die
menschliche Spezies und ist allen übrigen Wesen herzlich gleichgültig. Der
Tisch steht uns ganz anders zur Verfügung als einem Eichhörnchen. Deshalb
ist das Zur-Verfügung-stehen nicht allgemeingültig und kein Sein an sich.
Wenn einer kleinen Gruppe etwas zur Verfügung steht und allen anderen nicht
oder in ganz anderer Bedeutung, dann kann keiner im Ernst behaupten, dass
dieses Etwas eine immer gültige Existenz aufweise. Wenn ein Elefant von
einem Baum mit seinem Rüssel die Blätter ergreift, dann steht ihm die Akazie
sicherlich zur Verfügung. Jedoch ist das Zur-Verfügung-stehen zweckgerichtet
und individuell, nämlich elefantisch. Ein allgemeingültiges und zeitloses Sein
setzt dagegen eine Geschichtslosigkeit voraus. Da dieses Sein aus der Historie
des Bewusstseins herausfiele, wäre es etwas ganz Neues, das nicht erkannt
werden könnte. Das von der Allgemeinheit als Sein an sich angesehene Zur-
Verfügung-stehende ist Schein, weil das Vorbewusste des Grundbewusstseins
nicht in den Blick gerät. In diesem ist wirklich die Zeitlosigkeit des Selbstwertes und der Wert des Äußeren intuitiv erkannt worden. Und da sich hierauf erst
alle drei Phänomene, nämlich Anschaulichkeit, Handlung und die sogenannten
„idealen" Gegenstände entfalten, kann kein einziger von diesen Gegenständen
als ontisches Ansich vorhanden sein.

Die Welt zeigt sich nicht im Vorhandensein oder Nichtvorhandensein ihrer
Gegenstände als gerade so seiend. Es existiert keine ontologische Struktur, in
welcher sich ein Ganzes ausdrücken könnte, weil die Individuen über Ver-
wendbares und Unverwendbares entscheiden, das ihnen größtenteils in der
Historie ihres Bewusstseins auf irgendeine Weise vorliegt. Die Struktur eines
Ganzen liegt nicht vorerschlossen in einer vorhandenen Welt, wie Heidegger
es formuliert, sondern im Grundbewusstsein. Nichts in seiner Umgebung Vor-
handenes verweist etwa auf eine ontologische Struktur eines Ganzen, weil jede
Verwendbarkeit individuell ist und davon abhängt, was im jeweiligen Be-
wusstsein in Bezug auf die gegenwärtige Verwendbarkeit bereits bekannt ist.
Für andere Individuen   existierten ganz andere Verwendbarkeiten und
Nichtverwendbarkeiten.

Die alltägliche Meinung sagt laut Heidegger auch aus, dass die begegnende Welt vorgängig für das Individuum bereits freigegeben sei, so dass es aus dieser entnehme, was es wolle. Das ist abermals Schein, der aus der Unwissenheit geboren worden ist. Freigegeben ist die Welt im individuellen Grundbewusstsein, in welchem das Individuum in der frühen Auseinandersetzung mit dem Begegnenden eine Erkenntnis von sich selbst und der Welt gewonnen hat. Dies ist das vorgängig Erschlossene, das dadurch, dass es vorbewusst zugrunde liegt, eine Erschlossenheit der Welt scheinen lässt! An dieser zeitlosen Grunderkenntnis bilden sich die drei Phänomene von Anschaulichkeit, Handlungserkenntnis und „idealer" Gegenstandserkenntnis aus. Zweierlei kann hieraus weiterhin abgeleitet werden, nämlich dass einmal jede Erkenntnis grundsätzlich individuell ist und daher von anderen nicht nachvollzogen werden kann. Denn der Sublimierungserfolg bei den frühen Willensakten hängt von der individuellen Idee und dem sozialen Umfeld ab. Jeder Erfolg oder Misserfolg in der Umwandlung des Totalanspruchs der Willensakte nimmt Einfluss auf die spätere Weltsicht, die dadurch individuell konditioniert wird. Das andere Mal wird deutlich, dass nur eine einzige Welt existiert (wobei es mir selbst immer verborgen geblieben ist, wie die alltägliche Meinung eine Existenz von drei Welten, diejenige der sogenannten „Realität", die des Denkens und die der Handlungsweisen, annehmen kann und dieses auch noch niemals, außer mit absurden Behauptungen, bewiesen hat.), weil Anschaulichkeit, Handlungserkenntnis und „ideale" Gegenstandserkenntnis sich aus einer gemeinsamen Wurzel entfalten, nämlich aus der Konstituierung des Grundbewusstseins. Für dieses hatte ich nachgewiesen, dass die intuitive Grunderkenntnis eine zeitlose Werterkenntnis von Selbstsein und Äußerem darstellt. Entscheidend ist außerdem, dass die Erkenntnis der zeitlosen Existenz späterhin von jedem Individuum, obwohl sie vorbewusst ist, wieder hervorgeholt werden kann, jedoch nur dann, wenn der Intellekt von seinen zwanghaften Motiverkenntnissen gereinigt worden ist. Wenn nicht, dann rasselt permanent die Gedankenkette und das Individuum bleibt seinen Zwängen ausgeliefert.
Der Anschein, dass in der Begegnung mit der Welt ihr Sein gleichsam vorhergehe, kommt dadurch zustande, dass nur in einer tieferen Analyse das individuelle historische Bewusstsein aufgewiesen werden kann und in der Alltäglichkeit das Individuum seinen zwanghaften Kompensationen nachgeht, die ihm als der einzige Lebensweg dünken. Die vorbewusst zugrundeliegende Erkenntnis der zeitlosen Existenz erscheint in der Alltäglichkeit der Unwissenheit als vorgängig gegebene äußere „Realität". Genauer gesagt: Die Si-

cherheit des Individuums im Umgang mit sich selbst und seinen Gegenständen, der adäquat oder kompensatorisch sein kann, erscheint mangels tieferer
Einsichten als äußere „Realität". Seine vermeintliche Sicherheit in seiner Ori-
entierung schiebt das Individuum nach draußen. Dadurch wird die permanente
Veränderung aller Dinge verdrängt zugunsten von etwas imaginär Festgefüg-
tem, mit dem das Individuum sich angeblich vertraut gemacht habe und das
ihm ans Herz gewachsen sei. Das vorgängig Begegnende der äußeren Welt
kann aber seine Vorgängigkeit dem individuellen Dasein gegenüber nur dadurch hergestellt haben, dass es sich ihm schon einmal bekannt gemacht hatte.
Im Grundbewusstsein hat das Individuum den zeitlosen Wert vom Äußeren
und vom Selbstsein erkannt, während die Welt selbst nichts anderes darstellt
als Veränderung. An dieser vorbewussten Erkenntnis des Grundbewusstseins
entfalten sich die drei Phänomene, die nicht aus einer entgegenstehenden „Realität" entnommen werden können, weil diese selbst niemals stillhält und sich
permanent verändert. Aus permanenter Wandlung kann nichts herausgegriffen
werden. Auch erkennt sich kein Individuum selbst, ohne dass es sich irgendwo
einmal widergespiegelt hat. Seine Erkenntnisformen sind leer und seine Willensakte unbewusst, bis sie endlich nach einem Gegenstand verlangen. Das
junge Individuum erstrebt nur, dass es mit dem von ihm Getrennten wieder
vereint werden möchte. Mehr nicht. Erst dann, wenn dieses Begehren und die
Auseinandersetzung mit dem Äußeren vom sozialen Umfeld gespiegelt werden, rücken die Willensakte ins Vorbewusste, weil die Werterkenntnis des
Selbstseins und des Äußeren zu jedem Zeitpunkt immer gleich abläuft und
nicht unterschieden werden kann. An dieser intuitiven Erkenntnis des zeitlosen
Wesensgutes entfalten sich die drei Phänomene, weshalb die Erkenntnis des
Äußeren vom Selbstbewusstsein nicht getrennt werden kann. Dasjenige, was
landläufig als äußere „Realität" angesehen wird, ist in Wirklichkeit das am
Äußeren gewachsene Selbstbewusstsein. Nur dergestalt kann sich eine vorgängige Präsenz entwickelt haben, die sich nicht auf eine sich permanent verändernde äußere Illusion beziehen lässt. Dagegen sind alle späteren intellektuellen Unterscheidungen des Gegenwartsbewusstseins wie z.B. „Dies gehört zu
mir, jenes zu dir" vollkommen ohne Eigenständigkeit, weil sie keine Dauer
besitzen und sich stetig verändern. Alsbald ist „meins" und „deins" zu etwas
anderem geworden. Rein gar nichts kann von irgendwelchen Unterscheidungen festgehalten werden.
Deshalb führt z.B. ein Hammer kein Sein an sich als entgegenstehende Ham-
mer-„Realität", weil er vor einer Zeit von einem intelligenten Primaten zu ei-

nem Zweck erdacht worden ist. Dieser Zweck wird an die Nachfolgenden weitergegeben in einer Gestalt, die seinem Zweck eignet. Jedes nachfolgende Individuum entdeckt nicht die Gestalt des Hammers, sondern sich selbst am Zweck des Hammers. Das Individuum wird motiviert. Alle zukünftigen dem Individuum auf seinem Lebensweg begegnenden Hämmer bleiben auf diese ursprüngliche Motivation bezogen, so dass das Individuum keine zukünftigen Hämmer als etwas an sich Seiendes erkennt, sondern sich selbst erneut und auf andere Weise an den Hämmern. Denken wir uns einen Kaspar Hauser, der noch niemals zuvor einen Hammer entdeckt hat, dann bliebe ihm dieser Gegenstand solange unbekannt, bis ihm dessen Zweck erläutert wird, oder er fände selbst einen Umgang heraus, der allerdings zum eigentlichen Zweck differieren kann. Dem Kaspar Hauser erscheint der Hammer als kopflastiges Stabgewicht, so dass ich befürchte, dass wir jetzt zweierlei Sein erhalten haben, einmal das Hammer-Sein und das andere Mal das Stabgewicht-Sein. Kann derselbe Gegenstand über zweierlei Sein verfügen?

Der Hammer besteht aus einem Holz- und einem Eisenteil. Gehört die Vorgeschichte des Hammers nicht ebenfalls zu seinem angeblichen Sein, das als Existenz an sich schon immer vorhanden gewesen sein soll, also bereits dann, als noch Dinosaurier die Erde bevölkert hatten? Der Stiel musste einmal einem Baum zugerechnet werden, und das Eisenstück wurde dereinst mühsam aus Eisenerz herausgeschmolzen und gegossen. Beide Materialien sind in aufwendiger Arbeit verändert worden. Gehören die Arbeit, das Geschick, die Erfindungsgabe und die Veränderung der Materialien zum angeblichen Sein an sich des Hammers? Wenn ja, dann besäße der Hammer eines ungeschickten Werkzeugmachers ein anderes Sein als derjenige eines geschickten. Wenn nicht, dann wären nur der Baum und der Steinklumpen samt dem eingeschlossenen Erz mit dem Sein des Hammers zugleich, obwohl der vorhergegangene Baum und der Steinklumpen sich bis hin zum Hammer verändert haben. Besitzen die vorhergegangenen Zustände das gleiche Sein an sich wie der spätere Zustand des Hammers? Wenn ja, dann verfügte ein aus demselben Baum geschnitzter Pfeil über das gleiche Sein wie der Hammer, was Blödsinn ist. Wenn nicht, dann folgt daraus wiederum, dass ein Individuum aus Baum und Stein ein neues Sein erschaffen hätte. Was ebenso hochmütig und vermessen wie widersinnig ist. Wie viele angebliche Seinsweisen des Hammers wir auch zu entdecken meinen und wieder in Frage stellen, wir müssen schließlich einsehen, dass jegliches Sein uns zwischen den Fingern zerrinnt, je mehr wir uns mit ihm beschäftigen.

Wie verhält es sich mit einem anderen Gegenstand, etwa mit einer fremden Galaxie, die so weit entfernt ist, dass wir sie auch mit Lichtgeschwindigkeit nicht erreichen könnten, weil wir auf dem Weg dahin schon längst gestorben wären? Denken wir uns trotzdem auf einen Planeten dieser Galaxie, dann wird das sogenannte Sein des Denkmodells über die fremde Galaxie überhaupt nichts mit der Wirklichkeit auf dem Planeten zu schaffen haben. Die Wirklichkeit dort wird für uns immer damit verbunden sein, dass wir ihre Gegenstände noch niemals zuvor erlebt haben. Ein Wesen von dort wird die Wirklichkeit ganz anders wahrnehmen. Wie viele Seinsweisen der Wirklichkeit gibt es demnach und welche ist die richtige? Und jetzt behaupte keiner, dass wir irgendwann, wenn die fremde Welt uns vertraut geworden sei, diese genauso aufnähmen wie die dortigen Wesen. Da diese über eine gegenüber der unsrigen unterschiedliche Erkenntnis verfügen können, lebten sie dann auch in einer ganz anderen Welt!

Jedes Gerede über welch ein Sein des Äußeren auch immer ist entweder naiv oder vorbewusst mit dem Ziel, ein angebliches Äußeres in einen Wertmaßstab zu pressen, um sich selbst aufschwingen zu dürfen, das Äußere für sich zu benutzen. Das Wobei-es-die-Bewandtnis-habe, das Wozu-der-Dienlichkeit, das Wofür-der-Verwendbarkeit, wie Heidegger sich ausdrückt, wird keinem äußeren Sein entnommen, sondern solche Gegenstände werden deshalb erkannt, weil ein Verständnis von Bewandtnis, Dienlichkeit und Verwendung im Grundbewusstsein vorliegt. Die Erkenntnis des Grundbewusstseins ist eine andere als diejenige des Gegenwartsbewusstseins, weil sie eine Selbsterkenntnis und Gegenstandserkenntnis zugleich ist und weil durch sie eine zeitlose Wertexistenz gewahrt wird, an welcher die permanent vorbeiziehenden Gegenwartserkenntnisse ihren Halt finden. Jede Gegenwartserkenntnis stellt den Bezug zum Selbstbewusstsein her, das sich einst im Begehren nach den Gegenständen konstituiert hatte. Natürlich ist die Gegenwartserkenntnis keine reine Rekapitulation des Früher, sondern eine Gestaltung der Gegenwart durch das Grundbewusstsein. Das ist auch der Grund, warum kein Sein von Gegenständen festgehalten werden kann, weil die Gegenwart durch das Grundbewusstsein ausgestaltet wird. Die vorgängige Weltbedeutung, die dem Individuum so vertraut scheint, ist keine äußere „Realität", sondern ein Grundbewusst-Sein. Das sehen wir am allerdeutlichsten an der Handlungserkenntnis, deren Aktionsweisen streng auf die Konflikte des Grundbewusstseins bezogen sind. Dem zeitlosen Charakter des Grundbewusst-Seins ist es geschuldet, dass die drei Phänomene der Gegenwartserkenntnis aufleuchten. Das Grundbe-wusst-Sein ist das vorgängige Verstehen der Welt.

Wir hatten herausgefunden, dass jegliches Seiende durch keinen Begriff, we-der „Verwendung-für" noch „Vorgängig-geklärt", als Seiendes an sich erläu-tert werden kann, sondern immer durch hartnäckiges Hinterfragen entschwin-det. Das Mühsame an diesen Begriffskonstruktionen hat Heidegger verdrängt. Dennoch ist es richtig, dass das Individuum auf seine Welt hin vorgeprägt ist. Ich hatte nach Kant (der angeblich nicht mehr relevant ist, jedoch, wer wirk-lich vernachlässigt werden kann, sind die Hanswürste, die so etwas äußern) dargestellt, dass uns die ganze Zeit als Erkenntnisform zugrunde liegt und dass weder ihr Anfang noch ihr Ende erfasst werden kann. Nur die ganze Zeit als stets fließendes Nacheinander kann gedacht werden. Jeder versteht sofort den Satz: „Verschiedene Zeiten sind nicht zugleich, sondern nacheinander". Kei-ner versteht sofort den Satz: „Die Zeit hat einen Anfang und ein Ende". Wenn mir ihr Anfang und ihr Ende umständlich theoretisch erläutert werden, kann ich davon überzeugt sein oder nicht, aber immer kann die Theorie in Grund und Boden hinterfragt werden. Da jegliches Seiende zu seinem bestimmten Zeitpunkt erkannt wird, kann es nicht festgehalten werden. Denn schon beim nächsten Zeitpunkt ist es ein anderes. Deshalb können wir nichts darüber aus-sagen, was das Seiende neben seiner permanenten Veränderung, die schon beim nächsten Augenblick eintritt, eigentlich darstelle. Jetzt fühlen viele, dass ihnen der Grund unter den Füßen wegbricht und sie sagen: „Ich weiß, dass die Welt kein Traumgebilde darstellt, denn was bedeutete sonst eigentlich der Nachttraum, und deshalb kann das Seiende nur an sich vorhanden sein, und an seinem Ansich verlaufen alle seine Zustände". Sie setzen die Eigenständigkeit alles Seienden auf Gedeih und Verderben heraus und missachten, dass es in keiner Analyse Bestand hat. So einfach ist die Welt, oder besser das Bewusst-Sein, nicht zusammengesetzt.

Wenn ich die Welt nicht positiv als Sein an sich erfassen kann, so existiert sie dennoch negativ im Bewusst-Sein, und obwohl jedes Bewusst-Sein individuell ist, existiert die Welt widersprüchlicher Weise allgemeingültig. Allgemeingül-tig ist das Prinzip der Erkenntnis, dass jedes Individuum mit der Entdeckung der Welt zugleich sich selbst, und umgekehrt mit der Entdeckung des Selbst-seins zugleich die Welt, erkennt. Denn im Verlangen nach den frühen Gegen-ständen setzen diese zuerst ihre Widerstände entgegen, dann aber, wenn dem jungen Individuum durch das soziale Umfeld bedeutet wird, dass es trotz sei-nes unstillbaren Begehrens nach dem Äußeren ein nicht hinterfragbares Gut bleibt, das von den Bezugspersonen als Wert angenommen wird, entschwinden die Widerstände des Äußeren, und ein Gemeinsames zwischen Gegenstand und dem Selbstwert wird entdeckt. Dieses bekundet sich in einer einzigartigen Freiheitserfahrung des Individuums und ist die Grundlage von allgemeiner Welterfahrung und Selbsterkenntnis. Da diese intuitiven Erkenntnisse von jedem Individuum zu jeder Zeit mehr oder weniger belastet vollzogen werden, diese Intuitionen also zeitlos sind und im Vorbewussten angelegt werden, ist nichts Allgemeineres denkbar. Individuell ist dagegen die Sublimierungsqualität der frühen Willensakte.

Durch adäquate oder kompensatorische Sublimierung der individuellen Willensakte konstituiert sich die Qualität des Selbstbewusstseins, das sich in der Auseinandersetzung mit dem Äußeren zum Grundbewusstsein entfaltet. Die anschaulichen Gegenstände der Gegenwart entstehen, weil im Grundbewusstsein stets ein anderer oder ein ähnlicher Gegenstand vorhanden ist, auf welchen sich das Gegenwartsbewusstsein beziehen kann. Die Handlungsgegenstände entstehen, weil die Willensakte dem Unbewussten, der individuellen Idee, entstammen und über einen totalen und daher zeitlosen Anspruch ihrer Verwirklichung verfügen. Deshalb bleibt der Sublimierungserfolg der frühen Willensakte auf die Gegenwart bezogen. Die Erkenntnis der „idealen" Gesetzmäßigkeiten entsteht schließlich aus der nachträglichen Abstraktion der Umgangsweise mit den frühen Gegenständen. Darum existiert lediglich eine einzige Welt und keine anschauliche „Realität" auf der einen Seite, so wie die Welt des Denkens von „idealen" Gegenständen auf der anderen Seite. Mich wundert, dass sich die Überzeugung von einem dergestalt lächerlichen Gegenstand wie derjenige einer Parallelwelt so lange gehalten hat. Das bedeutet, dass unsere menschliche Erkenntnis noch ganz am Anfang steht und von Meinungsgestaltern, die ihre Interessen verfolgen, an ihrer Entwicklung gehindert wird.

Der Trug einer entgegenstehenden „Realität" des Äußeren lässt sich durch Analyse der Beziehung dieser Gegenwartserkenntnis auf das Grundbewusstsein entschleiern. Fast immer wird eine individuelle Motivation erkannt, weil das frühe Begehren von Gegenständen so eng mit dem Sublimierungserfolg bei den Willensakten verflochten ist. Das führt auf das dritte Phänomen neben Anschaulichkeit und „idealen" Gegenständen, die Handlungserkenntnis. Der Trug entsteht individuell, doch das Prinzip der Erkenntnis bleibt allgemeingültig. Also wenn jemand die Welt als „Realität" an sich ansieht, verfolgt er damit individuelle Interessen. Trotzdem bleibt die Wahrheit als Prinzip seiner

Erkenntnis vorbewusst, die er auch, nach Reinigung seines Intellektes von Motivationszwängen, jederzeit z.B. durch Meditation hervorholen könnte.

Das Prinzip der Erkenntnis besagt, dass jedes Grundbewusstsein eine Selbstbewusstwerdung und eine Welterkenntnis zugleich enthält, die sich gegenseitig bedingen, und dass aus dem Grundbewusstsein alle drei Weltphänomene erwachsen. Solch eine Erkenntnis liefert eine zeitlose und intuitive Erfahrung des gleichen Wertes von Selbstsein und Gegenstand. Da die Erkenntnisse des Grundbewusstseins zu jeder Zeit gleich sind und nicht differenziert werden können, bleiben sie vorbewusst. Weil die Wahrheit über die Existenz lediglich vorbewusst zugrunde liegt, werden die meisten getäuscht und projizieren ihr Vorbewusstes nach draußen und behaupten, dass die Welt eine „Realität" an sich darstelle. (Wiederum bleibt mir vollkommen verborgen, wie die permanente Veränderung des Äußeren gleichzeitig als ihr Gegenteil, die „Realität" an sich, betrachtet werden kann. Diese sogenannte moderne Erkenntnis unterscheidet sich überhaupt nicht von einer Erkenntnis der Vorzeit, die mit ähnlichen Geistern zusammengelebt hatte. Unsere Erkenntnis hat die ganze Zeit stillgestanden und dem Primitiven lediglich eine andere Gestalt verpasst.) So sehen wir heutzutage Denkbeamte, die versuchen, Phänomene oder Seiendes begrifflich zu erfassen und sich dabei in erbärmliche Widersprüche verwickeln, die sie hinter ihrem Schwafelkram zu verbergen suchen. Die Wahrheit der Existenz wird im Grundbewusstsein nicht begrifflich erfasst, sondern intuitiv erkannt als Freiheitserfahrung des Individuums, wenn die Widerstände der äußeren Erkenntnisgegenstände zurückgewichen sind. Diese Erfahrung verläuft zu jedem Zeitpunkt gleichartig und zwischen den Individuen im Grad unterschiedlich. Denn der Sublimierungserfolg hängt davon ab, wie die frühen Willensakte durch die Bezugspersonen widergespiegelt worden sind. Dadurch wird der Widerstand des Äußeren einmal adäquat sublimiert, also in eine Erkenntnis des Selbstseins durch das Äußere verwandelt, oder kompensatorisch, und der Widerstand des Äußeren beharrt und sät eine schwärende Wunde bis in die Gegenwart hinein.

Das Gegenwartsbewusstsein bezieht sich auf ein Vorbewusstes, auf die zeitlose Existenz, und deshalb kann niemals eine „Realität" des Äußeren begrifflich erfasst werden, weil solch eine „Realität" in Wirklichkeit eine permanente Veränderung und damit eine Illusion darstellt. Das angeblich vorgängig in der Welt Begegnende ist daher keine Kategorie des Seins, und es entschwindet bei näherer Analyse. Das Vorgängige ist in Wahrheit die zeitlose und vorbewusste Erkenntnis der Existenz, der glasklaren Anwesenheit außerhalb jedes Gedankens, der abgrundtiefen Stille und der Einfachheit. Und ein gestaltetes Material hat ganz und gar nichts mit irgendeiner Kategorie von Sein zu schaffen, wie ich am Beispiel des Hammers gezeigt hatte. Seine in der Welt vorgefundene Verwendbarkeit bezieht sich nicht auf ein Seiendes, sondern darauf, dass ein findiger Vorfahre Materialien zu einem Zweck gestaltet hatte. Finden wir solch ein Werkzeug in unserer Gegenwart auf, sind wir sogleich auf das Bewusstsein dieses Vorfahren bezogen. Einige Ontologen versteigen sich gar zu dem Blödsinn, dass die im Individuum liegende Möglichkeit der Entdeckbarkeit einer Innenwelt genauso ein Seiendes darstelle wie das außerweltliche Seiende. Quatsch! Dann wären Äußeres und Individuum ununterscheidbar gleich. In Wirklichkeit beruht die kontemplative Betrachtung ohne besondere Affekte, die ein Individuum ausführt, das lediglich seine Gedanken vorbeiziehen lässt, auf dem Selbstbewusst-Sein. Das Selbstbewusst-Sein stellt den Sublimierungserfolg der frühen Willensakte dar, und je weiter das junge Individuum sich selbst durch das Äußere erkannt hatte, indem ihm durch die Bezugspersonen sein Selbstwert vorgehalten worden ist, desto weniger verzehrt es sich nach Kompensationen eines Wertdefektes in der Gegenwart. Das bedeutet, dass solch ein Individuum zur kontemplativen Betrachtung eines Äußeren erst befähigt wird und ein anderes immer getrieben und gehetzt erscheint. Der Ruhelose erblickt niemals dasjenige, was im Ruhezustand aufleuchtet und wozu Muße die Bedingung ist.

Die Wahrheit kann nur durch Selbsterkenntnis entdeckt werden. Die individuelle Innenwelt ist der Ausdruck einer vorbewussten Beziehung des Gegenwartsbewusstseins auf das Grundbewusstsein. Deshalb kann sie außer durch Schilderung von Gefühlsmomenten nicht deutlich geäußert werden. Manche suchen Zuflucht zur gleichsam mathematischen Lösung und behaupten, dass die individuelle Befindlichkeit die Summe aller Nervenempfindungen sei. Seine Innenwelt steht jedem zur Verfügung und wird gleichwohl nicht begriffen. Um diese Beziehung aus dem Vorbewussten in die Erkenntnis zu heben, ist einmal Arbeit nötig, und das bedeutet u.a. beharrliche und zähe Auseinandersetzung mit den wenigen hervorragenden Denkern. Um diese aber von den vielen Schwaflern zu scheiden, die ihre Gedanken nicht auf sich selbst beziehen wollen, bedarf es zugleich einer stetigen Selbstüberprüfung. Wenn ich herausgefunden habe, dass meine Handlungsweisen immer auf ein Früher bezogen sind, dann muss ich diese Beziehung auch in den Blick bekommen, um nicht permanent ein Getriebener zu sein. Genauso ergeht es allen Individuen, weshalb wir sehr schnell bemerken, ob jemand rein intellektuelle Systeme herbeischwafelt, hinter denen immer ein persönliches Interesse verborgen ist, das dem Schwafler selbst nicht voll bewusst sein kann, oder ob jemand in irgendeiner Weise seine Gedanken an seiner eigenen Historie überprüft hat und glaubwürdig erscheint. Der Schwafler will mit angestrengter Logik überzeugen, während der Wissende schon durch seine ausstrahlende Ruhe, Gewissheit und Freundlichkeit andere für sich einnimmt. Der Schwafler ist überheblich bis nervtötend und eine narzisstisch gestörte Persönlichkeit, die sich selbst darstellen will und nach Anerkennung giert. Seine Freundlichkeit ist aufgesetzt und hinterlistig. Der Weise dagegen bemitleidet die Suchenden. Er tritt ihnen in ehrlicher Freundlichkeit gegenüber, weil er sich in den Suchenden wiedererkennt, jedoch schon weitergelangt ist als diese. Aber beiderlei Weisen der Freundlichkeit erscheinen nach außen gleich. Das nutzen die Wahrheitverdreher und Meinungsgestalter.

Jedem Individuum ist aufgegeben worden, sich über die Beziehung seiner Handlungsweisen auf sein Grundbewusstsein klar zu werden, weil es nur dergestalt sich selbst achten und andere wertschätzen kann. Misslingt ihm die Selbsterkenntnis und bleibt es zeitlebens ein zum Schaden seiner Mitwesen gehetztes Individuum, dann wird es in einem weiteren Leben an genau dieser Aufgabe erneut beginnen müssen. Denn wir erinnern uns: Die individuelle Idee eines Individuums besitzt über die unbewussten Willensakte einen Totalanspruch auf ihre Verwirklichung. Die Willensakte werden sublimiert durch eine Selbsterkenntnis am Äußeren. Wenn dieses misslingt, dann bleibt der Totalanspruch auf individuelle Verwirklichung gleichwohl bestehen und verursacht nach einem Scheitern im Leben die Wiedergeburt in einem neuen Dasein. Dieses ist zugleich die eigentliche Bedeutung von Gerechtigkeit.

7. DAS RAUM-ZEIT-PROBLEM IN DER INDIVIDUALPHILOSOPHIE

Es ist grundfalsch, wenn der Raum bei Heidegger als dreidimensionale Mannigfaltigkeit möglicher Stellen angesehen wird, die mit vorhandenen Dingen aufgefüllt werden können. Der Raum ist keine Mannigfaltigkeit möglicher Stellen, sondern Erkenntnis. Denn jeder kann leicht nachvollziehen, dass er alle Dinge nacheinander aus dem Raum fortdenken kann. Nur den zuletzt leeren Raum kann er ganz gewiss nicht fortdenken. Diejenigen, die das gleichwohl behaupten, vernachlässigen wir. Das bedeutet, dass wir schließlich ein allerletztes Individuum vor uns haben, das seine Vorstellung vom leeren Raum nicht wegdenken kann. Wenn dieses allerletzte Individuum stirbt, dann ist die Vorstellung vom leeren Raum gleichfalls untergegangen. Der Raum ist eine Erkenntnisform. Wenn das allerletzte Individuum alle Dinge aus dem Raum fortgedacht hat, dann erkennt es sich als letztes ausgedehntes (einen Raum einnehmendes) Lebewesen im leeren Raum. Jetzt ist interessant zu sehen, dass jenes allerletzte Individuum sich nicht selbst ganz allein betrachten kann, weil diesem letzten Individuum auf der Welt immer die Vorstellung vom leeren Raum angehört. Es existiert zuletzt immer das Individuum zusammen mit seiner Raumvorstellung. Wenn es versucht, den leeren Raum wegzudenken, verschwindet es selbst aus der Erkenntnis. Es kann sich nicht anders denken als ausgedehntes Wesen im leeren Raum. Das ist seine allerletzte Erkenntnis vor dem Verschwinden. Weder kann das Individuum seine eigene Ausdehnung in Frage stellen, noch den leeren Raum wegdenken. Seine Raumerkenntnis ist an seine Ausdehnung angelehnt, und wenn das Individuum weiterdenken will, verschwindet es selbst aus seiner Erkenntnis. Was soll ich eigentlich noch mehr zum Beweis anführen, dass der Raum eine Erkenntnisform ist und keine Mannigfaltigkeit vorhandener Stellen?

Ich bestreite nicht, dass die Gegenstände des Raumes umsichtig an ihrem Platz vorlägen und deren Ordnung darin zum Ausdruck gelange, wie andere angeben. Aber die Plätze des Raumes bezogen auf diese Ordnung gehören nicht zum Sein der Gegenstände, weil der Raum schon vorhanden gewesen ist, bevor die Individuen ihre Gegenstände abgestellt haben. Der Raum ist da, bevor etwas hingestellt wird. Es sind nämlich Gegenstände von menschlichen Individuen, die für andere Wesen belanglos ausfallen, und die Raumvorstellung der menschlichen Individuen hat es ermöglicht, ihren Gegenständen eine Ordnung im Raum zu geben. Ich hatte oben beschrieben, dass die Raumvorstellung allein nicht ausreicht, um den Unterschied zwischen den von den Individuen geordneten Gegenständen im Raum und dem individuellen Dasein selbst zu verdeutlichen, weil das Individuum sich nicht von seiner Raumanschauung lossagen und einen Blick dahinter werfen kann. Merkwürdigerweise gelingt die Scheidung zwischen der Raumordnung und der Innenwelt, sobald die Erkenntnisform der Zeit hinzugenommen wird. Jeder Gegenstand kann nur dann an seinem Platz bereitgestellt worden sein, wenn er in der Historie des Bewusstseins als ähnlicher Gegenstand schon einmal aufgetreten ist und dadurch für die Gegenwart die Erkennbarkeit sichert. Jeder in der Gegenwart betrachtete Gegenstand verweist auf einen ähnlichen, der in der Vergangenheit als Erkenntnis vorliegt. Denn als vollkommene Neuigkeit in der isolierten Gegenwart bliebe der Gegenstand unbekannt. Durch ihre Ordnung im Raum kann überhaupt kein Sein von Gegenständen gegeben werden, sondern die Gegenstände werden in einer Zeitbeziehung erkannt und können erst danach an die Plätze im Raum verteilt werden, die den erkannten Zwecken der Gegenstände dienen.

Gegenstände als Werkzeuge existieren, weil sie jederzeit auf eine Vorzeit bezogen sind, in welcher zum ersten Mal ein findiger Vorfahre mit ihnen hantiert hatte. Werkzeuge sind diese Beziehung, und außerhalb dieser sind sie nichts als Veränderung, an welcher gar kein Sein festgemacht werden kann. Ein äußerer Gegenstand wird erkannt, weil wir diesen aus dem Raum fortdenken können. Den vollkommen entleerten Raum können wir zuletzt nicht wegdenken. Wenn wir uns selbst fortdenken, verschwindet unsere komplette Welterkenntnis, weil die Raumvorstellung an uns gebunden bleibt. Der Unterschied zwischen uns selbst und dem Äußeren macht aus, dass wir lediglich die äußeren Gegenstände wegdenken können, uns selbst und den leeren Raum jedoch nicht. Denn das Wegdenken von uns selbst funktioniert nicht mehr, wenn wir als allerletztes Wesen im leeren Raum übriggeblieben sind. Denn der leere Raum kann von mir nicht weggedacht werden und müsste mit mir verschwinden. Anders gesagt kann ich mich als allerletztes Wesen nicht aus dem leeren Raum fortdenken, weil der leere Raum an meine Erkenntnis gebunden bleibt. Aber wenn der leere Raum mit mir zusammen verschwunden ist, kann er nicht mehr mit Gegenständen aufgefüllt werden. Das bedeutet, dass wir die Gegenstände denken, und das erweist sich als richtig, weil jede von uns selbst absehende Annahme eines Äußeren in die Erkenntnis einer Illusion mündet.

Ich muss mich demnach korrigieren, weil ich früher selbst eine äußere Erkenntnis angenommen hatte, nämlich daß ein Gegenstand zu einer bestimmten

Zeit im Raum erscheint, der in einer anderen Zeit eine andere Gestalt gehabt hat. In Wirklichkeit gibt es nicht zweierlei Erkenntnis, eine äußere und eine innere, weil die Vorstellung vom leeren Raum nicht von mir selbst getrennt werden kann. Ich selbst bin der leere Raum, und alle äußeren Gegenstände sind eine Illusion, weil sie nichts als permanente Veränderung darstellen, die nicht festgehalten werden kann. Äußere Gegenstände entstehen vielmehr, weil ich mich selbst einmal am Äußeren erkannt hatte, so dass Äußeres und Selbstbewusstsein nicht voneinander lösbar sind. Ein äußerer Gegenstand wird in einer Gegenwart erkannt, weil er auf andere Weise schon einmal im Grundbewusstsein vorgelegen hatte. Alle drei unterschiedlichen Gegenstände von Anschaulichkeit, Handlungsweise und „Ideal" entstammen dem Grundbewusstsein. Es gibt nur eine einzige Welt.

Für eine individuelle Selbsterkenntnis ist dagegen die Zeitbeziehung des historischen Bewusstseins maßgeblich, weil jedes Individuum die Handlungsweise seiner Gegenwart nur erkennt, wenn es seine Motivationen auf eine frühere Zeit zurückführt, in welcher eine Prägung der gegenwärtigen Motivation sichtbar werden kann. Die Zeitbeziehung ist hierbei allein maßgeblich, so dass von einer Raumanschauung in der Selbsterkenntnis keine Rede sein kann. Denn Selbsterkenntnis bedeutet eine Befreiung von zwanghaften Handlungsweisen durch eine Zeiterkenntnis. Auch die anschaulichen Gegenstände stellen keine Außenwelt dar, weil diese in ganz enger Beziehung zur Handlungserkenntnis stehen. Denn die frühen Willensakte werden in Akten des Begehrens von anschaulichen Gegenständen sublimiert, wodurch die soziale Konditionierung der späteren Gegenwart von der Anschauung nicht getrennt werden kann. Auch die Anschauung der Gegenwart ist genauso wie die Handlungserkenntnis auf das Grundbewusstsein bezogen, weil sich hier das Individuum am Äußeren erkannt hat. Keine Anschauung kann späterhin dem Individuum abgerissen entgegenstehen, weil sie dann fremd bliebe, sondern sie muss in der Beziehung auf das Grundbewusstsein in anderer Weise wiedererkannt werden. Deshalb ist sie keine entgegenstehende „Realität". Eine von mir selbst nicht trennbare Vorstellung vom leeren Raum existiert, weil ich mich selbst einmal durch die im Raum verstreuten Gegenstände erkannt hatte und meine Selbsterkenntnis, die sich am Äußeren entfaltet hatte, für alle Zeiten vom leeren Raum nicht lösbar ist. Demnach ist die Grundlegung der Anschaulichkeit kein Äußeres an sich, weil es auf die Individuen bezogen ist. Dieses bestätigt sich immer wieder dadurch, dass in der Analyse jedes angeblich isolierte äußere Sein durch Hinterfragen entschwindet.

Die Abstände und Entfernungen kommen nicht den Dingen zu, sondern den Individuen. Denn es sind die Individuen, „welche die Ferne von den Dingen entfernen und ihnen somit näherkommen" (Dieser Ausdruck Heideggers ist wertvoller als die gesamte sogenannte Neue Phänomenologie). Das Individuum erhält frühzeitig einen anschaulichen Grundbegriff von Zahlen, Entfernungen und Kausalzusammenhängen, die es späterhin nach der Ausbildung eines Abstraktionsvermögens im Gegenwartsbewusstsein zu den „idealen" Gesetzmäßigkeiten abstrahieren kann. Der Überblick über die Ordnung im Raum verdankt sich dem historischen Bewusstsein. Das Individuum nähert sich nicht an die Dinge an, um sich mit ihnen vertraut zu machen, weil das vollkommen Neue nicht bekannt werden kann. Es wäre dann lediglich ein unerkanntes äußeres Ding. Alles Äußere kann nicht heimisch sein. Das Individuum ist vielmehr auf eine bestimmte Weise mit den Dingen vertraut, weil es sich im Grundbewusstsein durch das Äußere erkannt hatte. Dann kann von einem Sein an sich der Welt überhaupt keine Rede sein, weil das Selbstbewusstsein und das Bewusstsein vom Äußeren gegenseitig auseinander hervorgegangen sind. Kein Äußeres kann aus der Erkenntnis herausgelöst werden, ohne das Selbstbewusstsein zu zerstören. Denn das Individuum hat z.B. in der frühen Auseinandersetzung mit den Gegenständen den Unterschied zwischen links und rechts erfahren, der jetzt zu seinem Selbstbewusstsein gehört. Jede spätere Richtungserkenntnis bleibt auf das Grundbewusstsein bezogen und kommt nicht den Gegenständen zu.

Dasjenige, was aus der Erkenntnis fortgedacht werden kann, die Gegenstände, stellt niemals ein Sein dar; dasjenige, was nicht verschwinden kann, der leere Raum, dagegen schon. Ebenso ist der Satz über die Zeit, nämlich daß verschiedene Zeiten nacheinander stattfinden und nicht zugleich, schon vor der Erkenntnis vorhanden gewesen. Viel mehr kann ich über Raum und Zeit nicht angeben, und wie aus den Erkenntnisformen zusammen mit der individuellen Idee, in der alle unbewussten Willensakte vorliegen, die uns bekannte Welt, also die Anschaulichkeit, die Handlungserkenntnis und die „idealen" Gegenstände, erwächst, habe ich in der Individualphilosophie erläutert. Dort habe ich auseinandergesetzt, wie sich ein Grundbewusstsein durch gleichartige und intuitive Erkenntnisse, die zu jeder Zeit gleich aussehen, ausgestaltet. Dadurch entsteht ein vorbewusstes und zeitloses Wissen über uns selbst und das Äußere, an welchem sich z.B. die anschaulichen Phänomene verflüchtigen können. Ohne diese Grundlegung könnten sie lediglich als dasjenige erkannt werden, was sie sind, nämlich Illusionen. Da also über die Zeiterkenntnis nur ganz wenig angegeben werden kann, ist die komplexe Zeittheorie des Hawkins hanebüchener Unsinn. Die Zeit wird niemals theoretisch erkannt, sondern ist unmittelbar einsichtig.

Das Selbstbewusstsein äußert sich am deutlichsten in der reinen Zeitbeziehung der Handlungserkenntnis. Denn alle ihre Gegenstände sind auf den frühen Sublimierungserfolg der Willensakte bezogen. Da das Individuum sich im frühen Begreifen-Wollen nach konkreten äußeren Gegenständen verzehrt hat, erwächst die Anschaulichkeit aus der Selbsterkenntnis, die dem Individuum durch die frühen Gegenstände ermöglicht worden ist. Dieses geschieht durch die Widerspiegelung seiner Willensakte, die ein Äußeres begehren. Deshalb ist das Selbstbewusstsein mit dem Äußeren verbunden, und seine Schädigung wird sich in jedem Falle auf die Mitwesen auswirken, weil die Selbsterkenntnis nicht allein das individuelle Dasein ermöglicht, sondern auch die anderen erkennt. Jedes Phänomen kann durch Analyse des Bewusstseins erläutert werden.

In jedem Individuum muss sich vorgängig etwas ausgestaltet haben, aus dem die Verstehbarkeit der drei Phänomene Anschaulichkeit, Handlungserkenntnis und „ideale" Gegenstände erwächst. Denn niemals erreichten wir einen Grad an Vertrautheit mit der Welt, wenn diese uns anfangs als vollkommen neue gegenüberstünde. Deshalb haben wir uns im Umgang mit ihr erkannt, so dass sie untrennbar zu uns selbst dazugehört. Diese Vorgängigkeit und nicht das Äußere stellt in irgendeiner Weise ein Sein dar. Also wenn wir frühzeitig im Aufbau des Grundbewusstseins unseren Wert und denjenigen des äußeren Gegenstandes erfahren, dann stellt dieses Wesensgut ganz eindeutig ein Sein dar, weil es in dem von mir beschriebenen Moment seiner intuitiven Erkenntnis keinen Widerstand entgegensetzt, sondern mir zur individuellen Erfahrung meiner Freiheit verhilft. Darüber hinaus ist nichts vorhanden, das sich positiver auf mich auswirken könnte. Selbstlose Nützlichkeit ist einzigartiges Sein, das selbstlos sein kann, weil es sich im Wert nicht von mir unterscheidet.

Kein Sein wird rational erkannt und kann durch Begriffe ausgedrückt werden, sondern gibt sich dadurch kund, dass es dem Individuum zu einer Erkenntnis über sich selbst verhilft. Freiheit wird erkannt, wenn der Widerstand des begehrten Äußeren zurückweicht. Dagegen ist z. B. die neue bürgerliche Freiheit der französischen Revolution die Abwesenheit der aristokratischen Herrschaft, und das durch die Revolution gesellschaftlich befreite Individuum wird immer seinen Handlungszwängen untergeordnet bleiben, bis es diese einmal analysieren und auf das Grundbewusstsein zurückführen wird. Ein Sein, ich sage lieber: Die Existenz, gibt sich stets unmittelbar und dann mit aller Wucht kund, allerdings nur, wenn sich das Individuum zuvor von seinen permanenten Zwangsgedanken gereinigt hat. Deshalb wird bei Gegenständen im Raum niemals irgendein Sein erkannt. Denn sie existieren nicht, ohne dass ihnen ein Grundbewusstsein vorhergegangen ist. Jedes Sein von Gegenständen entschwindet in der Analyse.

Das Individuum kann das „Ich bin" aussprechen und sich trotzdem verloren fühlen. Es erkennt sich selbst ganz und gar nicht durch das Aussprechen des „Ich bin". Die Verlorenheit ist ein Alltagsproblem. In der Alltäglichkeit des In-der-Welt-seins kann das Individuum sich nicht von der Welt lösen und sich isoliert betrachten. Denn im Grundbewusstsein hatte sich das Individuum durch das Äußere dergestalt erkannt, dass Selbstbewusstsein und Äußeres nicht mehr voneinander lösbar waren. Dem Individuum ist nicht bewusst, dass Anschauung und Handlungserkenntnis sich frühzeitig durch Sublimierung der Willensakte entfalten. Da während der Konstituierung des Grundbewusstseins das Individuum konkrete Gegenstände begehrt, welches vom sozialen Umfeld gespiegelt wird, erkennt das Individuum sich selbst durch die Gegenstände, und zum zweiten hängt der Sublimierungserfolg bei den Willensakten vom Einfühlungsvermögen des sozialen Umfeldes ab. Das Individuum erlangt also eine Werterkenntnis über sich selbst und das Äußere, welches bedeutet, dass das Verhältnis zwischen Individuum und Umwelt festgelegt wird, und außerdem wird der Sublimierungserfolg oder Misserfolg bei den frühen Willensakten den weiteren Lebensweg bestimmen. Da diese Erkenntnisse des Grundbewusstseins gleichartig verlaufen, ist sein Charakter vorbewusst. Das Individuum weiß äußerst wenig von seiner Vorgeschichte und äußert das „Ich bin" auf der zeitlosen und vorbewussten Zugrundelegung all seiner Gegenwartserkenntnisse. Dadurch bleibt das „Ich bin" diffus.

8. PATHOLOGIE UND HERRSCHAFT DER ÖFFENTLICHEN MEINUNG

Wenn wir ein am Strand liegendes Boot betrachten, verweist dieses nicht auf ein Bootsein an sich. Es existiert kein allgemeines immerwährendes Boot als äußere „Realität". Das Boot ist zuerst einmal ein Ausdruck menschlicher Arbeit. Die Werkzeuge, mit denen es gefertigt worden ist, besitzen eine Vorgeschichte, die bis zu ihrer Erfindung zurückreicht. Beile und Hämmer haben aus Bäumen Bretter geformt. Bäume sind aus der Erde gewachsen und haben sich vom Grund ernährt. Dass die Bäume wachsen konnten, verdanken sie dem Sonnenlicht. Die Sonne ist ein Fixstern und liegt am Rand unserer Milchstraße. Das Weltall ist nicht unendlich, weil es sich ausdehnt; was sich nach irgendwohin ausdehnt, kann nicht unendlich sein. Was ist dieses Irgendwohin? Ein geschicktes Individuum hat ein gutes, ein ungeschicktes ein schlechtes Boot gebaut. Da Werkzeuge, Individuen, Bretter, Bäume, Boote, Erde, Sonne, Milchstraße, Weltall sich gleichermaßen permanent verändern, und dieses das Einzige ist, was an diesen Gegenständen festgehalten werden kann, besitzt kein Gegenstand eine Eigenständigkeit oder ein Selbst, wie die Buddhisten sagen. Keine Veränderung kann aufgehalten und an keinem Ding kann irgendeine Eigenständigkeit festgestellt werden. Permanente Wandlung kann keine Eigenständigkeit aufweisen, an der wir uns festzuhalten vermöchten.

Die Zeit wird ausschließlich als ganze mit Gewissheit erkannt, was in dem Satz zum Ausdruck kommt: „Verschiedene Zeiten sind nacheinander und nicht zugleich". Über einen Zeitanfang und ein Zeitende lassen sich Sätze von solcher Gewissheit nicht bilden. (Die Naturwissenschaft behauptet, dass der sogenannte Urknall der Zeitanfang sei. Doch gründet der unsichere Begriff „Zeitanfang" auf einer zweiten Ungewissheit, nämlich „Urknall". Gewissheit wie etwa „Zwei Zeiten sind nicht zugleich" benötigt keinerlei Erläuterung.) Als ganze Zeit besitzen wir sie als Erkenntnisform entweder als Beziehung einer Gegenwartserkenntnis auf das vorhergegangene Grundbewusstsein, oder als Beziehung von Gegenwartserkenntnissen auf Vorstellungen in der Zukunft. Wenn jetzt jemand behauptet, dass er sich in der Gegenwart besonders spüre, dann ist diese Aussage Blödsinn, geboren aus Nichtwissen. Denn er kennt nicht den vorbewussten Charakter seines Grundbewusstseins, auf den alle Gegenwartserkenntnisse bezogen sind. Jeder kontemplativen Betrachtung der Gegenwart liegt das Selbstbewusstsein zugrunde, in welchem sich das Individuum schon einmal durch das Äußere erkannt hatte. Eine isolierte Gegenwart führt keine Existenz. Das Boot ist demnach ein Produkt vieler individueller Bewusstheiten, welche die stete Veränderung von Materialien beschleunigt, abgewandelt und zusammengefügt haben. Das Boot wird sich weiterhin verändern und verfallen wie alle anderen Gegenstände und Individuen auch. Es ist innerhalb der Zeit und niemals außerhalb von ihr. Innerhalb der Zeit gibt es keine unveränderliche Eigenständigkeit, weil die Unaufhörlichkeit der Zeit für immer fortschreitet.

Wenn es wirklich eine Eigenständigkeit der Außenwelt gäbe, dann wäre die Welt des einen Individuums auch diejenige des anderen, bzw. am Beispiel des Bootes gesprochen wäre dieses in allen Individuen das gleiche. Das ist kompletter Unsinn. Die menschlichen Individuen verständigen sich zwar untereinander mit dem Begriff „Boot", jedoch allein deshalb, weil dieser aus dem Grundbewusstsein abstrahiert und im Gedächtnis gespeichert werden konnte. Jedes Individuum hat ein unterschiedliches erstes Erleben mit einem ähnlichen oder damit verbundenen Gegenstand Schiff oder Boot oder Wasser oder Steg oder Schilf, das einmal abhängig ist von den individuellen Willensakten und davon, wie der spezielle frühe Willensakt am Gegenstand sublimiert werden konnte. Im weiteren Verlauf mit ähnlichen Gegenständen hat sich ein Selbstbewusstsein durch den Gegenstand konstituiert, auf welches das Gegenwartserleben „Boot" bezogen ist. Je nachdem, wie das Selbstbewusstsein beschaffen ist, können sich die Individuen auf unterschiedliche Weise dem Erleben der gegenwärtigen Gegenstände öffnen, oder sie bleiben unsicher und gehemmt. Denn das Selbstbewusstsein kann einmal adäquat und das andere Mal kompensatorisch konstituiert sein, je nachdem, ob die Bezugspersonen das junge Individuum angenommen oder sich als narzisstisch gestörte Persönlichkeiten gegenüber dem Individuum verhalten haben. Die individuelle Idee impliziert somit eine Bandbreite an Biographien.

Da also das Gegenwartserleben des einzelnen Individuums je nach der Konstitution seines Selbstbewusstseins schon unterschiedlich ausfallen kann, so ist das Erleben der Welt bei der Gesamtheit der Individuen unüberschaubar individuell und so veränderlich wie die äußeren Illusionen. Denn dasjenige, was am Äußeren einzig festgehalten werden kann, die Veränderung, ist das historische Bewusstsein. Denn jeder vom Individuum erkannte Zeitpunkt ist vom vorherigen geschieden. Der Schein, dass draußen eine entgegenstehende Außenwelt existiere, und die Schwafeleien aus Unwissenheit der sogenannten Ontologen und Phänomenologen entstehen dadurch, dass die zeitlosen und intuitiven Erkenntnisse des Grundbewusstseins vorbewusst sind und dieses

nach draußen projiziert wird. Aus dem vagen Gefühl einer vorbewussten Zeitlosigkeit, die in jedem Individuum vorhanden ist (Deshalb lösen sich viele
nicht von ihrer Religion und nehmen z. B. den Mummenschanz, die Verfeh-
lungen und Verbrechen des Katholizismus und die Erniedrigung der Gläubi-
gen durch den Machtanspruch des Papstes in Kauf), wird eine „Realität" an
sich herausgesetzt. Daß sich intelligente Männer zu derart lächerlichen und
abstrusen Behauptungen über ein Sein an sich der Welt versteigen (von Frauen
habe ich das bisher noch nicht gehört), liegt daran, dass der Intellekt von der
Wahrheit nicht eingeladen wird. Erst wenn das Individuum die Historie seines
Bewusstseins reflektiert, gelangt es zu der Einsicht, dass seine Vorgeschichte
Denken und Handeln beeinflusst. Danach kann es sich zu einer Befreiung
durch Erkenntnis seiner selbst aufschwingen, alle anderen bleiben den Zwängen ihres Gedankenkarussells verhaftet. Denn jedes Denken und Handeln der
Gegenwart ist bis in die frühe Phase der Sublimierung der Willensakte
rückführbar. Alle Konflikte unterliegen dem Kompensationszwang bis in die
Gegenwart hinein, weil die Willensakte dem Unbewussten entstammen und
diese den Charakter eines zeitlosen Totalanspruches auf Umsetzung der individuellen Idee besitzen. Die wahre Verfassung der Welt beruht also auf der
Umwandlung eines zeitlosen Zustandes in die Erkenntnis der Zeit und wieder
zurück. Das sind die drei Zustände Vorgeburt, Leben, Nachtod. Da sich die
Erkenntnis der Zeit, also die Lebenszeit, an der Zeitlosigkeit des Vorbewussten vollzieht, ist die Lebenszeit auch nie von der Zeitlosigkeit getrennt. Solch
eine existentielle Verfassung ist dann wahr, wenn alle unsere Phänomene daraus erläutert werden können. Dagegen kann mir niemand mit armseligem
Geschwätz ein Sein an sich der Welt erklären. Das Unwirkliche lässt sich bei
jeder näheren Untersuchung aufweisen, und genauso habe ich dieses in meinem zweiten Buch dargelegt.
Die Rhetorik der Meinungsgestalter ist simpel. Sie behaupten, dass die Welt
schon immer diejenige gewesen sei, die mit anderen geteilt werde. In Wirklichkeit ist ihr Problem, dass sie es vermeiden wollen, sich in eine Untersuchung über sich selbst zu begeben, weil sich damit Denken und Handeln ver-
änderten. Denn da sich im Grundbewusstsein das Selbstbewusstsein durch das
Äußere entfaltet, entscheidet sich hier auch das Verhältnis zu den Mitwesen.
Nichtwissen bedeutet also gleichzeitig gewissenloses Auftreten gegenüber den
anderen. Meinungsgestalter wollen die Welt, die eben so ist, wie alle wissen,
für sich ausnutzen, denn dafür ist diese Welt vorhanden. Ihre gnadenlose Egozentrik wird von der öffentlichen Meinung gestützt, die ihre Gestalter immer

wieder entfachen: Die Welt ist, wie sie ist und steht jedem zur Verfügung. Aber nur die Besten werden erfolgreich sein. Dagegen ist das Vermögen der anderen ihr Versagen. Besonders perfide ist, dass die Meinungsgestalter es vollbringen, für ihre egoistischen Interessen den Beifall der Menge zu finden. Denn, wie jedermann weiß, die Welt ist für alle die gleiche, und dann gibt es eben einige, die die Welt besser auszunutzen verstehen als andere. Dieses ist die öffentliche Meinung. Die Welt der Mehrheit wird von einer Minderheit gestaltet. Sie ist eine des Nichtwissens. Das heutige Beherrscht-werden unterscheidet sich lediglich in der äußeren Gestalt von früheren Formen. Die Gewalt ist nicht mehr offen, direkt und brutal, sondern feinsinniger und psychologischer geworden. Es ist jedoch immer noch die gleiche Gewalt. Das immense Leid der Mitwesen durch Ausbeutung und Zerstörung der Umwelt ist der Ausdruck der Übereinstimmung von Herrschenden und Beherrschten, die den Herrschenden verdanken, dass sie nicht erschlagen oder versklavt, sondern lediglich raffiniert manipuliert werden. Die Herrschenden teilen die Welt in Wir-Menschen und die anderen auf, und was den anderen geschieht, ist zwar manchmal schlimm, aber für das Wohl der Menschheit unvermeidbar.

Selbstverständlich wird die Ideologie der Meinungsgestalter weiter fortgeführt, indem sie etwa wie Heidegger argumentieren, dass das Individuum sich nicht in einem „Ich-bin-hier" ausspreche, sondern sich aus einem „Dort" einer Welt begreife, in welcher es herumwerkele. Richtig ist, dass das Individuum seinen Gedankenzwängen ausgeliefert ist, weil es keine reflektierte Beziehung zu seinem historischen Bewusstsein besitzt, sondern lediglich eine vorbewusste. Aber eigentlich soll in der öffentlichen Meinung eine Welt herausgesetzt werden, die ein jeder als die gleiche zu begreifen habe. Schlagworte wie Urknall, Zeitanfang, Freiheit, Leistung etc. sind in Wirklichkeit Chiffren einer Gesellschaftsform, deren Herrschende permanent die Zustimmung der Beherrschten manipulieren. Ich bestreite nicht, dass individuelles Dasein Mitsein bedeutet, indem das Individuum in seiner Welt anderen Individuen begegnet, die das für sie Vorhandene in ebensolchem Sinne zu nutzen begehren. Diese Welt des Mitseins ist aber nicht als Modus eines Seins aufzufassen, sondern als Welt, die als eine des Mitseins erscheint. Denn fremde Individuen werden einmal in der Wirkung ihrer Handlungsweise auf andere erkannt und zum Zweiten, indem wir unsere eigenen Handlungsmöglichkeiten vergleichen und auf die Fremden übertragen. Da aber der Ursprung für die Handlungszwänge bei der Mehrheit im Vorbewussten liegt und die Mehrheit sich selbst nicht versteht, kann die Mehrheit keine Gewissheit erlangen über die Welt des

Mitseins mit anderen. Denn jede individuelle Gegenwartshandlung ist auf eine Vorgeschichte zurückzuführen, in der ihre Motive ruhen. Es existieren grundsätzlich zeitbezogene Handlungsstränge, deren Zeitbezogenheit von der Mehrheitsmeinung gar nicht bemerkt wird. Allein im Falle einer konfliktbelasteten Gegenwartshandlung, die sich für das Individuum tragisch gestaltet, erzwingt der Leidensdruck die Analyse der Vorgeschichte.

Nun gibt es natürlich keine zweierlei Erkenntnisse, einmal die konfliktbelastete und das andere Mal die gewöhnliche. Diese letztere entstammt genauso dem Vorbewussten des Grundbewusstseins, jedoch wird ihre Zeitbezogenheit nicht erkannt, weil keine leidvolle Beunruhigung des entsprechenden Individuums eine Analyse erzwingt. Da jedes Gegenwartsphänomen letzten Endes bis auf das Grundbewusstsein zurückgeführt werden kann, jedoch wegen der vorbewussten Gründung des Selbstbewusstseins den meisten nicht in den Blick gerät, herrschen die absurden Behauptungen einer Mehrheit über ein Sein an sich einer für alle gleichen Welt, über die Individuen gemäß ihres Vermögens verfügen dürfen. Dieses sogenannte Mitsein der Individuen untereinander ist Schein.

Keiner bestreitet, dass sich Subjektcharaktere bestimmen in einer Weise zu sein, wie Heidegger formuliert. Oder dass mir Mitmenschen begegnen als das, was sie betreiben. Dieses ist aber niemals das Sein der anderen, sondern Schein. Das Sein lässt sich nur mit viel Mühe und Übung analysieren, und Hinweise darauf finden wir in den allerwenigsten Büchern der Bibliotheken. Denn die Schriftsteller haben es besonders nötig, sich von den Zwängen ihres Gedankenkarussells zu läutern, vorbewusste Belastungen zu analysieren und solchermaßen befreit in eine allgemeine Erkenntnis umzuwandeln. Ich hatte bisher herausgearbeitet, dass für jedes Individuum prinzipiell gelte, dass es um seine individuelle Idee herum einen Fächer an Lebenswegen zur Verfügung habe. Je nachdem, wie ihm die Sublimierung seiner frühen Willensakte gelinge und wie daraus sein Selbstbewusstsein und sein Verhältnis zu den Mitwesen erwachse, könne es sich zwischen den Extremen adäquat oder kompensatorisch seiner individuellen Idee nähern. Aber niemals gelingt es ihm, sich vom Totalanspruch seiner individuellen Idee zu lösen, die immer danach trachtet, sich über die Willensakte vollkommen zu verwirklichen.

Da es nur eine einzige Welt gibt, können wir die Zustände vor der Geburt und nach dem Tod nicht von der Lebenszeit, der Zeiterkenntnis, ablösen. Das bedeutet, dass die beiden Zustände Vorgeburt und Nachtod zeitlos sind. Der Zustand der Vorgeburt endet nicht mit der Geburt, weil die Lebenszeit als Zeiterkenntnis auf die intuitiven und zeitlosen Erfahrungen des Grundbewusstseins bezogen ist. Und da unsere Lebenszeit mit jeder Sekunde abläuft, sind wir niemals vom Tod getrennt, der den Übergang in den Zustand des Nachtodes einleitet. Und das erweist sich nicht theoretisch, sondern direkt durch den Charakter der Willensakte, die in der Wirklichkeit niemals ihrem Totalanspruch gemäß umgesetzt werden können, sondern sublimiert werden müssen. Ihrem Totalanspruch nach wollen sie den Zustand wiederherstellen, der vor der Geburt geherrscht hatte, nämlich mit allen Wesen eine Einheit zu bilden. Das äußert sich während der Lebenszeit durch den Verschlingungswunsch nach den frühen Gegenständen. Diese sind nicht ein Äußeres an sich, sondern Verschlingungsgegenstand. Aber der Widerstand der wirklichen Gegenstände außer den essbaren und dem späteren Geschlechtspartner ist unendlich und kann lediglich in eine Selbsterkenntnis, die sich am Gegenstand vollzieht, umgewandelt werden. (Die Vagina ist geradezu die Inkarnation des Verschlingungswunsches und auf der männlichen Seite des Sich-Verlierens im wahrsten Sinne). Doch das ist im Vergleich zum vorherigen Zustand der Nichterkenntnis viel, weil das Individuum ins Licht tritt und sich in der Widerspiegelung durch die Bezugspersonen in seinem Selbstwert erkennt. Da es diese Erkenntnis seinem Sehnen nach dem Gegenstand verdankt, weicht auch das eigentlich uneinnehmbare Äußere zurück, und das Individuum wird in ein Verhältnis gesetzt zwischen seinem Selbstwert und dem Wert der anderen. Da hierdurch der Totalanspruch seiner frühen Willensakte sublimiert worden ist, und diese die Verbindung herstellen zu den zeitlosen Zuständen vor und nach der Lebenszeit, also Vorgeburt und Nachtod, bleibt die Sublimierung der Willensakte als Zugrundelegung auf alle drei Phänomene der Gegenwart bezogen. Dieses hatte ich das historische Bewusstsein genannt. Jedes Individuum verwirklicht sich nach seiner Idee und nach den Gegebenheiten, in die es hineingeboren worden ist. Da die Willensakte prinzipiell in extenso danach trachten, sich umzusetzen, sind laufend Wiedergeburten erforderlich, die auf adäquatere Lebensläufe ausgerichtet sind. Jeder ist auf dem Weg zur Selbsterkenntnis, die zugleich immer auf ein verantwortungsvolles Verhalten gegenüber den Mitwesen ausgerichtet ist. Deshalb besteht unsere Aufgabe darin, dass wir unseren Lebensweg reflektieren und uns Handlungszwänge bewusst machen, die immer auf unser Grundbewusstsein bezogen sind. Der Zustand unserer Welt wird jedoch von denen bestimmt, die von einer Selbstreflektion nichts halten und von einer Eigenständigkeit einer gegebenen Welt schwafeln, die für alle die gleiche sei.

176

Nur derjenige kann als ein Gerechter gegenüber der Welt auftreten, der ein gutes Verhältnis zu seinem Selbstwert und damit auch ein gutes zum Wert der anderen aufweist. Dagegen bleibt jeder Konflikt aus der Konstitutionsphase des Selbstbewusstseins auf die Gegenwartserkenntnis bezogen. In der Gegenwart werden keine neuen Gegenstände erkannt, sondern Ähnlichkeiten, die auf eine Erkenntnis des Grundbewusstseins bezogen sind. Aus dieser Beziehung heraus handeln alle Individuen. Aus einer adäquaten Sublimierung der frühen Willensakte erwächst ein gesundes Selbstbewusstsein und eine stark defizitäre kann als Antipode in einem Freitod aus Verzweiflung enden, weil Zwangsgedanken und Handlungszwänge über dem Individuum zusammenschlagen. Die Menge denkt und handelt aus ihren Zwängen der Unwissenheit und des konfliktbelasteten Grundbewusstseins heraus. Deshalb ist es absurd und aus dem Nichtwissen geboren, wie etwa bei Heidegger die Eingebundenheit der Menschen in ihre Umwelt als Sein an sich anzusehen. Das Sein des Menschen ist seine individuelle Idee, das Wesensgut oder die Existenz, auf die jeder meditieren und die er auch erfahren könnte, wenn er sich zuvor von den Zwängen seines Gedankenkarussells gereinigt hätte. Doch das gelingt nur wenigen, und wie die Mitmenschen mir entgegentreten, beruht auf kompensierenden Handlungsweisen ihres Vorbewussten und ist deshalb Scheinhandlung. Schein deshalb, weil das Individuum nach Analyse seiner Handlungszwänge und ihrer Rückführung auf Konflikte des Grundbewusstseins in einen bewussteren Zustand versetzt werden würde. Diese Erkenntnis bedeutete eine Befreiung und eine sofortige Veränderung der eingefahrenen bisherigen Handlungsweise. Die Veränderung der Handlung tritt nicht nach einer intellektuellen Erkenntnis ein, sondern unmittelbar und direkt nach einer Selbstanalyse, scheinbar wie von selbst. Durch Selbsterkenntnis ist das Individuum dann ein Stück seiner individuellen Idee näher gerückt. Und da die individuelle Idee und ihre Verwirklichung niemals in Frage gestellt werden, tritt die Handlungsänderung unmittelbar ein.

Welch ein Blödsinn ist es gegenüber dieser Analyse, über ein Dasein an sich der Menschen in ihrer Umgebung zu faseln? Schein bedeutet die Handlungsweise der Menschen deshalb, weil die Handlungszwänge, die auf leichteren Konflikten des Grundbewusstseins beruhen, vorbewusst bleiben. Lediglich die schweren Beeinträchtigungen fordern durch den Leidensdruck entweder die Analyse oder den Untergang. Die Individuen der leichten Konfliktbelastung meinen sogar, dass ihre Handlungen ihrer ursprünglichen und persönlichen Absicht entsprängen, ihrem freien Willen gemäß, wie die Narren sich immer ausdrücken, weil sich die Konflikte tief im Grundbewusstsein verankert haben und somit in der Konstitutionsphase des Selbstbewusstseins liegen. Und diese Phase der Selbsterkenntnis bleibt für das Individuum immer seine Identität, wie brüchig sie auch sein mag. Auch der Vergewaltiger und Mörder besitzt solch eine Identität.

Im Extremfall müssen wir beispielsweise einem Kindermörder das gleiche Gut seines Wesens zugestehen wie allen anderen Individuen. Dieser Verbrecher steht im Konflikt mit sich selbst. Er weiß, dass er seinen Trieb nicht beherrschen kann und spürt vorbewusst den schweren Konflikt im Dunkel seines Grundbewusstseins, ohne dass er diesen in Worte fassen kann. Er verdrängt das Unheimliche. Auch ist ihm klar, dass er durch sein Tun schwerstes Leid verursacht hat, denn vorbewusst schimmert durch, dass ihm selbst ein Gut an Selbstwert nicht abzusprechen ist, welches jedoch durch schwerste Konflikte verschüttet wurde und den Aufbau eines Selbstbewusstseins und die Werterkenntnis der Mitwesen verhindert hat. Dann gerät er entweder in tiefes Selbstmitleid, oder, was häufiger vorkommt, er verweigert die Selbsterkenntnis, weil er seinem Elend nicht gegenübertreten kann und erstarrt zur Maske. Die Menge versteht nicht, wenn die Mutter des Scheusals behauptet, dass ihr Sohn seine Untat nicht begangen haben könne, weil dieser doch ein so guter Junge sei. Sie hat recht, wie sie es in ihrem Herzen spürt. Allgemein gesprochen folgt daraus, dass unsere Handlungsweisen genauso denjenigen eines Verbrechers folgen können, wenn wir eine Selbsterkenntnis schwerer Störungen vermeiden. Und wir können auch die Lebensweise eines Weisen führen, der sich selbst auf den Grund gegangen ist und Einsicht und Demut erlangt hat.

Aus der Unwissenheit betrachtet scheinen die meisten in einer Konkurrenzsituation untereinander zu stehen. Im menschlichen Miteinander geht es offenbar um das Einholen und Überholen des anderen. So sieht es auch Heidegger. Irgendwann üben die Abstände der Konkurrierenden zueinander die Herrschaft aus, und das Mitwesen Mensch wird immer weniger sichtbar. Doch ist dieses nicht das von allen aufgefasste normale Miteinandersein, sondern ein Problem der Selbsterkenntnis. Die meisten hasten nach Macht, Reichtum, Ansehen, Trieberfüllung, weil sie sich davon ihr Glück versprechen. Und wenn sie es erreicht haben, bemerken sie nur kurzzeitige Befriedigung, und alsbald müssen sie erneut zum Raffen aufbrechen. Auf die Idee kommen sie nicht, dass zwanghaftes Getrieben-sein nicht glücklich machen kann. Auch ein Reicher, der nichts mehr entbehrt, ist nicht glücklich, weil er seine Handlungszwänge, die auf sein Grundbewusstsein bezogen sind, nicht abschalten kann. Sein Getrieben-Sein endet niemals. In Wirklichkeit sind das Gehetzt-Sein die Handlungszwänge nach den Konflikten und Defekten des Grundbewusstseins, die vorbewusst mit der Identität verwachsen sind und die einzige bekannte Welt darstellen. Obgleich das Getrieben-sein bewusst ist, wird es dennoch bereitwillig angenommen. Dessen Charakter ist von einem Krieg gegen den Widerstand der anderen geprägt, der gebrochen und beseitigt werden muss. Die Meinungsgestalter schüren diese Konstitution der Gesellschaft und predigen die Litanei von der Freiheit des Individuums. In Wirklichkeit bedeutet deren Freiheit Knechtschaft durch Nichtwissen. Wirkliche Freiheit wird nur durch eine gute Erziehung und Bildung erreicht, die vom Staat nach bestimmten Prinzipien eingerichtet und überwacht werden muss. Diese haben sich auf die individuelle Analyse des historischen Bewusstseins zu richten und nicht darauf, eine Scheinfreiheit des Nichtwissens zu installieren. Sich selbst überlassene Individuen verfolgen lediglich ihre egoistischen Zwänge, die in Wirklichkeit Kompensationen von vorbewussten Defekten darstellen. Denn gegen die Widerstände des Äußeren, die in der frühen Auseinandersetzung mit den Gegenständen nicht zurückgewichen sind und eine adäquate Selbsterkenntnis blockiert haben, wird ein ganzes Leben lang Krieg geführt. Wer nicht angeleitet worden ist, sich selbst zu erkennen, kann seinen Selbstwert nur durch Niederdrücken der Mitwesen erhöhen. Er läuft demjenigen hinterher, was gerade en vogue ist, weil er den Anschluss nicht verpassen darf. Er bewundert mit allen anderen die Errungenschaften der Naturwissenschaft, obwohl jedes äußere Sein durch Hinterfragen zu Staub zerfällt. Er kommt niemals auf den Gedanken, dass die permanent wiederholte Erkenntnis der naturwissenschaftlichen Neuigkeiten genauso endlos fortgeführt werden kann, wie das Äußere für immer eine Illusion bleiben wird. Er glaubt den Predigern des Liberalismus, die selbst immer reicher werden und die anderen immer ärmer. Aber er glaubt ihnen trotzdem bis ans Ende seiner Tage und gesteht sich dann ein, es nicht geschafft zu haben. Dagegen findet derjenige, der sich selbst auf den Grund gegangen ist, etwas Wertvolleres als die Illusion einer Äußerlichkeit, nämlich sich selbst.

In jedem Individuum ist etwas vorhanden, auf das die Phänomene der Gegenwart auftreffen, weil die Gegenwart sonst gar nicht erkannt werden könnte. Dieses ist das Grundbewusstsein, die vorbewusste Identität der sublimierten Willensakte, aus dem ein Selbstbewusstsein in der Auseinandersetzung mit den frühen Gegenständen entstanden ist. In der affektlosen Beziehung der Gegenwart auf das Grundbewusstsein ruht die Befindlichkeit. Diese ist natürlich nicht die Summe aller Nervenempfindungen, weil das Individuum dann ahistorisch und zufällig zusammengesetzt wäre. Die Zustände Vorgeburt und Nachtod entzögen sich so jeder Erläuterung, und die drei Phänomene blieben Schein. Gleichwohl erheben die Meinungsgestalter das Nichtwissen zur Ideologie. Jede Auseinandersetzung mit Vorgeburt und Nachtod wird von Meinungsgestaltern in den Schmutz gezogen und als unwissenschaftlich gebrandmarkt. Die Alltäglichkeit und Gewöhnlichkeit dieser beiden Zustände können sie jedoch nicht ableugnen.

Das Dasein der Individuen kann kein Seinsmodus sein, wenn es verschiedene Befindlichkeiten zur gleichen Zeit gibt wie Individuen. Allgemeine Grundlage der individuellen Existenz kann dagegen eine Zeitlosigkeit sein, welche die Verbindung zur Erkenntnis der Zeit herstellt, die somit Lebenszeit mit Vorgeburt und Nachtod verbindet, also die individuelle Idee als Potential aller unbewussten Willensakte. Deren Übertritt ins Vorbewusste geschieht durch Sublimierung und ist von den sozialen Gegebenheiten und dem Selbstbewusstsein der Bezugspersonen abhängig. Der Sublimierungserfolg bestimmt den Lebenslauf, so dass an einem Individuum bereits ein Fächer an Lebensläufen zur Verfügung steht. Die Konstitution des Grundbewusstseins bestimmt auch die Befindlichkeit. Sie ist Bewusst-Sein, wenn auch zumeist Bewusst-Sein des Nichtwissens. Das Individuum hat sich trotz seiner Befindlichkeit nicht erkannt. Das Individuum schert sich in seinem Alltag nicht um seine Stimmungen. Zugleich liegt in der Stimmung die Erschlossenheit der Welt, weil alle drei Phänomene der Gegenwart auf das Grundbewusstsein bezogen sind. Die Befindlichkeit ist die affektlose Vorbewusstheit dieser Beziehung. Am deutlichsten wird das in der Handlungserkenntnis, wenn belastende Situationen der Gegenwart auf bestimmte Konflikte des Grundbewusstseins zurückgeführt werden. Das führt zur sofortigen Handlungsänderung in der Gegenwart. Das Individuum ist freier geworden.

Einige Denkbeamte dilettieren gerne auf Gebieten, auf denen sie dann grandios scheitern und nichts weiter zustande bringen als Lieschen-Müller-Philosophie. Das wäre nicht weiter schlimm, gehörten sie nicht zu den Meinungsgestaltern und lebenslang vom Staat Abgesicherten. Zu ihren Liebhabereien gehören zwei Gebiete, die unter die Befindlichkeit fallen, nämlich Furcht und Angst. Die Dilettanten kreisen um ihre eigenen Ängste, welches ihnen nicht bewusst ist. Daher rührt ihr dumpfes Interesse. Zuerst einmal wiederhole ich das, was ich beim Problem des eigenständigen Seins der Welt herausgearbeitet hatte, nämlich dass alle Phänomene, die als äußere Objekte behandelt werden, nichtig und leer sind. Sie sind es deshalb, weil alle drei bekannten Phänomene aus einer Zeitbeziehung erwachsen. Wenn sie jedoch als äußere Phänomene beschrieben werden, so wird deren Beziehung zur Vergangenheit des Bewusst-Seins gekappt, und es entstehen die leeren und hohlen Erscheinungen, mit deren Hilfe die Staatsbeamten heutzutage ihre Börse füllen. Einer z.B. versagt darin, die Furcht von der Angst zu scheiden und wird trotzdem lebenslang alimentiert. Dieses habe ich in einem Buch ausgeführt. Deshalb plädiere ich für die Abschaffung von Staatskarrieren in den Schwafelfächern und für die Neugründung einer Akademie, auf die ich später noch zurückkommen werde. Dagegen hat zwar Dieter Henrich den rechten Weg eingeschlagen, wenn er versucht, Subjektsein und Denken zu analysieren. Jedoch fällt es mir fast schon schwer mitanzusehen, wie dieser hochbegabte und intelligente Mann scheitert, weil er seine Phänomene nur von außen beschreibt. Unvergleichlich mehr hätte er erreichen können, wenn er Subjektsein und Denken auf sein historisches Bewusst-Sein zurückgeführt hätte! Was ist daran so schwer, vielleicht weil es jedem so überaus nahe steht? Wenigstens Heidegger weiß die Furcht von der Angst zu scheiden, und nicht deshalb allein ist er der einzige Ernstzunehmende unter den neueren Philosophen. Da ich Verlage und Leser nicht weiter schrecken will, führe ich das nicht weiter aus.

Die Angst ist der stärkste Affekt einer Zeitbeziehung, weil ein bestimmtes Ereignis der Gegenwart bei einem Individuum plötzlich einen tiefverwurzelten und massiven Konflikt berührt. Das kann eine gegenwärtige Person oder eine Situation sein, welche den tiefsitzenden Defekt aufwühlt. Der Konflikt ist so stark, dass dieser die Willensäußerungen zum Leben unterbindet und das Individuum ganz auf sich selbst zurückgeworfen wird. Die Abtrennung des Lebens erzeugt Angst. Was dann alleine zählt, ist der Wunsch, dass die Angst aufhören möge. Zugleich ist der eigentliche Konflikt des Grundbewusstseins latent und nicht bewusst, denn wenn er ausgesprochen und begriffen worden wäre, verschwände die Angst auf der Stelle. Sie stellte dann etwas dar, mit dem das Individuum umgehen könnte. Durch den vorbewussten Zustand dagegen wird der Konflikt dergestalt massiv, dass die Umwelt des Gepeinigten verschwindet und Handlungsunfähigkeit herrscht. Der Ausfall des Phänomens der Handlungserkenntnis, vulgär gesagt Handlungsblockade, erzeugt Angst.

Bei der Furcht existiert selbstverständlich auch eine Zeitbeziehung, nämlich diejenige von der gegenwärtigen furchterregenden Situation auf die individuelle Vergangenheit, in welcher frühere Auseinandersetzungen mit Gefahren und deren Bewältigung vorliegen. In der Situation der Furcht ist die Handlungserkenntnis nicht abgeschnitten, und erst, wenn der Knochenmann wirklich nach dem Lebenden greift, entsteht Angst. Die gegenwärtige Gefahrensituation, die Furcht auslöst, bezieht sich direkt auf das Selbstbewusstsein, das damit umzugehen gelernt hat. Furcht herrscht, solange im Individuum trotz Bedrohung noch das geringste Fünkchen Hoffnung glimmt. Angst oder weiße Angst, wie ich sie woanders definiert hatte, paralysiert jegliche Vitalität zur Handlungsunfähigkeit. Dieses bezieht sich auf die allgemeine neurotische Angst, während die Psychiater zu den Ängsten der Geisteskranken und zur neurotischen natürlich viel mehr aussagen können. Dem Philosophen genügt aber die schnelle und deutliche Skizzierung der beiden Gebiete, weil er seine Zeit dem Gesamtzusammenhang zu widmen hat. Wenn ein Schwafler dagegen bei der Scheidung von Angst und Furcht versagt, wer wird jemals daran glauben, dass er eine Wahrheit zusammenschreibt?

Das Furchtbare ist keineswegs ein äußeres Phänomen. Denn eine unheimliche und unbekannte Wildnis ist für einen Europäer furcherregend und zugleich für einen Eingeborenen heimisch und vertraut. Wenn wir statt der Wildnis eine europäische Großstadt setzten, verhielte es sich genau umgekehrt. Im Falle der Wildnis wie der Großstadt wäre das sogenannte Phänomen der Furcht im jeweils entgegengesetzten Individuum vorhanden, im anderen Individuum dagegen nicht. Das Furchtbare als Äußerlichkeit kann aber nicht zugleich vorhanden und nicht vorhanden sein. Deshalb ist das Furchtbare kein äußerer Gegenstand, sondern ein Phänomen des Gegenwartsbewusstseins, das auf ein bestimmtes Selbstbewusstsein trifft. Das Furchtbare existiert nach der Konstitution des Selbstbewusstseins und nach der Phantasie und nicht als äußeres Phänomen.

Das Fürchten kommt nicht aus einer räumlichen Unheimlichkeit, sondern aus unterschiedlichen Selbst-Bewusstheiten, die eine sichere oder unsichere Grundverfassung besitzen. Kein Fürchten ist in der Welt angelegt, weil sie dann zugleich Furchtbar und Nicht-Furchtbar wäre. Denn ein eingeborenes Individuum, das im Regenwald lebt, fürchtet sich nicht vor dem feuchten, dunklen Lärm und Gekreisch, wir dagegen schon. Wir alle müssten uns vor dem Gleichen fürchten, wenn das Phänomen des Abträglichen nach einem Ausdruck Heideggers als Furcht in der Nähe vorhanden wäre. Nur ein individuelles Dasein, das sich einmal selbst erkannt hat, kann sich fürchten, dieses Selbstsein wieder zu verlieren. Und natürlich gehören Haus und Hof zur Verlustangst dazu, weil das Individuum sich durch das Äußere erkannt hat und

Selbstsein und Äußeres nicht mehr voneinander lösbar sind. In der Individualphilosophie oder Philosophie der Erleuchtung ist die Trennung zwischen Denken und Natur aufgehoben, weil das Denken erst beginnt, wenn die Grundlegung der Selbsterkenntnis, die sich am Äußeren entfaltet, stattgefunden hat. Furcht als Modus der Befindlichkeit existiert, weil das Individuum eine Welt als etwas befunden hatte und das Befundene mit seiner Gegenwart vergleichen kann. Das Individuum lebt in der Erkenntnis der Zeit. Fürchten kann nur ein Sich-Fürchten sein. In der Beziehung der Gegenstände der Gegenwart auf die Konstitution des Selbstbewusstseins keimt die Furcht. Mitfürchten mit anderen gibt es nicht und muss ausgedrückt werden als Mitleid-haben mit anderen vor deren voraussehbarem Unglück. Mitleidsfähigkeit hängt immer von der Konstitution des Grundbewusstseins ab, weil jemand, der die Wertgleichheit zwischen sich selbst und dem Äußeren intuitiv erfasst hat, sich verbunden fühlt mit den anderen Wesen. Wenn das Begehren von frühen Gegenständen durch die Bezugspersonen als Selbstwert gespiegelt wird, weicht der eigentlich unendliche Widerstand des Äußeren zurück und gibt den Weg frei zu einer Selbsterkenntnis. Dadurch sind Selbstsein und Äußeres untrennbar und ein isoliertes Äußeres nichts als Illusion.

Befindlichkeit ist grundlegend, weil sie die Beziehung der Gegenwart auf die Konstitution des Selbstbewusstseins darstellt. Und das Selbstbewusstsein entwickelt sich durch Umwandlung der unbewussten Willensakte, welche die zeitlose Existenz darstellen, in das Vorbewusste. Aber die verschiedenen Zustände seiner Befindlichkeit werden vom Individuum nicht verstanden, weil die Gründung der Selbsterkenntnis, die sich am Äußeren entfaltet hatte, wegen der Gleichartigkeit der frühen Erkenntnisse vorbewusst bleibt. Zu jedem Zeitpunkt während der Konstitutionsphase des Grundbewusstseins erkennt das Individuum den gleichen Wert des Selbstseins und denjenigen des Äußeren. Dagegen sind primitive und spontane Äußerungen des Wollens-Nichtwollens deutlich: Anlächeln bei Wohlergehen und Schreien bei Hunger. In der Konstitutionsphase des Grundbewusstseins werden frühe Willensakte sublimiert und ins Vorbewusste überführt. Der Erfolg oder Misserfolg bei der Sublimierung gründet die Sicherheit oder Unsicherheit des Selbstbewusstseins. Da im späteren Gegenwartsbewusstsein niemals neue Gegenstände, sondern immer nur ähnliche des Grundbewusstseins wiedererkannt werden, sind wir durch unser Selbstbewusstsein in unserer Befindlichkeit, die wir in der Gegenwart erleben, dabei.

Natürlich ist es undeutlich und rein intellektuell argumentiert, wenn etwa bei Heidegger gesagt wird, dass die Befindlichkeit ihr Verstehen niederhalte, weil sie das Verstehen dann vorher schon begriffen haben müsste. Da die Befindlichkeit auf das Selbstbewusstsein bezogen ist, das sich im Verlauf der vorbewussten Konstitutionsphase des Grundbewusstseins herausgebildet hat, verstehen ihre Befindlichkeit die allerwenigsten. Erst dann, wenn uns ein besonderer Affekt in einer Gegenwartssituation interessiert, können wir diesen durch die Historie unseres Bewusstseins zurückverfolgen und einen Aspekt unserer Befindlichkeit ins volle Bewusstsein überführen. Nur theoretisch, füge ich an, denn praktisch wird dazu beispielsweise ein geschultes Gegenüber benötigt, das den Klienten durch Nachfragen führt. Sonst verstehen wir uns nicht und bleiben uns selbst ausgeliefert. Die ganze Menschheitsgeschichte basiert zum größten Teil auf dieser Selbst-Auslieferung des Nichtwissens. Eine wahre Erkenntnis kann immer nur aus der Reflektion eines Gegenstandes der Gegenwart auf das Selbstbewusstsein des Erkennenden geschöpft werden; alle anderen Erkenntnisse ohne Prüfung einer Selbsterkenntnis sind Chimären. Wenn das Individuum meint, dass es sein Dasein in der Welt verstehe, dann entspricht das nicht der Wahrheit. Es findet sich schnell zurecht, weil es sich in seinem Grundbewusstsein am Äußeren erkannt hat und alle Gegenwarterkenntnisse darauf bezogen sind. Das Selbstsein und das Äußere sind früh zusammengewachsen. Aber es versteht nicht seine Handlungsweisen und Affekte und weiß auch nicht, dass das Äußere keine „Realität" darstellt, sondern eine Illusion.

Die Gemeinheit der den Meinungsgestaltern Nachlaufenden wird von drei Chimären getäuscht. Die erste betrifft die anschauliche Erkenntnis. Die meisten sind überzeugt, dass eine äußere „Realität" existiere, die von den Übriggebliebenen auch dann noch aufzufinden sei, wenn das Individuum schon längst das Zeitliche gesegnet habe. Ihnen ist gleichgültig, dass ihre Wirklichkeit nur die permanente Veränderung ist und nichts Äußeres festgehalten werden kann. Dasjenige, was sie in der Hand halten und von dessen „Realität" sie dermaßen überzeugt sind, muss in der Vergangenheit schon einmal aufgetreten sein, weil kein neu auftretender Gegenstand der Gegenwart vertraut sein kann. Da das Äußere nichts anderes darstellt als Veränderung, muss die Beziehung des gegenwärtigen Gegenstandes auf die Vergangenheit zugleich eine für den Moment stillstehende Erkenntnis liefern. Dieses ist nur dann möglich, wenn der ähnliche Gegenstand des Vergleiches aus der Vergangenheit etwas anderes darstellt als permanente Veränderung. Und das ist die Selbsterkenntnis des

Individuums, die durch ein Äußeres veranlasst worden ist. Das Äußere ist also mit der Selbsterkenntnis untrennbar zusammengefallen. Individuum und Äußeres fallen zusammen, weil das Individuum den gleichen Wert beider erkennt. Diese Existenz besteht zeitlos. Alle vorbeifließenden Gegenstände der Gegenwart beziehen sich später darauf und scheinen dann für einen Moment stillzustehen. Unsere Wirklichkeit kommt deshalb durch eine historische Beziehung im Bewusstsein zustande und nicht durch eine an sich existierende „Realität".

Das zweite Hirngespinst betrifft die Handlungserkenntnis. Die Menge meint, dass sie ihre Handlungen nach freien Entscheidungen durchführe. Vulgär gesprochen: Ich habe mich freiwillig dazu entschieden, etwas zu tun und führe es nach meiner Entscheidung aus. Auch der Verblendetste müsste bemerken, wie Schopenhauer schon angegeben hat, dass er ein Motiv für eine bestimmte Handlungsweise, das ihn gerade bewegt, nicht durch ein anderes Motiv ersetzen kann. Die Frage, warum das nicht gehe, stellt er sich gar nicht. Richtig ist, dass es eine adäquate und eine kompensatorische Handlungserkenntnis gibt, die beide auf das Selbstbewusstsein bezogen sind. Bei der adäquaten konnten sich die frühen Willensakte erfolgreich sublimieren, bei der kompensatorischen weniger. Entscheidend ist, dass in den frühen Gegenstandsbegegnungen das Individuum sich durch Spiegelung in den Bezugspersonen als Selbstwert wahrnimmt, weil allein dieses seine Existenz bestätigt. Dadurch erkennt es sich selbst und durch den zurückweichenden Widerstand der Gegenstände im Augenblick dieser Erkenntnis auch das Äußere. Die frühen Willensakte, die sich nach Gegenständen verzehrt haben, können erfolgreich vom Unbewussten in das Vorbewusste übertragen werden, wenn der Widerstand der früh begehrten Gegenstände deshalb zurückgewichen ist, weil das Individuum dem Verlangen nach dem eigentlich Unerreichbaren seine Selbsterkenntnis verdankt. Es gibt nichts Positiveres, als sein Dasein einem Etwas zu verdanken und nicht einsam und verloren zu sein. Damit sind die frühen Willensakte, denen wir uns selbst und das Äußere verdanken, adäquat aus dem Unbewussten ins Vorbewusste überführt worden. Da das Potential aller unbewussten Willensakte die individuelle Idee darstellt, verwirklicht sich der Lebenslauf dieses Individuums adäquat nach eben dieser individuellen Idee. Denn da das Unbewusste von einem zeitlosen Totalanspruch aller individuellen Willensakte erfüllt ist, bleibt jede Gegenwartshandlung auf diesen Anspruch bezogen. Dieses Individuum verdankt sich seinen Sublimierungserfolgen seiner frühen Willensakte.

Das bedeutet dem gegenüber, wenn das andere Individuum sich als Nichtgut erkennt, dass seine frühen Willensakte sich nicht seiner individuellen Idee entsprechend ins Vorbewusste übertragen ließen, sondern fortan defizitär bleiben. Das andere Individuum konnte sich nicht als dasjenige erkennen, was es in seinem Selbstwert darstellt und erreicht deshalb auch keine adäquate Beziehung zum Äußeren. Denn wer sich selbst nicht schätzt, kann auch andere nicht respektieren. Anderes bleibt solchen Individuen ein entgegenstehendes, in seinem Widerstand beharrendes Äußeres, das während des ganzen Lebens niedergerungen werden muss. Wenn die frühen Willensakte nicht adäquat sublimiert worden sind, müssen sie wegen ihres ursprünglichen Totalanspruches zeitlebens kompensiert werden. Der Verschlingungswunsch ist an den frühen Gegenständen gescheitert. Solche Individuen werden permanent gegen andere einen Krieg führen, damit sie in der Niederringung des vermeintlich bedrohlichen Anderen an Selbstsicherheit gewinnen. Beide Arten von Individuen handeln nach ihren Selbstbewusstheiten, die einen adäquat, die anderen kompensatorisch.

Die dritte Chimäre betrifft die „idealen" Gegenstände. Diese verdanken ihre Existenz einzig der Umgangsweise mit den frühen Gegenständen während der Konstitutionsphase des Grundbewusstseins und nicht irgendeinem „Ideal". Sie schweben nicht, bevor unser Denken überhaupt begonnen hat, im Universum und warten auf eine Intelligenz, die sie entdeckt. Sie sind abstrakte Gegenstände der menschlichen Spezies, um die sich kein Tier kümmert und für ein höheres Wesen lediglich aus Interesse an der Erforschung der Menschheit relevant wäre. „Ideale" Gegenstände existieren, weil es uns späterhin gelingt, die anschauliche Umgangsweise mit den frühen Gegenständen als Abstraktion wieder zu erinnern. Die Abstraktion ist die ehemals frühe Umgangsweise und überhaupt kein „Ideal". „Ideale" Gegenstände, die im Denken durch Abstraktion so weit geführt worden sind, dass nichts mehr an das Grundbewusstsein erinnern kann, sind unwahr. Dagegen ist die Zahlenreihe wahr, weil sie allein in Beziehung auf anschauliche Gegenstände gedacht werden kann. Es gibt nur eine einzige Welt und keine zweigeteilte des Denkens und der Anschauung.

Allgemein wird gesagt, dass das Individuum etwas sei, dem es in seiner Welt um sich selbst gehe. So erscheint es auch bei Heidegger. Doch beschränkt sich das Individuum der Einfachheit halber auf die Gegenwart, ohne sich um seine historische Anbindung zu bekümmern. Es dreht sich um sich selbst und meint, dass Beste für sich zu unternehmen. Es versucht, andere in seine Meinung des Nichtverstehens mit hinabzuziehen. Ohne Bemühen und nur nach dem ersten

Eindruck der Welt urteilend, liegt das Verstehen nicht in seiner Hand. Die Welt bleibt Schein, und das Individuum kommt sich nicht näher. Ohne Mühsal offenbar werden kann das Verstehen auch gar nicht, weil das Streben nach Selbsterkenntnis damit abgeschlossen wäre und das Individuum abtreten könnte. Uns ist nämlich aufgetragen worden, dass wir uns um Selbsterkenntnis zu bemühen haben, weil wir nur so unsere Handlungsweise befreien und den Mitwesen gerecht gegenübertreten können. Erkenntnis ist nicht die Eroberung und Ausbeutung einer falschverstandenen „Realität", sondern die Beziehung der individuellen Gegenwart auf sich selbst bis hinein ins Grundbewusstsein. Das Grundbewusstsein ist vor der Gegenwart vorhanden und ihr Bezugspunkt. Die Gegenwart einer äußeren „Realität" ist eine Illusion, weil nichts „real" sein kann, dass in permanenter Veränderung begriffen ist. Deshalb ist die Scheinwelt des Nichtverstehens eine Illusion. Das Individuum ist dasjenige seiner Möglichkeit nach, und wenn es diese nicht ergreift, kann es sich trotzdem zum Meinungsinhaber aufschwingen. In den individuellen Möglichkeiten ist jedoch immer das „Mehr" mit enthalten im Gegensatz zum „Weniger" der Mehrheitsmeinung. Jedes Individuum stellt außerhalb der Zeit gedacht eine individuelle Idee dar. Es kann befangen und belastet sein und versuchen, seine Unsicherheit durch den Glauben an eine äußere „Realität", die ihm Halt geben soll, zu kompensieren. Jedoch ist die Zeitlosigkeit seiner individuellen Idee der Bezugspunkt, der so weit verfehlt wird. Das Individuum bleibt sich selbst fremd und plappert mit der öffentlichen Meinung, damit es die Anerkennung anderer finde.

Das gewöhnliche Individuum hat sich selbst nicht erkannt und ist der Meinung, dass seine Nichterkenntnis Verstehen sei. In seiner Meinung wird es allgemein bestärkt. Deshalb bringt der Austausch in der Diskussion die Philosophie auch nicht voran, weil lediglich Meinungen verschoben werden. Es entsteht ein Gegeneinanderschwafeln, und aus dieser Schwafelrunde gehen die Schwafler mit der gleichen Meinung unverändert hinaus, mit der sie zuvor hineingegangen waren. Denn es geht nicht um Nuancen einer äußeren „Realität", sondern um das Erkenntnisprinzip des historischen Bewusstseins. Jeder Schwafler hält seine Chimären des Gegenwartsbewusstseins, die ihm ohne Analyse seiner Historie zugefallen sind, für wahrhaftig, weil ihm kein anderes Bewusstsein zur Verfügung steht, auf das er sich beziehen könnte.

Jedes Individuum kann die Welt lediglich nach seinem Selbstbewusstsein auslegen. Ist dieses fragil geblieben, dann kann es gar nicht zur Erkenntnis gelangen, dass die Welt eine Illusion darstelle, weil es von seiner eigenen Unsicherheit und derjenigen einer äußeren Illusion überfordert wäre. Es verlöre den Halt. Defizitäre Selbsterkenntnis ist immer mit dem Gegenüberstehen einer widerspenstigen „Realität" verbunden, weil das Selbstbewusstsein durch das begleitete Ergreifen von frühen Gegenständen allmählich herangewachsen ist. Im Konfliktfall lassen sich die frühen Gegenstände nicht vom Individuum integrieren, weil sie ihren Widerstand nicht aufgegeben haben. Da das Äußere beharrt, wird es zur „Realität" umgedeutet. Denn nur das Individuum, das sich selbst erkannt hat, verdankt sich dem Äußeren. Das Äußere weicht zurück und gibt den Weg zur Selbsterkenntnis frei. Ansonsten beharrt das Äußere, so dass der Lebensweg des Individuums fortan darum kreist, sich das Äußere, die Mitwesen, anzueignen und zu beherrschen. Je weniger die Individuen über sich wissen, desto eher wird die Welt als sogenannte „Realität" ausgelegt, die diese für sich wie selbstverständlich auszunutzen trachten.

Es kann keine Rede davon sein, dass das Individuum irgendetwas mitbringe, wodurch sich ihm der Sinn seines Daseins in der Welt erschließe. Das Gegenteil bringt das Individuum in die Welt mit ein, wie ich an den drei Chimären gezeigt hatte, nämlich Verblendung. Das tritt uns deutlich an dem blödsinnigen Glauben von Parallelwelten vor Augen. Einmal soll eine „reale" Welt der Anschauung existieren, die im Grunde überhaupt nichts mit der sogenannten „idealen" Welt des Denkens zu schaffen habe. Denn ein rechtwinkliges Dreieck, meint ein jeder, wächst nun einmal nicht in der Natur. Trotzdem soll das Denken die Natur irgendwie erklären, obwohl es die Natur überhaupt nicht ist. Dann soll die Anschauung, also das konkrete Naturerlebnis, eine entgegenstehende „Realität" darstellen, obwohl sie offensichtlich nichts anderes ist als Veränderung und damit eine Illusion. Permanente Veränderung kann niemals festgehalten werden, so dass niemand auszurufen berechtigt wäre: Hier ist sie, die „Realität"! Darüber hinaus tritt als weitere Welt noch die Handlungserkenntnis auf, bei welcher die Menge sich nicht erklären kann, warum sie oft in ihrer Handlungsweise sich selbst und anderen schade, obwohl sie doch nach ihrem Glück strebe. Solch erbärmliche Eselei vertritt die öffentliche Meinung und ist auch noch bestrebt, andere von ihrem Unsinn zu überzeugen.

Ursache von Verblendung ist immer eine Verkennung des individuellen Selbstwertes in der Phase der Konstituierung des Grundbewusstseins. Während dieses frühen Zeitabschnittes können sich die individuellen Willensakte einmal adäquat und einmal defizitär ins Vorbewusste absetzen. Wegen des Totalanspruches der Willensakte bleibt die spätere Gegenwart auf diesen Erfolg oder Misserfolg bezogen. Jeder frühe Konflikt muss vom Individuum späterhin kompensiert werden und verkommt zur einzig möglichen Weltsicht im Bestreben, sich gegen andere zu behaupten. Aber auch in solch einem Fall ist noch nichts verloren, weil es jedem möglich ist, nachträglich durch Analyse seines historischen Bewusstseins diese Konflikte ins volle Bewusstsein zu heben und eine Handlungsänderung herbeizuführen. Das Gedankenkarussell, das stetig um den Konflikt kreist, wird angehalten. Nur der dergestalt gereinigte Intellekt kann sich an die Erkenntnis der wahren Zusammenhänge begeben. Dann wird sich ihm erschließen, dass der Schein einer äußeren „Realität", die in Wirklichkeit eine Illusion ist, durch den Bezug der Gegenwart auf das Grundbewusstsein zustande kommt. Denn im Grundbewusstsein ist intuitiv eine zeitlose Erkenntnis aufgetreten, die bezogen auf die permanente Veränderung des Äußeren unser scheinbar stillstehendes Gegenwartsbild ergibt. Das bedeutet, dass überhaupt nichts vollkommen Neues erkannt werden kann, und jeder Gegenstand der Gegenwart auf andere Weise im Grundbewusstsein vorliegt. Deshalb kann keine „Realität" abgerissen und vereinzelt entgegenstehen. Anschauliche Gegenstände und Handlungsgegenstände entspringen demselben frühen individuellen Verschlingungswunsch nach dem Äußeren. Dadurch erkennt sich das Individuum durch das Äußere und das Äußere sich selbst durch das Individuum. Da in diesem Augenblick Willensakte an begehrten Gegenständen sublimiert werden, ist die spätere Handlungserkenntnis eng mit der Anschauung verbunden. Selbsterkenntnis und Äußeres sind nicht voneinander lösbar. Schließlich beginnt in der Auseinandersetzung mit dem Äußeren zugleich das Denken, so dass späterhin, nach zunehmendem Abstraktionsvermögen, die frühe Auseinandersetzung mit dem Äußeren abstrahiert und zu unseren „idealen" Gesetzen zusammengefasst werden kann. Wahres Wissen hat nicht allein die einzige Welt erkannt, sondern auch den Zusammenhang mit den zeitlosen Zuständen vor der Geburt und nach dem Tod. Wahres Wissen kann nur durch Selbsterkenntnis erlangt werden.

9. ÜBER DIE AUSSAGE

Einige behaupten, dass eine Aussage auf Seiendes zeige. Ich zeige auf einen Vorschlaghammer und einen Nagel und bezeichne das Seiende: „Der Hammer ist zu schwer, um den Nagel in die Wand zu treiben". Ist es ein gleiches Seiendes oder ein anderes, wenn ich sage: „Der Nagel ist zu leicht, um vom Hammer in die Wand getrieben zu werden". Ich könnte auch beide Aussagen zusammenfassen und äußern: „Die Wand nähert sich zu schnell dem Hammer auf der Längsachse des Nagels, wenn der Nagel sich verbiegt und der Ausführende körperlich zu schwach ist, den Hammer zu beherrschen". Habe ich jetzt dreierlei Sein oder ein gleiches? Der Sachverhalt ist ungefähr der gleiche bei allen drei Weisen des angeblich Seienden. Wie soll das gehen? Ich stelle zwei weitere Aussagen gegenüber: „Die Vase steht auf dem Tisch" und „Der Tisch steht unter der Vase". Beide Sätze drücken exakt den gleichen logischen Sachverhalt aus und enthalten doch offenbar zwei verschiedene „Seinsweisen". Was sind das für Weisen des Seins, die einen einfachen Sachverhalt deshalb nicht ausdrücken können, weil es noch ein zweites konkurrierendes Seiendes gibt? Ich kann mir also einer Seinsweise offensichtlich nicht sicher sein. Da ich mich gerade als Schöpfer von Seiendem aufführe, füge ich noch eines hinzu: „Die Vase steht auf einer waagerechten Platte, deren vier Beine der Schwerkraft so entgegenwirken, dass die Vase nicht auf dem Boden zerschellt, sondern einen Meter über diesem auf der Platte stehenbleibt". Ich erspare es mir weiterhin, noch auf die permanente Veränderung hinzuweisen, in der sich Hammer, Nagel, Baum, Eisenerz, Ton und Vase befinden und fordere den Leser stattdessen noch einmal auf, über den Satz: „Eine Aussage weist auf Seiendes hin" nachzudenken.

Die Individualphilosophie sagt, dass ich den Hammer nicht erkennen könnte, wenn ich im Verlauf meines historischen Bewusstseins noch niemals etwas über Hämmer, Beile, Äxte, Ahlen, Sägen, Feilen, Faustkeile und ähnliche Gegenstände erfahren hätte. Bei einem Beil kann ich seine Schneide nach oben drehen und es als Hammer nutzen. Dazu muss mir aber irgendein Akt des Hämmerns im Grundbewusstsein vorliegen, damit ich die Drehbewegung um 180 Grad am Beilstiel verstehen und durchführen kann. Irgendein Hammer-Sein ist im Beil ganz gewiss nicht verborgen. Wenn doch, dann verfügte das Beil über ein Hammer-Sein und ein Beil-Sein zugleich. Somit können Werkzeuge als vollkommen neu und ahistorisch plötzlich ins Bild tretende Gegenstandsgruppe niemals erkannt werden. Da die Zeit als ganze vor aller Erkenntnis im Bewusstsein vorhanden ist, kann jeglicher Gegenstand der Gegenwart bis ins Grundbewusstsein zurückverfolgt werden. Wenn im Grundbewusstsein eine Selbsterkenntnis, die sich immer am Äußeren entfaltet, stattgefunden hat und Selbstsein und Äußeres nicht mehr voneinander lösbar sind, dann existiert keinerlei Äußerlichkeit an sich. Darüber hinaus werden während der Selbsterkenntnis, die sich am Äußeren vollzieht, die individuellen Willensakte ins Vorbewusste überführt, so dass das Selbstsein und das Äußere individuell sind. Deshalb ist der Hammer ein Vertrauter des Individuums und untrennbar mit ihm verbunden. Er ist individuell wie alle Gegenstände.

Der Hammer offenbart sich nicht erst in einem Hammer-Sein, um dann durch die Prädikation der kopflastigen Schwere in seinem Sein umso deutlicher aufzuleuchten. Vielmehr wird der Hammer erkannt, wenn das Individuum in seiner Vorgeschichte sich mit ähnlichen kopflastigen Werkzeugen auseinandergesetzt hatte. In dieser Auseinandersetzung sind viele Verhältnisse wie dasjenige zwischen Hammer und Reißzwecke enthalten. Darauf bezieht sich jeder ähnliche Gegenstand der Gegenwart. Der Hammer existiert durch eine individuelle Beziehung zwischen Nagel, Schwere, Kopflastigkeit, Beil, Axt, Hammer, Wand, Daumen usw. Von dieser individuellen Beziehung des Gegenstandes der Gegenwart, nämlich „Hammer", auf das Grundbewusstsein abstrahiert die Menge und behauptet den Hammer als Gegenstand einer isolierten Gegenwart, der durch seine entgegenstehende „Realität" jedem einleuchten solle. Da solch ein isolierter Gegenstand der Gegenwart etwas vollkommen Neues darstellte und nicht erkannt werden könnte, wird ihm flugs eine Äußerlichkeit als „Realität" untergeschoben.

10. ÜBER DIE SPRACHE

Richtig ist, dass den Bedeutungen Worte zuwachsen und keine Wörterdinge mit Bedeutungen versehen werden. Die Deutungen sind vor der Sprache vorhanden, und deshalb dringt die sogenannte analytische Philosophie gar nicht zum Kern der Dinge vor. Eine Deutung ist bereits der frühe individuelle Verschlingungswunsch nach dem Gegenstand, weil dieser dem Individuum etwas bedeutet. Die Deutung wird dem Individuum verdeutlicht, weil im Begehren nach dem Äußeren das Individuum sich einmal selbst erkennt und zum Zweiten auch etwas über den Gegenstand erfährt, der seinen Widerstand, den er dem Verschlingungswunsch entgegengesetzt hatte, zugunsten der individuellen Selbsterkenntnis aufgegeben hat. In der Deutung sind das Selbstsein und das Äußere untrennbar, und zugleich gibt es keine grundlegendere Erkenntnis als die Bewusstwerdung des eigenen Daseins. Dieses hat die analytische Glasperlenphilosophie gar nicht verstanden. Der Gegenstand wird mit einem Begriff belegt, er wird in der Selbsterkenntnis begriffen. Der Begriff der Selbsterkenntnis am Gegenstand kann im Gedächtnis gespeichert werden und verkommt dort zum Namen. Denn alle frühen Selbsterkenntnisse an den Gegenständen verlaufen gleichartig und verschwinden deshalb im Vorbewussten. Wenn späterhin im Gegenwartsbewusstsein nach Ausbildung der Abstraktionsfähigkeit sich das Individuum auf die Namen des Grundbewusstseins zurückbezieht, gelangt die ehemalige Konstituierung des Selbstbewusstseins mit in die Sprache hinein. Die vorbewusste Selbsterfahrung wird durch die Namensnennung erinnert und beide erwachsen zum Begriff. Deshalb können die philosophischen Probleme, nur weil sie in der Sprache formuliert werden, nicht in einer reinen Sprachanalyse entschleiert werden. Es bleibt individuell, wie das Individuum sich selbst am Äußeren begriffen hat.

Innerhalb einer Sprachgemeinschaft wird der Wortlaut verstanden, doch was dem Individuum je nach der Konstituierung seines Selbstbewusstseins dazu einfällt, ist individuell. Da im schlimmsten Fall der Intellekt ein Getriebener und Gehetzter sein kann, der auf Kompensation schwerster Konflikte des Selbstbewusstseins ausgerichtet ist, kann eine Unterhaltung auch aneinander vorbeigehen, welches oft als Konzentrationsschwäche ausgelegt wird. Die Auslegung entspricht nicht der Wahrheit. Die Sprache offenbart lediglich ein äußeres Verständnis von der Welt. Dasjenige, was verstanden oder was verblendet missverstanden wird, entscheidet die Konstitution des Selbstbewusstseins. Deshalb prallt in Diskussionen zumeist Meinungsgewäsch aufeinander, das die Individuen zu keinerlei konstruktiver Veränderung ihres Bewusstseins bewegen kann, weil die Diskutierenden die Konstitution ihres Selbstbewusstseins außen vor lassen. „Verstehen" kann ein Individuum nur, wenn es sich zuvor selbst verstanden hat. Denn im Ausgesprochenen liegen nicht Verständnis und Auslegung bereit, wie Heidegger es auffasst, weil es auch Unverständnis und Verblendung enthalten kann. Ein Individuum ist nur dann unvoreingenommen, wenn es sich seines Gedankenkarussells bewusst geworden ist und die dahinter liegenden Konflikte analysiert hat. Ansonsten legt es die Welt nach seinen Konflikten aus.

11. ADÄQUATE AUSLEGUNG UND VERBLENDUNG

Es existiert keine Auslegung irgendeines Seienden, weil am Äußeren nichts festgehalten werden kann außer Veränderung. Der Charakter der im Unbewussten liegenden Willensakte geht ausschließlich in die Richtung ihrer uneingeschränkten Verwirklichung, also in die Richtung der Vereinigung mit jedwedem Äußeren. Da dieses nicht möglich ist, werden sie in eine Selbsterkenntnis, die sich am Äußeren entfaltet, umgewandelt, welche wiederum adäquat nach der individuellen Idee oder kompensatorisch ausfallen kann. Adäquate Selbsterkenntnis heißt, dass das Individuum durch Spiegelung in den Bezugspersonen sich als Selbstwert erkennt. Da dieses zugleich im Verlauf des Begehrens nach dem Gegenstand geschieht, weicht dadurch der Widerstand des Äußeren zurück, weil das Individuum dem Gegenstand eine Erkenntnis über sich verdankt. Das Individuum gewinnt danach ein adäquates Verhältnis zu sich selbst und zum Gegenstand. Dann konstituiert sich im Aufbau des Grundbewusstseins ein gesundes Selbstbewusstsein, das gegenüber der Welt gerecht auftreten kann. Jedoch ist diese Welt keine äußere „Realität" als Sein an sich, sondern untrennbar mit der vorbewussten Grundlegung des Selbstbewusstseins verbunden. Da das Gegenwartsbewusstsein späterhin auf diese zugrundeliegende Konstitution des Selbstbewusstseins bezogen ist, bedeutet adäquate Auslegung der Welt, dass sich die drei Phänomene Anschaulichkeit, Handlungserkenntnis und auch die „ideale" Gegenstandserkenntnis auf der Grundlage eines ruhigen, selbstsicheren und gerechten Selbstbewusstsein entfalten können und der Intellekt wenig nach kompensierenden Motiven von verborgenen Konflikten suchen muss. Auslegung bezieht sich niemals auf die adäquate Erkenntnis einer vorhandenen Welt.

Im Falle der Verblendung verhält es sich natürlich dergestalt, dass die frühen Willensakte nicht in eine Erkenntnis des Wesensgutes von Individuum und Äußerem umgewandelt und damit sublimiert werden konnten. Das Individuum bleibt sich fremd und das Äußere sperrig. Trotzdem beharrt der Totalanspruch der Willensakte auf deren Umsetzung und verursacht dadurch schwere Konflikte. Denn da jeder Willensakt individuell ist, bedeutet seine Nichtumsetzung zugleich eine Behinderung der individuellen Entfaltung. Das heißt, dass späterhin jede Gegenwartserkenntnis auf das fragile Selbstbewusstsein bezogen bleibt. Stetig kreisen die Gedanken um die Kompensation dieser Konflikte, so dass das Individuum seinen Lebenslauf nicht adäquat nach seiner individuellen Idee verwirklicht, sondern in Verblendung. Auslegung bedeutet nicht, eine entgegenstehende „Realität" auszulegen und ihr Sein in der Beziehung zum Individuum zu erkennen, sondern eine Werterkenntnis von Selbstsein und Äußerem zu erlangen, wodurch die individuelle Idee verwirklicht werden kann. Durch Anerkennung von außen lernt sich das junge Individuum wertschätzen, und nur derjenige, der sich seines Wertes sicher ist, kann sich gegenüber der Welt öffnen und sich entfalten. Da die individuelle Idee nicht hinterfragbar ist, verhält sich das Individuum, das nach seiner Idee leben kann, zugleich gerecht und demütig gegenüber seinen Mitwesen. Denn Bestätigung hat das Individuum von den Bezugspersonen und von den Gegenständen, den Mitwesen, erhalten, nach denen es gierig gegriffen hat. Auslegung und Verblendung beziehen sich immer auf die individuelle Konstitution des Selbstbewusstseins. Erkenntnis ist keine Entschleierung einer vorhandenen Welt, sondern ein Ringen um Selbstverwirklichung, die von Gerechtigkeit getragen wird.

Das Gerede von Auslegung und Verständnis, die in irgendeiner Äußerlichkeit vorgefunden werden sollen, ist Unsinn. Denn die von außen angeschauten Phänomene sind leer, weil sie erst nach einer Analyse des historischen Bewusstseins erwachsen. Auslegung und Verständnis sind hingegen eng mit dem Phänomen der Handlungserkenntnis verbunden. Eine äußerlich angeschaute Handlungsweise, eine fremde wie unsere eigene, ist leer, weil wir über die fremde lediglich Vermutungen anstellen können und bei unserer eigenen nur ein Motiv erkennen, welches wir nicht richtig zu deuten vermögen. Das Motiv verstehen wir erst nach seiner Rückführung durch unser historisches Bewusstsein auf das Grundbewusstsein. Dann wird unsere ursprünglich als leer erkannte Handlungsgegenwart wahrhaftig und eigentlich. Von außen betrachtet ist diese Handlung immer noch leer, besitzt keinerlei Sein und ist uneigentlich, weil sie eigentlich eine Erkenntnis des Bewusst-Seins darstellt.

Ganz gleich verhält es sich mit dem zweiten Phänomen, den anschaulichen Gegenständen. Diese sind in Wirklichkeit nichts Seiendes an sich, sondern genauso leere Phänomene wie eine äußerlich angeschaute Handlung. Denn jeder anschauliche Gegenstand muss auf ähnliche Weise in der Historie des Bewusstseins schon einmal aufgetreten sein, weil einmal das vollkommen Neue nicht erkannt werden kann und zum Zweiten das Äußere wegen seiner permanenten Veränderung überhaupt keine Wirklichkeit besitzt. Die Anschauung liegt als zeitlos erkanntes Phänomen zugrunde und ist zugleich dergestalt mit der Selbstbewusstwerdung verknüpft, dass Äußeres und Selbsterkenntnis nicht getrennt werden können. Die Werteerkenntnis vom eigenen Dasein und den ergriffenen frühen Gegenständen hat eine intuitive Gewissheit von Zeitlosigkeit vermittelt. Erst in der Beziehung der permanent sich verändernden Außenwelt auf diese Zeitlosigkeit kommt unsere Anschaulichkeit zustande. Alle anschaulichen Gegenstände der späteren Gegenwart passieren diese Selbstgründung und sind deshalb individuell. Dagegen kann kein isoliertes äußeres Phänomen festgehalten werden und verkommt zur Illusion.

Bei den „idealen" Gegenständen verhält es sich etwas anders, weil sie Gegenstände der Gegenwart zu sein scheinen und schwer auf das Grundbewusstsein zurückgeführt werden können. Sie bilden das dritte Phänomen. Aber natürlich wäre es absurd, eine dreifache Welterkenntnis zu behaupten, die „ideale", die anschauliche und die Handlungserkenntnis. Die „idealen" Gegenstände entstammen der frühen Auseinandersetzung mit den rein anschaulichen Gegenständen. Das Gegenwartsbewusstsein ist in der Lage, den einst konkreten Umgang mit den frühen Gegenständen als sogenannte Kategorien und Naturgesetze zu abstrahieren. Da diese Beziehung in der Gegenwart nicht mehr sichtbar ist, scheinen die sogenannten Naturgesetze „ideale" Gegenstände zu sein. In Wirklichkeit sind sie als äußeres Phänomen genauso leer wie alle anderen, weil sie der Konstitution des Grundbewusstseins entstammen, also der Selbstbewusstwerdung, die sich am Äußeren vollzogen hatte. Daß sie leer sind, erkennen wir daran, dass jede Erkenntnis eines naturwissenschaftlichen Phänomens auf ein anderes verweist, das noch nicht erkannt worden ist. Das Potential der Nichterkenntnis der naturwissenschaftlichen Phänomene ist unendlich, weil diese Phänomene so abstrakt sind, dass sie nicht mehr auf das Grundbewusstsein zurückgeführt werden können. Viele stehen z.B. ahnungslos vor der neuentdeckten dunklen Materie, die den größten Anteil des Weltalls bilden soll. Ich bin sicher, dass wir noch viele Illusionen vernehmen werden. Auch der im Gegensatz dazu wahre „ideale" Gegenstand der Lichtbrechung existiert nicht als äußerer Gegenstand, sondern weil wir bestimmte Lichtwellen erkennen. Wenn die Menschheit ausstirbt, ist auch die von ihnen einst erkannte Lichtbrechung verschwunden. Für andere Erkenntnisweisen wäre unsere Optik gar nicht relevant, weil andere Erkenntnisweisen auch andere Lichtbereiche wahrnähmen oder Strahlungen, die durch unsere Gegenstände hindurchgingen. Es erschiene ihnen eine ganz andere Anschaulichkeit. Die „idealen" Gegenstände der Optik sind demnach Gegenstände des Bewusst-Seins. Sie entstammen dem Grundbewusstsein, weil das Individuum nach frühen Gegenständen gegriffen hat, die eine bestimmte Wellenlänge des Lichtes reflektiert haben. Ohne diese bestimmte und wahrscheinlich nur für die Primaten erlebbare Lichtbrechung führte der frühe Gegenstand überhaupt keine Existenz. Der

„ideale" Gegenstand Lichtbrechung, also die physikalische Berechnung von Einfalls- und Ausfallswinkel eines Lichtstrahles, der durch verschiedene Media hindurchgeht, ist ein wahrer Gegenstand, weil in allen Grundbewusstheiten Erfahrungen über die unterschiedlichen Media Wasser und Luft vorliegen. Wenn ein Stecken ins Wasser gehalten wird, erscheint dieser dem Betrachter gebrochen. Da in allen Grundbewusstheiten dieses Phänomen auftreten kann, ist die dazugehörige physikalische Berechnung wahr. Dagegen ist das Zeitmodell des Hawkins eine Erfindung, weil dessen Gegenstände im allgemeinen Grundbewusstsein niemals vorkommen.

Jeder Hörer versteht den Begriff eines allgemeinen Pferdes (Pferd), weil in der Konstitutionsphase seines Grundbewusstseins anschauliche Pferderfahrungen vorliegen. Der Begriff selbst ist so leer wie alle äußeren Phänomene. Der Name „Pferd" ist das Überbleibsel der ehemaligen begriffenen Tiererfahrungen, die das Selbstbewusstsein mit konstituiert haben. Der ausgesprochene Name selbst ist leer und wird von jedem Individuum mit seinen Vorstellungen gefüllt. Alle individuellen Vorstellungen von vorbewussten Pferdeerkenntnissen zusammengenommen bildet die Illusion eines „allgemeinen Pferdes". Da jeder anschauliche Begriff, der genauso wie derjenige eines allgemeinen Pferdes auf ein allgemeines Grundbewusstsein bezogen, wirklich ist, steht zwar nirgendwo ein allgemeines Pferd auf der Weide, gleichwohl ist „Pferd" ein wirklicher Begriff. Wenn dann der Wortlaut „Pferd" auf ein individuelles Grundbewusstsein trifft, wird dieser zu einem Begriff, der jedes Selbstbewusstsein unterschiedlich motiviert. Das allgemeine Pferd ist individuell geworden und immer noch wirklich. Jedoch ist das Pferd keine isolierte „Realität", sondern Bewusst-Sein. Die Sprache von außen betrachtet ist ähnlich leer wie eine Handlungsweise, die eine ist eine hörbare, die andere eine sichtbare Handlung.

Die Motivation der Rede eines Außenstehenden ist für andere undurchschaubar, zumal der Redner seine Motive zumeist selbst nicht kennt. Seine Äußerung ist Kompensationsdrang tiefliegender und vorbewusster Konflikte, die sich auf durch Rhetorik verbrämten Machterhalt oder eine Machterlangung richtet. Nach einer Analyse seines Selbstbewusstseins wären solche Ziele obsolet, weil die Konflikte dann ins Bewusstsein gelangten und eine andere Handlungsweise in den Blick geriete. Ein Ausheilen der Konflikte bedingt ein adäquateres Leben nach der individuellen Idee, demnach einen nachträglichen Sublimierungserfolg eines frühen Willensaktes. Ein Sublimierungserfolg bedeutet immer eine Werterkenntnis von Selbstsein und Äußerem, so dass plötzlich eine ganz andere Selbstachtung und ein Respekt vor anderen Wesen ermöglicht werden.

Da sich die Zuhörer einer Rede ebenfalls ihrer Konflikte nicht bewusst sind, werden diese von einer Ansprache, welche die Macht der Masse mit einbezieht und den Hörern damit in der Kompensation eigener Konflikte durch Stärkung ihres Selbstbewusstseins entgegenkommt, besonders motiviert. Auf das Ansprechen von vorbewussten Massenkonflikten versteht sich die Kunst der Propaganda. Der Massenmensch lehnt sich zurück, während er nachplappert und meint, alles zu verstehen. Er vermeidet die Analyse seines Nachplapperns und die Selbsterkenntnis, weil das Dogma der Rede auf die dumpfe Kompensation seiner Konflikte ausgerichtet ist. Da diese ihm Linderung seines gebrochenen Selbstbewusstseins verschafft, wird er fanatisch.

Auf der anderen Seite, wie wir an der Gruppe der Denkbeamten sehen, versperrt die Bodenlosigkeit ihres Geredes nicht etwa den Eingang in die Öffentlichkeit, sondern begünstigt ihn. Der studierenden Menge wird die Möglichkeit eröffnet, alles zu verstehen, ohne sich die Sache wirklich zugeeignet zu haben, wie Heidegger schön formuliert. Jene Gruppe kann reden, was sie wolle, weil Ansehen und Macht, die sie erreicht haben, die gleichen geheimen Ziele der Menge darstellen. Da solche Ziele nur gegen andere durchgesetzt werden können, kann Schwafelei von denen entschleiert werden, die sich selbst bewusst geworden sind. Denn sie haben bei sich selbst erkannt, dass Streben nach Macht und Ansehen stets gegen andere gerichtet ist und in Wirklichkeit die adäquate Entfaltung einer Individualität behindert. Denn sich selbst schätzen lernt das Individuum von anderen, denen es zum Dank verpflichtet ist. Auf die Gruppe der Staatsbeamten bezogen bedeutet Heideggers Ausdruck vom indifferenten Verständnis, dass die Studenten zu Hause noch einmal in Schönschrift übertragen, was im Seminar vorgeredet worden ist. Nur dieses wird nachreflektiert und muss auch noch den Vorrednern zur Prüfung vorgelegt werden, die weder Interesse haben an der Entwicklung der eigenen noch der fremden Individualität. Daraus erwachsen neue Vorredner. Deshalb wird eine neuzugründende Akademie den Schwerpunkt auf Techniken der Selbsterkenntnis setzen, worauf dann die fremden Gedanken bezogen werden müssen.

Die Welt selbst hält außer permanenter Veränderung nichts bereit, was das Individuum zum Verständnis entnehmen könnte. Verhielte es sich dergestalt, dass ein Individuum über sich selbst und andere Klarheit durch Erforschung der Welt erlangen könnte, dann hinge niemals ein Verzweifelter am Strick.

Wenn der eine sich demutsvoll verwirklicht und der andere seinen Mitmenschen die Energie absaugt, dann liegt das nicht daran, dass der zweite die Welt falsch interpretiert. Einen Sinn des vielfältig sich verändernden Äußeren zu verstehen, ist unmöglich. Es gibt eine Welt der Anschauung, eine Welt der Handlungen, von denen das Individuum einige als für sich selbst schädliche erkennt und sie trotzdem durchführt, eine Welt der „idealen" Gegenstände, die draußen nicht vorgefunden werden und trotzdem existieren, eine Welt der Unbelebten, eine der Belebten ohne Erkenntnis, eine der Belebten mit Erkenntnis, sowie schließlich eine Welt des Todes, die in den Augen der Nichtwissenden nur ein Nichts sein kann, weil sie alle Welten als nach ihrem Tode übrigbleibend denken. Doch wie können das Nichts und das Übrigbleibende gleichzeitig existieren? Und was ist mit der Welt vor der Geburt, ist diese auch ein Nichts oder ein anderes Nichts? Die Ontologen sagen, dass es ein Sein an sich gäbe, aber warum ist das einzige Sein zugleich vielfältig? Warum sind einige Menschen offensichtlich klaren Verstandes und andere verblendet, und wie kann ich beide Zustände unterscheiden? In Wirklichkeit ist das Gerede über die Existenz einer äußeren „Realität" naiv, weil das geglaubt werden soll, was anscheinend gesehen wird. Dann lassen sich die Schwätzer auch nicht davon beirren, wenn ihnen ihre sogenannte „Realität" als Welt der leeren Phänomene und der Widersprüche nachgewiesen wird. Da Verblendung sich oft zum Schaden der Mitwesen auswirkt, darf die Jugend auf keinen Fall von Schwaflern unterrichtet werden, die sich selbst nicht erkannt haben. Denn die Ketten der Abhängigkeit vom Nichtwissen müssen einmal durchschlagen werden.

Die Richtung von frühen Willensakten auf irgendetwas hin liefert in der Untersuchung keine Erkenntnis. Wird Nahrung verschlungen, verschafft das Lust, widerstrebt ein nicht eßbarer Gegenstand dem Verschlingungswunsch, entsteht Unlust. Lust und Unlust sind Ausdruck des Geworfen-Seins in die Welt, aber warum das Individuum da ist, versteht es nicht. An wiederholten Einverleibungsversuchen und deren Scheitern erkennt sich kein Individuum, sondern an der Widerspiegelung seines Verhaltens durch Bezugspersonen. Die Qualität der Pädagogik und die äußeren Umstände konstituieren die Selbsterkenntnis, die sich am Äußeren vollzieht. Das isolierte Individuum, das sich nicht in der Welt spiegelte, bliebe ohne Erkenntnis. Daß das Individuum prinzipiell einen nicht hinterfragbaren Selbstwert besitzt, nimmt ihm die Last des Verstehenmüssens. Einsicht kann vorerst beiseite gelassen werden, weil es zuerst zu leben gilt. Im Verschlingungswunsch nach den äußeren Gegenständen kommt der Totalanspruch der frühen Willensakte zum Ausdruck, die auf ihre Verwirklichung drängen. Dieses nenne ich die individuelle Idee, die entweder adäquat umgesetzt werden kann oder defizitär. Adäquate Umsetzung erfolgt, wenn dem Individuum sein nicht hinterfragbarer Selbstwert gespiegelt wird, welches nur unter Einschluß einer gleichzeitigen Werterkenntnis der äußeren Gegenstände möglich ist. Denn alle Willensakte sind vom Verschlingungswunsch nach dem ihnen Anderen geprägt. Das Individuum erkennt sich am Äußeren und das Äußere durch sich selbst. Diese Selbsterkenntnis kann im Falle von beschränkten Bezugspersonen scheitern und ermöglicht lediglich ein konfliktbelastetes Selbstbewusstsein, welches jedoch zeitlebens auf die individuelle Gegenwart bezogen bleibt. Denn der Totalanspruch der Willensakte auf ihre Umsetzung ist zeitlos. Sie werden entweder sublimiert, so dass das Individuum sich verwirklicht, oder sie dringen zeitlebens auf Kompensationen der tiefsitzenden Defekte. Ein und dasselbe Individuum besitzt ein Potential von vielen Biographien. Wenn darüber hinaus die individuelle Idee, die Gesamtheit aller individuellen Willensakte, zeitlos ist, und demzufolge vor der Geburt vorhanden gewesen ist wie auch nach dem Tode existieren wird, dann wird jeder Grad an Nichtverwirklichung der individuellen Idee und der daraus entstehenden Folgen für die Mitwesen in einem weiteren Leben abzubüßen sein. Das ist der tiefere Sinn von Gerechtigkeit.

Alle Fragen lassen sich erst dann beantworten, wenn wir von der Grundlegung eines Selbstbewusstseins ausgehen, das sich am Äußeren erkennt und welches das Äußere durch sich selbst erfasst. Daraus entfalten sich die drei Phänomene. Da in der frühen Konstituierung des Selbstbewusstseins das Selbstsein und das Äußere nicht voneinander geschieden werden können und späterhin alle Phänomene auf das Selbstbewusstsein bezogen werden, existiert keine „Realität" an sich. Anschauliche Phänomene rein äußerlich betrachtet sind leer, ihnen wird nur meistens eine eigenständige Existenz untergeschoben, die in Wirklichkeit die zeitlose Erkenntnis des Selbstwertes und des Wertes des Äußeren darstellt, die ins Vorbewusste entglitten sind. Diese vorbewusste Ahnung wird nach draußen geschoben. Die Anschaulichkeit kann nichts Neues enthalten, sondern allein Ähnliches, das schon einmal aufgetreten ist. Dieses Ähnliche ist dasjenige des Grundbewusstseins, in dem keine Scheidung zwischen Selbsterkenntnis und Äußerem möglich ist. Deshalb existiert keine „Realität" an sich als reine Gegenwartserkenntnis. Ziel der Untersuchung ist immer das Selbstbewusstsein, weil dadurch eine zeitlose Gründung des Individuums sichtbar wird, an welcher die permanente Veränderung der äußeren Phänomene zum Stillstand gelangt.

Die antike Auffassung, dass in der Anschauung ursprüngliche und echte Wahrheit liege, gilt nur, wenn der Erkennende zugleich über sich selbst Bescheid weiß. Denn wenn jemand meint, dass die Anschauung als „Realität" an sich vorhanden sei, dann ist er verblendet. Er müsste dann die Existenz verschiedener paralleler Welten erläutern und ihren Zusammenhang erklären, wozu natürlich auch die Zustände vor der Geburt und nach dem Tod gehören. Wenn er diese beiden Zustände als Nichts deutet, muss er mir aufweisen, warum Etwas aus Nichts entsteht und ins Nichts wieder zurückfällt. Wenn Etwas aus Nichts entsteht, besitzt das Nichts keine unendliche Zeitdauer. Er hat zu erläutern, warum ein begrenztes Etwas ein Nichts sein soll. Danach hat er mir aufzuweisen, warum das irgendwie aus dem Nichts folgende Etwas nicht zufällig entstanden ist, denn wenn es ein Zufälliges wäre, wie könnte dann in der Welt das strenge Kausalitätsgesetz herrschen? Er müsste erklären, warum ein neu aus dem Nichts entstehendes Etwas nicht zufällig ist. Zu guter Letzt muss er auch diskutieren, ob Handlungsmotive für das Individuum zufällig auftauchen oder nicht. Wären diese zufällig, gälte das auch für den Ablauf in der Welt, denn da ich ein Teil der Welt bin, kann ich nicht handeln, wenn mich zufällig ein Motiv berührt, während alles um mich herum streng kausal geschieht. Wenn Handlungen nicht zufällig ablaufen, dann muss er mir deren Grund nachweisen. Alle diese Fragen kann derjenige nicht beantworten, der an eine Welt glaubt, die ihm als Äußerlichkeit an sich gegenübersteht. Daß einige sich trotzdem getrauen, sich an die Beantwortung solcher Art Fragen zu begeben und zugleich eine „Realität" an sich behaupten, endet nach zwei Seiten in horrenden Widersprüchen. Solche Experten erinnern mich immer an Kühe, die blöd-neugierig glotzen, wenn ich an ihnen vorbeigehe.

Richtig ist, dass die Anschauung als Gegenwartsphänomen auf ein in der Historie zurückliegendes Grundbewusstsein bezogen ist, in welchem die Gegenwartsphänomene auf andere Weise schon einmal aufgetreten sind. Da sich im Grundbewusstsein das Individuum im Begehren von anschaulichen Gegenständen erkennt und sich die Gegenstände durch das wachsende Selbstbewusstsein entfalten, gibt es keine dem Individuum entgegenstehende Äußerlichkeit. Die antike These, dass in der Anschauung die Wahrheit liege, ist insofern richtig, weil das Grundbewusstsein sich zuerst rein anschaulich konstituiert, wenn nach den konkreten Gegenständen gegriffen wird. Da das Individuum dergestalt sich selbst erkennt, meint jeder, dass die Anschauung etwas Wahres enthalte und legt dem Äußeren eine eigenständige „Realität" bei. Wenn nun jedermann die Wahrheit in der Anschauung erkannt haben soll und diese als Äußerlichkeit an sich zu deuten sei, dann müsste jeder von solcher Achtung gegenüber der Welt erfüllt sein, dass keiner sich ihr gegenüber ungerecht und egozentrisch verhalten könnte. Da von Gerechtigkeit erfüllte Individuen äußerst selten sind, folgt dann daraus, dass die Allgemeinheit die Wahrheit nicht erkannt hat? Und wenn dieses sich so verhält, muss sie dann eine Scheinwelt erkannt haben? Für die These, dass die Allgemeinheit sich die Wahrheit nicht vergegenwärtigt hat, spricht, dass die meisten eine Äußerlichkeit an sich behaupten und nichts dabei finden, andere Wesen gnadenlos für sich auszunutzen. Hieraus folgt, dass wir nicht ohne Prüfung des historischen Bewusstseins sagen können, ob die Anschauung etwas Wahres enthalte. Denn viele verhalten sich ihren Mitwesen gegenüber dumm, rücksichtslos, egoistisch und ohne jedes Mitleid.

Aus der Analyse des Bewusstseins und speziell aus derjenigen des Grundbewusstseins ergibt sich die Auflösung des Problems. Das frühe Bewusstsein wird rein anschaulich gegründet, weil zuerst nur nach äußerst konkreten Gegenständen gegriffen werden kann. Es wird nichts Äußeres an sich erkannt, sondern es entsteht ein Selbstbewusstsein, das sich am Äußeren wahrnimmt, und das Äußere wird durch das individuelle Selbstsein erkannt. Selbsterkenntnis und Äußeres stehen in einem Abhängigkeitsverhältnis zueinander, und diese Beziehung wird darüber hinaus noch durch die Pädagogik der Bezugspersonen beeinflusst. Durch die Spiegelung des individuellen Selbstwertes im sozialen Umfeld erkennt sich das Individuum. Da es zugleich einen Verschlingungswunsch gegenüber dem begehrten Gegenstand besitzt, der prinzipiell beharrt und nur sublimiert werden kann, weicht nach erfolgter Spiegelung des Selbstwertes der Widerstand des Äußeren zurück, weil das Individuum dem Gegenstand eine Erkenntnis über sich verdankt. Was kann es für das Individuum Besseres geben, als in das Licht seiner Welt einzutreten? Das Zurückweichen des äußeren Widerstandes wird intuitiv als Erlebnis der eigenen Freiheit erfahren. Da dieses bei jeder adäquaten Selbsterkenntnis zu jedem Zeitpunkt geschieht und damit zeitlos ist, versinkt diese Erfahrung im Vorbewussten. Wird die frühe Selbsterkenntnis dagegen durch Narzißmus, Egozentrik, Ideologie oder allgemeine Beschränktheit des Intellektes der Bezugspersonen behindert, verläuft die Gründung des Selbstbewusstseins konfliktbelastet. Der Konfliktfall erwächst dem Individuum genauso zur Identität wie die adäquate Selbsterkenntnis. Diese gebrochene Identität ist für das Individuum so wirklich wie ein sicher gegründetes Selbstbewusstsein. Da die anschaulichen Gegenstände der Gegenwart auf unterschiedliche Selbstbewusstheiten bezogen sind, existiert keine allgemeingültige Anschauung, sondern immer nur eine individuelle. Deshalb bedarf die antike These, dass die Anschauung etwas Wahres enthalte, der Analyse des historischen Bewusstseins.

Darüber hinaus ist die frühe Selbsterkenntnis zwar auf rein anschauliche Gegenstände ausgerichtet, jedoch von dem Phänomen der Handlungserkenntnis nicht ablösbar. Denn Grundlage der Selbsterkenntnis, die sich am Äußeren vollzieht, stellen die Willensakte dar, die aus dem Unbewussten ins Vorbewusste sublimiert übertragen werden. Und bei einer adäquaten Sublimierung kann sich das Individuum im größeren Ausmaß verwirklichen als bei einer konfliktbelasteten. Die Psychoanalyse lehrt uns, dass kein Individuum zeitlebens von seinen Konflikten verlassen wird, bis es diese endlich aus dem Vorbewussten ins volle Bewusstsein gehoben hat. Die Konflikte sind beharrlich, weil die dahinterstehenden Willensakte, die auf ihre Umsetzung bestehen, einen Totalanspruch besitzen. Die Beharrlichkeit ihrer Verwirklichung kann nur so definiert werden, dass die Willensakte mit allen äußeren Gegenständen wieder vereint werden wollen, um die anderen beiden Zustände, die außerhalb der Erkenntnis der Zeit herrschen, nämlich diejenigen vor der Geburt und nach dem Tod, wiederherzustellen. Die Willensakte erscheinen also nicht zufällig, sondern sind im Unbewussten, der individuellen Idee, versammelt, welches die Brücke schlägt von der Zeitlosigkeit zur Erkenntnis der Lebenszeit. Da der Totalanspruch, den die Willensakte ursprünglich besitzen, nicht verwirklicht werden kann, müssen sie sublimiert werden. Hierauf konstituiert sich das Grundbewusstsein, genauer definiert als Selbsterkenntnis durch das Äußere und Erkenntnis des Äußeren durch das eigene Dasein. Aus dem Erfolg oder Misserfolg der Sublimierung erwächst das Selbstbewusstsein. Jeder Konflikt oder jede adäquate Sublimierung von frühen Willensakten wirkt sich auf die Gegenwart aus, weil kein Willensakt davon ablässt, sich selbst verwirklicht zu sehen. Deshalb ist jede Erkenntnis der Gegenwart auf die Konstitution des Selbstbewusstseins bezogen. Und zugleich bleibt jedes Individuum, obwohl es während seines Lebens der Zeiterkenntnis unterworfen ist, mit den Zuständen Vorgeburt und Nachtod verbunden.

Das junge Individuum greift zuerst nach rein anschaulichen Gegenständen; dahinter steht jedoch ein Willensakt, der sublimiert werden muss. Deshalb ist das Phänomen der Anschauung von dem der Handlungserkenntnis nicht zu trennen, und es wäre vollkommener Blödsinn, von einer entgegenstehenden Äußerlichkeit zu sprechen. Durch den Zusammenhang von Anschauung und Handlungserkenntnis, der den Bezug der Anschauung auf die individuelle

Wirklichkeit bedeutet, wird so etwas wie eine Wahrheit, welche die Anschauung vermittle, gespürt. Denn das Individuum existiert wahrhaftig durch seine Handlungsweise. Ohne Analyse des historischen Bewusstseins kann der Bezug jedoch nicht verdeutlicht werden, und die Aussage, dass in der Anschauung etwas Wahres verborgen liege, bliebe verdunkelt.

Die Selbsterkenntnis des Individuums im Verlauf der Konstituierung des Grundbewusstseins geschieht durch konkrete und anschauliche frühe Gegenstände. Aus der Aufeinanderfolge des frühen Ergreifen-Wollens erwächst das Selbstbewusstsein, welches sich dadurch mit den konkreten Gegenständen verknüpft. Da fortan alle Gegenwartserkenntnisse auf diese Konstitution des Grundbewusstseins zurückweisen, ergibt sich für die Individuen die Priorität der Anschaulichkeit, also des Sehens. Das Sehen ist mit der individuellen Verwirklichung verknüpft, weshalb dem Äußeren fälschlicherweise eine eigenständige „Realität" beigelegt wird.

Neugierig kann ein Individuum nur sein, wenn sein Grundbewusstsein auf Erfahrungen beruht, die es einigermaßen selbstsicher gemacht haben. Erst von einem festen Fundament aus kann es gierig nach etwas Neuem abspringen. Ein anderes Individuum brütet in seinem Gedankenkarussell vor sich hin, dumpf nach Kompensationen vorbewusster Konflikte suchend. Es ist gehemmt. Wenn uns ein neugieriges Individuum entgegentritt, ist dieses nichts Neues, weil seine Gier auf Neues früher schon einmal von der Umwelt positiv gespiegelt worden und damit ein offenes Zugehen auf Neues gegründet worden ist. Neugierde darf wiederholt werden. Die Welt besteht nicht etwa aus Situationen, die neugierig machen, sondern die Gelegenheiten existieren für ein offenes und selbstsicheres Individuum. Für ein dumpf vor sich hinbrütendes Individuum käme diese Welt gar nicht vor. Im Gegensatz dazu gibt es auch ein Getrieben-Sein durch Neugier, das in Wirklichkeit eine Sucht darstellt. Dieses ist eine Gier nach ständig neuen Reizen, die als Getrieben-Sein aus der Not der Langeweile entstanden ist. Sie vermittelt den Schein des „lebendigen Lebens", weil das Individuum sein Gefangen-Sein in seinen vorbewussten Konflikten nicht erträgt und die Aktivität, die es für sich selbst aufwenden sollte, nach außen trägt. Dieses gelangt in der hohlen und schalen Glitzerwelt von Las Vegas unübertrefflich zum Ausdruck.

Die verschrobenen Denkgebilde der Staatsbeamten werden nicht gehört, weil sie eine Wahrheit vermitteln, sondern weil deren Schüler Karriere machen wollen. Sie sind Staatsgerede. Jede Selbsterkenntnis vollzieht sich durch Ergreifen-Wollen des Äußeren. Jeder Widerstand eines äußeren Gegenstandes bleibt im größeren oder geringeren Maße bestehen, weil der Totalanspruch der Willensakte nicht durchsetzbar ist und diese lediglich sublimiert werden können. Die Individuen werden weiterhin getrieben, sich gegen das Äußere durchsetzen zu müssen. Alles, was die Mitwesen verfügbar macht, dient den Individuen zum Fortkommen. Da diese Weltsicht im Selbstbewusstsein zugrunde liegt, wird sie nicht infrage gestellt. Das Individuum rührt nicht an sich selbst, weil es nicht verunsichert werden will. Seine Weltsicht ist die Welt des Anhaftens am Schein einer äußeren „Realität“, die dreist als Wahrheit ausgegeben wird. Jeder wisse schon im Voraus, was gemacht werden müsse, jeder ahne und spüre, was andere ahnen und spüren, sagt Heidegger ganz wunderbar. Das angebliche Verstehen, das in Wirklichkeit ein Nichtverstehen ist, wird den Individuen vorgegeben, so dass andere Möglichkeiten ihrer Entfaltung gar nicht erst aufkommen. An sich selbst verschwenden solche Individuen keine Gedanken, weil zu deren Selbstbewusstsein das Anhaften am Schein einer Äußerlichkeit gehört. Möglichst viel angeblich Wertvolles soll zusammengerafft werden, obwohl alle wissen, dass es in den Sarg nicht mit hineinpasst. Das permanente Gerede der Staatsbeamten ist weitergelaufen und lässt den Individuen keine Zeit zum Nachdenken. Die Individuen verfolgen das Hinterher-denken. Wenn das öffentliche Gerede sich zu Tode gequatscht hat, erhalten die Verschwiegenen ihre Chance. Das öffentliche Gerede und das Füreinander-sein auf den falschen Akademien ist Schein, weil jeder darauf achtet, wie klug der andere sich gibt und was er zu sagen hat. Hinter der Klugheit und dem Anschein anderer darf keiner zurückfallen. Das gespannte Aufpassen aufeinander wird zur öffentlichen Meinung, jedoch dasjenige, was dahintersteht, niemals ausgesprochen. Es wird darum herumgequatscht. Öffentliches Gerede ist eines der von der Vergangenheit isolierten Gegenwart, das nur in die unwirkliche Zukunft gerichtet ist. Es ist abgeschnitten von der Analyse des historischen Selbstbewusstseins.

Die Individuen verfallen nicht der Öffentlichkeit, sondern sie gestalten diese selbst aus ihrem Nichtwissen heraus. Sie haben sich selbst verloren, weil sie von ihrer eigenen Vergangenheit abgeschnitten sind. Da sie in die Zukunft ausgerichtet sind, müssen sie für ihr verschrobenes Selbstbild zusammenraffen, was geht, Gegenstände, Meinungen, Lehren. Sie haben das gemeinsame Band zu ihren Mitwesen verloren, das ihnen ganz ins Vorbewusste entglitten ist. Dort ruht in der Tiefe, dass sie sich in ihrer Frühzeit am Äußeren einmal selbst erkannt hatten und dass sie diesem Äußeren etwas verdanken, nämlich sich selbst. Ein gesundes Selbstbewusstsein zeichnet aus, dass das Individuum nicht vor sich selbst davonläuft. Aber den Verlorenen bleibt nur übrig, soviel anzusammeln, wie irgend geht, um das Verloren-gegangene zu kompensieren. Öffentliche Meinung sei das Aufgehen im Miteinandersein des nachlaufenden Geredes, der (ruhelosen) Neugier und der Zweideutigkeit, sagt Heidegger; jedoch ist die öffentliche Meinung keine Welt da draußen, füge ich an, sondern Nichtwissen. Unwissenheit und Verdrängung der individuellen Historie. Diese Individuen leben im Anhaften am Schein, der ein Zusammenschieben von Äußerlichkeiten darstellt; Gegenstände, Meinungen und Lehren werden vereinnahmt, um als Reicher in der Hierarchie eines angeblichen Äußeren die angesehenste Position einzunehmen.

In Wirklichkeit existiert diese Hierarchie gar nicht und drückt dadurch das moralische Dilemma aus. Denn in jeder Historie liegt zugrunde, dass das Individuum sich einst am Äußeren erkannt und ein Gemeinsames zwischen sich selbst und dem Äußeren vermerkt hatte. Wenn diese Historie abgeschnitten wird, bleibt nur noch, soviel wie möglich zugunsten einer Selbstentfaltung gegenüber dem Äußeren und allen Mitwesen durchzusetzen. Diejenigen, die den Schein einer entgegenstehenden „Realität" für wahrhaftig halten, haben ein klares Ziel vor Augen. Das Anhaften am Schein der isolierten Gegenwart ist zwar verbreitet, aber nicht die Bestimmung des Individuums. Diese ist seine Befreiung aus dem Nichtwissen durch lebenslanges Bemühen um Selbsterkenntnis. Das Individuum, das sich selbst verloren hat, beruhigt sich dagegen in seinem Aufgehen im öffentlichen Miteinander-sein. Es blendet eine Reflektion seiner Handlungsweise aus, weil alles in bester Ordnung ist. Diese Beruhigung ist in Wirklichkeit ruhelos, weil nach jeder Aneignung eines Gegenstandes (Gold, Ansehen, Macht, Trieberfüllung) eine neue Begehrlichkeit erwacht. Das Individuum ist zerrissen zwischen Beruhigung und gieriger Unruhe, es ist sich selbst fremd in seinem Aufgehen in der Öffentlichkeit. Dem Individuum bleibt seine Entfremdung verborgen, weil es diese als normales Leben auffaßt, das ihm in der Durchsetzung gegen andere eine Karriere und damit vermeintliches Glück verspricht.

Die Befindlichkeit als Ausdruck der Beziehung von Gegenwart auf das adäquat oder kompensatorisch ausgerichtete Selbstbewusstsein ist wahrhaftig, weil sie jederzeit erlebt wird. Sie ist auch dann wahrhaftig, wenn die Gegenwart eine permanente Kompensation von vorbewussten Konflikten darstellt. Deshalb sind Trugbilder, Chimären und Machtphantasien ebenso wahrhaftig wie das sogenannte normale Leben, in welchem jeder gegen den anderen den besten Platz für sich beansprucht. Wenn das normale Leben dergestalt erlebt wird, ist es wahrhaftig. Doch ist das wahrhaft Erlebte nur wahrhaftig bezogen auf den gerade erlebten Lebenslauf, der auch ein anderer hätte sein können. Wenn die frühen Willensakte sich adäquat sublimiert hätten und das Individuum seinen eigenen Wert als vollkommen gleich mit allen anderen Wesen erkannt hätte, dann stünde es seiner individuellen Idee wesentlich näher und müsste nicht in seiner Gegenwart tiefsitzende Konflikte kompensieren. Es besäße eine ausgewogene Selbsterkenntnis, die sich den äußeren Gegenständen verdankt hat. Daraus wäre ein Selbstbewusstsein entstanden, das sich im Zustand der gelassenen Demut mit den Mitwesen befindet und nicht eines, das unsicher ist und sich im Krieg mit den anderen befindet.

Das als wahrhaftig Erlebte kann also nach der Analyse als Trug enttarnt werden. In der Analyse kann herauskommen, dass das als wahrhaftig Erlebte der Gegenwart lediglich eine Kompensationshandlung von tiefsitzenden Konflikten gewesen ist. Wenn diese aus dem Vorbewussten ins volle Bewusstsein gehoben werden, dann wird das eben noch wahrhaft Erlebte fallengelassen und eine ganz andere Gegenwart gelangt ans Licht. Sie wird eine sein, die wesentlich adäquater zur individuellen Idee verläuft. Das Individuum wird mehr mit sich selbst im reinen sein. Ich rede davon, dass diese Art der Handlungserkenntnis die eigentliche ist. Die Befindlichkeit als Beziehung einer Gegenwartserkenntnis auf das Selbstbewusstsein ist wahrhaftig; da das Selbstbewusstsein jedoch unterschiedlich konstituiert sein kann, bedarf es in jedem Fall der Analyse, um den Anteil kompensatorischer Ersatzhandlungen sichtbar zu machen. Dieses ist das Problem am Phänomen der Handlungserkenntnis, dass der Verblendete, der Dumme und der Bösartige alle gleichermaßen vom Recht auf ihre Handlungsweisen überzeugt sind. Die Handlungserkenntnis solcher Menschen ist jedoch uneigentlich.

Die Menschen sind dem Nichtwissen der Alltäglichkeit verfallen und laufen der öffentlichen Meinung hinterher. Im Verfallen zeigt sich zugleich die Leere der als äußerlich angeschauten Welt, weil die Menge sich nicht selbst reflektiert und lediglich an der Illusion eines Äußeren hängt. Wenn jedes Individuum während der Konstituierung seines Grundbewusstseins sich am Äußeren erkennt, dann gehört das Äußere zum Selbstbewusstsein und ist hernach nicht wieder aus diesem herauslösbar. Deshalb wird ein vom Selbstbewusstsein isoliertes Äußeres in Wirklichkeit nicht als „Realität" erkannt, sondern als leeres Phänomen. Die öffentliche Meinung ist leer, zu welcher z.B. die These vom Urknall als Zeitanfang und diejenige von der Unendlichkeit des Weltalls gehören. Sie ist dann zugleich unwahr, wenn ihre Gegenstände nicht auf das

Grundbewusstsein bezogen werden können, in welchem sie auf irgendeine Weise schon einmal aufgetreten sein müssen. Gegenstände sind unwahr, wenn sie abgelöst vom historischen Bewusstsein solche der Gegenwart sind, die in irgendeine phantasierte Zukunft hineinragen. Dagegen ist jede individuelle Erkenntnis wahrhaftig, weil Selbstbewusstsein und Äußeres im Grundbewusstsein zusammengefallen sind und die individuelle Gegenwart hierauf bezogen ist. Diese historische Beziehung sichert die Wahrhaftigkeit, jedoch überhaupt nicht die Qualität der Erkenntnis, die adäquat oder kompensatorisch sein kann.

Jedes Individuum entfaltet einen Lebenslauf adäquat oder kompensatorisch zu seiner Individuellen Idee. Denn aus dem Unbewussten, das die Totalität aller individuellen Willensakte umfasst, müssen die frühen Willensakte zuerst in ein Vorbewusstes gelangen, das die Grundlage für die spätere Erkenntnis der drei Phänomene, nämlich Anschauung, Handlungserkenntnis, „ideale" Gegenstandserkenntnis, bildet. Das Grundbewusstsein gestaltet sich aus der vorbewussten Werterkenntnis über das eigene Dasein und das Äußere, anders gesagt aus der Selbsterkenntnis durch das Begreifen-Wollen von frühen Gegenständen. Durch soziale Begleitumstände kann die Umwandlung der frühen Willensakte aus dem Unbewussten ins Vorbewusste gestört werden, so dass der Anspruch der Willensakte auf Umsetzung der individuellen Idee scheitert. Daraus entstehen ein unsicheres Selbstbewusstsein und eine Kompensationshaltung gegenüber dem Äußeren, also eine Ausnutzung der Mitwesen mit wenig Skrupel. Der Lebenslauf aus unsicherem Selbstbewusstsein wird anders verlaufen als derjenige, in welchem sich das Individuum am Äußeren adäquat erkannt hat. Jedes Individuum existiert in der Alltäglichkeit des Nichtwissens, solange es nicht seine Gegenwartserkenntnis an der Historie seines Bewusstseins überprüft hat und damit eventuell eine Änderung im Handeln und Denken herbeiführt. Da jedes Individuum sich durch das Äußere selbst bewusst geworden ist, bedeutet eine Handlungsänderung zugleich eine andere Einstellung gegenüber den Mitwesen. Denn dem Individuum ist näher gerückt, dass es seine Erkenntnis dem Äußeren verdankt hat. Deshalb existiert keine Äußerlichkeit an sich, sondern eine individuelle Wirklichkeit, die eine Analyse erfordert. Eine Zusammensetzung von äußeren Bruchstücken liefert nicht das Ganze einer individuellen Wirklichkeit, denn im Grundbewusstsein wird nicht ein Äußeres erkannt, sondern es konstituiert sich ein Selbstbewusstsein, das auf ein Äußeres bezogen ist. Darum steht uns nach einer Analyse eines individuellen Daseins nicht nur die individuelle Struktur, sondern auch diejenige des Alls zur Verfügung.

Wir haben herausgearbeitet, dass für jedes Individuum eine Reihe von Lebensläufen zur Verfügung steht, die sich wegen unterschiedlicher sozialer Begleitumstände qualitativ unterscheiden. Da theoretisch jeder sich in seiner moralischen Handlungsweise einwandfrei und seinen Mitwesen gegenüber in Demut verwirklichen könnte, existiert eine individuelle Idee des Menschen. Deren weiteres Merkmal ist ihre Zeitlosigkeit, die somit die anderen beiden Zustände vor und nach der Erkenntnis der Lebenszeit, also Vorgeburt und Nachtod, einschließt. Nur die Willensakte, die sich nach äußeren Gegenständen verzehren, können aus dem Unbewussten ins Vorbewusste übertreten, weshalb das Unbewusste den Fundus aller individuellen Willensakte bereithält. Denn kein individueller Willensakt, der jeweils auf einen äußeren Gegenstand gerichtet ist, kann vollkommen neu entstehen, weil der Mensch dann ein zufällig entstandenes Individuum in Abhängigkeit zum Äußeren darstellte. Er wäre kein Individuum mehr, sondern ein Äußeres. Deshalb ist das Unbewusste als Gesamtheit aller individuellen Willensakte die individuelle Idee des Menschen. Genauso ist es kompletter Blödsinn, was heutzutage die Neurophysiologie lehrt, die das individuelle Ich als die Summe seiner biochemischen Vorgänge deutet. Denn aus einer permanent sich verändernden Biochemie kann niemand ein Individuum heraussetzen, sondern nur durch den Bezug dieser Veränderung auf etwas, das sich nicht ändert. Individualität bedeutet, dass jede Handlungsweise ihren Grund besitzt.

Das Unbewusste ist zeitlos, weil ich nachgewiesen hatte, dass alle Willensakte über einen Totalanspruch ihrer Verwirklichung verfügen, der höchstens sublimiert werden kann, aber prinzipiell durch alle Zeiten hindurch beharrt. Das schlägt die Brücke hinüber zum Zustand nach der Erkenntnis der Lebenszeit, zum Nachtod, weil jedes Maß an Nichtverwirklichung der Willensakte ebenfalls bestehen bleibt. Damit werden wir einst wieder konfrontiert werden. Wenn das Unbewusste, die individuelle Idee, zeitlos ist, dann ist sie dasselbe wie die Erfahrung der Existenz in der Meditationsübung und die Einheit aller Wesen, das Wesensgut, die jedes Individuum im Grundbewusstsein intuitiv erkennt. Jedes Individuum, das seinen Intellekt gereinigt und seine Gedankenkette durchtrennt und auf den Meeresgrund hat rasseln lassen, erkennt in der Meditation dieselbe Existenz. Deshalb liegt sie jedem auch zugrunde und ist kein theoretisches Gespinst. Ich hatte sie dargestellt als Erfahrung unserer individuellen Freiheit, die wir immer an jeder frühen Selbsterkenntnis, die sich an einem Äußeren entfaltet, vermerken. Sie bildet die Grundlage zur Erkenntnis der drei Phänomene, weil diese nur in Beziehung auf diese beharrliche Zeitlosigkeit ein stehendes Bild ergeben. Isolierte äußere Phänomene sind dagegen leer und nichts anderes als Illusionen. Sie sind unaufhaltsame Veränderung.

Als Äußerlichkeiten betrachtet sind also alle Phänomene leer. Da alle Phänomene in der Abhängigkeit von der Konstitution des Selbstbewusstseins entstehen, kann das Äußere im Selbstbewusstsein wiedererkannt werden und umgekehrt. Denn die Reihenfolge der Wesen, die wir als äußerliche erkennen, reicht von der Nichterkenntnis der Unbelebten bis zur Selbsterkenntnis bei den Primaten. Genauso können wir menschlichen Individuen in Nichterkenntnis unseren Zwängen ausgeliefert sein, oder uns adäquat in Selbsterkenntnis verwirklichen. Existenz, Wesensgut, Unbewusstes, individuelle Freiheitserfahrung sind alle ein und dasselbe Sein. Dadurch, dass es zeitlos ist, kennt es alle Zustände und ist somit im Besitz eines Planes. Dieser ist lächerlich einfach, weil er für jeden lediglich bedeutet, sich dem Plan zu überlassen. Die Einfachheit ist das genaue Gegenteil der ständig kreisenden Zwangsgedanken, so dass jeder diese Einfachheit gewahren kann, der zum Zuschauer seiner Gedanken geworden ist. Dasjenige, was stetig vorbeifliegt, die Gedanken, ist etwas anderes als der Zuschauer selbst.

Kann an den ausgezeichneten Zuständen der Befindlichkeit, Furcht und Angst, die Beziehung des Gegenwartsbewusstseins auf das Grundbewusstsein noch einmal verdeutlicht werden? Zuerst einmal ist es falsch, wenn gesagt wird, dass Furcht als Folge eines aus der äußeren Welt drohenden Unheils auftrete. Denn da das Unheil noch gar nicht eingetreten ist, wurzelt die Furcht im Individuum. Furcht tritt solange auf, wie noch ein Rest an individueller Handlungsfähigkeit vorhanden ist; wenn gar keine Handlungsmöglichkeit mehr existiert, herrscht Angst. Eine Handlung geschieht prinzipiell niemals zufällig, sondern besteht aus einem gegenwärtigen Handlungsmotiv, das gerade wegen seiner Beziehung zur Vergangenheit des historischen Bewusstseins erwählt worden ist. Furcht existiert, solange noch die gegenwärtige unheilvolle Situation auf ein geringes Fünkchen Mut und damit Hoffnung im Grundbewusstsein bezogen werden kann. Mut erscheint nicht zufällig in der Gegenwart, sondern tritt am häufigsten auf, wenn das Individuum frühzeitig gelernt hat, sich auseinanderzusetzen. Dadurch besitzt es ein Grundvertrauen in seine Fähigkeiten. Furcht als ausgezeichneter Zustand der Befindlichkeit ist geradezu selbst die Beziehung des Gegenwartsbewusstseins auf das Grundbewusstsein.

Dagegen tritt Angst dann auf, wenn überhaupt keine Handlungsfähigkeit mehr existiert. Angst herrscht in der Ausweglosigkeit des Zusammenbruches des historischen Bewusstseins. Dann existiert die reine Bedrohung in der Gegenwart, die keinen Bezug mehr zu irgendetwas aufweist. Im totalen Zusammenbruch der Handlungsperspektiven regiert nur noch die nackte Angst. Individuelles Dasein ist im wesentlichen Handlungserkenntnis und damit die Beziehung von Gegenwartsmotiven auf das historische Bewusstsein. Befindlichkeit ist auch diese Beziehung, nämlich die Beziehung der handlungsarmen kontemplativen Anschauung der Gegenwart auf die vorbewusste und individuelle Konstitution des Selbstbewusstseins. Wenn die Befindlichkeit eine historische individuelle Beziehung ausdrückt, ist diese ein wahrer Gegenstand. Wenn jemand die Befindlichkeit als die Summe aller Nervenempfindungen erläutert und diese somit überhaupt keine historische Beziehung aufweist, ist sie ein unwahrer Gegenstand.

Das Aufgehen des Individuums in der Alltäglichkeit der öffentlichen Meinung geschieht neben der Unwissenheit auch aus Verdrängung, wie Heidegger sich ausdrückt, es ist auch eine Furcht vor den eigenen Abgründen, eine Flucht vor sich selbst in die Bequemlichkeit des Mitschwimmens im Meer der Alltäglichkeit. Denn wenn das Individuum sich von den anderen abwendete, müsste es sich selbst zuwenden. Furcht wird nicht durch die Unmöglichkeit zur Flucht definiert, sondern durch die Einschränkung der Handlungsfähigkeit, die auf das frühzeitig erlangte Grundvertrauen bezogen ist. Das Individuum, das in der Alltäglichkeit aufgeht, ist von seinen Konflikten und von deren Analyse derart überfordert, dass es keine Handlungsmöglichkeiten sieht. Wenn keine Handlungsfähigkeit mehr existiert, müsste eigentlich Angst herrschen. Jedoch rettet sich das Individuum dadurch, dass es eine Selbsterkenntnis verdrängt und sich sozusagen nach draußen der Alltäglichkeit der öffentlichen Meinung zuwendet. Dort sucht es in der Auseinandersetzung des Jeder gegen Jeden den besten Platz für sich einzunehmen. Die eigentlich erforderliche innere Auseinandersetzung wird nach draußen verschoben. Mit der Abkehr in die Alltäglichkeit lässt sich gut leben, denn Karriere, Ansehen und Macht stehen im Vordergrund. Dagegen bedeutete eine Auseinandersetzung mit sich selbst neben Mühsal auch Trauer über eine wenig adäquate bisherige Lebensführung. Doch da eine Überführung von vorbewusst zugrundeliegenden Konflikten in das volle Bewusstsein sofort eine Handlungsänderung herbeiführte, wirkte die Veränderung sich auch positiv auf die Umgebung aus. Denn die Ausmerzung von kompensatorischen Handlungsweisen bedeutet zugleich eine adäquatere

Verwirklichung der individuellen Idee. Und jede Nuance, die das Individuum mehr mit sich im reinen ist, nützt auch den Mitwesen.

Das Selbstbewusstsein entsteht erst im Verlauf der frühen Auseinandersetzungen mit dem Äußeren, wenn die frühen Willensakte idealerweise nicht unterdrückt worden sind. Das Gegenwartsbewusstsein ist immer auf diese Konstitution des Selbstbewusstseins bezogen. Deshalb kann irgendein Gegenstand oder eine Person der Gegenwart wegen der historischen Struktur des Bewusstseins einen Angstanfall auslösen. Das geschieht, wenn die Gegenwartsvorstellung einen lange ruhenden schweren Konflikt berührt, der sich dadurch plötzlich vergegenwärtigt. Das Früher wird so mächtig, dass die Gegenwart zusammenbricht und keine Handlung mehr durchgeführt werden kann. Da das Individuum sich im Nachlaufen nach der öffentlichen Meinung verloren hat, besitzt es keine Übung in der Selbstanalyse und bleibt sich ausgeliefert. Das Äußere kann keine Handlungsmotive mehr bereithalten, weil nur noch ein übermäßiges Wollen herrscht, nämlich daß die Angst aufhören möge. Das halbwegs normale, oder sagen wir besser: Das normalerweise irgendwie lebensfähige historische Bewusstsein der Alltäglichkeit ist dadurch gekennzeichnet, dass es seine Handlungsmotive der Gegenwart nach seiner historischen Konstitution des Selbstbewusstseins erwählt. Dieses geschieht natürlich nur auf vorbewusste Weise, weil die bewusste und adäquate Erkenntnis, die auf einem gesunden Selbstbewusstsein beruhte, jede Verblendung und jede unmoralische Handlungsweise, die uns umgibt, ausschlösse. Alle Phänomene der Gegenwart entstehen erst in der Beziehung auf die Vergangenheit und erwachsen nicht aus einer entgegenstehenden Äußerlichkeit. Wird diese lebensnotwendige Beziehung auf die individuelle Vergangenheit gekappt, weil ein schwerer Konflikt in Berührung mit einem Gegenwartsmotiv nur noch reines Nichtwollen übriglässt, herrscht im Zusammenbruch der Welt die nackte Angst. Weiße Angst hatte ich sie woanders genannt und finde diesen Ausdruck noch bedrohlicher. Die ausgezeichneten Zustände der Befindlichkeit, Furcht und Angst, sowie alle anderen Phänomene ebenfalls sind ohne Analyse des historischen Bewusstseins nicht durchdringbar.

Kein Zustand der Befindlichkeit, auch kein Traum, und überhaupt kein Phänomen der Anschaulichkeit, der Handlungserkenntnis und der „idealen" Gegenstandserkenntnis bleibt unbestimmbar und grundlos. Das gilt auch für den Zustand, der vor unserer Geburt geherrscht hatte und den Tod, besser gesagt den Zustand des Nachtodes. Dagegen zeichnet die öffentliche Meinung aus, dass diese immer noch versucht, Geister zu beherrschen wie unsere Vorfahren.

Es walten im Grunde noch die gleichen Zauberpriester. Sie diagnostizieren bei der Angst Grundlosigkeit, weil sie deren Zeitbeziehung nicht kennen. Sie wissen nicht, dass Träume durch Beziehung von Tagesresten auf vorbewusste Konflikte entstehen, welche die Freiheit erhalten, durch Zeiten und Räume zu wandern. Sie reden vom Urknall als Anfang der Zeit, obwohl Zeit lediglich als historisches Bewusstsein vorkommt usw. Kurzum, sie wissen nicht, dass alle Gegenstände des Intellektes, die nicht mehr auf das Grundbewusstsein zurückgeführt werden können wie z.B. der Hawkins-Humbug, reine Hirngespinste sind.

Im Gegensatz dazu entfaltet sich die Gegenwart erst aus ihrem Bezug auf das Grundbewusstsein, von welchem große Teile im Vorbewussten liegen. Ohne diesen Bezug bliebe das Gegenwartsbewusstsein eine zufällige Abfolge von Neuigkeiten, die nicht erkannt werden könnten. Das Glück der Völker beruht auf dem Erkenntnisprinzip des historischen Bewusstseins, weil das sichere wie das unsichere Selbstbewusstsein im gewissen Sinne vererbt werden. Denn jede individuelle Konstitution des Selbstbewusstseins gründet darauf, wie das frühe Greifen des jungen Individuums vom sozialen Umfeld begleitet worden ist. Dadurch kann es seine frühen Willensakte entweder adäquat sublimieren oder kompensatorisch. In jedem Falle bleiben Sozialisationen wie auch die frühen Gegenstände, durch die das Individuum sich selbst erkannt hatte, für alle Zeiten prägend, weil jeder einzelne Willensakt Anspruch auf seine vollkommene Umsetzung erhebt. An der frühen Selbsterkenntnis, die sich am Äußeren entwickelt, und an der Untrennbarkeit von Äußerem und Selbstsein, die beide in einer bestimmten Konstitution des Selbstbewusstseins verborgen sind, entfaltet sich späterhin die Gegenwartserkenntnis, die natürlich nicht irgendeiner äußeren „Realität" entnommen wird. Das junge Individuum ist nicht in der Lage, seinen permanenten Verschlingungswunsch, der sich auf äußere Gegenstände richtet, zu deuten, weil anfangs nichts anderes existiert als das Streben der unbewussten Willensakte nach Wiederherstellung der Einheit aller Wesen, welche vor der Geburt präsent gewesen ist. Erst durch die Spiegelung dieser Akte in den Bezugspersonen erkennt sich das Individuum. Diese Spiegelung muss idealerweise die zeitlose Existenz als Werterkenntnis des eigenen Daseins und des Äußeren darstellen (Populär ausgedrückt: Das Individuum soll geliebt und angenommen werden). Ihre Durchführung entscheidet über die spätere Konstitution des Selbstbewusstseins und damit über das Verhältnis des Individuums zu seiner späteren Gegenwart. Wenn sich eine narzißtisch gestörte Bezugsperson nun dem Zögling nicht zuwendet, sondern ihn zum Zweck der Stärkung eigener Unsicherheiten benutzt, dann vererbt sich die unsichere Konstitution des Selbstbewusstseins an die nächste Generation.

Beispiel: Das Kind ist beeindruckt von einer Person und teilt das der Bezugsperson mit: „Der hat ja..." oder „Der kann ja..." Darauf folgt eine kindliche Beschreibung einer fremden Leistung. Dann antwortet die Bezugsperson ohne Rückbezug auf die kindliche Wirklichkeit: „Das kann ich schon lange" oder „Das habe ich schon längst..." Es folgt die Beschreibung einer Tat, deren Leistung noch über diejenige der kindlichen Beobachtung hinausgeht. Das bedeutet, dass die kindliche Wirklichkeit im Nichts verhallt und dem jungen Individuum stattdessen ein übergroßes Vorbild konstruiert wird, welches ihm immer wieder seine Ohnmacht beweist. Wenn die Spiegelung des Selbstseins im Gegenüber misslingt, kann sich lediglich ein fragiles Selbstbewusstsein konstituieren, das in seiner Gegenwart wiederum nach Bestätigung sucht. Späterhin wird sich solch ein Individuum ebenfalls gegenüber den eigenen Kindern nicht zuwenden können. Solange die Konflikte des Selbstbewusstseins nicht ins Bewusstsein gehoben werden, vererben diese sich durch die Generationen hindurch.

Alle Phänomene liegen in der Erkenntnis der Zeit und nichts ist außerhalb von dieser. Deshalb ist es Unsinn, die Angst als Drohung eines Unbestimmten zu beschreiben. Das Unbestimmte ist eher Unwissenheit. Wenn das Bedrohliche nirgends festgemacht werden kann, ist das lediglich Schein, der sich nach der Analyse der vorbewussten Konflikte auflöste. Die Individualphilosophie als Praxis des historischen Bewusstseins (sie ist eben keine Theorie, weil der Autor seine Philosophie auf sich selbst bezogen hat, und daß der Autor lebt, ist in der Praxis erfahrbar) ist kein endloses Wiederkäuen von philosophischen Meinungen, wie es uns überwiegend in der Literatur begegnet, sondern Wirklichkeit. Wirklich ist, was jeder bei sich selbst herausfinden kann. Keiner muss es hinnehmen, wenn er sich bei seinen Handlungsweisen eingeschränkt fühlt, weil die Verwirklichung seiner selbst nicht negativ sein kann. Es muss also begründet werden können, wenn jemand Handlungen durchführt, die er im tiefsten Inneren gar nicht will. Solch eine Handlungsweise ist nur veränderbar, wenn der dahinterstehende Konflikt ins Bewusstsein gehoben wird. Denn da die Gegenwart immer auf die Vergangenheit des historischen Bewusstseins bezogen ist, bestimmt die Konfliktkompensation die Handlungsweise. Die Kompensation ist niemals die adäquat zugrundeliegende Handlungsabsicht, sondern eine uneigentliche Handlung, weil der Konflikt nicht voll bewusst ist. Nach seiner Erkenntnis jedoch gelangt eine andere individuelle Wirklichkeit ans Licht, die das Individuum fortan ergreifen wird, weil diese Wirklichkeit adäquater zur individuellen Idee verläuft. Die Handlungsänderung geschieht ohne die Spur eines Gedankens an andere Motive, also unter Ausschluss jedweder Abwägung, sondern mit der Erkenntnis des Konfliktes gleichzeitig. Erst danach ändert sich die Motivwahl. Es steht nicht in der Macht des Intellektes, dem Individuum seine Ziele vorzugeben, weil das Individuum einmal zwischen den Extremen adäquat und das andere Mal kompensatorisch auf seine individuelle Idee bezogen ist. Die Motivwahl der Gegenwart verläuft nach der Konstitution des Selbstbewusstseins. Da der Intellekt alle seine Motive, seien sie der individuellen Idee adäquat oder kompensatorisch, für wirklich hält, kann dieser, wenn er nicht auf das historische Bewusstsein des Individuums bezogen wird, auch keine Wahrheit erkennen.

Es ist schlicht Unwissenheit, wenn Heidegger in seinem Hauptwerk schreibt, dass das Bedrohliche die Welt als solche sei. Das verzeihen wir ihm, weil er überwiegend mit seiner Analyse richtig liegt, bis darauf, dass er von einer äußeren „Realität" nicht die Finger lassen kann. Da gibt es ganz andere Dilettanten, nämlich einen, der tatsächlich schreibt, dass das individuelle Erleben sich ganz besonders in der Gegenwart zeige. Aber der Naive nimmt jede Gegenwart als eigenständige „Realität"; für solch einen zeigt sich alles in der Gegenwart. Jedoch die Krönung der Unverschämtheit ist, dass solch einer das Raum-Zeit-Gefüge Kants als überholt ansieht. Also gilt von jetzt an, dass verschiedene Zeiten zugleich stattfinden und daß der entleerte Raum auch noch weggedacht werden kann. Nun hatte ich schon darauf hingewiesen, dass hochbezahlte Staatsbeamte meistens kein Interesse an Philosophie besitzen. Das Gegenteil ist natürlich wahr, nämlich daß sich das Bedrohliche nicht in irgendeiner Gegend und schon gar nicht in einer isolierten Gegenwart zeigt, sondern ausdrücklich in einer Zeitbeziehung des historischen Bewusstseins. Die Zeitbeziehung basiert auf den Erkenntnissen Kants. Die Starre des angstgepeinigten Individuums wird nicht durch das Näherrücken einer unverstandenen äußeren Welt verursacht, sondern durch Handlungsverlust, die auf schweren Konflikten des Grundbewusstseins beruht. Die Kompensationshandlungen der Gegenwart reichen nicht mehr aus, die Angst niederzudrücken.

Daß Selbstbewusstsein und Äußeres untrennbar miteinander verbunden sind, sehen wir auch daran, dass unsere Gegenwart die gleiche Illusion darstellt wie das Äußere. Unsere Gegenwart existiert lediglich in der gleichen Permanenz der Veränderung wie das Äußere, wenn ein gegenwärtiger Augenblick sofort vom nächstfolgenden abgelöst wird. In der Meinungsphilosophie wird aber der

Unsinn verbreitet, dass der Mensch sich ganz besonders im Augenblick der Gegenwart spüre. Quatsch, der ausgezeichnete Modus der Befindlichkeit, die Angst, beweist uns das genaue Gegenteil! Die Erkenntnis des Äußeren basiert auf der Historie des Bewusstseins, und das Äußere ist vom Selbstbewusstsein nicht ablösbar. Wenn jedoch einmal die Beziehung des Gegenwartsbewusstseins auf das Grundbewusstsein zusammenbricht, weil nur noch die Gegenwart des Nichtwollens von Angst herrscht, dann bleibt außer Angst nichts übrig. Handlungsunfähigkeit ist der Zusammenbruch des historischen Bewusstseins.

Jede philosophische Analyse hat zu klären, damit sie kein Meinungsgeschwafel enthalte, warum die Individuen sich über ihre Handlungsweisen wahrnehmen und diese Handlungen zugleich in den seltensten Fällen einer einwandfreien Moral folgen. Genauer formuliert heißt das, warum beharren die individuellen Willensakte auf ihre Umsetzung und warum können sie bei anderen Wesen Schaden anrichten? Die Analyse der Angst als hervorragender Modus der Befindlichkeit erschließt deutlich die Struktur des historischen Bewusstseins. Da der Zusammenbruch des historischen Bewusstseins nichts anderes auslöst als nackte Angst, existiert außerhalb der Angst während der Lebenszeit, die besser Erkenntnis der Zeit heißen soll, nichts anderes als historisches Bewusstsein. Wenn die Individuen historische Wesen sind, zielt die Paralyse des Bewusstseins direkt ins Mark. Diese bedeutet den Zusammenbruch aller Handlungen und überhaupt aller Phänomene, so dass nur noch das übergroße Wollen nach Beendigung der weißen Angst übrigbleibt.

Alle Phänomene werden historisch erkannt. Es gibt nur drei physische Phänomene, nämlich Anschaulichkeit, Handlungserkenntnis und „ideale" Gegenstandserkenntnis. Die Phänomene Anschaulichkeit und „Ideal" werden nicht aus einer entgegenstehenden anschaulichen „Realität" entnommen, noch ist das „Ideal" als Geheimnis in einer sogenannten „Realität" enthalten, sondern Anschaulichkeit und „ideale" Gegenstände erwachsen genauso wie die Handlungserkenntnis aus der Beziehung des Gegenwartsbewusstseins auf die Vergangenheit des Grundbewusstseins. Denn alle drei Phänomene entstehen dadurch, dass einige von den individuellen Willensakten des Unbewussten sich in das Vorbewusste des Grundbewusstseins absetzen. Der Charakter der Willensakte ist zeitlos, weil sie prinzipiell während der Lebenszeit den Zustand anstreben, der vor der Geburt geherrscht hatte, nämlich mit allen anderen Wesen wieder vereint vorzuliegen. Diesen Anspruch halten sie durch, der auch nach dem Tod des Individuums nicht endet. Jedes Individuum wird in einem erneuten Leben darauf zurückgeworfen werden, was es von seiner individuellen Idee nicht verwirklicht hat. Den Anspruch der Willensakte bemerken wir daran, dass jedes junge Individuum nach Gegenständen des Äußeren greift und diese verschlingen möchte. Es will die Trennung seiner selbst von den anderen wieder rückgängig machen. An der Wiederspiegelung dieser Akte erkennt sich das Individuum durch das Äußere, so dass Selbstsein und Äußeres nicht voneinander lösbar sind. Die Willensakte, das Begreifen-Wollen des Äußeren, welches wohlgemerkt keine äußere „Realität" darstellen kann, weil Selbsterkenntnis und Äußeres sich zusammen entfalten, werden entweder adäquat sublimiert oder kompensatorisch. Dadurch erwächst einerseits ein sicher gegründetes Selbstbewusstsein, weil die individuelle Idee sich adäquat hat umsetzen können, oder andererseits ein unsicheres, das ein ganzes Leben lang im Kampf mit den anderen Wesen liegt. Aber alle Gegenwartserkenntnisse bleiben auf diese ursprüngliche Konstitution des Selbstbewusstseins bezogen, welches bedeutet, dass Anschaulichkeit, Handlungserkenntnis und „ideale" Gegenstandserkenntnis individuell sind und weder eine entgegenstehende „Realität" noch eine „Idealität" existieren.

Darüber hinaus erfährt das Individuum auch etwas über seine zeitlose Existenz, aber natürlich nicht intellektuell durch Begriffe, sondern unmittelbar und intuitiv. Denn wenn der nicht hinterfragbare Selbstwert des Individuums im Moment des Begreifen-Wollens von Gegenständen durch das soziale Umfeld gespiegelt wird, dann können die Gegenstände zwar immer noch nicht verschlungen werden, jedoch geben diese immerhin dem Begreifen-Wollen nach, indem sie dem Individuum zur Selbsterkenntnis verhelfen. Dieses ist ganz genau der Sublimierungsakt. Im Zurückweichen des Äußeren erfährt das Individuum seine Freiheit. Da diese Erfahrung bei jeder Selbsterkenntnis, die sich an den Gegenständen vollzieht, die gleiche bleibt, verschwindet sie im Vorbewussten. Die vorbewusste Zeitlosigkeit des Grundbewusstseins wird vom Individuum gewissermaßen nach draußen verlegt, so dass der Schein von einer entgegenstehenden „Realität" aufkommt.

Wenn die Willensakte, deren Gesamtheit die individuelle Idee umfassen, prinzipiell den Anspruch aufweisen, die Trennung des Individuums von den anderen Wesen wieder rückgängig zu machen, dann liegt die Einheit des Alls dem Unbewussten zugrunde. Das Unbewusste ist geradezu das All, so dass wir mit sämtlichen Wesen verbunden sind. Und da die Willensakte sich aus dem Unbewussten ins Vorbewusste absetzen, entdecken wir in unserem Selbstbewusstsein das Äußere und im Äußeren uns selbst. Denn die Wesen des Äußeren gewinnen an Selbstsicherheit, je weiter wir die Reihe der existierenden Wesen abwärts, angefangen von uns selbst über die Tierarten, dann zu den Lebenden ohne Erkenntnis bis zu den Unbelebten, die in unerschütterlicher Ruhe existieren, hinabsteigen. Die Unbelebten besitzen sich selbst ganz und gar. Wir menschlichen Individuen gelangen ebenfalls von der Unsicherheit und Fragilität unseres Selbstbewusstseins in einen Zustand der adäquateren Selbstsicherheit durch Erkenntnis. Wir müssen uns lediglich bereitfinden, unsere Handlungsgegenwart auf die Konflikte des Grundbewusstseins zurückzuführen. Deshalb liefert eine Analyse von uns selbst stets Möglichkeiten des Rückschlusses auf den Zusammenhang des Alls. Durch Handlungsverlust entsteht Angst, weil die Gegenwart-Grundbewusstsein-Beziehung des historischen Bewusstseins zusammengebrochen ist. Es herrscht nur noch das reine Nichtwollen von Angstzuständen, und der Bezug auf das konfliktträchtige Grundbewusstsein ist ausgeblendet. Das bedeutet nichts anderes, als dass das Individuum von der ganzen Welt entwurzelt ist.

Das alltägliche Gefühl der Unheimlichkeit ist keine Angst, sondern Furcht vor dem Gefühl des Nicht-zu-Hause-Seins. Nicht bei sich zu Hause ist jemand, der Handlungen durchführt, die vorbewusste Konflikte kompensieren sollen und deshalb nicht adäquat zur individuellen Idee verlaufen. Das gegenwärtige Zuhause der Kompensation ist nicht das Richtige, und genau das spürt das Individuum. Es ist hin- und hergerissen zwischen der Furcht vor dem Verlust des nicht adäquaten gegenwärtigen Zuhauses, das gleichwohl vertraut ist, und der Furcht vor dem unbekannten Neuen, das nach einer Selbstbesinnung und Analyse aufscheinen könnte. Da das Gefühl der Unheimlichkeit mit einer Hoffnung auf Änderung der Situation verbunden ist, kommt Furcht auf und keine Angst. Denn Angst ist immer die Lähmung aller Handlungsweisen. Die meisten übergeben sich jedoch dem Strudel der Alltäglichkeit, dem Geschwafel der Meinungsmacher, um das Gefühl der Unheimlichkeit zu überdecken. Dadurch vermeiden sie es, sich zum Guten zu ändern und ihnen selbst gemäßer zu leben. Sie verstärken das alltägliche Geschwafel und die mangelnde Demut gegenüber den Mitwesen. Die Furcht und die Faulheit vor einer Selbständerung, die eigentlich eine adäquatere Lebensführung bedeuten könnte, bestimmt die Alltäglichkeit. Meinungsgewäsch demütigt die Mitwesen, so dass in der verschmutzten Umwelt der Schmutz des Bewusstseins zum Ausdruck gelangt.

Das Sich-Fürchten vor dem Unheimlichen kommt nicht aus der Welt, sondern aus der Unsicherheit des Selbstbewusstseins. Es ist ein Zurückschrecken vor dem Eigentlichen, vor der eigenen adäquateren Verwirklichung, die doch etwas Erstrebenswertes darstellt. Aber auf dem Weg zum Eigentlichen müsste sich das Individuum von einem bekannten Besitz lossagen, dem Uneigentlichen. Das Individuum wäre solange eine Zeit besitzlos, bis es das Eigentliche erreicht hätte. Vor dem Zustand der Besitzlosigkeit, der in Wirklichkeit ein Übergangs-Selbstsein ist, fürchtet es sich. Vor die Wahl gestellt, einen silbernen Ring oder einen Blechring zu ergreifen, schreckte dagegen niemand zurück. Deshalb liegen die Gründe, warum sich jemand vor dem Eigentlichen fürchte, nicht im Äußeren, sondern in der Konstitution des Selbstbewusstseins. Jeder frühe Willensakt beansprucht prinzipiell, sich vollkommen umgesetzt zu sehen, den äußeren Gegenstand zu verschlingen und wieder eins mit ihm zu werden. Dieses erfährt das Individuum sublimiert in seiner Selbsterkenntnis, die sich am Gegenstand entfaltet, weil sein Begreifen-Wollen vom Umfeld als Selbstwert gespiegelt wird und der Widerstand des Äußeren dann zurückweicht. Das ist die intuitive Erfahrung der individuellen Freiheit, die im Vorbewussten verschwindet. Damit ist die Einheit des Selbstwertes aller Wesen im Grundbewusstsein verankert worden. Ausgegangen ist die individuelle Selbsterkenntnis, die am Äußeren vollzogen wird, aber vom primitiven Anspruch der im Unbewussten liegenden Willensakte, den Zustand vor der Geburt, in welchem das Individuum mit allen Wesen vereint gewesen ist, wiederherzustellen und den Nachtod vorwegzunehmen. Die Erkenntnis der Zeit, die Lebenszeit, bildet mit den beiden anderen Zuständen eine Einheit. Die Verbindung zum Nachtod und zur Wiedergeburt besteht, weil der Anspruch der Willensakte höchstens sublimiert und meistens nur in Kompensationen umgesetzt werden kann. Die kompensierte Wirklichkeit des Individuums ist die Uneigentlichkeit, mit der es gelernt hat zu leben und in der es sich eingerichtet hat. Sie ist sein Besitz geworden, seine Wirklichkeit, sein Leben. Da die Gründe für ein uneigentliches Leben in den vorbewussten Konflikten des Grundbewusstseins ruhen, die eine Analyse fordern, ist es leichter, der öffentlichen Meinung nach dem Mund zu reden und so die eigene Karriere zu befördern. Das Individuum wendet sich endgültig von sich selbst ab nach außen in die Uneigentlichkeit. Dort schwafelt es über einen sogenannten Urknall als Zeitanfang oder über eine äußere „Realität" oder über eine Entstehung der Welt aus dem Nichts oder über eine Befindlichkeit des Menschen als die Summe seiner Nervenstränge. Dagegen kann jede Handlungsgegenwart durch ihre Rückführung innerhalb des historischen Bewusstseins überprüft werden, ob sie adäquat zur individuellen Idee verlaufe, oder eine kompensatorische Ersatzhandlung sei. Die Erkenntnis einer Kompensation führte eine sofortige

Handlungsänderung herbei, welche für das Selbstbewusstsein einen Gewinn an Handlungssicherheit darstellte. Damit veränderte sich das Gegenwartsbewusstsein des Individuums, weil seine Gegenstände nun mehr mit ihm selbst, seiner Eigentlichkeit, zu schaffen haben. Die individuelle Wirklichkeit hat sich dann verändert oder, wenn wir einen Meinungsbegriff aufnehmen, die Welt ist eine andere geworden.

Dagegen ist die Außenwelt, losgelöst von einer Selbsterkenntnis betrachtet, eine Ansammlung leerer Phänomene, weil ansonsten die sogenannte „Realität" schon längst hätte entschlüsselt werden müssen. Die Naturwissenschaft kann mir nicht erläutern, warum die Ameise existiere und ich selbst als Mensch. Und ebenfalls nicht, warum ich selbst der Erkennende sei und nicht ein anderer. Und schon ganz und gar nicht die beiden gewöhnlichsten und selbstverständlichsten Zustände auf der Welt, nämlich Vorgeburt und Nachtod. Bezogen auf das All heißt das, wenn alle seine Phänomene „real" wären und irgendeine Eigenständigkeit besäßen, dass es sich dann nicht ausdehnen dürfte, sondern in festgefügter Statik zu existieren hätte, die irgendwann einmal ganz erforscht werden könnte. Dann müsste das All jedoch an etwas aufgehängt sein, damit es halte.

In Wirklichkeit lässt sich kein äußeres Phänomen erkennen, weil jeder neuentdeckte Gegenstand an weitere grenzt, die noch nicht erkannt worden sind. Die Naturwissenschaft ist eine Illusionswissenschaft. Das All dehnt sich immerfort aus und flieht vor unserer Erkenntnis. Denken wir uns nun, dass wir schneller fliegen könnten als das All sich ausdehnt, dann müssten wir irgendwann seine Grenze durchstoßen haben in dasjenige hinein, in welches das All sich hineinbewegt. Könnten wir dann das All als Ganzes überblicken und alle seine Geheimnisse lägen vor uns? Keineswegs. Denn das andere des Alls, in welchem wir uns dann befänden, wäre ebenfalls gezwungen sich auszudehnen, weil das eine All sonst mit dem anderen kollidierte. Da beide Allheiten nur im Zusammenhang erkennbar wären, haben wir eine Erkenntnis des Äußeren lediglich auf eine weitere Erkenntnis verschoben. Infinite Phänomene sind leer.

Dagegen ist die Struktur des individuellen Daseins alles andere als leer. Denn wenn das Individuum während der Konstituierung seines Grundbewusstseins sich selbst durch das Äußere erkennt, dann erfährt es neben der Werteeinheit aller Wesen zugleich seine individuelle Freiheit, die in der Erkenntnis einer isolierten Äußerlichkeit nicht aufträte. Die Widerstände des Äußeren treten zurück und ermöglichen dem Individuum eine Selbsterkenntnis. Da die Erfahrung der individuellen Freiheit bei jeder frühen Gegenstandsbegegnung auftreten kann und sich immer gleich gestaltet, ist sie unabhängig von der Zeit und existiert als zeitlose Existenz bereits vor unserer Erkenntnis. Die individuelle Freiheit ist bereits vor unserer Geburt vorhanden gewesen. Wenn sie zeitlos ist, dann wird sie nach unserem Tod wieder bekannt sein. Die drei Zustände von Vorgeburt, Lebenszeit und Nachtod sind keine dreierlei Welten sondern eine einzige. Dasjenige, was wir als Äußeres erkennen, nämlich die unauflösbare Frage nach der Existenz von Ameise und Mensch, ist ein Problem der Erkenntnis und nicht des Äußeren. Denn von außen betrachtet ist es ungerecht, dass die Ameise als staatenbildendes Insekt existieren muss. Wenn wir uns jedoch erinnern, dass wir Individuen uns durch das Äußere selbst erkennen und das Äußere sich erst durch unsere Selbsterkenntnis entfaltet, dann sind Selbstbewusstsein und Äußeres nicht voneinander lösbar. In beiden muss sich das jeweils andere wiederfinden. Deshalb nimmt die Ameise eine bestimmte Stelle ein und besitzt den gleichen Wert wie wir selbst. Das Äußere fächert sich auf von der Zerrissenheit und Unsicherheit und Nichterkenntnis, welches wir als menschliche Individuen in uns selbst spüren können, über die Pflanzen als Belebte ohne Erkenntnis bis hin zu den Unbelebten. Mit geringer werdender Erkenntnis gewinnen die Wesen an Selbstsicherheit bis hin zur unerschütterlichen Existenz der Unbelebten. Genauso entfalten sich die Lebensläufe der Individuen durch die Sicherheit eines adäquat gegründeten Selbstbewusstseins bis zur Zerrissenheit durch Kompensationszwang einer belasteten Vorgeschichte. Ohne Rückbezug auf das Selbstbewusstsein kann der Sinn des Äußeren nicht eingesehen werden. Wir selbst finden uns im Äußeren wieder. Es existiert kein gerechteres System.

Das Individuum tritt aus seinem zeitlosen Zustand in die Erkenntnis der Zeit, weil es sich selbst an seinen Willensakten erkennt, welche Gegenstände begehren. Noch sind die Willensakte unbewusst und zeitlos und vom Verschlingungswunsch nach allem erfüllt, weil sie aus ihrem zeitlosen Zustand der Einheit mit allen Wesen durch die Geburt herausgerissen worden sind. Ins Vorbewusste des sich konstituierenden Grundbewusstseins gelangen sie, wenn das Individuum seinen Verschlingungswunsch nach äußeren Gegenständen erkennt, der dann in ein Begreifen umgewandelt wird. In der Widerspiegelung seines Selbstwertes erkennt sich das Individuum durch die Gegenstände. Der zeitlose Zustand vor der Geburt wird in die Erkenntnis des gleichen Wertes aller Wesen umgewandelt. Und weil der Widerstand der Gegenstände im Moment des Begreifen-Wollens zurücktritt, durchläuft das Individuum die intuitive Erfahrung seiner individuellen Freiheit. Der zeitlose Zustand, der vor der

Geburt geherrscht hatte, ist also in die Erkenntnis des Selbstwertes und die Erfahrung der individuellen Freiheit umgesetzt worden. Da diese Erkenntnisse bei jedem Ergreifen von frühen Gegenständen gleichartig verlaufen, versinken sie ins Vorbewusste und bilden die Grundlage für die Erkenntnis der drei Phänomene von Anschaulichkeit, Handlungserkenntnis und den „idealen" Gegenständen, die natürlich, wie ich gezeigt habe, in keiner Weise „ideal" sind. Das Individuum ist aus seinem Zustand des Unbewussten in den vorbewussten Zustand entkommen, weil es sich selbst durch die Gegenstände erkannt hat und die Gegenstände diejenigen des Selbstbewusstseins sind. Selbstbewusstsein und Äußeres sind untrennbar.

Jedes Individuum entfaltet einen Lebenslauf nach seinem Selbstbewusstsein und nicht, weil es in eine äußere „Realität" hineingeworfen worden ist. Das Individuum ist sich selbst verfallen und gewinnt aus dieser Verfallenheit heraus den Umgang mit seinen Mitwesen. Denn im Grundbewusstsein erkennt das Individuum nicht allein sich selbst, sondern auch den Wert der Mitwesen. Und wenn die Selbsterkenntnis fehlschlägt, wird dieses im aggressiven Verhalten gegenüber anderen kompensiert, weil dann die Widerstände des Äußeren beharren und späterhin gebrochen werden müssen. Das Individuum meint, dass es lediglich durch Niederringung der anderen weiterbestehen könne. Die individuelle Gegenwart ist durch das historische Bewusstsein auf das Grundbewusstssein bezogen, so dass das Individuum nur durch Erkenntnis dieser Beziehung sich aus seinem Verfallen befreien kann. Das Individuum unterliegt dem Verfallen, weil es sich als hineingeworfen in eine äußere „Realität" betrachtet, in welcher es den besten Platz für sich beanspruchen muss. Es richtet keine Energie auf die Erforschung seiner Abhängigkeit von der Konstitution des Selbstbewusstseins. Nur in der Erkenntnis der Abhängigkeit seiner Gegenwart von der Konstitution des Selbstbewusstseins wird das Individuum frei für seine eigentlichen Möglichkeiten. Das bedeutet in diesem Falle, dass die Motive, die das Individuum in der Gegenwart für wichtig erachtet, weniger darauf ausgerichtet sind, ein konfliktbelastetes Selbstbewusstsein zu kompensieren, sondern dass sie adäquater zur individuellen Idee verlaufen. Jede individuelle Handlungsweise richtet sich danach, ob die frühen Willensakte adäquat zur individuellen Idee sublimiert, oder Konflikte gesät worden sind. Darauf konstituiert sich das Selbstbewusstsein, auf das wiederum die individuelle Gegenwart bezogen ist. Deshalb entscheidet das Individuum nicht in aller Freiheit über seine Handlungsweisen, sondern in Abhängigkeit von der Konstitution seines Selbstbewusstseins.

Wenn das Individuum der Öffentlichkeit nach dem Mund redet, versucht es, die Anerkennung, die es sich selbst nicht geben kann, von der Meinung anderer zu erlangen. Es ist dem Zustand der Uneigentlichkeit verfallen, weil es sich selbst nicht kennt und ihm nur bleibt, draußen den besten Platz für sich einzunehmen. Denn da die frühe Selbsterkenntnis nur durch Gegenstände ermöglicht wird, die dem kindlichen Ergreifen-Wollen im Widerstand nachgegeben haben, wird hierdurch das Verhältnis des Individuums zum Äußeren bestimmt. Misslingt die Erkenntnis des Selbstwertes, dann wird die Aggression nach außen gewendet, weil der mangelnde Selbstwert nur durch Erniedrigung der anderen kompensiert werden kann. Denn, dass das Individuum die mangelnde Zuwendung der frühen Bezugspersonen als eigenes Versagen deutet und sich selbst hasst, es nützt ihm nichts.

Unser eigenes individuelles Dasein können wir nicht entschlüsseln, solange wir nicht aus diesem heraustreten und aus der Betrachtung der ganzen Struktur auf das Dasein zurückblicken. Wir können die Frage, was ein Stein wolle, nicht beantworten, weil noch etwas vor unseren Willensakten liegt. Und wenn wir uns selbst nicht kennen, können wir auf das Wesen des Steines auch nicht zurückschließen. Wir wissen lediglich, dass unser eigenes Dasein nicht sinnlos ist, weil wir einem permanenten Streben nach irgendeinem Ziel unterworfen sind. Und da wir das Sinnvolle auch anderen Wesen nicht bestreiten können, sind wir entgegen der landläufig naiven Meinung von anderen nicht getrennt. Ebenso wie Individuen sich laufend auf ihre Motive hinbewegen, stoßen sich Unbelebte ab oder ziehen sich an, treiben Belebte ohne Erkenntnis Photosynthese. Dinge und Wesen sind losgerissen worden aus dem Zustand, in welchen sie zeitlos vereint vorgelegen haben. Da dieser Zustand weder beginnt noch endet, streben sie auch während der Erkenntnis der Zeit, unserer Lebenszeit, noch dahin zurück.

Zuerst einmal können wir nur für uns selbst sprechen und müssen danach Rückschlüsse auf die anderen Wesen ziehen. Meine Analyse des historischen Bewusstseins ist wahr, weil jeder zu den gleichen Ergebnissen käme, wenn er denn wüsste, wie er es anstellen sollte. Dasjenige, was jeder selbst erlebt hat, ist wirklich, und das andere, was die öffentliche Meinung ohne Rückbezug auf das historische Bewusstsein fabuliert, ist unwirklich. Das bedeutet allerdings, dass die Täuschungen durch einen Lebenslauf, der sich aus Zwangskompensationen zusammensetzt, ebenso wirklich sind, wie der Verfolgungswahn eines psychisch Kranken. Erst die Analyse der individuellen Handlungsgegenwart und deren Rückführung auf das historische Grundbewusstsein erklärt, ob das

Individuum in etwa gemäß seiner individuellen Idee lebe oder nicht. Maßgeblich ist also die erfolgreiche Sublimierung des zeitlosen Charakters der Willensakte aus dem Unbewussten ins Vorbewusste und nicht, ob jemand es verstehe, seine sogenannten Talente (welches in Wirklichkeit ein Meinungsbegriff ist) derart gegen andere einzusetzen, dass er in einer Hierarchie (ebenfalls ein Meinungsbegriff) den besten Platz für sich einnimmt.

Dagegen hatte sich in der Analyse des historischen Bewusstseins ergeben, dass sich alle Erkenntnisse der Gegenwart im Rückbezug auf die frühe Auseinandersetzung des Individuums mit dem Äußeren entfalten. In der Frühzeit konstituiert sich das Selbstbewusstsein untrennbar mit dem Verständnis des Äußeren. Deshalb lässt sich späterhin kein isoliertes Äußeres mehr festhalten, welches wir daran bemerken, dass die naturwissenschaftliche Forschung in der Endlosigkeit verhallt. Neben der Erkenntnis der Zeit, die als Form der Erkenntnis selbst nicht erkannt werden kann, gibt es noch weitere Erkenntnisse, die uns nicht zur Verfügung stehen. Das nennt die Naturwissenschaft dann „dunkle Materie". „Schwarzes Loch" ist ein weiterer Ausdruck des Nichtwissens. Ich vermute dagegen, dass ein schwarzes Loch ein weiteres All darstellt, von denen es endlos viele gibt.

Die Untrennbarkeit des Äußeren vom Selbstbewusstsein verweist auf das Strukturganze (ich benutze einen Ausdruck Heideggers). Zum Zweiten verweist darauf der gemeinsame Wert, das Gut aller möglichen Wesen (unter diesem Begriff sind auch die Unbelebten enthalten). Denn wenn das Individuum nach Gegenständen greift, erkennt es sich nicht allein in seinem Selbstwert, sondern auch das Äußere als Gut, dessen Widerstand zurückgewichen ist und dem Individuum eine Selbsterkenntnis ermöglicht hat. Nur hier, während der Konstituierung des Grundbewusstseins, erlebt sich das Individuum intuitiv als frei, weil die blinden und zeitlosen Willensakte sich sozusagen mit Bewusstsein füllen. In den leeren Raum, genauer: die noch leeren Erkenntnisformen von Zeit und Raum, strömt das individuelle Bewusstsein frei hinein. Wenn die Willensakte sich ins Vorbewusste abgesetzt haben, sind sie durch die Sozialisation belastet und das Individuum ist nicht mehr unbeschwert. Aber die intuitive Erfahrung der individuellen Freiheit ist nur der Ausdruck für die Umwandlung der zeitlosen Willensakte aus dem Unbewussten ins Vorbewusste. Wir erschließen lediglich ex negativo aus dieser Erfahrung das Unbewusste, das positiv so unbekannt bleibt wie die sogenannte dunkle Materie. Da die Erfahrung der individuellen Freiheit bei jedem frühen Willensakt zu jedem Zeitpunkt gleichartig verläuft, kann sie nicht differenziert werden und steht außerhalb der Zeit. Sie ist zeitlos. Wenn alle Erkenntnisse des historischen Bewusstseins mit der Raumerkenntnis nichts zu schaffen haben, steht die Erfahrung der individuellen Freiheit außerhalb von Zeit und Raum. Deshalb befindet sie sich außerhalb der Erkenntnis und kann nur intuitiv und unmittelbar erfahren werden. Da ihre Erfahrung eng mit der Konstituierung unseres Selbstbewusstseins und mit der Umsetzung der Willensakte aus dem Unbewussten verbunden ist, verweist sie auf das Strukturganze unseres individuellen Daseins. Denn die frühe Erfahrung der individuellen Freiheit wird durch das Zurückweichen des Äußeren ermöglicht. Auf das Strukturganze verweisen auch die Willensakte, die den Ausdruck der Ausrichtung auf die individuelle Verwirklichung darstellen. Ihr unaufhörliches Rollen ist ihrem Anspruch geschuldet, die Trennung von der Einheit aller Wesen, die durch die Geburt verursacht worden ist, wieder rückgängig zu machen. Aus der Sublimierung ihres anspruchsvollen Rollens erwächst die Selbsterkenntnis, die sich am Äußeren vollzieht. Das historische Bewusstsein ist dadurch mit früheren Zuständen verbunden, die vor der Geburt liegen. Deshalb können durch hypnotische Rückführung frühere Leben der Individuen nachgewiesen werden. (Im Verlauf meiner Argumentation wird der Leser dasjenige bemerkt haben, was ich als Beweis für die Richtigkeit einer philosophischen Abhandlung bereits angegeben hatte, nämlich daß sie wahrhaftig sei, wenn sich aus ihr das Strukturganze einsichtig entfalte und sich zudem auch bisher unbeantwortete Fragen erschlössen.)

Schließlich verweist auf das Strukturganze die Handlungserkenntnis. Grundsätzlich ist jede erlebte Handlungsgegenwart eines Individuums wirklich, weil diese sich nicht an äußerlich vorgefundenen Motiven zufällig entfaltet, sondern weil sie sich auf ein Grundbewusstsein bezieht, in welchem eine bestimmte Konstitution des Selbstbewusstseins vorliegt. Ob die wirkliche Handlungsgegenwart des Individuums jedoch eine eigentliche oder eine uneigentliche sei, entscheidet sich erst nach der Analyse. Alle Erkenntnisgegenstände der Gegenwart, die nicht auf das Grundbewusstsein bezogen werden, sind oft uneigentlich. Das gilt z.B. für die Behauptungen des Meinungsgeschwafels, dass das Raum-Zeit-Gefüge Kants nicht mehr gelte, jedoch die Analyse des historischen Bewusstseins genau Kants Raum-Zeit-Gefüge beweist, und für den unaufhörlich wiederholten Schwachsinn vom Urknall, der den Anfang der Zeit bzw. des Alls kennzeichnen soll. Wenn wir diese Gegenstände der permanenten Gehirnwäsche auf das Grundbewusstsein zurückführen, entdecken wir einmal die Illusion jeder äußeren „Realität" und das andere Mal unsere

Erkenntnis der Zeit, die keinen Zeitanfang und kein Zeitende zulässt, sondern allein die Erkenntnis der ganzen Zeit. Daraus folgt, dass jede Erkenntnis an der Historie des Bewusstseins überprüft werden muss, weil jedes Individuum seine Gegenwartserkenntnisse für wirklich hält. In der Analyse werden die Gründe auffindbar, warum das Individuum der Alltäglichkeit verfalle und ob es durch seinen Fall lediglich etwas kompensiere. Andernfalls verlebte das Individuum seine Zeit als ein von der öffentlichen Meinung getriebenes und gehetztes, dem nichts bleibt, als der nächsten Durchsage der Lagerlautsprecher hinterherzulaufen.

Wir jedoch gewinnen aus der Rückführung unserer Erkenntnisgegenstände auf das historische Bewusstsein Handlungssicherheit, weil wir erkennen, ob wir adäquat oder kompensatorisch nach unserer individuellen Idee leben. Und es gehört zum Strukturganzen, dass wir ebenfalls im Äußeren die Spanne von der Unsicherheit und Kompensation durch Ahnungslosigkeit der menschlichen Individuen bis zur ruhenden Selbstsicherheit der Unbelebten erkennen. Die Wesen, angefangen von den menschlichen Individuen bis hin zu den Steinen, werden sich selbst immer gewisser, genauso wie wir es mit unserer Erkenntnis vermöchten, wenn wir nur ihrer Historie auf den Grund gingen. Die äußere Welt ist ein Spiegelbild des Bewusstseins und mit diesem untrennbar verbunden. Deshalb ist jeder Gegenstand der Naturwissenschaft, der von einer äußeren „Realität" ausgeht, unwahr, weil er als sogenannter „idealer" Gegenstand der spekulativen Rationalität nicht auf das Grundbewusstsein bezogen ist. Er besteht lediglich in der Isolation des Gegenwartsbewusstseins. Das Strukturganze bildet dagegen die Erkenntnis, dass nur eine einzige Welt existiert, dass die drei Phänomene von Anschauung, Handlungserkenntnis und „idealen" Gegenständen aus der frühen Selbsterkenntnis, die sich am Äußeren entwickelt hat, entstehen. Das individuelle Dasein bleibt auch mit seinen zeitlosen Zuständen außerhalb seiner Lebenszeit, den Zuständen vor seiner Geburt und nach dem Tod, verbunden. Eine äußere „Realität" führt hingegen keine Existenz, weil das Äußere erst im Zusammenhang mit dem Selbstbewusstsein entsteht.

Jeder individuelle Wunsch ist vom Selbstbewusstsein abhängig, und meistens ist die Wunschwelt des Individuums darauf ausgerichtet, der alltäglichen Welt des Geredes und der Meinungen nachzulaufen. So drückt es Heidegger aus. Sein größter Wunsch besteht darin, die öffentliche Meinung einzuholen und die Bewunderung aller zu finden. Das Individuum ist der Alltäglichkeit verfallen und besitzt keine Vorstellung von seinen eigentlichen Möglichkeiten, füge

ich an. Es hat sich in seinem Verfallen eingerichtet und sieht sich in der Identität eines Nachläufers, die es auf keinen Fall wieder verlieren will. Es widersetzt sich einer Selbstanalyse, weil es eine geheime Lust empfindet, andere für sich zu benutzen. Im Missbrauch anderer kompensiert es sein schwaches Selbstbewusstsein, weil es andere erniedrigt und sich selbst dadurch erhebt. Dabei ist das Verfallen in das Nachreden der öffentlichen Meinung keine „Realität", sondern ein Problem der Handlungserkenntnis. Denn das Individuum erkennt sich selbst nur durch frühe äußere Gegenstände und das Äußere nur durch sich selbst. Deshalb übt in der Handlungserkenntnis die Konstitution des Selbstbewusstseins ihren Einfluss auf den Umgang mit den anderen Wesen aus. Wenn die frühen Willensakte nicht adäquat sublimiert werden konnten und das Individuum somit die Verwirklichung seiner individuellen Idee verfehlt, dann müssen diese Defekte wegen der Beharrlichkeit der Willensakte zeitlebens kompensiert werden. Da diese Konflikte stets im Vorbewussten liegen, kann das Individuum nicht darüber verfügen, so dass ein permanenter Zwang zur Kompensation entsteht. Wenn das Individuum nicht über sich verfügt, dann richten sich seine Zwangskompensationen gegen andere. Dadurch entstehen das stete Hinterherlaufen und der Wunsch nach dem Einholen und dem Überholen der öffentlichen Meinung. Erst die Rückführung der Gegenwartshandlung auf das Grundbewusstsein kann das Verfallen-Sein aufdecken.
Eine positive Wunschvorstellung kann sich daraus ergeben, dass das Individuum seine Handlungsgegenwart als belastend für sich selbst und für andere empfindet. Das kann den Anlass bieten zur Analyse der Handlungsgegenwart. Eine weitere positive Wunschvorstellung entsteht, wenn die Gegenwart einen Anlass bietet, dass sich das Individuum an eine frühere Stärkung und Bestätigung seines Selbstbewusstseins zurückerinnern kann. Dieses Wünschen hängt mit jeglicher Anerkennung des individuellen Selbstwertes zusammen. Deshalb ist solch eine Gegenwart nicht bedrückend und wird frohgemut angegangen. Der negative Wunsch nach Niederringung der anderen Wesen ist ebenso wirklich wie die positiven Wünsche, weil sich alle durch eine Beziehung der Handlungsgegenwart auf das Grundbewusstsein auszeichnen. Jedoch ist der negative Wunsch uneigentlich. Deshalb lügen Politiker, wenn sie von Pflichterfüllung schwafeln, weil sie in Wirklichkeit Machterhalt und Beherrschung anderer meinen. Eine wirkliche Pflicht besteht im lebenslangen Bemühen um Erkenntnis seiner Handlungsgegenwart und ihrer Rückführung auf die Konstitution des Selbstbewusstseins. Das haben Politiker gar nicht im Sinn, weil sie sich nicht von ihrem Hinterherhetzen nach dem Politiker-Sein verabschieden

wollen. Denn jede Selbsterkenntnis mündete in eine demutsvolle Haltung und in Achtsamkeit gegenüber sich selbst und den Mitwesen und stellte etwas ganz anderes dar als Machterhalt.

Die Richtungsgebundenheit der Individuen, ihr ständiger Drang nach etwas, ist den Willensakten geschuldet, die sich aus dem Unbewussten ins Vorbewusste absetzen. Der zeitlose Zustand des Unbewussten strebt in die Erkenntnis der Zeit. Deshalb sind wir auch niemals von den beiden anderen Zuständen Vorgeburt und Nachtod getrennt gewesen. Die frühen Willensakte werden entweder adäquat nach der individuellen Idee verwirklicht oder kompensatorisch. Da sie prinzipiell zeitlos sind und sich niemals alle aus dem Unbewussten ins Vorbewusste absetzen können, verspüren wir den lebenslangen Drang unseres Wollens. Dagegen basiert der Hang derjenigen, die dem Nachreden der öffentlichen Meinung verfallen sind, der Hang, von der Welt gelebt zu werden, wie Heidegger wunderschön sagt, auf einer uneigentlichen Konstitution des Selbstbewusstseins (Ich glaube, nebenbei gesagt, dass viele Heidegger-Interpreten ihn gar nicht verstanden haben. Was sind deren Absonderungen anderes als Schwafelkram?). Der Drang zum Leben rührt aus der Einheit der Welt, in welcher ihre zeitlosen Zustände mit der Erkenntnis der Zeit, dem Leben, vereint vorliegen. Während der Lebenszeit soll das umgesetzt werden, was vorher schon vorgelegen hatte. Aus diesem Drang heraus wird die Selbsterkenntnis geboren, die sich immer am Äußeren entfaltet, und dieses Streben ist genauso wirklich wie wir selbst und alle anderen Wesen. Der Hang zum Nachlaufen nach der öffentlichen Meinung basiert dagegen auf der Unkenntnis über das verspürte Wollen. Dieses ist permanent vorhanden, jedoch kann sich das Individuum keinen Reim darauf machen. Der Hang des Nachlaufens ist uneigentlich.

12. DAS PROBLEM DER WIRKLICHKEIT

Phänomenologen und Ontologen deuten ihre Erkenntnis eines angeblich realistischen Äußeren als wirkliches Phänomen, vermutlich weil sie denken, dass das mit eigenen Augen Erblickte wirklich sein muss. Da ich gezeigt hatte, dass Hirngespinste und Verfolgungswahn von Kranken ebenfalls für die betreffenden Individuen wirklich sind, kann das ungeprüfte Erblickte kein Kriterium für Wirklichkeit sein. Weil innerhalb der menschlichen Spezies keine Einigkeit darüber herrscht, wie Erkenntnisphänomene zu deuten seien und wie deren Wirklichkeitsgehalt ausfalle, legen Meinungsphilosophen jedem Gegenstand flugs eine Eigenständigkeit bei, die als Wirklichkeitsvertreter des Gegenstandes auch dann noch anwesend sein soll, wenn keine Menschheit mehr existiert. Ich habe die Problematik einer gegenständlichen Existenz und eines Seins an sich aufgewiesen, indem ich diese solange hinterfragt habe, bis sie entweder ganz verschwunden waren, oder sich in infinite Pseudoerkenntnisse aufgelöst hatten.

Wir können eine vermeintliche Existenz als ein Sein an sich von Gegenständen auch noch anders betrachten und sagen: Wenn jeder Gegenstand ein Sein an sich als Stellvertreter für seine wirkliche Existenz besitzen soll, dann gäbe es so viele Seinheiten an sich wie Gegenstände. Die Anzahl der Seinheiten an sich wäre identisch mit der Anzahl der Gegenstände, und die Anzahl der ewigen Wirklichkeiten wäre identisch mit der Anzahl der Gegenstände und der Seinheiten an sich. Denn wenn jeder Gegenstand ein Sein an sich besäße, dann verfügte er zugleich über eine ewige Wirklichkeit. Daraus folgt, wenn ein Sein an sich derart identisch mit den Gegenständen verbunden wäre, dass Gegenstände ewig existierten und ihnen ein Plan des Alls bekannt sein müsste. Dieses ist die Meinung der Naiven, die der Öffentlichkeit hinterherlaufen, dass Gegenstand, Wirklichkeit und Sein an sich identisch seien. Sie blenden aus, dass jeder Gegenstand in permanenter Veränderung begriffen ist und keinerlei eigenständige Identität festgehalten werden kann. Sie verschwenden keinen Gedanken daran, warum das Identische durch drei Begriffe, nämlich Gegenstand, Sein an sich und Wirklichkeit, benannt werde. Alle drei sollen das gleiche benennen.

Wenn ich dagegen ein einziges und wirkliches Sein an sich für alle Gegenstände setze, gerate ich noch viel schneller in Widersprüche, weil ich nicht erklären kann, warum das einzige Wirkliche aller Gegenstände sich in vielerlei

Gegenstände wandle. Wenn es nur ein Wirkliches hinter den Gegenständen gäbe, müsste die Anzahl der vielen Gegenstände selbst unwirklich sein.

Gäbe es neben dem Traumzustand kein waches Bewusstsein, dann hielte jeder seine Träume für wirklich. Das bemerken wir beim Träumen, wenn das Tagesbewusstsein abgeschaltet ist, dass wir in unseren Träumen leben. Das gleiche gilt für alle Gegenstände der Erkenntnis, dass, wenn wir sie nicht auf etwas Gewisses beziehen können, wir nicht zu entscheiden vermögen, ob sie wirklich oder unwirklich seien. Zum Beispiel lebt der Humbug des Hawkins nur, weil dieser horrende Blödsinn bisher von niemandem auf eine Gewissheit zurückgeführt werden konnte. Weil wir aber wissen, dass sich alle Phänomene aus dem Grundbewusstsein entfalten und Hawkins Gegenstände in diesem niemals auftreten, können wir mit Bestimmtheit seine Chimären entlarven.

Die „Realität" an sich, die uns die Meinungsmacher so gerne vorgaukeln, widerspricht den ständig sich erneuernden Augenblicken unserer Erkenntnis. Sie widerspricht der permanenten Veränderung des Alls, weil die stete Veränderung über nichts „Reales" verfügen kann. In Wirklichkeit ist ein Traumbild nicht als dieses Bild per se bedeutsam, sondern der Inhalt des Bildes verweist auf eine für das Individuum bedeutsame Situation in seiner Vergangenheit. Das Bild übernimmt einen Tagesrest aus der Gegenwart und stellt einen Bezug zum Grundbewusstsein her. Und da das Individuum die bedeutsame Situation selbst erlebt hat und der Traum den Bezug der Gegenwart auf die Vergangenheit in Bildern übersetzt darstellt, ist der geträumte Gegenstand im Zustand des Schlafes wirklich. Er ist sogar noch im Wachzustand wirklich, weil er auf einen Konfliktzustand im Grundbewusstsein bezogen ist und diese Beziehung solange bestehen bleibt, bis sie analysiert worden ist. Der einstige Traumgegenstand erscheint in der Analyse lediglich in anderer Gestalt, nämlich als Kern und Aussage des Traumbildes, in seinem Gehalt ist er jedoch noch der gleiche wie der geträumte Gegenstand.

Dagegen ist der Begriff von einer eigenständigen „Realität" eine reine Behauptung, weil kein Individuum eine isolierte Äußerlichkeit im Verlauf der Historie seines Bewusstseins erlebt hat. Alle Phänomene besitzen ihre Historie und können deshalb nicht als eigenständige Seinheiten existieren. Real erlebt hat das Individuum allein die permanente Veränderung des Alls. Die unmittelbare Anschauung wiederum ist wirklich, weil alle ihre Gegenstände auf andere Weise im Grundbewusstsein schon einmal aufgetreten sind. Die Gegenstände der Handlung sind eigentlich oder uneigentlich, weil sie streng auf die Konstitution des Selbstbewusstseins bezogen sind. Eigentlich sind sie, wenn die frühen Willensakte adäquat sublimiert werden konnten, und uneigentlich sind sie, wenn die individuelle Selbsterkenntnis verfehlt worden ist und fortan kompensiert werden muss. Die „idealen" Gegenstände sind solange wahre, wie sie noch irgendwie auf das Grundbewusstsein bezogen werden können. Demzufolge lässt sich die Zahlenreihe auf die reine Anzahl der Gegenstandsbegegnungen aller Bewusstheiten zurückführen, jedoch der Zeit-Humbug und der Entstehung-aus-dem-Nichts-Schwachsinn des Hawkins auf keinerlei Grundbewusstsein mehr beziehen. Nicht einmal in einer isolierten Gegenwartslogik kann ein Etwas aus dem Nichts entstanden sein, weil mit der Geburt des Etwas das Nichts dann aufhörte zu existieren. Es wäre somit ein zeitlich begrenztes Etwas und kein Nichts. Der Gegenstand des Verfolgers eines psychisch Kranken ist für diesen wirklich, weil die Gegenwart des Verfolgers sich auf eine krankmachende Begebenheit in der Vergangenheit des historischen Bewusstseins bezieht. Der Gegenstand einer äußeren „Realität" ist für die öffentliche Meinung wirklich, weil diese ihre vorbewussten zeitlosen Erfahrungen nach draußen verlegt und dann meint, dass eine Äußerlichkeit die menschlichen Individuen überdauere. Jedoch kann keine vom Individuum isolierte Äußerlichkeit erkannt werden, weil Selbstbewusstsein und Äußeres untrennbar miteinander verbunden sind. Die äußere „Realität" wird lediglich als wirklich behauptet, wenn die Historie des Bewusstseins unbekannt geblieben ist.

Wir dagegen wissen, dass es für den Wachzustand drei Phänomene gibt, die keine Bilder der Verweisung auf Konflikte des Grundbewusstseins darstellen wie beim Traum. Dies sind die anschaulichen Gegenstände, die Handlungsgegenstände und die „idealen" Gegenstände. Jeder anschauliche Gegenstand verweist auf die Historie unseres Bewusstseins und spricht selbst zu uns. Er kann von uns nur erkannt werden, weil in uns eine historische Erkenntnis vorliegt, in welcher ein ähnlicher Gegenstand auf andere Weise schon einmal aufgetreten ist. Wenn ich also z.B. in meiner Gegenwart einen Baum erblicke, und ich annehme, dass ich noch niemals eine Pflanzenbegegnung erlebt hätte (welches praktisch unmöglich ist), dann bliebe der Baum für mich ein neuer Gegenstand und vollkommen unbekannt. Wenn ich dagegen bereits irgendwelche Erfahrungen mit Blumen, Halmen und Gräsern gesammelt habe, aber noch überhaupt keine mit Bäumen, dann könnte der Gegenstand Baum als größte Pflanze von mir relativ schnell im Vergleich mit den ähnlichen Gegenständen entschlüsselt werden. Das bedeutet, dass im Grundbewusstsein ein Begriff „Pflanze" zugrunde liegt, auf den alle lebenden Wesen ohne Erkenntnis, nämlich Pflanzen, bezogen werden und der zugleich mehr umfasst als die

Gegenstände der Gegenwart. Denn da die Gegenstände der Gegenwart außer ihrer permanenten Veränderung nichts anderes darbieten, müssen die ähnlichen Gegenstände der Grundbewusstheiten aller Individuen das Stadium der Illusion verlassen haben und etwas anderes darstellen als permanent sich verändernde Gegenstände. Nur durch den Bezug auf das Grundbewusstsein gewinnen diese Gegenstände der Gegenwart ihren Halt.

Ich hatte dargelegt, wie im Grundbewusstsein einmal die Selbsterkenntnis konstituiert wird, die sich immer an den Gegenständen entfaltet, und das andere Mal eine intuitive Erkenntnis über den zeitlosen Selbstwert und den gleichen Wert der anderen erlebt werden kann. Der anschauliche Gegenstand der Gegenwart wird also nicht einer an sich existierenden Äußerlichkeit entnommen, sondern verdankt sich seiner Beziehung zum Grundbewusstsein. Im Grundbewusstsein kann nichts so gewiss sein wie die Konstitution des Selbstbewusstseins, das sich durch glückliche oder unglückliche Umstände entfaltet hatte. Deshalb sind auch die anschaulichen Gegenstände der Gegenwart auf das Selbstbewusstsein bezogen, und dadurch, dass das Individuum die Gewissheit seines Selbstbewusstseins auf das Äußere der Gegenwart projiziert, entsteht der Schein einer äußeren „Realität". Über diesen Schein von Äußerlichkeit können sich die Individuen untereinander verständigen, während die Rückführung der anschaulichen Gegenstände der Gegenwart durch das historische Bewusstsein eine adäquate oder eine kompensatorische Konstitution des Selbstbewusstseins ergäbe. Deshalb hält der Schein einer Äußerlichkeit keinem Hinterfragen stand, während ein analysiertes Selbstbewusstsein durch und durch Wirklichkeit wäre. Eine Anschaulichkeit, die vom Selbstbewusstsein abstrahiert gedacht wird, existiert lediglich zum Schein. Sie ist als isoliertes Äußeres nichts anderes als Permanenz der Veränderung und damit eine Illusion.

Die Grundlegung für die Anschaulichkeit der Gegenwart, die ihre Wirklichkeit erst durch den Bezug auf das Grundbewusstsein gewinnt, ist aber auch eng mit dem zweiten Phänomen verbunden, der Handlungserkenntnis. Denn die Selbsterkenntnis wird durch das Begreifen-Wollen von anschaulichen Gegenständen in Gang gesetzt. Und je nachdem, wie die frühen Willensakte sublimiert werden können, bleibt die spätere Handlungsgegenwart auf den Sublimierungserfolg bezogen. Die Handlungserkenntnis wird von der öffentlichen Meinung gewöhnlich nicht thematisiert und eher der Psychologie zugeschlagen. Die Schwafelei kennt die enge Beziehung zwischen Anschauung und Handlungsgegenstand nicht. Sie schließt die Schublade und verbreitet ihre

„Erkenntnis" über Gegenstände, welche sie aus der überwiegend schlechten Literatur entnommen hat und verwirrt und verblendet die Jugend. In Wirklichkeit sind alle Handlungen Gegenstände, weil sie auf wirkliche oder vorgestellte Motivgegenstände gehen, die grundsätzlich bis in die Vergangenheit des Grundbewusstseins reichen. Wegen dieser Beziehung ist die Handlungserkenntnis wahrhaftig. Die Handlungsgegenstände sind den anschaulichen Gegenständen von der Zeitstruktur her gesehen vollkommen gleich. Die Gegenstände der Handlung sind direkt mit dem Sublimierungserfolg der frühen Willensakte verbunden, während die Gegenstände der Anschauung auf die Untrennbarkeit von Selbstwert und Wert des Äußeren gehen. Die Grundmotivation für den späteren Lebensweg wird durch die Qualität der Zuwendung festgelegt, nämlich wie das frühe Bereifen-Wollen des jungen Individuums vom sozialen Umfeld gespiegelt worden ist. Die persönliche Ansprache und das Erläutern der Gegenstände und die Beantwortung von Fragen ist z.B. eine gute Qualität und im Grunde einfach zu bewerkstelligen. Allerdings nur dann, wenn die Bezugspersonen über ein ausreichendes Sprachvermögen und eine gute Bildung verfügen. Deshalb darf kein Staatsgebilde die unteren sozialen Schichten sich selbst überlassen, weil die Nichterkenntnis dann ständig reproduziert wird. Wenn dagegen der individuelle Selbstwert positiv gespiegelt worden ist, kann sich das Individuum späterhin auch adäquat nach seiner individuellen Idee verwirklichen. Denn die frühen Willensakte, die prinzipiell den Anspruch auf Verschlingung aller Gegenstände besitzen, konnten in eine adäquate Selbsterkenntnis umgewandelt werden. Da diese Selbsterkenntnis nur durch das Äußere, die Gegenstände, ermöglicht wird und das Äußere von der Selbsterkenntnis nicht abzulösen ist, bedingt eine adäquate Selbsterkenntnis zugleich eine Erkenntnis des Wertes aller anderen Wesen neben dem eigenen. Solch ein Individuum wird immer verantwortungsvoll mit sich und den Mitwesen umgehen.

Die Behauptung ist natürlich Unsinn, die landläufig von der öffentlichen Meinung geliefert wird und die fast jeder glaubt, dass nämlich die „idealen" Gesetze der Naturwissenschaft die Welt eigentlich erst erklären. Dahinter verbirgt die Öffentlichkeit, dass ein überragender Intellekt, der über alle anderen Wesen erhaben sei, der äußeren „Realität" ihre Geheimnisse entrissen habe. Richtig ist, dass die „idealen" Gesetze die einst anschauliche Umgangsweise der Individuen mit den frühen anschaulichen Gegenständen abstrahieren und zum Gesetz erheben. Die Gesetze von Mathematik, Physik und Logik entstammen der Anschauung und entwickeln durch Abstraktion eine Eigengesetzlichkeit bis hin zu Gegenständen, die im Grundbewusstsein nicht mehr aufgefunden werden können. Diese Gegenstände sind aber dann nicht mehr wahr, wie ich am Gegenstand des sogenannten „Urknalls" nachgewiesen habe. Wahr ist ein „idealer" Gegenstand nur solange, wie er sich auf das Grundbewusstsein zurückführen lässt. Alle übrigen Gegenstände sind solche des Denkvorgangs im isolierten Gegenwartsbewusstsein und im Grunde wertlos.

Algebra und Geometrie sind Sprachen der Mathematik, durch die wir vom einst konkreten Umgang mit den frühen Gegenständen absehen und diesen Umgang in der anderen Sprache der Mathematik noch einmal rekapitulieren können. Die einst konkret erlebte Vielfalt des frühen Umgangs mit den Gegenständen ist vom Gedächtnis überhaupt nicht zu speichern, weil in der Vielfalt noch mehr enthalten ist. Denn große Teile des Grundbewusstseins wie die Konstituierung des Selbstbewusstseins am Äußeren fallen ins Vorbewusste. Das Kriterium für die Wahrheit von „idealen" Gegenständen besteht einzig und allein darin, ob sie noch irgendwie auf eine Anschauung zurückgeführt werden können. Es ist unerheblich, ob deren Logik und Herleitung scheinbar folgerichtig durchgeführt worden sind, weil sie, wenn sie gar nichts mehr mit dem Grundbewusstsein zu schaffen haben, neuerfundene Gegenstände mit dem Status von reinen Behauptungen darstellen. Die „idealen" Gesetze basieren sozusagen auf der Hülle der einst konkret und anschaulich erlebten Gegenstandsbegegnung, durch welche sich ein Selbstbewusstsein in der Auseinandersetzung mit den frühen Gegenständen entfaltet hatte. Sie sind nicht aus einer entgegenstehenden „Realität" entnommen, sondern entstammen der Untrennbarkeit von Selbsterkenntnis und Äußerem, also dem Grundbewusstsein. Sie scheinen uns lediglich „ideal" zu sein, weil ihre äußere Gestalt durch die Abstraktion vom Grundbewusstsein abgelöst erscheint. Innerhalb der Denkweise der menschlichen Spezies können sie von den Individuen im begrenzten Maße nachvollzogen werden, für eine höhere Intelligenz wären unsere „idealen" Gesetze nur als Forschungsobjekt über die Menschheit von Nutzen. Komplexe Denkvorgänge wie z.B. die Behauptungen des Hawkins über die Zeitstruktur, die nur von ihm selbst nachvollzogen werden können, sind unwahr und damit ohne jeden Wert. Denn wahr ist ein „idealer" Gegenstand immer dann, wenn jedes Individuum diesen auf die Historie seines Bewusstseins zurückführen kann und dort entdeckt, dass er auf andere Weise schon einmal aufgetreten ist.

Ein wahrer „idealer" Gegenstand ist z.B. die Brechung eines Lichtstrahles, der vom dünneren Medium der Luft in ein dichteres des Wassers übergeht. Die

Winkelbildung des Strahles kann ich konstruieren und berechnen und auf abstrahierende Weise deutlich machen, warum ein Stecken, den ich ins Wasser halte, mir in zwei Stücke zerbrochen erscheint. Der „ideale" Gegenstand ist also auf andere Weise in meinem historischen Bewusstsein schon einmal aufgetreten, nämlich als anschaulicher Gegenstand. Wann auch immer dieser vergangene Zeitpunkt stattgefunden hatte, so bleibt er doch auf bestimmte Weise mit meinem Selbstbewusstsein verbunden, das die Empfindungen von Holz, Wasser, Gerüchen des Sommers usw. immer wieder hervorruft. Deshalb ist dieser physikalische Gegenstand des historischen Bewusstseins wahr, ebenso wie der anschauliche Gegenstand des historischen Bewusstseins, nämlich der Holzstecken, wirklich ist, weil beide auf das Grundbewusstsein bezogen werden können. Diese Untersuchung handelt also von den Gegenständen der wirklichen Anschauung, der eigentlichen Handlungsweise und denjenigen „idealen" Gegenständen, die durch Abstraktion aus der frühen und anschaulichen Umgangsweise mit den Gegenständen gewonnen worden sind. Dagegen werden die anschaulichen Gegenstände der öffentlichen Meinung als unwirkliche gekennzeichnet, z.B. als sogenannte „Realität" des Äußeren, die kompensatorischen Handlungsgegenstände als uneigentliche dargestellt und nur die „idealen" Gegenstände als wahre anerkannt, die sich noch auf ein Grundbewusstsein zurückbeziehen lassen. Alle anderen sind unwahr.

Wirklichkeit verbürgen zuerst nur die Anschauung und die Handlungserkenntnis, weil diese einen strengen Bezug zum Grundbewusstsein aufweisen. Die Wirklichkeit seiner Handlungserkenntnis wird von keinem Individuum hinterfragt, doch bedarf es der Analyse, um die Eigentlichkeit des Handlungsgegenstandes herauszufinden. Die Motivation jeder individuellen Gegenwartshandlung beruht auf einer bestimmten Konstitution des Selbstbewusstseins, von welcher große Anteile im Vorbewussten liegen. Da das Selbstbewusstsein, ganz gleich wie sicher oder unsicher es konstituiert sein mag, die Identität des Individuums ausdrückt, meint jeder, mit seiner Handlungsgegenwart übereinzustimmen, auch wenn sie ihm selbst oder anderen Schaden zufügt. Deshalb fühlt sich auch der psychisch Kranke wirklich von seinen Verfolgern bedroht, die für die Gesunden gar nicht anwesend sind. Somit bedarf es der Rückführung der individuellen Handlungsgegenwart auf das Grundbewusstsein, um die Eigentlichkeit des Handlungsgegenstandes ins volle Bewusstsein zu heben.

Die strenge Abhängigkeit der Handlungsgegenwart vom Selbstbewusstsein ist dem Totalanspruch der frühen Willensakte auf deren Umsetzung geschuldet. Diese rücken nicht ein Jota von sich selbst ab und können nur in einer Selbsterkenntnis, die am Äußeren vollzogen wird, sublimiert werden, in welcher das Individuum seinen Selbstwert und den Wert des begehrten Gegenstandes erkennt. Das ursprüngliche Verlangen der frühen Willensakte auf Wiederverschmelzung mit den Gegenständen wird in eine Selbsterkenntnis, die sich am Äußeren ausgestaltet, umgewandelt. Da die fortlaufende Selbsterkenntnis, die sich an den verschiedenen Gegenständen entfaltet, allmählich das Selbstbewusstsein konstituiert und der ursprüngliche Anspruch der Willensakte lediglich sublimiert werden kann, bleibt jede Handlungsgegenwart auf die Konstitution des Selbstbewusstseins bezogen. Denn der Anspruch der Willensakte auf Verschlingung des Äußeren überdauert wegen dessen Zeitlosigkeit für immer und wird schließlich mit dem Tod des Individuums erfüllt. Die frühen Willensakte, die in ihrer Gesamtheit die individuelle Idee darstellen, können im besten Fall adäquat sublimiert werden, so dass das Individuum seinen Selbstwert und den Wert seiner Mitwesen wahrnehmen kann. Der ursprüngliche Vereinnahmungswunsch nach dem Gegenstand ist in eine Selbsterkenntnis am Äußeren umgewandelt worden, so dass dieser Willensakt als Teil einer individuellen Idee adäquat sublimiert worden ist. Da die spätere Handlungsgegenwart immer hierauf bezogen bleiben wird, verwirklicht sich das Individuum gemäß seiner individuellen Idee. Die gute Konstitution des Selbstbewusstseins wird auf die Handlungssicherheit ausstrahlen, zum Wohle der Mitwesen verlaufen, und das Individuum wird weniger von Selbstzweifeln geplagt werden.

Durch Borniertheit, Gewalt, Dummheit, die sich in stumpfen Gesichtszügen ausdrückt, narzisstische Störung und Aggression des sozialen Umfeldes können aber auch schwere Konflikte bei der Umsetzung der frühen Willensakte gesät werden. Das Individuum erreicht keine adäquate Erkenntnis des Selbstwertes und des Wertes der anderen. Das Selbstbewusstsein konstituiert sich konfliktbeladen und in Unsicherheit. Solch eine Handlungsgegenwart wird späterhin konfliktgebunden ausfallen, das Individuum wird im Hader mit sich selbst liegen, unsicher sein und versuchen, die Mitwesen zu unterdrücken und zu missbrauchen. Aber jedem Individuum steht lediglich eine einzige Konstitution des Selbstbewusstseins zur Verfügung und keine weitere. Denn das Individuum ist unter bestimmten Konditionen zum Bewusstsein von sich selbst gelangt, welches durch ein spezielles Äußeres hindurchgegangen ist. Dieses Bewusstsein ist jetzt seine Identität, gleichgültig, ob sich aus den vorbewussten Konflikten ein Vergewaltiger oder Mörder oder nur ein gewöhnlicher Psychopath entwickeln wird, wie er uns überall begegnet. Auch diese kompensatorische Handlungsweise wird als so eigentlich empfunden wie die gute und gerechte. Aber ohne eine Analyse, ohne Rückführung und Hinterfragung der Gegenwartshandlung auf das Grundbewusstsein, sind die Handlungsgegenstände nicht als eigentlich oder uneigentlich zu klassifizieren.

Die zweite Ebene der Wirklichkeit ist die Anschauung, die jedoch eng mit den Handlungsgegenständen verbunden ist. Denn das Grundbewusstsein entfaltet sich in der frühen Auseinandersetzung mit rein anschaulichen Gegenständen. Am Begreifen-Wollen von Gegenständen wird die immer gleiche indirekte Erkenntnis des Selbstwertes und des Wertes der anderen initiiert. Da diese Erkenntnis zu jedem Zeitpunkt gleich ausfällt, ist sie zeitlos gültig. Hieraus erwächst die Konstitution des Selbstbewusstseins als Bezugsebene zur späteren Handlungsgegenwart. Zugleich mit dieser Konstitution werden die anschaulichen Gegenstände geschmeckt, ertastet, gerochen, gesehen, also der Umgang mit ihnen konkret erlebt und begriffen. Demnach ist das Selbstbewusstsein von der Anschaulichkeit nicht ablösbar. Das Erlebnis der Anschaulichkeit ist eine Selbsterkenntnis durch ein Äußeres, so dass die Anschaulichkeit durch die Selbsterkenntnis entsteht und individuell ist. Jeder anschauliche Gegenstand des späteren Lebensweges tritt dem Individuum nicht als Neuigkeit entgegen, sondern ist immer auf irgendwelche anderen Gegenstände bezogen, welche das Individuum auf bestimmte Weise schon einmal erlebt hatte. Wenn wir also annehmen, dass das Individuum irgendwann einen Baum erlebt, dann ist dieser keine grundsätzliche Neuigkeit, sondern mit einem frühen holzartigen Gegenstand verbunden, der nach Aussehen, Getast, Geschmack und Geruch mit einem allerersten Baum verglichen wird. Auf dem Weg dahin befinden sich jedoch eine Menge Pflanzenartige. Da die frühen ersten Gegenstände neben dem Erlebnis ihres Umgangs auch eine zeitlose intuitive Erkenntnis beinhalten, die ich als Erlebnis der individuellen Freiheit beschrieben hatte, als Aufgeben des Widerstandes des Äußeren zugunsten der Selbsterkenntnis, sind die Gegenstände der Gegenwart auch auf diese intuitive und frühe Erkenntnis bezogen. Wenn neben dem frühen konkreten Umgang mit den Gegenständen diese Erlebnisse auch einen vorbewussten Anteil enthalten, welcher die Erkenntnis des Selbstwertes und des Wertes der anderen umgreift, dann kann unsere Anschauung keine eigenständige „Realität" darstellen. Die Anschaulichkeit ist wirklich, weil sich das Individuum in der Auseinandersetzung mit ihr bewusst geworden ist. Die Anschaulichkeit ist uns gewiss, weil uns die Wahrheit vorbewusst zugrunde liegt, nämlich daß wir letzten Endes über eine individuelle Freiheit verfügen und daß wir uns im Selbstwert gegenüber den anderen Wesen nicht unterscheiden. Die Anschaulichkeit ist wirklich, weil wir dieses alles selbst erlebt haben. Die Anschaulichkeit bleibt auch bei schweren inneren Konflikten für das Individuum wirklich, weil sie zur konfliktreichen Identität dazugehört. Erst in der Analyse könnte sie als mehr oder weniger unwirklich aufgewiesen werden.

Es kann z.B. auftreten, dass ein Individuum mit schweren inneren Konflikten ein gegenwärtiges Geschehen wie durch eine Nebelwand betrachtet und sich mit der Anschaulichkeit gar nicht auseinandersetzen mag, weil diese ihm fremd erscheint. Ein anderes Individuum ist dergestalt in Zwangsgedanken befangen, dass es Gegenstände und Individuen, die eine Verbindung zu vorbewussten Konflikten aufweisen könnten, gar nicht bemerkt. Beide beispielhafte Anschaulichkeiten sind für die betreffenden Individuen wirklich, jedoch nach einer Analyse unwirklich. Wenn einer bestimmten Gruppe durch eine Propaganda die Verantwortung für die in der Welt herrschende Schlechtigkeit zugeschoben wird, dann erscheinen die einzelnen Individuen dieser Gruppe bei denjenigen, die der Propaganda erlegen sind, auch besonders hässlich. Es gibt keine Anschaulichkeit, die von individuellen Zwängen und Konflikten losgelöst wäre, sondern immer nur individuelle Wirklichkeiten.

Die Welt sei immer die Welt des Individuums, sagt Heidegger auf S. 202 seines Hauptwerkes. Das ist richtig, aber daraus folgt zugleich, dass nur eine einzige Welt existiert und dass wir neben der individuellen Welt nicht eine äußere „Realität" hinzufügen dürfen. Denn dann wären es zweierlei Welten. Tiefer analysiert zeigt sich uns, dass das Individuum sich selbst erst zu verstehen lernt und ein Bewusstsein ausbildet, wenn ihm sein frühes und ursprüngliches Verschlingen-Wollen der äußeren Gegenstände vom sozialen Umfeld gespiegelt wird. Bis dahin existiert lediglich das zeitlose und bewusstlose Streben nach Wiedereingliederung der anderen Wesen, von denen das Individuum durch seine Geburt getrennt worden ist. Ein Gegenstand kann mit den Händen ergriffen werden, jedoch bleibt er solange ein neuer und unbekannter, bis er von anderen benannt und der Verschlingungswunsch selbst als nicht hinterfragbarer Wert gedeutet worden ist. Erst dann wird der Gegenstand begriffen. Begreifen heißt, dass das Individuum etwas über seinen Selbstwert und den Wert des Äußeren erfährt und der Widerstand des Fremden damit zurückweicht. Denn wenn das Individuum dem Äußeren eine Selbsterkenntnis verdankt, dann hat das Äußere seinen Widerstand aufgegeben. Damit sind aber Selbsterkenntnis und Äußeres zusammengefallen, die beide untrennbar das Selbstbewusstsein konstituieren. In diesem Selbstbewusstsein ist zugleich eine vorbewusste und zeitlose Erkenntnis vorhanden, weil die Welt sonst nichts anderes als ein Traum wäre. Denn außer ihrer permanenten Veränderung hält sie nichts anderes für uns bereit, keine eigenständige „Realität", sondern nur die Veränderung, die als „Realität" genommen eine reine Illusion darstellt. Dagegen ist die Historie des Bewusstseins Wirklichkeit, die zuletzt auf der intuitiven Erkenntnis einer zeitlosen Existenz gründet. Diese kann durch Meditation aus dem Vorbewussten hervorgeholt werden. Da solches jeder vermag, der sich von seinen Zwangsgedanken gereinigt hat, ist die zeitlose Existenz wirklich.

Die Historie des Bewusstseins ist wirklich, weil nur an ihr die Handlungsgegenwart der Individuen erläutert werden kann. Ohne Analyse bleiben Individuen rätselhaft. Die Historie ist wirklich, weil das Äußere eine Spiegelung des Bewusstseins darstellt. Die unbelebten Wesen sind von einer in ihnen ruhenden Selbstsicherheit durchdrungen, die wir unser Leben lang anstreben und nie erreichen. Das historische Bewusstsein kennt die Gerechtigkeit, weil es der Ameise und dem menschlichen Individuum den gleichen Selbstwert zuerkennt. Aus der Kenntnis über das historische Bewusstsein folgt, dass jedes Individuum einmal mit seinem Nichtwissen und seinen daraus entstandenen Folgen konfrontiert werden wird. Denn die Selbsterkenntnis ist an die Erkenntnis der anderen Wesen angebunden. Das ruhelose Streben nach Ergreifung von immer neuen Gegenständen, durch deren Besitz das persönliche Glück erlangt werden soll, beruht auf dem Wiederanstreben eines zeitlosen Zustandes, in welchem das Individuum mit allen anderen Wesen vereint gewesen ist. Dieser Zustand wird schließlich mit dem Tod wiederhergestellt und kann niemals durch Anhäufung von Besitz erreicht werden.

Die Historie unseres Bewusstseins ist durch die echte Philosophie, die Psychoanalyse, die Bücher der altindischen Weisheit und die Meditationspraxis bewiesen worden, weil diese alle das historische Bewusstsein nicht herbeispekulieren und ergrübeln, sondern praktizieren. Und was selbst erlebt wird, ist wahrhaftig und wirklich. Die Zeit kann nicht ohne ein Beharrliches erkannt werden, an dem sie sich durch unaufhörliches Vergehen vollzieht. Das Beharrliche ist zugleich außer uns und in uns. Wir können es in der Meditation praktisch erfahren, wenn wir direkt auf die Existenz meditieren und die glasklare und neue Präsenz des Äußeren mit der tiefen Stille in uns selbst zusammenfällt. Die Existenz ist ohne die Spur eines Gedankens und die Ruhe selbst. Theoretisch dargelegt habe ich sie in der Beschreibung der frühen Selbsterkenntnis, die sich nur im Zusammenhang mit der Erkenntnis des Äußeren vollzieht. Zwei Phänomene, Anschaulichkeit und Handlungsgegenstand, sind besonders evident mit dem Grundbewusstsein verbunden, in welchem die intuitive Erkenntnis der Existenz vorliegt. Deshalb kann auch jeder darauf meditieren, aber nur, wenn er dem Tosen seiner Zwangsgedanken zuvor entkommen ist. Denn der Intellekt ist der Vollzieher aller Kompensationsbestrebungen in der individuellen Gegenwart und permanent auf die Konflikte des Grundbewusstseins ausgerichtet. Diese sind vorbewusst, weil die Selbsterkenntnis andere Bewusstheiten nicht durchschaut und sich auch mit ihrem Scheitern identifiziert. Einige spüren das und sind lebenslang auf der Suche und finden sich nicht, andere laufen der öffentlichen Meinung nach und versuchen, den besten Platz für sich einzunehmen. Sexsucht, Machtsucht, Drogensucht, Geldsucht sind Ausdruck ihres Unfriedens.

Süchte drücken das Streben nach Wiedererlangung einer vorgeburtlichen Idylle aus, weil das reale Streben der frühen Willensakte nach dem Äußeren nicht adäquat sublimiert worden ist.

Das dritte Phänomen, die „idealen" Gegenstände, entstammen, solange sie wahr sind, dem Grundbewusstsein, und wenn sie unwahr sind, stellen sie Chimären durch haltlose Spekulation dar. Sie sind dann isolierte Gegenstände eines Gegenwartsbewusstseins wie etwa der hanebüchene Humbug des Hawkins. „Ideale" Gegenstände, die sich überhaupt nicht mehr auf ein Grundbewusstsein beziehen lassen, sind immer Fiktionen. Das Grundbewusstsein erwächst nun nicht aus der allmählichen Entfaltung einer Erkenntnis des entgegenstehenden Äußeren, worauf sich dann ein zweites Äußeres im Bewusstsein ausgestalten müsste, welches die Naiven immer noch glauben und sich Gedanken über das „Bild" des Äußeren im Bewusstsein machen, sondern das Grundbewusstsein stellt die Untrennbarkeit von Äußerem und Selbsterkenntnis dar. Kein junges Individuum erkennt einen frühen Gegenstand als eigenständige Äußerlichkeit, weil gar nichts vorhanden ist, das erkennen könnte. Nichts ist vorhanden außer einem Verschlingungswunsch nach dem Gegenstand, um die verlorengegangene Einheit mit allen Wesen wiederzugewinnen. Aus diesem zeitlosen Streben heraus, das die Zustände vor der Geburt und nach dem Tod umgreift, entsteht der Zusammenhang von Selbsterkenntnis und Äußerem. Wir sind also immer mit den Zuständen Vorgeburt und Nachtod verbunden. Jeder Gegenstand setzt seiner Vereinnahmung prinzipiell einen unendlichen Widerstand entgegen. Aufgabe der Pädagogik ist es, dem jungen Individuum angesichts dieser Ausweglosigkeit einen Selbstwert zu vermitteln, den der Schützling selbst sich niemals verschaffen könnte. Erst dann weicht

der Widerstand des Äußeren zurück, weil das Individuum dem Greifen nach dem Gegenstand eine Selbsterkenntnis verdankt. Das Äußere willigt ein, indem es den individuellen Selbstwert bestätigt. Dadurch gibt sich das Äußere als das gleiche Gut wie dasjenige des Selbstwertes zu erkennen, so dass das Individuum das Äußere als im Verhältnis zu sich selbst stehend begreift. Dieses bildet die Grundlage der Untrennbarkeit von Selbstsein und Gegenstand; sie wird in jeder frühen Begegnung gleichartig erfahren und verschwindet deshalb im Vorbewussten. Dieses ist die Erkenntnis der zeitlosen Existenz, auf die einige zurückmeditieren können und viele nicht. Erst wenn die Untrennbarkeit von Selbstsein und Gegenstand sich im Grundbewusstsein manifestiert hat, kann jeder Gegenstand mit der Erkenntnisform des Raumes als außer dem Individuum liegend angeschaut werden. Denn vorher ist noch gar nichts vorhanden gewesen, was das Selbstsein vom Äußeren hätte scheiden können. Alle Gegenstände der Gegenwart, wie ich sage, beziehen sich auf die vorbewusste Erkenntnis der beharrlichen Existenz, deren Untrennbarkeit von Selbstsein und Äußerem uns eingibt, das Äußere als „Realität" an sich zu empfinden, was aber durch und durch Schein ist. Die Ahnung von Beharrlichkeit und Zeitlosigkeit wird einfach nach draußen transponiert. Denn ein isoliertes Äußeres stellt nichts anderes dar als permanente Veränderung, an der nichts Wirkliches festgehalten werden kann – es ist eine Illusion. Wir verschieben
lediglich die Überzeugung von unserer Existenz nach draußen. Insofern ist es gerechtfertigt, den Idealismus darauf hinzuweisen, dass er das Äußere als Werk der Verstandesformen des Bewusstseins erläutert und das Beharrliche, von der Zeit und dem Raum Unabhängige, im Widerspruch dazu doch nach Außen verlegen muss. Richtig ist, dass keinerlei Trennung zwischen äußerer und innerer Erkenntnis vorkommt und das Beharrliche, auf das sich alle drei von mir beschriebenen Phänomene beziehen, in unserem Grundbewusstsein als vorbewusste Erkenntnis liegt. Hierauf bezieht sich die Erkenntnis der Zeit, unsere Lebenszeit, die mit den zeitlosen Zuständen vor der Geburt und nach dem Tod als eine einzige Welt existiert. Nach dem Untergang der Erkenntnis der Zeit werden wir den Zustand der Einheit aller Wesen wieder erreicht haben.
Die Individualphilosophie hat bestätigt, dass die Erkenntnisform der Zeit allein im Bewusstsein vorkommt. Die zeitlosen Zustände vor der Geburt und nach dem Tod werden abgelöst von der Erkenntnis der Zeit, der Lebenszeit. Bewusstsein existiert nur als historische Beziehung der Gegenwart auf die

Vergangenheit des Grundbewusstseins. Der Entwurf dieser Beziehung auf eine künftige Zeit ist Zukunft. Das Bewusstsein hält sich für einzigartig, weil es andere Bewusstheiten nicht durchschaut. Deshalb erkennt es sich nur voll und ganz, wenn es über die Beziehung seiner Gegenstände der Gegenwart auf seine Vergangenheit nachgedacht hat. Das Bewusstsein kann nur bestehen, weil eine vorbewusste und intuitive Erkenntnis einer zeitlosen Existenz zugrunde liegt, an welcher die Erkenntnis der Zeit sich vollzieht. Diese vorbewusste Erkenntnis projizieren wir auf ein Äußeres, so dass wir meinen, es käme als uns entgegenstehende Äußerlichkeit vor. In Wirklichkeit können wir unsere Erkenntnis vom leeren Raum nicht wegdenken, so dass wir selbst es sind, die solchen Schein produzieren. Denn am isolierten Äußeren lässt sich lediglich permanente Veränderung feststellen, so dass jede Vorstellung von äußerer „Realität" eine Illusion ist. Erst wenn die Unaufhörlichkeit der äußeren Abfolge auf unsere vorbewusst zugrundeliegende Erkenntnis einer zeitlosen Existenz bezogen wird, entsteht ein stehendes Bild. Deshalb sind Äußeres und Selbsterkenntnis nicht voneinander lösbar.

Das beharrliche und zeitlose Konstitutionsmoment liegt genauso im Äußeren wie in uns selbst und tritt in der Meditation aus dem Vorbewussten heraus. Da es keine Erkenntnis durch Begriffe darstellt, gibt es sich als Abwesenheit jedes Gedankens direkt in glasklarer Präsenz kund. Deshalb ist seine indirekte Beschreibung durch Begriffe vielfältig. Ich habe es als Selbstwert, Wesensgut und Erfahrung der individuellen Freiheit beschrieben. Diese direkte und unvermittelte Erkenntnis des Grundbewusstseins sichert fortan das Bewusstsein als wahrhaftig ab. Nur die Beziehung der Gegenwartserkenntnisse auf das Konstitutionsmoment der zeitlosen Existenz kann Dasein genannt werden, jedoch bleibt es immer individuelles Dasein.

Heidegger z.B. räumt auf S. 211 seines Hauptwerkes der „Realität" keinen Vorrang ein, sondern sieht die „Realität" im Dasein des Individuums gegründet, wenn es sich um sich selbst und um andere kümmere. Das halte ich für problematisch, weil das Individuum auch ein irreales und komplexbehaftetes Leben führen kann, denn das Bewusstsein vermag es nicht, sich in andere Bewusstheiten hineinzudenken und erkennt nur die eigene Lebensweise als die einzig mögliche. Ein unter Verfolgungswahn Leidender führt ein irreales Leben, und ein Psychopath verweigert die Analyse von schweren Konflikten des Grundbewusstseins, doch sind diese Lebensweisen für beide Individuen wirklich.

Da jede Bewusstwerdung mit der Erkenntnis des Äußeren zusammenhängt und das Äußere immer auf die Selbsterkenntnis bezogen ist, hat jede sichere oder unsichere Gründung des Selbstbewusstseins Auswirkungen auf den Umgang mit den Mitwesen. Der Intellekt kann kein unsicheres Selbstbewusstsein in ein sicheres umwandeln, weil die Konstitutionsmomente des Selbstbewusstseins im vorbewussten Teil des Grundbewusstseins ruhen und deshalb dem Intellekt entzogen sind. Das Gegenwartsbewusstsein versucht lediglich verzweifelt, Motive der Kompensation für die schweren Konflikte ausfindig zu machen. Die vorbewusste Wut wird durch Erniedrigung der Mitwesen kompensiert, oder, als mildere Form, in ein Absaugen der fremden Energie umgewandelt, indem der Psychopath z.B. ständig sich selbst darstellt und über sich selbst redet. Deshalb ändert der Intellekt von Mördern, die genau wissen, dass sie womöglich mit dem Tod bestraft werden, nichts an ihrem Verhalten. Das Denken ist machtlos.

Wirklichkeit, Handlungswirklichkeit sage ich genauer, bezieht sich immer als Motiv der Gegenwart auf die Konstitution des Selbstbewusstseins. Das Selbstbewusstsein ist handlungssicher und achtsam gegenüber den Mitwesen, wenn es sich adäquat nach der individuellen Idee hat entfalten dürfen. In der Erkenntnis des Selbstwertes und des Wertes der anderen wird dieses umgesetzt. Oder das Selbstbewusstsein ist unsicher und kompensiert seine Konflikte gegenüber den Mitwesen. Beiderlei Bewusstheiten drücken eine Identität aus und werden gewöhnlich nicht hinterfragt. Die individuelle Handlungswirklichkeit basiert auf dem von mir beschriebenen Prozess der Selbsterkenntnis des Individuums im Grundbewusstsein. Die abgeschlossene Phase und die Beziehungsgrundlage für das Gegenwartsbewusstsein nennen wir Selbstbewusstsein. Von diesem bleiben die drei Phänomene Anschauung, Handlungserkenntnis und „ideale" Gegenstandserkenntnis abhängig und werden nicht von einer äußeren „Realität" vorgegeben. Dass Heidegger neben der Sorge des Individuums um sich selbst und um andere noch ein äußeres Sein vorgibt, ist so überflüssig wie blödsinnig. In der Individualphilosophie oder Philosophie der Erleuchtung sind hingegen die Begriffe Wirklichkeit und Wahrheit geklärt. Die individuelle Erkenntnis der Wirklichkeit bleibt abhängig von der Konstitution des Selbstbewusstseins, und die Wahrheit ist die unmittelbare Erfahrung der zeitlosen Existenz im Grundbewusstsein. Diese kommt auch zum Ausdruck als unmittelbare Erfahrung der individuellen Freiheit oder als Erkenntnis über die Einheit der Wesen, über ihre Wertgleichheit. Diese Erfahrung der zeitlosen Unmittelbarkeit ist dann wahr, wenn sich darauf die ganze Wirklichkeit beziehen und sich alles hieraus erläutern lässt. Es muss eine sein, die auch Vorgeburt und Nachtod mit einschließt, weil die drei Zustände Vorgeburt, Erkenntnis der Zeit und Nachtod zur Wirklichkeit gehören.

13. ÜBER DIE WAHRHEIT

Daß der Wahrheitsbegriff von den Philosophen im Zusammenhang mit dem Sein, mit dem, was angeblich draußen vorhanden ist, formuliert wurde, liegt daran, dass die menschlichen Individuen meinen, über die anschaulichen Gegenstände übereinzustimmen. Doch wir sind uns lediglich einig über die Abstraktion einer Anschauung, die in der Sprache zum Ausdruck kommt. Das vorbewusste Begreifen der frühen Auseinandersetzung mit dem Äußeren kann nicht mitgeteilt werden. In der Sprache können späterhin nur die Benennungen der frühen Gegenstände wiedererinnert und auf die Gegenstände der Gegenwart bezogen werden. Die konkrete Anschauung ist dagegen genauso individuell wie die Handlungserkenntnis, weil sie auf eine individuelle Konstitution des Selbstbewusstseins bezogen ist. Die Sprache, hatte ich woanders gesagt, ist ein abstrahierendes Überbleibsel der einstmals konkret erlebten Anschaulichkeit, weshalb ihre Begrifflichkeit nur als Benennung im Gedächtnis bewahrt werden kann und das konkrete Erlebnis selbst im Vorbewussten verschwunden ist. Denn in der individuellen Frühzeit hat sich die Anschaulichkeit mit dem Selbstbewusstsein zugleich ausgestaltet. Und die Anschaulichkeit ist benannt worden. Die Sprache ist wie ein Überrest einer antiken Stadtmauer, während das frühe und konkrete Erlebnis der Auseinandersetzung mit den Gegenständen die antike Stadt mit ihrem pulsierenden Leben selbst darstellt. Deshalb untersuchen die sogenannten analytischen Philosophen (ein Ausdruck, der ihnen gar nicht zusteht) in der Sprache lediglich das Abgestorbene und einstmals Benannte, und die Wirklichkeit und auch die Wahrheit wird ihnen immer verschlossen bleiben.

Die Anschauung eignet sich nicht für die Definition des Wahrheitsbegriffs, weil auch der Wahnsinnige seine Verfolger für wirklich hält. Könnten wir ein Insekt über seine Anschaulichkeit befragen, käme heraus, dass es seine Gegenstände von der Form her viel runder und weicher erkennt und uns über Blumen sicherlich mehr zu erzählen hätte, als uns jemals in den Sinn käme. Gibt es zwei Wahrheiten, einmal diejenige unserer Anschauung und andererseits diejenige der Insekten? Ist die Anschauung der Insekten auf eine Stufe zu stellen mit derjenigen des Wahnsinnigen oder mit irgendeiner anderen Anschauung? Wie verhält es sich mit der Anschauung der anderen Tierarten, ist deren Anschauung in Abstufungen unvollkommener als unsere? Gleicht der Hund sein schwächeres Gesichtsfeld nicht mit seiner Nase aus und übertrifft uns damit bei weitem? Ist seine Nasen-Anschauung (Anriechung) die Hundewahrheit und zu der unsrigen hinzuzufügen? Dagegen spricht, dass sich zweierlei Wahrheiten ausschließen. Wie verhält es sich mit einer höheren Spezies als den Menschen, die unsere Erkenntnis der Zeit durchbrochen hat, uns besucht und über eine andere Erkenntnisart verfügt? Ist diese Spezies im Besitz einer höheren Wahrheit? Und wer ist im Besitz der höchsten Wahrheit?

Da hoffentlich jeder nun eingesehen hat, dass ich den Begriff der Anschauung in Grund und Boden hinterfragen kann, füge ich hinzu, dass wir bisher gelernt haben, dass die anschaulichen Gegenstände im Grundbewusstsein in enger Beziehung zu den Handlungsgegenständen stehen. Sie entstammen der gleichen Historie, weil das frühe Verschlingen-wollen sich auf rein anschauliche Gegenstände gerichtet hat. Das Individuum hat sich dadurch erst selbst an den anschaulichen Gegenständen erkannt, so dass die Entwicklung des Bewusstseins vom Äußeren nicht getrennt werden kann. Da dieses die Konstitutionsphase des Selbstbewusstseins darstellt, über die hinaus es keine zweite gibt, d.h. dass fremde Bewusstheiten von uns nicht durchschaut werden können, hält jeder seine individuelle Anschauung für wahrhaft gegeben. Da jede Anschauung eng mit der Handlungserkenntnis verbunden ist und sich auf die Konstitution des Selbstbewusstseins bezieht, die adäquat oder kompensatorisch zur individuellen Idee ausfallen kann, sind die Gegenstände der Anschauung zugleich Motivationsgegenstände. Damit ist die Anschauung individuell, weil ihre Gegenstände danach eingeschätzt werden, ob diese etwa Konflikte des Selbstbewusstseins kompensieren können, oder in adäquater Weise zur Verwirklichung der individuellen Idee geeignet sind. Jedoch wird die Motivauswahl in den allermeisten Fällen nicht vom vollen Bewusstsein begleitet, sondern verläuft vorbewusst.

Das dritte Phänomen, die „idealen" Gegenstände, eignen sich ebenfalls nicht für die Definition des Wahrheitsbegriffs, weil diese entweder logisch und mathematisch richtig sind oder nicht. Warum sollte ich Richtigkeit mit Wahrheit gleichsetzen, wenn doch vielerlei „ideale" Gegenstände richtig sein können, jedoch nur eine einzige Wahrheit existiert? Denn wenn etwas eine Wahrheit darstellt, kann das andere nicht zugleich ebenfalls eine sein. Darüber hinaus kann jeder komplexe „ideale" Gegenstand in Zweifel gezogen werden, sobald er sich auf keinerlei Grundbewusstsein mehr beziehen lässt. Dafür liefert uns der Hawkins-Humbug viele Beispiele. Da die „idealen" Gegenstände Abstraktionsgegenstände des ursprünglich rein anschaulichen Grundbewusstseins sind, lässt sich von ihnen nur aussagen, dass sie dann unwahr seien, wenn sie überhaupt nicht mehr auf ein allgemeines Grundbewusstsein zurückgeführt werden können. Ansonsten sind sie logisch entweder richtig abgeleitet oder nicht. Die „idealen" Gegenstände können aber scheinbar richtig abgeleitet und zugleich unwahr sein, wenn der Intellekt sich in irgendwelche Sphären verstiegen hat, die auf keinerlei Grundbewussheiten mehr bezogen werden können. Dafür liefert der heutzutage herumgeisternde Astro-Blödsinn unserer Physiker das beste Beispiel. Und einer der größten Scharlatane ist natürlich Hawkins. Wirklich ist dagegen immer dasjenige, was wir selbst erlebt haben, jedoch können wir ohne Analyse des anschaulichen Erlebnisses nicht entscheiden, ob es nur für uns wirklich gewesen ist, oder nach der Reflektion sich doch als unwirklich herausstellte. Jedes Erlebte ist für uns wahrhaftig, aber die Wahrheit erkennen wir erst nach der Analyse des Grundbewusstseins, der Zugrundelegung unserer Erkenntnis.

Wahrheit hängt eng zusammen mit der Umsetzung einer individuellen Idee, weil jedes Individuum einen Selbstwert besitzt, der nicht hinterfragt werden kann. Ein Indiz für Wahrheit ist eine moralisch einwandfreie Handlungsweise eines Individuums, das den Wert seiner Mitwesen achtet und sich nicht von vornherein überlegen dünkt, also demütig ist. Denn da jedes Individuum sich am Äußeren erkennt, bedeutet eine adäquate Selbsterkenntnis zugleich eine Erkenntnis des Wertes der Mitwesen. Das Individuum verwirklicht sich entweder adäquat nach seiner individuellen Idee oder konfliktbelastet. Es kann in seinem Verschlingungswunsch nach äußeren Gegenständen seinen Selbstwert und den Wert der anderen erkennen oder nicht. Schlechtestenfalls wird es seinen mangelnden Selbstwert in der Bekämpfung der Mitwesen zu erhöhen suchen. Der Wahrheitsbegriff verweist also über die individuelle Idee auf die Existenz einer zeitlosen Wahrheit, auf die wir auch jederzeit meditieren könnten. Diese sagt aus, dass in allen Wesen die gleiche Existenz verborgen liegt.

Es gibt drei Kriterien für den Wahrheitsbegriff: Erstens Zeitlosigkeit, zweitens Singularität, denn wenn etwas eine Wahrheit ist, kann das andere nicht zugleich ebenfalls eine sein, drittens der Vollzug der permanenten Veränderung des Äußeren, die uns als Illusion einer „Realität" vorgegaukelt wird, an der Zeitlosigkeit, die ich auch Existenz genannt hatte, welche im Meditationserlebnis aufleuchtet. Deshalb ist die Erfahrung der zeitlosen Existenz in der Meditation die Wahrheit. Sie ist zeitlos, weil sie jedes Individuum zu jedem beliebigen Zeitpunkt in der gleichen Weise erkennen könnte, wenn es sich denn von seinen Zwangsgedanken gereinigt hätte; sie ist singulär, weil sie in allen Wesen, auch in den Unbelebten, die gleiche ist, und an ihr vollzieht sich die Flüchtigkeit aller Formen. Zugleich ist die Existenz unser unverrückbarer

Selbstwert, weil dieser im Aufbau des Grundbewusstseins zu jedem Zeitpunkt und an jedem Gegenstand vom Umfeld gespiegelt werden kann, er ist singulär und in allen Wesen der gleiche Wertmaßstab, und er bildet den Bezugspunkt für alle drei Phänomene unseres Gegenwartsbewusstseins. In einer anderen Weise verkündet sich die Wahrheit während der Konstituierung unseres Grundbewusstseins durch die Erfahrung unserer individuellen Freiheit, wenn wir unseren Selbstwert akzeptieren können und dann die Widerstände der begehrten Gegenstände zurückweichen. Diese Erfahrung kann bei jedem Gegenstand zu jeder Zeit auftreten, sie ist einzigartig und bildet als Vorbewusstes den Bezugspunkt zu den in der Zeit auftretenden Gegenständen unserer Gegenwart.

Dagegen sind unsere Träume wirklich, weil wir sie selbst erleben, jedoch sind sie auch in bestimmter Weise auf die Wahrheit bezogen. Denn sie beziehen sich auf unser Grundbewusstsein. Das Kriterium der Singularität entfällt bei den Träumen, weshalb sie nicht die Wahrheit selbst sind. Denn sie nehmen von verschiedenen Tagesresten ihren Ausgang, die sich auf verborgene Konflikte des Grundbewusstseins beziehen. Da jedoch die Konflikte auf die Konstitution des Selbstwertes, des Selbstbewusst-Seins bezogen sind, kann ich durch Analyse meiner Träume etwas über die Wahrheit herausfinden, das mich adäquater nach meiner individuellen Idee leben lässt. Die Konflikte treten in vielen Traumbildern verschlüsselt auf und können auch über die Bilder gedeutet und ins volle Bewusstsein gehoben werden. Dann geben die Bilder ihren Konfliktcharakter auf und werden nie wieder geträumt.

Der Wahrheitsbegriff kann jederzeit am historischen Bewusstsein erläutert werden. Denn wenn ein Verhalten in der Gegenwart als ungerechte Handlungsweise gegenüber anderen erscheint, dann verwandelt sich dieses durch die Beziehung auf ein Grundbewusstsein und damit durch Selbsterkenntnis in ein gerechtes, weil die Erkenntnis jede Ungerechtigkeit aufhebt. Der Ungerechte wird sich durch Selbsterkenntnis ändern, weil dann die bisher in der Gegenwart isolierte ungerechte Handlung auf die individuelle Vergangenheit bezogen wird und ihre Bezugslosigkeit durchbricht. Denn in seiner Erkenntnis erfährt der Ungerechte unmittelbar, dass ein Verstoß gegen andere zugleich einer gegen ihn selbst gewesen ist. Seine bisherige Kompensationshandlung wird ihm deutlich. Da das Äußere vom Selbstsein nicht getrennt werden kann, bedeutet eine Selbstverwirklichung nicht Niederringung der anderen, sondern im Gegenteil eine demutsvolle Haltung. Denn die eigene Individualität beginnt sich in der Frühzeit erst zu entwickeln, wenn das Äußere seinen Widerstand aufgibt. Damit verdankt sich das Individuum dem anderen. Der bislang Ungerechte erfährt demnach in seiner Erkenntnis etwas über seine individuelle Idee und muss nicht abwägen, ob er ab jetzt ihr gemäß zu leben wünsche. Die bisher ungerechte Handlungsweise verliert sofort ihr Motiv. Die Wandlung der ungerechten Handlungsweise in eine gerechte geschieht direkt und unmittelbar und außerhalb des Denkens.

Ein Phänomen der anschaulichen Gegenwart stellt ohne Bezug zum historischen Bewusstsein nichts anderes dar als permanente Veränderung und ist keine „Realität", sondern eine Illusion. Eine Aussage über ein isoliertes Äußeres liefert immer ein falsches Ergebnis. Denn dergestalt betrachtet ist es z. B. ungerecht, dass ich als Mensch geboren worden bin und eine Ameise als Insekt. Dass die Ameise die Ungerechtigkeit nicht erkennt, ändert nichts an der Tatsache. Das Falsche in der Aussage ergibt sich durch die isolierte Betrachtung des reinen Gegenwartsphänomens. Vor dem Hintergrund der Historie meines Bewusstseins ergibt sich dagegen ein ganz anderes Bild. Ich weiß, dass ich mich selbst nur am Äußeren erkannt habe und das Äußere nicht von mir getrennt existiert. Deshalb verhält sich mein Selbstwert, den ich im besten Fall erkannt habe, zum Wert der Ameise gleich. Das bedeutet auch, dass die äußere Reihe der Wesen von den menschlichen Individuen angefangen bis hinunter zu den Unbelebten bei unserer eigenen Unsicherheit und Zerrissenheit beginnt und bei der unerschütterlichen Ruhe der Unbelebten endet. Genauso könnten wir fast in der Ausgeglichenheit der Unbelebten und in Handlungssicherheit existieren, wenn wir uns unserer Konflikte bewusst wären, oder aber ohne Selbsterkenntnis im Hamsterrad permanenter Zwangsgedanken rotieren und relativieren, abwägen, vergleichen und unterscheiden. Das Äußere ist also ein Spiegelbild unseres Bewusstseins und keinesfalls eine „Realität" an sich.

Wenn wir das isolierte Gegenwartserleben untersuchen, erkennen wir nichts anderes als permanent sich verändernde Phänomene, an denen außer Veränderung nichts „Reales" aufgefunden werden kann. Erst durch die Beziehung dieser vorbeifliegenden Illusionen auf unser Grundbewusstsein scheint die Welt für uns stillzustehen. Da im Grundbewusstsein jedes Phänomen auf gleiche oder ähnliche Weise schon einmal aufgetreten ist, nämlich dergestalt, dass wir mehr erkannt haben als Illusionen, ist unsere Lebenszeit immer Erkenntnis der Zeit, nämlich die Beziehung des sich stetig Verändernden auf ein Beharrendes, das in der Vergangenheit unseres Bewusstseins ruht.

Wenn wir einmal annehmen, dass unser Intellekt von Anfang an aufnahmefähig wäre wie bei einem frischgeschlüpften Gänseküken, das sogleich loswatschelt, und uns lehrte jemand, dass unser Selbstwert der gleiche sei wie der Wert der anderen, dann könnten wir bestenfalls versuchen, den Lehrsatz im Gedächtnis zu bewahren und uns vornehmen, guten Willens danach zu leben. Doch woher nimmt das fremde Individuum die Berechtigung, solch einen Lehrsatz zu verkünden, wenn jemand anderes uns mit gleicher Berechtigung sagte, dass wir nach unserem Glück zu streben hätten und möglichst viel an Gütern, Macht und Ansehen zusammenraffen sollten, wie nur irgend möglich sei? Der Intellekt hat keinen Begriff über eine moralisch einwandfreie Verhaltensweise, und in Abwägung beider Lehrsätze entschiede er sich sicherlich für den zweiten. Denn Glücksstreben und Gier sind weder bestreitbar noch in Frage zu stellen. Der Intellekt ist nur ein Werkzeug und zur Umsetzung eines moralischen Fundamentes bestimmt, das vom Individuum unvermittelt und direkt erfahren worden ist. Das Fundament liegt außerhalb des Intellektes, damit er sich darauf beziehe. Da der Intellekt nur einen Gegenstand in der Zeit erfassen kann, ist er Erkenntnis des Zeitflusses und an unsere Lebenszeit gebunden. Er erkennt lediglich die ganze Zeit und niemals einen Zeitanfang und ein Zeitende. Denn am individuellen Anfang existiert kein erster Gegenstand, sondern eine Selbsterkenntnis, und in der Todessekunde mag die bekannte Welt versinken, jedoch nicht die bestimmte individuelle Idee, unser Unbewusstes. Deshalb schwafeln alle ins Blaue hinein, die meinen, etwas über einen Zeitenanfang und ein Zeitende angeben zu können. Das beharrliche moralische Fundament, an welchem die Erkenntnis der Zeit sich vollzieht, ist die Selbsterkenntnis, die sich am Äußeren entfaltet. Diese erfahren wir im Begreifen-Wollen der Gegenstände dann, wenn die Gegenstände ihren Widerstand aufgeben. Dann leuchten uns unser Selbstwert und der Wert der anderen unmittelbar und außerhalb des Intellektes ein. An diesen Richtwert wird der Intellekt gebunden, und dem hat er zu dienen. Entscheidet sich der Intellekt einmal gegen das moralische Fundament, dann bemerkt dieses das Individuum oft genau und wird fortan vom schlechten Gewissen geplagt.

Im Grundbewusstsein wird ein und dieselbe zeitlose Wahrheit auf verschiedene Weise erkannt, als Selbstwert, Wesensgut und Erfahrung der individuellen Freiheit. An ihr vollzieht sich die Erkenntnis der drei Phänomene, die sonst lediglich eine Illusion blieben. Ein Selbstbewusstsein gewänne keinen Halt, wenn es sich nicht auf etwas Beharrliches beziehen könnte. Jedes Äußere bliebe für den Intellekt fremd und aufgesetzt, wenn es nicht im Grundbewusstsein im Zusammenhang mit einer Selbsterkenntnis schon einmal auf besondere Weise aufgetreten wäre. Wenn im Moment des frühen Verschlingungswunsches nach dem Gegenstand das soziale Umfeld den Selbstwert des Individuums positiv spiegeln kann, dann weicht der eigentlich unbezwingbare Widerstand des Äußeren doch zurück. Da diese Erfahrung bei jedem Gegenstand an jedem Zeitpunkt gleichartig verläuft, liegt sie zeitlos außerhalb des Intellektes, der selbst stets nur einen weiteren Gegenstand zu einem nächsten Zeitpunkt gewärtigen kann. Und wenn dieses derselbe Gegenstand erneut sein sollte, dann ist dieser doch, und sei es nur in der Vorstellung, älter geworden. Derselbe Gegenstand tritt zu verschiedenen Zeiten auf keinen Fall zweimal auf. Die Erfahrung der Selbsterkenntnis wird dagegen niemals älter. Dieses bemerken wir daran, dass wir dem Verfall unseres Körpers zeitlebens zuschauen und daß zwar unser Erfahrungsschatz größer wird, wir jedoch im Alter uns noch als dieselbe Person fühlen wie in der Jugendzeit. Die zeitlose Selbsterkenntnis fällt also ins Vorbewusste und bildet die Grundlage für die Phänomene der Gegenwart, die ohne diese Beziehung nichts anderes als Illusionen darstellten. Doch wie soll sich unsere intellektuelle Erkenntnis der verfließenden Zeitpunkte mit dem zeitlosen Fundament der Selbsterkenntnis und der Moral verbinden? Die Antwort lautet: Weil sich unsere Identität niemals mit der intellektuellen Tätigkeit erschöpft und wir mehr als diese selbst sind. Unsere Identität ist nämlich zeitlos, weil wir über unsere Lebenszeit hinaus mit den Zuständen verbunden sind, die vor unserer Geburt geherrscht haben und nach unserem Tode wieder vorhanden sein werden. Denn unsere Willensakte, die in ihrer Gesamtheit unser Unbewusstes ausmachen, das unsere individuelle Idee repräsentiert, werden niemals nach ihrem eigentlichen Anspruch vollendet, sondern höchstens sublimiert umgesetzt. Ihr Anspruch, sich mit allen Wesen wieder zu vereinigen, kann während unserer Lebenszeit nicht erfüllt werden. Deshalb sind die Geschlechtslust der stärkste Trieb und das Essen die Erotik des Alters, weil in beiden Verhaltensweisen eine Verschmelzung mit etwas Äußerem stattfindet. Wir können also die frühen Gegenstände nicht verschlingen, sondern uns in ihnen nur erkennen. Trotzdem bleibt der Charakter der Willensakte, sich mit allen anderen Wesen zu vereinigen, unbeirrbar erhalten. Darum beharren wir selbst, unser Unbewusstes, durch alle Zeiten hindurch, so dass wir niemals von der Zeitlosigkeit getrennt waren. Die zeitlosen Zustände vor unserer Geburt und nach dem Tod sind immer mit unserer Erkenntnis der Zeit, der Lebenszeit, verbunden. Somit ist es eine Voraussetzung für jede Art von Bewusstheit, dass die in der Zeit erkannten drei Phänomene sich auf eine zeitlose Grundlegung beziehen können. Demnach stellt sich die Frage gar nicht, wie eine Erkenntnis der Zeit auf eine Zeitlosigkeit außerhalb des Intellektes bezogen werden könne, weil unser Wesen selbst zeitlos ist und wir dieses lediglich erkennen. Unsere Selbsterkenntnis hat sich am Äußeren vollzogen und durch das Äußere haben wir uns selbst erkannt. Vermittelt wird die Selbsterkenntnis durch die Positivität unseres zeitlosen Selbstwertes, der mit dem Wert aller anderen Wesen der gleiche ist. Deshalb ist die zeitlose Existenz in uns vorhanden wie auch in allen anderen Wesen. Da sie von jeher anwesend gewesen, ist sie der Grund für unsere Erkenntnis der Zeit, so dass wir nach unserem Tod nicht die uns bekannte Welt zurücklassen, sondern dieser Grund uns einsichtig wird.

Es gibt auf der einen Seite eine fundamentale Wahrheit und andererseits für das Individuum wirkliche und unwirkliche, wahre und unwahre, eigentliche und uneigentliche Erkenntnisse, die aber immer der Überprüfung bedürfen. Erst dadurch, dass die zeitlose Existenz in uns vorhanden ist, entfalten sich die drei Phänomene von Anschaulichkeit, Handlungsgegenstand und „idealem" Gegenstand. Dieses ist keine Spekulation, sondern entwickelt sich aus der Analyse des historischen Bewusstseins als dasjenige, was wir durch die Meditationserfahrung schon wussten. In der Handlungserkenntnis lässt sich die Historie des Bewusstseins am deutlichsten erläutern, weil der Charakter der Willensakte einen eindeutigen zeitlosen Anspruch aufweist. Und natürlich ist es absurd, neben der Handlungserkenntnis noch eine zweite und dritte Welt zu eröffnen, nämlich die Anschaulichkeit und die „idealen" Gegenstände. Und natürlich gibt es nicht die Vorstellungen der Innerlichkeit auf der einen Seite, die mit den „realen" Gegenständen des Äußeren auf der anderen Seite irgendwie in Übereinstimmung zu bringen seien. An der Unaufhebbarkeit des Problems der Innenwelt sehen wir gerade die sogenannte Neue Phänomenologie wunderbar zerschellen. Sie können äußere Phänomene fabulieren wie sie wollen, niemals jedoch bringen sie diese in Übereinstimmung mit den Phänomenen der Innenwelt. Im Falle der Übereinstimmung von Vorstellung und sogenannter „Realität" sei dann das Urteil wahr, sagen sie. Diescs ist ganz primitive Lieschen-Müller-Philosophie. Vorstellung und „Realität" hätte trotzdem die Existenz von zweierlei Welten zur Folge, diejenige der Vorstellungen und diejenige der „realen" Gegenstände. Auch im Falle der angeblichen Übereinstimmung, die in Wirklichkeit ein Trug ist, blieben zweierlei Welten übrig.

Solch einem Blödsinn sollte niemand mehr hinterherlaufen! Denn wenn ein Individuum sich erst selbst am Äußeren bewusst geworden ist, dann ist die individuelle Vorstellung vom Äußeren nicht zu trennen und umgekehrt. Das Äußere als isolierte Gegenwart betrachtet ist nichts „Reales", sondern permanente Veränderung und damit eine Illusion. Es ist unwirklich. Erst durch den Bezug der Gegenwart auf die im Vorbewussten zugrundeliegende zeitlose Existenz entfaltet sich das sogenannte Äußere, das von der Selbsterkenntnis untrennbar ist. Alle drei Phänomene müssen auf diese Beziehungsstruktur zurückgeführt werden, um sie als wahrhaftig und wirklich und eigentlich und nicht als Schein zu erkennen und um die öffentliche Meinung als pathologisch-egozentrisches Gefasel zu überführen. Wenn sich jemand einen Gegenstand vorstellt, der sich nicht in der Umgebung befindet, dann bedeutet auch das nicht, dass der Gegenstand, der ganz woanders liegt, von der Vorstellung getrennt sei. Und ebenfalls heißt das nicht, dass der Gegenstand irgendwann mit der Vorstellung in Übereinstimmung zu bringen sei. Denn das Individuum kann sich den Gegenstand lediglich historisch vorstellen als einen, der dem Individuum schon einmal auf andere Weise begegnet ist. Damals hatte ein ähnlicher Gegenstand einen Beitrag zur Konstituierung seines Selbstbewusstseins geleistet. Der gesuchte Gegenstand ist auf ähnliche Weise bereits dagewesen.

Jeder konkret in der Umgebung anwesende Gegenstand ist für das Individuum wirklich. Dieser kann nach seiner Rückführung durch das historische Bewusstsein zum unwirklichen Gegenstand werden, wenn er als kompensatorisches Motiv entlarvt wird. Das Individuum verliert dann sofort sein Interesse an ihm und wendet sich einem anderen Gegenstand zu, der dann wiederum für das Individuum wirklich geworden ist. Für die mit den Gegenständen verbundenen Handlungsweisen bedeutet das, dass die auf den eigentlich unwirklichen Gegenstand bezogene Handlung eine uneigentliche gewesen, die jetzt durch eine eigentliche ersetzt worden ist.

Ein lediglich vorgestellter Gegenstand, der nicht in der Umgebung anwesend ist, macht einen Tagtraum aus. Er ist ebenso wirklich wie der in der Umgebung anwesende und könnte genauso als unwirklicher entlarvt werden. Die Handlungsweisen, die mit dem Gegenstand des Tagtraumes verbunden sind, können ebenfalls uneigentliche sein, die sich nach einer Analyse in eigentliche verwandeln. Danach werden sie immer mit einem anderen Gegenstand auftreten.

Ein Gegenstand, der Tagesreste auf einen Konflikt des Grundbewusstseins bezieht, ist ein Traum, der den Konflikt in ein Bild übersetzt hat. Der Traum kann durch Zeiten und Räume wandern und ist wirklich, weil das Individuum ihn erlebt. Die Wirklichkeit des Traumgegenstandes kann nicht als Unwirklichkeit entlarvt werden, weil der Bezug des Traumes auf den grundbewussten

Konflikt immer wahrhaftig bleibt. Der Traumgegenstand liefert in jedem Falle einer Analyse eine für das Individuum weiterführende Erkenntnis, die es näher an seine individuelle Idee heranrücken lässt. Erscheinen Träume bizarr und können nicht gedeutet werden, dann kann das Individuum diese noch nicht auf seine früheren Erlebnisse des Grundbewusstseins zurückbeziehen. Da unsere Träume ohne Unterschied eine Beziehung zu Konflikten unseres Grundbewusstseins aufweisen, bleiben sie immer wirkliche und wahrhaftige Gegenstände.

Der in der Umgebung anwesende Gegenstand und der Gegenstand des Tagtraumes sind beide wirkliche Gegenstände, die aber nach einer Beziehung ihrer Gegenwart auf das Grundbewusstsein und durch die damit einhergehende Analyse zu unwirklichen Gegenständen verkommen können, an denen das Individuum kein Interesse mehr findet. Der Gegenstand des Traumes bleibt dagegen immer wirklich, weil in ihm bereits die Gegenstandsanalyse enthalten ist. Denn der Traum ist eine Bildübersetzung von verborgenen Konflikten. Wenn diese vom Individuum erkannt worden sind, verfügt es in jedem Falle über einen wirklichen und wahrhaftigen Gegenstand. Selbstverständlich sind diese Gegenstände nicht die Wahrheit selbst, weil sie ihre Gegenständlichkeit erst durch den Bezug auf die fundamentale zeitlose Existenz gewinnen, die im Verlauf der Historie des Bewusstseins bereits erkannt worden ist.

Ein vorgestelltes schiefhängendes Bild an der Wand und ein in der Umgebung anwesendes schiefhängendes Bild sind zwei wirkliche Gegenstände, von denen der eine Gegenstand in der Umgebung erblickt und auf einen ähnlichen Gegenstand des historischen Bewusstseins bezogen wird. Durch den Bezug des Gegenstandes der Gegenwart auf seine Historie erkennt das Individuum die Umgebungswirklichkeit. Da das Individuum sich früher an ähnlichen Gegenständen des Äußeren wie Staffelei, Maler, Farben, Rahmen, Räume, Wände etc. erkannt hat, kann der momentane Gegenstand der Gegenwart als äußerer festgehalten werden.

Dagegen ist die Wirklichkeit des Tagtraumes ein in den Sinn gelangendes Gegenwartsmotiv, dessen Bezüge bis in das Grundbewusstsein hineinreichen. Das Individuum weiß genau, dass es dann über seine Motive sinniert. Der Gegenstand des Tagtraumes verweist auf eine innere Motivation, dessen Bezüge auf sein historisches Bewusstsein schon deutlich sind. Wenn das Bewusstsein der Motivation lediglich hintergründig ist, können Tagtraum und Äußeres oft nicht mehr geschieden werden. Auch wenn der Gegenstand der Umgebung und derjenige des Tagtraumes gleiche Gegenstände sein sollten (ein schiefhängendes Bild an der Wand), können beide niemals zur Übereinstimmung gebracht und sozusagen ein Gegenstand werden. Der eine ist ein in der Gegenwart einer Umgebung aufgefundener und der andere Gegenstand ein Tagtraum. Beide Gegenstände sind für das Individuum zuerst und ungeprüft wirklich. Deshalb kann keiner sagen, der vorher einenTagtraum von einem schiefhängenden Bild an der Wand hatte, und nun plötzlich ein in der Umgebung schiefhängendes Bild an der Wand entdecken sollte, auch wenn dieses dem Tagtraum ganz gleich sein sollte, dass er jetzt Vorstellung und „Realität" in Übereinstimmung gebracht habe. Tagtraum und in der Umgebung aufgefundener Gegenstand bleiben immer zwei verschiedene Gegenstände. Deshalb ist das öffentliche Gerede über Urteile, die dann angeblich wahr seien, wenn in ihnen Vorstellung und „Realität" übereinstimmten, pures Geschwafel.

Kriterien für anschauliche Gegenstände sind, ob sie wirkliche oder unwirkliche seien; jedoch kann die Entscheidung darüber erst nach einer Analyse gefällt werden. Zuerst sind alle anschaulichen Gegenstände für Individuen wirklich. Für die Handlungsgegenstände gilt, dass diese eigentlich oder uneigentlich ausfallen können, je nach dem Maße, ob sie mehr oder weniger auf Konflikte des Grundbewusstseins bezogen sind. Für die „idealen" Gegenstände gelten die Kriterien, dass sie wahr oder unwahr sein können. Unwahr sind solche komplexen „idealen" Gegenstände, die sich überhaupt nicht mehr auf ein Grundbewusstsein beziehen lassen. Dagegen drückt die Zahlenreihe als Abstraktion die Anzahl der Gegenstandsbegegnungen aller Grundbewusstheiten aus. Deshalb sind die Zahlen wahre Gegenstände. Die Wirklichkeit der Anschauung wird je nach dem Zustand der Befindlichkeit und der Konstitution des Selbstbewusstseins unterschiedlich wahrgenommen. Da jedes Individuum je nach der Konstituierung seines Selbstbewusstseins unterschiedliche Lebensläufe einschlagen kann, sind dazu auch die entsprechenden Wirklichkeiten verschieden. In einem unsicheren Zustand nehme ich die Gegenstände anders auf als in einem ausgeglichenen, weil der ausgeglichene sich natürlich für eine gelassene Kontemplation des Äußeren ganz anders eignet. Im zerrissenen Zustand herrscht eine andere Wirklichkeit, und in einem Zustand der Depression erscheint die Welt wie durch eine unsichtbare Mauer. Es können auch völlig neue Gegenstände wichtig werden, weil meine Motivation sich geändert hat. Aber immer bleiben die anschaulichen Gegenstände der Gegenwart auf mein Grundbewusstsein bezogen, weil die Anschauung die meinige ist.

Dagegen verläuft die Handlungserkenntnis viel radikaler, weil der Motivationsgegenstand der Gegenwart sofort verschwindet, wenn dieser als uneigentlicher ins volle Bewusstsein gelangt ist. Wenn sich nach seiner Analyse herausgestellt haben sollte, dass der bisherige Motivationsgegenstand lediglich ein Gegenstand der Kompensation ist, lässt ihn das Gedächtnis sofort fallen, weil die individuelle Verwirklichung dem Individuum näher gerückt ist. Und kein Individuum zweifelte jemals an seiner individuellen Idee, weil diese unbegriffen immer anwesend ist. Sie ist zeitlos. Denn z.B. fürchtet jeder seinen Sterbeprozess, weil niemandem gewiss ist, was auf ihn zukomme. Vor dem Nachtod hat dagegen keiner Angst. Wenn der Nachtod als Existenz des Nichts gedeutet wird, zeugt das lediglich von der Nichtfaßbarkeit der individuellen Idee. „Ideale" Gegenstände sind hingegen solange wahr, wie sie noch irgendwie auf das Grundbewusstsein zurückgeführt werden können, indem sie sich auf Algebra oder Geometrie oder die Logik beziehen. Abstrakte und komplexe Denksysteme des isolierten Gegenwartsbewusstseins sind in jedem Fall Hirngespinste.

Jedermann empfindet sich als anwesend in der Wirklichkeit, weil er sie gerade selbst erlebt. Nur ob seine Wirklichkeit nicht vielleicht unwirklich sei, oder ob ein Handlungsgegenstand der Kompensation eines frühen Konfliktes diene, kann meistens erst nach einer Analyse festgestellt werden. Deshalb vegetiert die öffentliche Meinung in Unwirklichkeit und Uneigentlichkeit und fühlt sich zugleich bestätigt, weil alle das Gleiche meinen. Da die individuelle Selbsterkenntnis in der Auseinandersetzung mit dem Äußeren heranwächst und deshalb das Äußere vom Selbstsein nicht getrennt werden kann, liegt das Potential des individuellen Vermögens im Individuum. Das Individuum verwirklicht sich nicht aufgrund seiner Anlagen, was diese auch immer seien, an einer vorhandenen „Realität". Das individuelle Potential hat die Zustände Vorgeburt und Nachtod zu umfassen, weil diese sich vom individuellen Dasein nicht ablösen lassen. Das Potential, aus dem die individuellen Willensakte schöpfen, ist das Unbewusste, die individuelle Idee.

Da das Individuum sich erst an den Sublimierungen seiner Willensakte erkennt, geht das Unbewusste der Erkenntnis der Zeit, also der Lebenszeit, vorher. Jeder ist in der Wirklichkeit, weil er sich nach seiner individuellen Idee adäquat verwirklichen könnte, aber nicht dergestalt, dass eine Wiedergeburt ausgeschlossen wäre. Denn das Potential der unbewussten Willensakte hält wesentlich mehr bereit, als während der Lebenszeit umgesetzt werden könnte. Immer nur einzelne Willensakte werden im Grundbewusstsein an ihren Gegenständen, nach denen sie sich verzehren, erkannt, und durch Widerspiegelung dieser Akte im sozialen Gegenüber gestaltet sich das Selbstbewusstsein

Stück für Stück aus. Andere Gegenstände und eine andere Sozialisation hätten einen ganz anderen Lebenslauf zur Folge. Denn wenn ich einem Kind viel Zeit und Erklärungen widme, dann leuchten ihm auch viele Gegenstände ein, und allein die Widmung an Zeit bedeutet, dass es, von seinem Selbstwert aus betrachtet, angenommen wird. Entsprechend wenige Gegenstände und geringe Akzeptanz durch die Bezugspersonen stünden im entgegengesetzten Fall zur Verfügung. Zwischen diesen beiden Lebensläufen besteht ein Potential von unzähligen anderen an demselben Individuum, besser ausgedrückt: an derselben individuellen Idee.

Die Lebensläufe entwickeln sich nicht zufällig, sondern nach Anzahl und Qualität der Sublimierung der frühen Willensakte. Deshalb ist die Gesamtheit aller unbewussten Willensakte die individuelle Idee. Sie ist zeitlos, weil sie vor der Erkenntnis der Zeit schon anwesend gewesen ist und nach dem Tod danach strebt, die nicht abgegoltenen Willensakte in einem weiteren Leben sich verwirklichen zu lassen. Denn jeder einzelne Willensakt lässt nicht von seinem eigentlichen Totalanspruch ab, die Einheit mit allen anderen Wesen wieder zu erlangen, die durch die Geburt und die daraus folgende Erkenntnis der Zeit verlorengegangen ist. Während der Lebenszeit abgegolten werden können sie nur in einer äußerst adäquaten Sublimierung, alles andere steht nach einer Wiedergeburt erneut an. Also ist die Wahrheit die zeitlose Existenz und die Werteeinheit aller Wesen. Sie wird in der Meditation deutlich, wenn die glasklare Präsenz der Existenz aufleuchtet, die in mir selbst und in allen Wesen die gleiche ist. Sie ist in jedem Vorbewussten eines Grundbewusstseins anwesend, weil sich an ihr die Erkenntnis der Zeit, also die Lebenszeit, vollzieht. Sie ist die Grundlage unserer Erkenntnis und dadurch, dass alles nach einem lächerlich einfachen Plan geschieht, alles andere als Denken. Denken ist Vergleichen, Abwägen, Unterscheiden, Beurteilen und Existenz ist lediglich glasklare Präsenz und abgrundtiefe Stille.

Individuelles Dasein bedeutet immer die Erkenntnis eines Gegenstandes durch die vorbewusste Existenz, denn jeder Gegenstand ist anfangs nicht allein Gegenstand des Bewusstseins, sondern das Bewusstsein erkennt sich auch durch den Gegenstand. Dadurch, dass Bewusstsein und Gegenstand nicht mehr voneinander ablösbar sind, erfährt das Individuum seinen zeitlosen Halt, nämlich daß das Gut des Gegenstandes zugleich dasjenige des Selbstwertes ist. Dieses verkündet sich in der Erfahrung der individuellen Freiheit, die dergestalt nur im Grundbewusstsein auftritt. Die Qualität der frühen Erkenntnisse gestaltet den späteren Lebenslauf. Ist der Aufbau des Grundbewusstseins abgeschlossen und das Selbstbewusstsein gegründet, werden späterhin im Gegenwartsbewusstsein keinerlei neue Gegenstände erkannt, sondern die Gegenwart gestaltet sich in ihrer Beziehung zum Grundbewusstsein. Alle ihre Gegenstände können mit irgendwelchen anderen verglichen und nichts grundsätzlich Neuartiges mehr erkannt werden. Doch kann jeder Gegenstand der Gegenwart einen wirklichen oder unwirklichen, einen eigentlichen oder uneigentlichen Charakter aufweisen. Denn die Gegenwart ist von der Konstitution des Selbstbewusstseins abhängig, das einmal auf adäquat sublimierten Willensakten beruht, oder auf Konflikten. Das Kreisen von ständigen Zwangsgedanken deutet z.B. auf zugrundeliegende Konflikte ebenso wie das Zwangsstreben nach Inbesitznahme von immer neuen Gegenständen oder nach Gesellschaft mit angeblich bedeutsamen Personen, an deren Ansehen das Individuum zu partizipieren wünscht. Ein Anzeichen für ein defektes Selbstbewusstsein ist gerade in Deutschland die Sucht nach dem akademischen Titel. Jeder Handlungsgegenstand der Gegenwart besitzt demnach einen eigentlichen oder uneigentlichen Charakter, der nur in der Analyse des jeweiligen individuellen Bewusstseins aufgewiesen werden kann. Somit kann keiner behaupten, dass seine Aussage eine Wahrheit beinhalte, weil diese einzig und allein die zeitlose Existenz ist, die entweder ex negativo durch Analyse eines historischen Bewusstseins herausgebracht werden kann, oder sich direkt in der Meditation verkündet. Dagegen ist für jedes Individuum, wenn es nicht bewusst lügt, eine Aussage über einen Gegenstand für ihn wirklich, gleichgültig, ob dieser als Handlungsgegenstand einen eigentlichen oder uneigentlichen Charakter aufweist oder als anschaulicher Gegenstand sich nach einer Analyse als unwirklich erwiese. Das Eigentliche oder Uneigentliche erkennt jeder erst nach einer Analyse, wenn er einen Gegenstand der Gegenwart auf sein Grundbewusstsein zurückgeführt hat.

Ich erläutere das an einem Beispiel. Wenn jemand sagt: „Ich glaube an Gott", dann ist diese Aussage für das Individuum genauso wirklich, wie wenn ein anderer behauptete, die Zeit habe mit dem Urknall ihren Anfang genommen. Wenn wir weiterhin die Person Gottes als Allmächtigen definieren, der im Besitz eines Planes durch seine Allwissenheit sei, aus dem heraus er die Welt ins Werk gesetzt habe, dann stelle ich fest, dass diese Person als Gott weder durch Meditation unmittelbar erfahren, noch durch Analyse des historischen Bewusstseins erkannt werden kann. Da das historische Bewusstsein durch eine zeitlose Existenz gegründet wird, an welcher sich die Erkenntnis der Zeit vollzieht, und zugleich die zeitlose Existenz auch der Person Gottes zugeschrieben wird, dann müsste die zeitlose Existenz, auf die wir meditieren können und die in jedem Individuum und in allen Wesen gleichermaßen präsent ist, zugleich die Person Gottes sein. Dieses tritt in der Meditation jedoch nicht auf.

Wenn wir uns auf Meister Eckehart berufen, der vor 700 Jahren vor die Inquisition u. a. wegen seiner Aussage „Wir alle sind in Gott" zitiert worden ist, dann ist es die Wahrheit, dass die von uns erkannte zeitlose Existenz und die Person Gottes dasselbe sind. Für die anderen, die dem Meister nicht trauen, kann die Existenz Gottes nicht erkannt werden. Deshalb müsste die katholische Kirche eigentlich, wenn sie klug wäre, den Bann gegen den Meister aufheben und ihn rehabilitieren. Die Wahrheit ist demnach immer und ausschließlich die zeitlose Existenz, die von uns auch erkannt werden kann. Somit ist der Satz „Ich glaube an Gott" die Aussage eines Individuums, das Gott nicht als Wahrheit erkannt hat, aber trotzdem daran glaubt. Der Gegenstand der Aussage ist für das Individuum lediglich wirklich, jedoch ist noch nicht entschieden, ob dieser für den Betreffenden ein eigentlicher oder ein uneigentlicher Gegenstand sei. Dieses bekommen wir nur heraus, wenn wir den Gegenstand der Aussage auf die individuelle Vergangenheit des Aussagenden zurückführen und versuchen zu ergründen, warum er in einer bestimmten Situation diesen Satz gesagt hat. Das ist ein schwieriges Unternehmen, jedoch führt kein Weg daran vorbei, wenn wir die Eigentlichkeit oder Uneigentlichkeit seines Handlungsgegenstandes (seiner Aussage) ergründen wollen.

Wir wollen an einem anderen Gegenstand versuchen, eine Eigentlichkeit oder Uneigentlichkeit aufzuweisen. Mir liegt die Aussage eines Zisterziensermönches in meinem Gedächtnis vor, der behauptet hat, Gott habe ihm aufgetragen, ihm, dem Gott, zu dienen und dadurch auch die Kraft zu finden, den weltlichen Anfechtungen zu widerstehen. Der weiteren Erforschung von Eigentlichkeit und Uneigentlichkeit dieses Gegenstandes diene der Hinweis des Mönches, dass er einem tiefreligiösen Elternhaus entstamme. Ich habe bisher ausgeführt, dass die frühen Willensakte, zu denen auch die frühkindlichen sexuellen gehören, die sich nach der Einheit mit der Mutter sehnen und den Vater verdrängen wollen, einen Totalanspruch auf Verschlingung ihres Gegenstandes aufweisen, um die verlorengegangene Einheit mit allen Wesen, die vor der Geburt geherrscht hatte, zurückzugewinnen. Deshalb wissen wir, wenn der Mönch über seine Anfechtungen redet, dass er diesen gar nicht widerstehen kann und daß die Anfechtungen, wenn er sie unterdrücken sollte, an anderer Stelle als Kompensationen wieder erscheinen werden. Bei einer weltlichen Anfechtung wie dieser kämpft das unstillbare Verlangen nach Gegenständen

(Sexualität) gegen eine höhere Instanz, die diese Gegenstände mit einem Verbot belegt hat. Der Gegenstand der Sexualität ist der prägnanteste während der individuellen Lebenszeit, weil hier der Anspruch der Willensakte auf Verschmelzung mit dem anderen offen und direkt zutage tritt und am weitesten erfüllt werden kann. Die frühkindliche Sexualität bei Jungen ist geprägt von Eifersucht und Hass auf den Vater und von dem Wunsch, die Mutter ganz allein besitzen zu wollen. Dieser Willensakt des Jungen muss von der Mutter durch liebevolle Zuwendung sublimiert werden. Der Willensakt der frühkindlichen Sexualität wird in der Kindheit sublimiert und muss im Erwachsenenalter mit einem Geschlechtspartner erfüllt werden. Die erwachsene Sexualität wird nur dann ohne Perversionen vollzogen werden können, wenn die kindliche Sexualität nicht zurückgewiesen, sondern sublimiert worden ist. Andernfalls bliebe die erwachsene Sexualität auf die gescheiterte frühkindliche bezogen und wäre dann gewiss alles andere als normal, nämlich pervers. Daraus folgt, dass jede erwachsene Sexualität auf den Sublimierungserfolg der frühkindlichen verweist und von der frühkindlichen nicht abgeschnitten werden kann. Das heißt, dass kein Individuum auf eine erwachsene Sexualität verzichten und dieser, auch in Verbindung mit einem Familienleben, nicht widerstehen kann. Wird der Willensakt Sexualität im kindlichen Stadium und im Erwachsenenalter nicht erfüllt, lässt der Willensakt gleichwohl niemals von seinem Anspruch ab und produziert im Fall der Entsagung schwerste Konflikte, die sich in perversen Kompensationen entladen. Es gibt keinen Gott, sage ich, der solche weltlichen Anfechtungen einem Individuum auferlegt, weil Gott nicht grausam sein kann. Gott fordert niemals diese Entsagung, sondern die Kirche fordert sie. Der Mönch läuft also dem uneigentlichen Gegenstand der öffentlichen und katholischen Meinung hinterher, wenn er behauptet, dass Gott ihm sein Leben aufgetragen habe.

Auf alle Gebete, die jemals an ihn gerichtet worden sind, hat Gott niemals geantwortet. Das kann er auch gar nicht, weil Gott die unsagbare Stille ist, fernab jedes Gedankens und jeder intellektuellen Tätigkeit. Ich hatte gesagt, dass die Person Gottes nicht erkannt werden kann, außer so, wie es uns Meister Eckehart mitteilt, nämlich daß die Präsenz Gottes in uns allen vorhanden ist. Aber dadurch, dass Eckehart im 14. Jahrhundert vom Papst gebannt worden ist, ist den Christen die Erkenntnis Gottes verwehrt worden. Da Gott also niemals einem Menschen auferlegt hat, ein Zisterziensermönch zu werden, und damit die behauptete Auferlegung von grausamen Anfechtungen einen uneigentlichen Gegenstand darstellt, müssen wir das tiefreligiöse Elternhaus des Mönches einer Untersuchung unterziehen. Denn die elterlichen Anschauungen und Moralvorstellungen prägen jedes Kind und werden von ihm zumeist als eigene Wertvorstellungen übernommen.

In der Kindheit des Mönches ist Gott niemals erreichbar gewesen, weil er nicht geantwortet hat. Trotzdem musste auf Geheiß der Eltern die Verehrung Gottes und der Dienst an ihm vom Kind permanent zelebriert werden. Das brachte gleichwohl die Person Gottes nicht näher. Gott antwortet nicht und beweist damit die Nichtswürdigkeit des Betenden. Je schweigsamer Gott ist, desto inbrünstiger muss gebetet werden. Auch die Eltern laufen der Liebe Gottes hinterher, die sie nie erlangt haben. Jemand, der nicht wieder geliebt wird, kann auch nichts geben, weil er immerzu damit beschäftigt ist, die vermißte Liebe schließlich doch noch zu erlangen. Aber je weniger zurückkommt, desto größer muss die Verehrung Gottes werden, damit endlich der Zustand der Nichtswürdigkeit ende und der Betende anerkannt und angenommen werde. Das ist das Streben der Eltern des Mönches gewesen, die ihrem Kind beigebracht haben, alles der Verehrung Gottes unterzuordnen und keine Ansprüche an die Liebe der Eltern zu stellen. Deshalb versucht der Mönch immer noch im Erwachsenenalter, die Liebe Gottes zu erlangen, jedoch verzehrt er sich eigentlich danach, endlich von den Eltern geliebt zu werden. Sein Gottesdienst ist ein uneigentlicher Gegenstand, ein Gegenstand der Meinung, der er hinterherläuft. Er vermeidet die Trauer über die unerreichbare Elternliebe, die nach einer Analyse seines historischen Bewusstseins unweigerlich aufträte. Es bleibt ihm nur, im Gottesdienst weiterhin zu versuchen, den Eltern zu gefallen. Jedoch kann er predigen und dienen, was er wolle, sein eigentlicher Konflikt wird davon unberührt bleiben. Überflüssig zu sagen, dass solch ein Leben in Uneigentlichkeit schwerste Beeinträchtigungen und Krankheiten im psychischen wie im physischen Sinne nach sich ziehen wird.

In der Welt schwirrt die alltägliche Meinung umher, die aus uneigentlichen Handlungsgegenständen besteht. Aussagen sind Handlungen, wie eben dargelegt. Erst in der Analyse ihrer Historie können sie in Eigentlichkeit gewandelt werden. Die Meinungsverbreiter sind einmal Nichtwissende und Naive, die das Meinungsgeplärre für bare Münze nehmen und weiterverbreiten. Zu diesen gehören die Claqueure der sogenannten Neuen Phänomenologie, weil sie dem ersten Anschein eines Phänomens Glauben schenken. Dann gibt es noch die Perfiden, die von ihrem Geplärre gut leben und umso mehr Oberflächlichkeiten hinausposaunen. Zu diesen gehören die Denkbeamten jenes besagten Systems, das Phänomene ohne ihre Historie darstellt. Heraus kommt dann eine

Lieschen-Müller-Philosophie, die z.B. die Angst als Hinderung des Weglaufens beschreibt. Aber was ist dann Furcht? Etwa wenn jemand nicht am rechten, sondern am linken Bein festgehalten wird? Blödsinn! Angst und Furcht sind ohne Beziehung auf das historische Bewusstsein nicht in ihrer Eigentlichkeit zu verstehen.

Viele sind bereit, einen anschaulichen Gegenstand als eigenständige „Realität" aufzufassen. Erblicken sie etwa eine Linde, sind sie der Meinung, dass der Baum an sich vorhanden sei und etwas von ihnen selbst Getrenntes darstelle. Denken wir genauer nach, finden wir heraus, dass jenes Baumwesen genauso wie wir selbst der Veränderung unterworfen ist. Damit ist es von uns schon nicht mehr getrennt. Eine Hälfte des Baumes ist einmal so winzig gewesen, dass es an einem Insekt geklebt hat. Die andere Hälfte hat auf einem Blütendocht gesessen. Danach ist der Baum ein Schössling gewesen und immer weiter gewachsen. Irgendwann wird er absterben und umfallen und Würmern und Käfern Zuflucht gewähren und zur Nahrung dienen. Diese Insekten werden von anderen Wesen gefressen werden, so dass der Baum nicht im Nichts verschwunden ist, sondern sich durch die verschiedenen Tierarten umwandelt. Oder die im Baum enthaltene Energie dient der Aufrechterhaltung unserer Körpertemperatur. Wenn Wärme aus dem Ofenrohr entweicht, verschwindet diese ebenfalls nicht im Nichts, sondern bewirkt eine kleine Veränderung der Umwelt, wenn sich Kohlendioxyd in der Atmosphäre ansammelt. Wächst der Baum auf unserem Grab und ernährt sich aus der Erde und dem Grundwasser, dann wissen wir, dass nicht wir allein der Veränderung unterworfen sind und dass einige Moleküle von uns dem Baume weiterhin dienen.

Jetzt sage mir jemand, wenn der Baum und wir selbst der permanenten Veränderung unterworfen sind und an dem Baum, den wir gegenwärtig sehen, rein gar nichts festgehalten werden kann, was dann das Geschwätz von einer eigenständigen „Realität" eigentlich wert sei! Was ich sehe, ist ein Augenblick, der vom nächstfolgenden wieder abgelöst werden wird. Dann ist der Baum aber nicht mehr derjenige des vorherigen Augenblicks. Der anschauliche Gegenstand Linde ist nichts als permanente Veränderung, und permanenter Wandel kann keine festgefügte „Realität" sein. Wenn ich die Linde erblicke, ist sie für mich wirklich, weil ich sie erlebe. Aber von mir selbst abgelöst und als äußeres Phänomen angesehen, ist die Linde ein unwirklicher Gegenstand. Beziehe ich die Linde auf mich selbst, bemerke ich, dass ich ihren Namen kenne, der mir nicht in meiner Vorgeschichte von selbst eingefallen ist und den alle anderen Zeitgenossen jetzt mitbenutzen. Ein ähnlicher Baum muss in der Historie meines Bewusstseins schon einmal aufgetreten und mir von meinem sozialen Umfeld als Ahorn, Eiche, Linde oder sonst etwas gedeutet worden sein. Das bedeutet, dass die Linde der Gegenwart kein anschaulicher Gegenstand an sich ist, weil an diesem außer permanenter Veränderung nichts anderes konstatiert werden kann und weil die Linde von mir im Vergleich mit meiner individuellen Vorgeschichte wiedererkannt wird. Sie ist kein neuartiger Gegenstand der Gegenwart, sondern erwächst aus der Beziehung des sich verändernden Augenblicks auf die individuelle Vergangenheit. Da im Grundbewusstsein auch intuitive Erkenntnisse über eine zeitlose Existenz vorhanden sind, kommt der gegenwärtige Augenblick zum Stillstand. Die permanente Veränderung vollzieht sich am Zeitlosen und wird mit Individualität gefüllt. Die Linde existiert als Gegenstand der Gegenwart auf der Zeitachse meines Bewusstseins, welche die ganze Zeit von Vergangenheit, Gegenwart und Zukunft umgreift. Die Zeit existiert nicht außerhalb von uns, wie uns die Naturwissenschaft mit ihrem Blödsinn vom Urknall weismachen will. An isolierten äußeren Phänomenen kann nichts anderes aufgewiesen werden als Veränderung, welches wir sehr schön daran sehen, dass alle Ergebnisse der Naturwissenschaft lediglich diese Veränderung imitieren, indem jedes ihrer Ergebnisse von einem neuen abgelöst wird. Die Endlosigkeit ihrer Forschungen ist die Endlosigkeit der Zeit. Da die Erkenntnis der Zeit unser Bewusstsein ist, erforscht die Naturwissenschaft in Wirklichkeit keine äußeren Phänomene, sondern sich selbst in ihrer ruhelosen Erkenntnis. Ihre Erkenntnisse entstammen dem isolierten Gegenwartsbewusstsein und gehen über dieses nicht hinaus. Ihre Komplexität, die unwahr ist, weil sie nicht auf das Grundbewusstsein zurückgeführt werden kann, verliert sich im Niemandsland von Denkgebilden der Isolation und Spekulation. Sie bilden einen Komplex von Hirngespinsten. Bei der Chimäre des Urknalls wird dieses besonders deutlich: Das All als riesiger Raum hat keinen Anfang genommen. Denn, wenn ich alle Gegenstände aus dem Raum weggedacht habe, ich kann den leeren Raum zuletzt nicht auch noch wegphantasieren. Also ist vor der Entstehung aller Gegenstände der leere Raum bereits anwesend.

Anders verläuft die Erkenntnis bei einem anschaulichen Gegenstand wie dem oben angeführten Baum. Eine Anschauung wird immer sofort und wohlvertraut verstanden, weil der Gegenstand der Gegenwart niemals neu, sondern im historischen Bewusstsein schon einmal aufgetreten ist. Die Zeitachse reicht bis zum frühest möglichen Zeitpunkt, an dem das Individuum etwas von einem baumartigen Gewächs oder auch nur von einem Teil dieses Gewächses begriffen hat. Das frühe Begreifen kann nicht durch die Benennung des Gegenstandes stattgefunden haben, weil zuerst etwas vorhanden sein muss, das benannt werden kann. Deshalb verdurstet und verendet die Sprachphilosophie auf dem Weg zum Wasserloch der Wahrheit. Dieses gilt auch für alle anderen Attribute von Gegenständen, die erst zugeordnet werden können, wenn schon etwas begriffen worden ist. Da das Verstehen und Begreifen sich in der Auseinandersetzung mit den Gegenständen entwickelt und somit das Individuum sich am Äußeren erkennt, wird zuvor das Gemeinsame von Individuum und Äußerem verdeutlicht. Dieses geschieht intuitiv und unmittelbar, weil es außerhalb von Verstehen und Begreifen liegt und deren Grundlage bildet. Durch die positive Widerspiegelung des kindlichen Ergreifen-Wollens weicht der Widerstand des verlangten Gegenstandes zurück und gibt dem Individuum den Weg zu sich selbst frei. Da die frühen individuellen Willensakte adäquat sublimiert werden können oder kompensatorisch, sehen wir die Auswirkungen auf die Handlungsgegenstände in die individuelle Zukunft hinein. Der anschauliche Gegenstand umgreift die ganze Zeit der Erkenntnis. Ich kann nicht sagen, dass die Zeit angefangen habe, als ich begonnen habe zu erkennen. Denn meine Erkenntnis der Zeit verläuft an der beharrlichen Zeitlosigkeit, und deshalb ist die Zeit schon immer vorhanden gewesen. Daher ist mein gegenwärtig gegebener Gegenstand Baum einmal individuell, weil meine Vorgeschichte mir zugehört, und das andere Mal ist der Gegenstand Baum auf eine gewisse Weise schon immer vorhanden gewesen. Wir stimmen über den Namen „Linde" überein, aber jeder bezieht diesen Namen auf eine individuelle Erkenntnis. Die individuelle Analyse der Beziehung des gegenwärtigen Gegenstandes auf das Grundbewusstsein liefert den wirklichen Gegenstand, der Name „Linde" dagegen nur den unwirklichen.

Die Aussage ist nicht der primäre Ort der Eigentlichkeit. Die Erkenntnis des Individuums ist davon abhängig, wie gründlich es auf der Zeitachse seines Bewusstseins in seine Vergangenheit hinein vorgedrungen ist. Ihm steht die Möglichkeit offen, entweder eine eigentliche Handlungserkenntnis zu erlangen oder eine möglicherweise uneigentliche zu behalten. Eigentlichkeit erwächst nur durch Anerkennung des Gemeinsamen von Äußerem und Selbstsein, weil dieses die Grundlage zur Erkenntnis der drei Phänomene bildet. Das Individuum hat nicht von vornherein sich selbst und seine Welt erschlossen, weil es in einer Handlungsgegenwart leben kann, die Konflikte des Grundbewusstseins kompensiert. Da jedem nur eine Gegenwart zur Verfügung steht, hält ein jeder auch die ungeprüfte Gegenwart für wirklich, weil sie ihm geschieht. Da das

Gemeinsame von Selbstsein und Äußerem die zeitlose Existenz ist, die Erfahrung der individuellen Freiheit im Grundbewusstsein, die intuitive Erkenntnis über die Einheit aller Wesen, erkennt die Naturwissenschaft nicht die Wahrheit, sondern Gegenstände des Denkens, die nur dann wahre „ideale" Gegenstände sind, wenn sie noch auf das Grundbewusstsein zurückgeführt werden können. Sie sind dann für die Individuen wahr, jedoch keineswegs die Wahrheit selbst. Wenn wir bedenken, dass die Gehirnstruktur der Vögel ganz anders aufgebaut ist als die unsrige und diese noch 30 Millionen Jahre älter sind als wir, dann lassen sich auch Wesen denken, die eine uns weit überlegene Gehirnstruktur besitzen. Diese werden auch andere „ideale" Gegenstände erkennen, die unserer Fassungskraft verborgen bleiben.

Die drei Phänomene Anschaulichkeit, Handlungsgegenstand und „idealer" Gegenstand werden durch eine Zeitstruktur charakterisiert, die auf die zeitlose Existenz bezogen ist und sich an der Wahrheit vollzieht. Die zeitlose Existenz ist nichts Transzendentes, weil theoretisch jeder sie bei sich selbst und bei allen anderen Wesen entdecken könnte, wenn er sich denn von seinen permanenten Zwangsgedanken, vom steten Rasseln seiner Gedankenkette gereinigt hätte. Da Individuum und Äußeres sich nur in gegenseitiger Abhängigkeit erkennen und beide voneinander nicht mehr getrennt werden können, ist das Gemeinsame Grundlage des entstehenden Intellektes, auf das dieser bezogen bleibt. Das Gemeinsame ist das zeitlose Wesensgut, und der Intellekt rekapituliert ständig die individuelle Vergangenheit und entwirft die Zukunft zum vermeintlich größtmöglichen Nutzen des Individuums. Da der Intellekt nur in Zeitstrukturen denkt, hat er keine Verbindung zur zeitlosen Existenz, aus der er gekommen ist. Der Intellekt erkennt keine Wahrheit, sondern er meint, etwas für das Individuum Wahres erkannt zu haben, welches aber auch ein unwahrer Gegenstand sein kann. Seine größte Verblendung ist, dass er annimmt, Anschaulichkeit, Handlungsgegenstand und „idealer" Gegenstand seien drei unterschiedliche Welten. Da diese jedoch die gleiche Zeitstruktur besitzen, die auf die vorbewusste Erkenntnis des zeitlosen Wesensgutes bezogen ist, sind sie in Wirklichkeit eine einzige Welt. Jeder anschauliche Gegenstand der Gegenwart ist kein neuer, sondern auf andere Weise in der Vergangenheit des Individuums schon einmal aufgetreten. Jedes Handlungsmotiv der Gegenwart ist streng auf die frühzeitige Konstitution des Selbstbewusstseins bezogen. Jeder „idealer" Gegenstand ist nur wahr, wenn er noch auf das Grundbewusstsein zurückgeführt werden kann. Die Zeitstruktur der Phänomene vollzieht sich an der vorbewusst zugrundeliegenden Zeitlosigkeit. Der Vollzug der Zeitstruktur an der Zeitlosigkeit ist die einzige Welt. Deshalb sind unsere Toten auch nicht fort, sondern mitten unter uns. Denn wenn der physische Körper zerfällt, bleibt natürlich dasjenige bestehen, was wir schon einmal als zeitlos erkannt hatten und uns vorbewusst zugrunde liegt. Dieses ist Grundlage der Erkenntnis aller Individuen einschließlich der verblendeten.

Die Welt der Phänomene erwächst im Verlauf der Konstituierung des Selbstbewusstseins und das individuelle Dasein erkennt sich an seinen Gegenständen. Kein Individuum wird sich bewusst, wenn ihm von außen versichert wird, dass es unbeirrbar ein Selbstwert bedeute. Dieses muss unmittelbar erfahren werden dadurch, dass das Individuum anfangs eine Frustration erlebt, weil der begehrte Gegenstand sich nicht einverleiben lässt. Das schlägt unmittelbar in das Innerste. Doch dann, wenn dem jungen Individuum trotz dieses Erlebnisses aufgewiesen wird, dass es unbeirrbar ein Gut bleibt, indem es von der Bezugsperson in seinem Scheitern angenommen wird, wendet sich das Blatt. Denn das Individuum gewinnt eine Erkenntnis seines Selbstwertes, welches bedeutet, dass der Widerstand des entgegenstehenden Äußeren jetzt zurückgewichen ist. Es gibt nichts, was für das Individuum bedeutsamer ist als die Erkenntnis seines Selbstwertes und der Eintritt in die Welt. Sie bilden die Grundlage für die Konstituierung des Selbstbewusstseins, welches den Weg des Lebenslaufes bestimmt. Der Gegenstand ist ein Mitstand geworden und untrennbar mit dem individuellen Selbst verbunden.

Wenn nur eine einzige Welt vorhanden ist, die aus der Beziehung einer Zeitstruktur auf eine Zeitlosigkeit besteht, kann kein Individuum aus dem Nichts in das Leben geworfen worden sein, um dann wieder ins Nichts zurückzufallen. Die Welt ist nicht als zufällige Zusammenballung entstanden, wenn diese selbst durch eine strenge Zeitstruktur charakterisiert wird, die auch in der Gesetzlichkeit von Ursache und Wirkung beschrieben werden kann. Der Grund für unseren Eintritt ins Leben ist derjenige, dass wir in einem vorigen Leben nicht das verwirklichen konnten, was in unserer individuellen Idee angelegt ist. Das ist zugleich der Grund für die Existenz des Alls, denn Selbstsein und Äußeres sind untrennbar miteinander verbunden. Deshalb können diejenigen, die nur das All betrachten und meinen, Gesetzmäßigkeiten herausgefunden zu haben, den Grund nicht einsehen. Alles Gerede von einer Ganzheit des Seins ist nichtig, weil nur von einer Ganzheit der Erkenntnis gesprochen werden kann. Jedes äußere Seiende wird nur als Veränderung erkannt und als nichts anderes, weil jeder Augenblick von einem darauf folgenden abgelöst wird. Deshalb gibt es keine „Realität" an sich. Wer an so etwas glaubt, wünscht einen äußeren Bezugspunkt herbei, der nicht existiert. Solch einer bleibt sich selbst fremd, weil er die zeitlose Existenz, die in ihm vorhanden ist, nicht erkennt. Lediglich die Permanenz seines Wollens versteht er, die er nicht deuten kann und deshalb frei nennt. Da er meint, dass sein Wollen mit dem Tod untergehe und er eine Welt als eigenständige „Realität" zurücklasse, bleibt ihm nur, während seiner Lebenszeit soviel zusammenzuraffen und zu konsumieren, wie nur irgend geht. Das Leid, das er damit anrichtet, ist ihm gleichgültig, weil er das Raffen als Verwirklichung ansieht. Jedoch kann Verwirklichung nur durch Analyse seiner selbst erkannt werden, weil die Handlungsmotive auf die Konstitution des Selbstbewusstseins bezogen sind. Die Analyse verdeutlicht entweder Verwirklichung der individuellen Idee oder Kompensation von Konflikten. Die Permanenz des Anhaftens an materielle Dinge, Sorge um die Familie und Besorgen des eigenen Erfolges, kann nicht die Ganzheit des individuellen Daseins genannt werden, weil im Grundbewusstsein eine vorbewusste Erkenntnis über eine individuelle Freiheit und den gleichen Wert aller Wesen analysiert werden kann, die zeitlos ist. Die Bewusstmachung dieser Wahrheit liefert ein ganz anderes Verhältnis zu den Mitwesen und eine ganz andere Einstellung des Individuums zu sich selbst. Von der Ganzheit des individuellen Daseins kann erst gesprochen werden, wenn der Grund der eigenen Existenz bekannt ist.

„Enden im Tod besagt nicht notwendig Sich-vollenden", sagt Heidegger auf S. 244 seines Hauptwerkes. Allein dieser Satz ist gewichtiger als sämtliche Schwafeleien aller Denkbeamten des 20. und des 21. Jahrhunderts zusammengenommen. Wer erkannt hat, dass keinerlei Beständigkeit in der Welt existiert und er selbst ein Teil der sich verändernden Welt ist, muss sein Anhaften an Materiellem infrage stellen, weil er dieses nicht mitnehmen kann. Er wird auf sich selbst zurückgeworfen und erkennt, dass, wenn Veränderung herrscht, eine Herrschaft der Zeit vorhanden ist. Alle individuellen Handlungsweisen entstehen nicht in ihrer jeweiligen Gegenwart neu, sondern gründen auf der Zeitachse des Bewusstseins in die Vergangenheit hinein. Da die permanente Veränderung des Äußeren und diejenige des Individuums die gleiche ist, wird durch eine Selbsterkenntnis zugleich das Sinnvolle des Äußeren erkannt. Je bewusster das Individuum seine gegenwärtigen Handlungen auf sein Grundbewusstsein zurückzuführen lernt, desto mehr wird es im Einklang mit sich selbst leben und einer Vollendung näher gekommen sein.

Auf der anderen Seite kann das Individuum aber auch dumpf nach allem greifen, was die Gegenwart bereithält. Es macht sich über seine Gier keine Gedanken und hinterlässt Verwüstungen nicht nur bei anderen, sondern auch bei sich selbst, weil nicht hinterfragtes Ergreifen-Wollen eine reine Kompensation von vorbewussten Konflikten ist. Am Ende wird es alles wieder verlieren, was es gerafft hat, und es wird an dem gleichen Punkt ins Grab sinken, an welchem es geboren worden ist. Da wir jedoch als Grundlage unserer drei Phänomene einen Bezug auf eine zeitlose Existenz analysiert hatten, an der sich die Phänomene vollziehen, muss alles dasjenige, was das Individuum jemals erreicht oder versäumt hat, irgendwann mit der zeitlosen Existenz konfrontiert werden. Das ist die tiefere Bedeutung des Sinnvollen und der Gerechtigkeit. Individuelles Dasein und Nachtod gehören zusammen, und erst aus ihrer Einheit ergibt sich das Sinnvolle.

Der Tod ist die individuellste Erfahrung, weil im Verlauf des Sterbeprozesses die Raum-Zeit-Erkenntnis zusammenbricht und den Sterbenden der Mitwelt entfremdet. Deshalb findet der Sterbende in der Gegenwart anderer keinen Trost und kann oft erst gehen, wenn er alleingelassen worden ist. Loslassen bringt die Einsicht mit sich, dass der Sterbende alles verlieren wird und er selbst trotzdem bleibt. Erkenntnis bedeutet ein permanentes Bewusstsein von dreierlei Phänomenen, nämlich von anschaulichen Gegenständen, von Handlungsgegenständen und von „idealen" Gegenständen. Diese sind durch unsere Erkenntnisformen von Raum und Zeit auseinandergezogen und vollziehen sich an der zeitlosen Existenz, die vorbewusst von uns erkannt worden ist. Diese zeitlose Existenz beinhaltet die von uns unmittelbar erlebte Erkenntnis über den gleichen Wert aller Wesen und das von uns erlebte Gefühl unserer Freiheit. Die Existenz wird also erlebt und nicht intellektuell erkannt, wenn wir unsere frühen Willensakte annehmen können und die Widerstände des Äußeren damit zurückweichen. Wegen ihrer Gleichförmigkeit bei jeder Gegenstandsbegegnung verschwinden diese frühen intuitiven Erkenntnisse im Vorbewussten und bilden die Grundlage für die in Raum und Zeit auseinandergezogenen Phänomene. Ohne die vorbewusste Erkenntnis der zeitlosen Existenz wäre die Welt ein flüchtiger und unwirklicher Traum, genauso wie wir es bei einem isolierten Äußeren analysieren können, das nur als permanente Veränderung existiert und niemals als eigenständige „Realität". Die Wirklichkeit der drei Phänomene beruht nicht auf einer entgegenstehenden Äußerlichkeit, allein schon, weil die Phänomene dann in eine widersinnige Dreiheit zerfielen, sondern auf der unmittelbar erkannten zeitlosen Existenz, die im Vorbewussten zugrunde liegt. Da unsere in Raum und Zeit auseinandergezogenen Phänomene sich an der zeitlosen Existenz entfalten, die ein jeder z.B. durch Meditation aus seinem Vorbewussten hervorholen könnte, gibt es streng genommen keine Aufspaltung in eine diesseitige Welt und in eine jenseitige Transzendenz, weil beide voneinander abhängen und eine einzige Welt bilden. Unsere Toten sind mitten unter uns, hatte ich gesagt.

Das landläufige Verständnis über den Tod beruht auf Unwissenheit, wenn die Meinung besteht, dass der Sterbende die ihm bekannte Welt verlassen müsse. Ganz und gar nicht, denn da die drei Phänomene sich in individueller Weise entfalten, weil sie auf die Konstitution des jeweiligen Selbstbewusstseins bezogen sind, in welchem das Individuum sich entweder nach seiner individuellen Idee oder konfliktreich erkannt hat, versinkt mit dem Tod auch die individuell bekannte Welt. Jedes Phänomen im Raum war auf einen bestimmten Zeitpunkt der individuellen Vergangenheit bezogen, und diese Beziehung ist jetzt untergegangen. Übrig bleibt die zeitlose Existenz als dasjenige, was jeder von seiner individuellen Idee verwirklicht oder versäumt hat. Verwirklichung und Versäumnis überdauern. Diese Erkenntnis ist keine durch den Nachtod bedingte Neuigkeit, sondern von jeher anwesend gewesen, nämlich als unmittelbare Erfahrungen unseres Vorbewussten während der Erkenntnis der Zeit, also der Lebenszeit. Denn jeder Willensakt besteht auf seinen Anspruch der vollkommenen Umsetzung und kann lediglich sublimiert werden. Im Grundbewusstsein wird über individuelle Verwirklichung oder Versäumnis entschieden. Beide Erkenntnisse, also die intuitive des Vorbewussten über die zeitlose Existenz und die andere über die in Raum und Zeit auseinandergezogenen Phänomene, sind streng aufeinander bezogen. Richtig analysiert ist der Tod ein Verlöschen der Erkenntnis über die in Raum und Zeit auseinandergezogenen Phänomene, und der Sterbeprozess ist eine Erfahrung der individuellen Freiheit. Den Nachtod können wir als Abrechnung über Verwirklichung und Versäumnis unserer individuellen Idee bezeichnen.

Die bestandlose Flucht des Äußeren, an welchem als Beharrendes lediglich seine Veränderung festgehalten werden kann, und der stetige Verfall des physischen Körpers, machen denen Angst, die ihre Meinung in die Welt hinausposaunen. Sie ringen um Aufmerksamkeit und Anerkennung, an der sie sich festzuhalten wünschen. Da sie ihre Beständigkeit selbst zu errichten haben, stehen Berufsbezeichnungen auf ihren Grabsteinen, aber Familie und Freunde, denen sie angehangen hatten, sind lange verblichen. Deshalb hat Jesus Christus von seinen Jüngern verlangt, deren Familien zurückzulassen und nur ihm und der Wahrheit zu folgen, die gleichwohl nicht diejenige des Katholizismus ist. Er selbst hat darauf vezichtet, seine Familie wiederzusehen. Da Denkbeamte es auf Ansehen, Einfluss und sorglose Lebensführung abgesehen haben, müssen sie eine Selbsterkenntnis vermeiden und das Raum-Zeit-Gefüge Kants verleumden. Dafür postulieren sie die Gegenwart des Augenblicks, an der sich irgendetwas Besonderes bewahrheiten solle. Ich stelle also fest: Der Augenblick, der immer von einem nachfolgenden Augenblick abgelöst wird und somit die permanente Veränderung selbst ist, soll irgendeinen beständigen Wert enthalten. Wie ist eigentlich die Welt beschaffen, die sich solch einen Schwachsinn bieten lässt? Ich stelle mich demnächst an einen reißenden Fluß und befehle diesem anzuhalten.

Denkbeamte lehren nicht die Wahrheit, sondern stellen sich nicht ihrer Angst vor der Haltlosigkeit des Äußeren und dem eigenem Verfall. Deshalb streben sie danach, im Äußeren Phänomene zu beschreiben und die Welt festzuhalten. Hielten sie einen Augenblick inne und betrachteten sie, was ihnen im gegenwärtigen Augenblick durch den Kopf ginge, dann erkennten sie, dass dieses nichts vollkommen Neues sein kann. Denn etwas komplett Neues kann nicht erkannt werden.

Deswegen muss jede gegenwärtige Vorstellung auf andere Weise schon einmal aufgetreten sein und somit eine Historie des Bewusstseins existieren. Die Zeit ist im Bewusstsein ansässig, genauso wie es Kant formuliert hat. Als zweite Erkenntnis könnte heranreifen, wenn sie nicht verdrängt werden müsste, dass im historischen Bewusstsein nirgends eine Raumerkenntnis auftritt, sondern immer nur eine reine Zeitbeziehung. Die Raumerkenntnis ordnet die äußeren Dinge des Raumes, ganz genauso, wie es im Raum-Zeit-Gefüge Kants enthalten ist und von der Meditationserfahrung, der Psychoanalyse und der Individualphilosophie bestätigt wird. Wer die Selbsterkenntnis vermeidet, nimmt nur die anderen als sterblich wahr und schließt sich selbst aus. Die das eigene Ende fliehen, setzen eine festgefügte Welt heraus und glorifizieren den Schein und die Lüge. Im Tod werden sie alles wieder verlieren, jedoch trösten sie sich damit, dass sie es wenigstens einmal besessen hatten.

Wenn eine Erkenntnis für ein Individuum wahr und gewiss ist, kann ihr Gegenstand genauso gut einer Lüge entsprossen, der Gegenstand kann also ein uneigentlicher sein. Die Welt ist voll davon, wie wir an den Dogmen der christlichen Kirchen sehen oder an Hawkins Zeitdarstellung. Bestimmt neunzig Prozent der in der heutigen Schulphilosophie dargestellten Systeme enthalten uneigentliche und unwirkliche Gegenstände. In meinem zweiten Buch habe ich das an zwei Beispielen erörtert. Immer, wenn der Intellekt über zukünftige Projekte brütet, ohne sich über seine Herkunft im Klaren zu sein, entstehen mit Sicherheit uneigentliche und unwirkliche Gegenstände. Denn jedes Gegenwartsmotiv ist nicht etwa eine Neuigkeit, sondern beruht auf der individuellen Vergangenheit, auf der ganz bestimmten Konstitution des Selbstbewusstseins. Der uneigentliche Gegenstand wandelt sich erst zum eigentlichen, wenn das Individuum die Historie des Gegenstandes durchschaut hat. Eigentliche Lebensweise und Vermeidung von Kompensationen früher Konflikte bedeutet immer Arbeit an der Selbsterkenntnis. Im Angesicht der permanenten Flüchtigkeit des isolierten Äußeren enthält das Entdecken von irgendeiner Welt überhaupt nichts Sinnvolles. Ein Entdecken von Äußerlichkeiten ist ganz und gar bedeutungslos und liefert weder die Erkenntnis der Wahrheit noch wirkliche Gegenstände.

Die Gewissheit des Todes ist ein uneigentlicher Gegenstand, weil durch diese nicht die beiden Zustände vor der Geburt und nach dem Tod erläutert werden. Der Zustand des Nachtodes und derjenige vor der Geburt, von mir aus vor der Zeugung, können nicht bestritten werden. Beide sind allgegenwärtig und alltäglich. Auch dann lassen sie sich nicht verleugnen, wenn diese beiden Zustände als Nichts aufgefasst werden, was aber vollkommen widersinnig ist. Damit kann der Tod als Übergang vom Leben ins Nichtleben auch nicht gewiss sein, sondern er ist im Gegenteil vollkommen ungewiss. Nicht einmal seinen Zeitpunkt kenne ich. Auch daß andere ihn bereits erlebt haben, liefert für mich selbst keinerlei weiterführenden Erkenntnisse. Der Tod ist nur der Übergang von einem in den anderen Zustand, und der Nachtod ist auf die individuelle Idee bezogen. Denn in dieser sind alle Willensakte als Totalität enthalten, sie stellt das Unbewusste dar, aus welchem einige Willensakte ins Vorbewusste gelangt sind. Niemals alle Willensakte des Unbewussten können vorbewusst werden, weil ein Fächer von Lebensläufen je nach Umgegend, Sozialisation und Sublimierungserfolg zur Verfügung steht. Deshalb ist das Unbewusste, also die individuelle Idee, zeitlos und beharrt auf der Umsetzung der nicht verwirklichten Willensakte. Es wäre sinnlos, wenn die nicht umgesetzten Lebensläufe ohne Konsequenz ins Nichts fielen. Ganz im Gegenteil existiert ein Plan, der so einfach ist, dass der Meditierende lächeln muss, wenn er ihn erfährt. Jedes Individuum wird im Nachtod darauf zurückgewiesen, was es erreicht und was es versäumt hat. Dieses sind natürlich keine materiellen Dinge, sondern Erkenntnisse des eigenen individuellen Daseins, das im Unbewussten, also der individuellen Idee, angelegt ist und die Einheit der drei Zustände, nämlich des vorgeburtlichen, des zweiten, der Erkenntnis der Zeit, und des dritten, des Nachtodes, ausdrückt.

Die Unbewussten, wie die Buddhisten sagen, ich sage lieber: Die Vorbewussten, weil bei mir das Unbewusste anders besetzt ist, sind solche, deren Intellekt damit beschäftigt ist, ohne Unterlass auf ihre Vergangenheit zu reflektieren, um daraus eine bessere persönliche Zukunft zu erdenken, die sie sich zu erfüllen trachten. Sie sind aber nur auf das Zusammenraffen ausgerichtet und wollen nichts Weiteres über ihre Gier wissen. Aus ihrem Gedankenschleim und dem permanent sich drehenden Hamsterrad kommen sie niemals heraus, weil der Intellekt nur seine in die Endlosigkeit der Zeit gefallenen Gegenstände wiederkäut. Die Vorbewussten besitzen lediglich ihren in die Endlosigkeit gefallenen Intellekt, und deshalb fürchten sie den Tod, weil sie mit dem Verlust ihres Intellektes alles andere auch verlieren werden. Die Vorbewussten sind nicht in sich selbst verankert und können ihr Gegenwartshandeln nicht auf ihre individuelle Historie beziehen. Sie sind unglücklich und kompensieren das mit materiellen Gütern, Macht und Ansehen, mit permanentem Erlebnisstreben und dem Zwang zur Niederringung der Mitwesen. Ihnen fehlt jegliche Demut, und die ausgebeutete und geschundene Natur ist die Widerspiegelung ihres Bewusstseins, besser gesagt, ihres fehlenden Selbstbewusstseins. Die gekappte Verbindung zu sich selbst lässt sie Amok laufen. Deshalb werden sie sich selbst und die Welt vernichten, wenn wir sie nicht zwingen, sich selbst zu besinnen, und wenn sie das nicht wollen, müssen sie von allen verantwortungsvollen Positionen in der Gesellschaft entfernt werden. Es hat also ein Umbau der Demokratie zu erfolgen, welche ihre Bürger nicht mehr sich selbst überlässt, sondern ihnen Prinzipien von guter Erziehung und Bildung vermittelt. Ausgangspunkt ist die Keimzelle einer neuen Akademie, in der die wahren Philosophen in einen Zusammenhang mit der östlichen Weisheit gebracht werden. Politische Wissenschaften, Soziologie, Wirtschaftskunde und naturwissenschaftliche Grundkurse werden gelehrt. Meditationssitzungen, Gruppensitzungen und Einzelgespräche mit Analytikern sind selbstverständlich, so dass jeder Schüler profunde Erkenntnisse über sich selbst erlangt. Denn der alleingelassene Intellekt erkennt nur endlos Gegenstände in der Zeit und verfällt sogar dem Schein einer „Realität" des Äußeren, die in Wirklichkeit nichts als permanente Veränderung darstellt. Das Loslösen von der Verschmutzung des Bewusstseins und die Erkenntnis der Wahrheit muss jedoch gelehrt werden, weil wir uns nur durch solch eine Neubesinnung retten können.

Dagegen nehmen die Vorbewussten ihren Tod als Gewissheit hin, der ohne Analyse in seiner Unwirklichkeit vollkommen unbekannt, sinnlos und ungewiss ist, weil sie noch nicht einmal den Zeitpunkt seines Eintritts kennen. Daß er jeden Augenblick herantreten könnte, verdrängen sie, indem sie sich eine Gewissheit vorgaukeln, die den Eintritt des Todes bei anderen feststellt, aber bei sich selbst auf später verschiebt. Die angebliche Gewissheit des Todes kann nicht daraus abgeleitet werden, dass die anderen um mich herum sterben, weil es deren Tod bleibt und nie der meinige ist. Die sogenannte Gewissheit des Todes, welche die Meinungsmacher in die Welt hinauströten und der jeder hinterherläuft, entstammt hingegen als wirklicher Gegenstand dem Unbewussten, weil dieses die Erkenntnis der Gesamtheit aller individuellen Willensakte ist, die individuelle Idee, in welcher dasjenige, was fälschlicherweise in äußere Welt und Bewusstsein getrennt wird, ungetrennt vorliegt. Jeder ahnt sein künftiges Zusammenfallen mit dem All. Der Charakter der Willensakte besteht in einem Totalanspruch auf ihre vollständige Umsetzung, die nichts anderes als die Einholung des Äußeren ist. Dieses verdeutlicht sich im Verhalten von Kleinkindern, die alles in den Mund stecken und verschlingen wollen. Alles dasjenige, was wir durch Erkenntnis unserer selbst an Selbstsicherheit in unseren Handlungsweisen gewinnen, existiert ebenso draußen in der Reihe der Wesen, die scheinbar außerhalb von uns vorhanden ist, weil diese von der Unbelebtheit bis zur menschlichen Erkenntnis reicht. Die Selbstsicherheit ist bei den Unbelebten am größten und bei uns selbst herrschen meistens Zerrissenheit und Trennung vor. Deshalb sterben wir, weil wir zum Ganzen gehören, zur einzigen Welt, und zu dieser Ganzheit, die wir niemals verloren haben, sondern die der Intellekt nicht in der Lage ist zu erkennen, kehren wir irgendwann heim. Wir kommen gewissermaßen bei uns selbst an.

Das Meinungsgeschwafel der sogenannten Schulphilosophie, die in Wirklichkeit keine Philosophie ist, wird verwaltet von Denkbeamten, welche die Welt aufgeteilt haben in Denken und Alltag. Sie betreiben keine Philosophie, weil sie darauf aufpassen müssen, nicht ins Hintertreffen zu geraten und zu beachten, was andere aus ihrer Fachrichtung gesagt oder geschrieben haben. Karriere- oder Systemphilosophie ist unfrei, also Sklavenphilosophie. Sie ähneln einer Sekte wie z.B. den Zeugen Jehovas, die unterscheiden zwischen Zeugen und Andersmenschen und sich in ihrem abgeschiedenen Universum immer selbst bestätigen. Das Problem ist jedoch, dass der nicht in einer Selbsterkenntnis überprüfte Intellekt unfähig ist, die Wahrheit zu erkennen, weil er nach dem Glück einer Allgemeinheit strebt, welches er im Nachlaufen nach der öffentlichen Meinung zu erreichen hofft. Die Öffentlichkeit, die nur ein Glück erlangt hat, das morgen schon wieder vergangen sein wird, ist nicht das Individuum. Dieses selbst kann das öffentliche Glück gar nicht erreichen. Der

Beamte entwickelt in der Abgeschiedenheit Denksysteme, die meistens alle gleich unwirklich und uneigentlich sind. Denn der Intellekt weiß nichts von verborgenen Konflikten, von denen er in Wirklichkeit angeleitet wird. Da diese Defekte aber vorbewusst sind, entwirft er lediglich permanent Kompensationen. Weil im Konfliktfall die frühe Selbsterkenntnis versperrt worden ist und die Widerstände der frühen Gegenstände nicht sublimiert werden konnten, gerät später die Außenwelt in ein Feindverhältnis gegenüber dem Individuum. Denn zu den frühen Gegenständen konnte kein adäquates Verhältnis errichtet werden. Der spätere Lebensweg des Individuums wird davon geprägt sein, dass das Denken permanent vom Gefühl des frühen Scheiterns angezogen wird und versucht, eine bessere Zukunft zu entwerfen, die jedoch nicht demutsvoll gegenüber den Mitwesen ausfallen kann, sondern danach trachtet, die vermeintlichen Interessen des Individuums rücksichtslos durchzusetzen. Diese Interessen sind jedoch uneigentlich, weil sie auf ein Vorbewusstes bezogen sind, dass noch nicht erkannt worden ist und sich nur in Kompensationen äußern kann. Denken und ein Alltag, der auch eine Auseinandersetzung mit sich selbst sein soll, können niemals getrennt werden.

Der Intellekt ist immer durch das historische Bewusstsein in der Zeit auseinandergezogen und kann keine Wahrheit erkennen, die zeitlos ist und damit außerhalb der intellektuellen Erkenntnis liegt. Wenn er seine frühindividuelle Entstehungsweise und Sozialisation jedoch außen vor lässt, verkommt er zum reinen Gedankenkarussell. Jedes Individuum kann zuerst nur versuchen, seine uneigentlichen Handlungsgegenstände in eigentliche zu verwandeln, indem es bestrebt ist, seine Handlungsgegenwart auf seine individuelle Historie zurückzuführen und verborgene und vorbewusste Anteile dem Licht der Erkenntnis zuzuführen und zuzulassen. Dieses ist einfach gesagt, aber notwendig, weil unsere Welt ansonsten in Dreck und Ausbeutung versinken wird. Die Überprüfung der individuellen Handlungsgegenstände wird immer zu weiteren und anderen Erkenntnissen führen, weil das Verhältnis zu den Mitwesen sich verändert und das Individuum aus seinem Hamsterrad aussteigen kann und Frieden findet. Die Macht des alten Feindverhältnisses gegenüber dem Äußeren schwindet. Wenn die Zwanghaftigkeit der permanenten Gedankentätigkeit nachlässt, kann das Individuum versuchen zu ergründen, was es außerhalb seines Intellektes noch sei. Denn wenn wir in der meditativen Kontemplation unsere Gedanken vorbeiziehen lassen und lernen, keinen von diesen ergreifen zu wollen, scheint plötzlich eine ganz andere Erkenntnis auf, die eine von der normalen Anschauung unterschiedliche Sichtweise auf das Äußere und auf uns selbst zulässt. Diese hat nichts mit der intellektuellen Zeitbeziehung zu schaffen und ist darum zeitlos. Es ist die Wahrheit der Existenz, die nie in einem intellektuellen System dargestellt werden kann, sondern nur durch Bewusstseinsarbeit aufleuchtet. Mit dem Ruhen seiner Gedankentätigkeit ist das Individuum nicht verschwunden, sondern vielmehr bei sich selbst angekommen. Es stellt mehr dar als Identifizierung mit seinem Denken. In ferner Zukunft muss ein System entwickelt werden, durch das jeder zur Bewusstseinsarbeit erzogen und angeleitet wird, damit unsere Welt weiterhin bestehen bleibe und nicht im Schmutz, in Gewalt und im alltäglichen psychischen Terror versinke. Dreck und Elend des Äußeren ist immer der Dreck und das Elend des Bewusst-Seins.

Ich hatte nachgewiesen, dass in der frühen Selbsterkenntnis des Individuums, die immer am Äußeren vollzogen wird und von diesem nie getrennt werden kann, die Gegenstände mit Begriffen belegt und vom Gedächtnis als Namen gespeichert werden. Die Gegenstände werden zuerst begriffen und verkommen dann zu den Namen. Auf die Namensgebung beziehen sich die späteren Gegenwartserkenntnisse zurück. Die konkrete Selbsterkenntnis am Äußeren aber, das Selbsterleben an den frühen Gegenständen, verschwindet im Vorbewussten. Durch die Abstraktion der Namensgebung werden unsere Begriffe allgemeingültig und lassen sich nicht mehr auf ihre individuelle Entstehungsweise, das frühe Selbsterleben und das Erleben des Äußeren, zurückführen. Da im Vorbewussten der frühen Selbsterkenntnis auch intuitive Erfahrungen vorhanden sind, die auf die unmittelbare Erkenntnis einer zeitlosen Existenz gehen, ist die Begrifflichkeit unserer Sprache von der Wahrheit abgeschnitten. Deshalb sind Denksysteme auf dem Ansehen ihrer Protagonisten gegründet, die sich ausbreiten, weil die Öffentlichkeit am Ansehen zu partizipieren wünscht und nicht, weil das Denksystem eine Wahrheit erkannt hat. So ist die öffentliche Meinung zum Geschwafel verkommen, und es herrscht immer dasjenige System, das gerade durchgedrungen und en vogue ist. Das Durchdringen des beliebten Systems hängt vom vorbewussten Zustand der Gesellschaft ab und wird „Zeitgeist" genannt. Dieser Begriff geht immer auf einen uneigentlichen Gegenstand, während der eigentliche sich durch die Analyse des Nachplapperns von öffentlicher Meinung entfaltet.

14. DAS ABSURDE EINER TRENNUNG VON ANSCHAUUNG UND DENKEN

Ein Satz wie „Der Baum ist grün" verlangt Zustimmung, weil offenbar in der „Realität" ein Baum vorhanden ist, der scheinbar grün dasteht. Die öffentliche Meinung sagt aus, dass, wenn der ausgesprochene Satz und die scheinbare Wirklichkeit, die eigentlich eine Unwirklichkeit ist, übereinstimmen, dann das Denken durch die Wirklichkeit (Anschauung) bestätigt worden sei. Unwirklich ist der Baum, weil, außer dass er sich permanent verändert, nichts von ihm festgehalten werden kann. Als äußeres Phänomen betrachtet, besitzt er keinerlei Eigenständigkeit. Über die Begriffe „Baum" und „grün" stimmen die Individuen überein, weil diese auf ihre Entstehungsweise in der individuellen Vorgeschichte nicht mehr zurückgeführt werden können und damit abstrakt und allgemeingültig geworden sind. Deshalb führt der Satz „Der Baum ist grün" ein Eigenleben im Denken, weil die Öffentlichkeit meint, dass eine Aussage dann wahr sei, wenn ihr Gegenstand mit der „Realität" übereinstimme. Die Wirklichkeit des Baumes ist also lediglich eine Abstraktion im Denken.
Jetzt hatte ich nachgewiesen, dass die Selbsterkenntnis sich am Äußeren vollziehe und daß das sich konstituierende Selbstbewusstsein vom Äußeren nicht getrennt werden könne. Das bedeutet, dass Denken und Wirklichkeit ein und dasselbe sind und beide dem Grundbewusstsein entstammen. Das vorbewusste Begreifen der Dinge ist zu den Namen verkommen, die nicht mehr auf die eigentliche Selbsterkenntnis, die auch intuitive und vorbewusste Erfahrungen bereithält, zurückgeführt werden können. Nur deshalb konnten unsere jetzigen Begriffe allgemeingültig werden, so dass wir mit ihnen übereinstimmen. Weder der Begriff „Baum" noch der Begriff „grün" kann von einem Gegenwartsbewusstsein erkannt werden, wenn er nicht in der Historie des zugehörigen Grundbewusstseins schon einmal aufgetreten wäre. Dieses Auftreten enthält auch vorbewusste Anteile, die für das Verhältnis des Individuums zum Äußeren prägend gewesen sind. Da hierdurch jeder in seiner Handlungsmoral gegenüber den Mitwesen festgelegt wird, kann das Denken nicht von einer Äußerlichkeit getrennt werden, die dem Individuum laut öffentlicher Meinung entgegenstehen soll. Deshalb ist eine entgegenstehende „Realität" Schein. Das bedeutet, dass in den Grundbewusstheiten individuelle Baum- und Grünbegegnungen vorliegen, von denen bestimmte Anteile ins Vorbewusste gefallen sind. Trotzdem kann jeder Begriff von einem Gegenwartsbewusstseins nur dadurch verstanden werden, weil das Denken sich auf das Grundbewusstsein

bezieht, in welchem sich das Individuum am Äußeren bewusst geworden war. Unsere Begriffe der Gegenwart entfalten sich erst durch die Integration der frühen Selbstbewusstwerdung, weil wir uns in dieser durch Widerspiegelung in der Welt begriffen haben. Dadurch, dass wir frühzeitig in ein Verhältnis zur Welt gesetzt worden sind und dieses vom sozialen Umfeld benannt worden ist, können sich im Gegenwartserleben die frühen Benennungen zu unseren Begriffen ausgestalten. Kein Gegenstand der Gegenwart könnte als vollkommen neuartiger erkannt werden und schon gar nicht ein abstrakter wie „Baum", der von etwas Konkretem absehen muss, um verstanden werden zu können. Daraus folgt, dass die Begriffe „Baum" und „grün" ein Eigenleben im Denken durch ihre Abstraktion von allen individuellen Grundbewusstheiten führen, jedoch müssen alle Abstrakta immer mit individuellen vorbewussten Erfahrungen verbunden sein.

Da auch die anschaulichen Gegenstände keine neuartigen sein können, sondern sich in der Reflexion auf das Grundbewusstsein entfalten, sind unsere Begriffe und die Anschaulichkeit ursprünglich ein und dasselbe. Das Denken entsteht erst dann, wenn die Anschaulichkeit benannt worden und dadurch allgemeingültig geworden ist. Die öffentliche Meinung über eine dem Denken entgegenstehende „Realität" entwickelt sich deshalb, weil die Grundbewusstheiten historisch zu weit entfernt sind, um die Untrennbarkeit von Selbsterkenntnis und Äußerem zu gewärtigen. Die Öffentlichkeit ist der Meinung, dass ihr eine „Realität" entgegenstehe, obwohl diese ausschließlich als permanente Veränderung konstatiert werden muss, welche gar nichts Festzuhaltendes enthalten kann. Die intuitive Erkenntnis über eine zeitlose Existenz liegt ihr lediglich vorbewusst zugrunde, die sie frohgemut auf ein Äußeres überträgt. Deshalb denkt die Öffentlichkeit, dass sie nach ihrem Tod eine „Realität" zurücklasse. Jedoch sind in der Analyse Selbsterkenntnis und Äußeres untrennbar miteinander verbunden, so dass der Eindruck einer entgegenstehenden Äußerlichkeit durch heimliche Übertragung aus dem Vorbewussten zustandekommt, die aber nichts als Schein ist. Somit ist der Satz: „Der Baum ist grün" eine unwirkliche Aussage, weil keine äußere „Realität" existiert, mit welcher diese Äußerung verglichen werden kann. Das Denken dieses Satzes ist lediglich durch Abstraktion von allen individuellen Grundbewusstheiten ermöglicht worden, die über individuelle Erkenntnisse von „Baum" und „Grün" verfügen.

Was ist der grüne Baum nun wirklich? Das Baumwesen, das ich am Wegesrand erblicke, ist zuerst einmal ein anschauliches Phänomen, welches mir nicht als vollkommene Neuigkeit entgegentritt, weil ich es dann nicht erkennen könnte. Das Neue bleibt immer unbekannt und abschreckend. Der Gegenstand der Gegenwart, also das Baumwesen, dessen ich gerade ansichtig geworden bin, ist bezogen auf alle Baumbegegnungen und überhaupt auf alle Begegnungen mit Belebten ohne Erkenntnis, die entlang des historischen Bewusstseins bis in mein Grundbewusstsein reichen. In diesem sind auch vorbewusste Anteile enthalten, nämlich intuitive Erkenntnisse über eine Zeitlosigkeit von allen Gegenständen und von mir selbst. Die Erkenntnis über die Zeitlosigkeit habe ich u. a. als Wertegleichheit aller Wesen beschrieben, welche zugleich die Handlungsmoral begründet. Unsere im Vorbewussten liegenden Erkenntnisse über eine Zeitlosigkeit aller Wesen lässt den Gegenstand „Baum" sich erst zu einem anschaulichen Wesen ausgestalten, weil die permanente Veränderung des Gegenstandes „Baum" erst durch die Beziehung auf das Vorbewusste ein feststehendes Bild ergibt. Der äußere Gegenstand ist genauso wie wir selbst in permanenter Veränderung begriffen, an welcher überhaupt nichts „Reales" festgehalten werden kann. Deshalb ist die Wirklichkeit keine entgegenstehende „Realität", sondern ein anschauliches Phänomen, das untrennbar mit meinem Grundbewusstsein verbunden ist. Das bedeutet, dass ein vom Selbstbewusstsein isoliertes Äußeres lediglich als permanente Veränderung festgestellt werden kann und daß die konkrete Anschaulichkeit aus den historischen Bewusstheiten der menschlichen Individuen erwächst. In der Frühzeit der Individuen ist eine bestimmte Baumbegegnung mit einem Begriff belegt worden, der sich zu einem Namen gewandelt hat. Über diesen Namen stimmen die Individuen überein, aber natürlich nicht über ihren individuellen anschaulichen Gegenstand.

Ähnlich verhält es sich mit dem Begriff „Grün". Die Farbe „Grün" ist natürlich keine Universalie, weil eine immer gültige Zeitlosigkeit, ein ewiger Bestand, die eine Universalie gerade charakterisieren, nicht plötzlich auf die dem Verfall ausgelieferten Gegenstände, in diesem Fall den Baum, überspringen kann. Zeitlosigkeit und Verfall können nicht verbunden werden und zusammen auftreten. Ich hatte in meinem zweiten Buch dargelegt, dass eine Universalie zeitlos gültig gedacht werden muss und deshalb keine Existenz führt. Sie ist ein klassischer unwahrer Gegenstand. Die Farbe „Grün" muss, wenn sie eine Universalie sein soll, eine Eigenständigkeit aufweisen, die zeitlos beharrt. Und eine zeitlose Eigenständigkeit kann niemals mit einem permanent sich wandelnden Gegenstand in einer vereinten Existenz bestehen. Ein Objekt erscheint uns vielmehr deshalb grün, weil von den auf das Objekt aufprallenden

Lichtstrahlen nur der Anteil des bestimmten Nanometerbereiches reflektiert wird, den unser Gehirn als „Grün" denkt. Ein von dem unsrigen unterschiedenes Gehirn dächte etwas anderes, weil es vielleicht ganz andere Lichtwellen wahrnähme. Diese Denkweise von „Grün" ist irgendwann einmal in der Historie unseres Bewusstseins als „Grün" benannt worden, so dass wir uns fortan mit diesem Namen über uns grün Scheinendes verständigen können. Deshalb ist der Satz: „Der Baum ist grün" eine Abstraktion von individuellen Grundbewusstheiten. Er entstammt als Denken einem individuellen Bewusstsein, dessen Anschaulichkeit als Phänomen der Gegenwart jederzeit auf das Grundbewusstsein bezogen ist. Jede Wirklichkeit ist untrennbar mit dem individuellen Selbstbewusstsein verknüpft. Sie ist individuell und keine entgegenstehende „Realität". Jedes Individuum füllt beim Aussprechen des Satzes „Der Baum ist grün" seine Aussage mit individuellen Baumbegegnungen seines Selbstbewusstseins.

Wenn wir jetzt bedenken, dass der Intellekt permanent bestrebt ist, sich auf seine Raffgier aus seiner Vergangenheit zu beziehen, um eine vermeintlich bessere Lebensweise für die Zukunft zu erdenken, dann sind nicht allein die Handlungsgegenstände auf das historische Bewusstsein bezogen, sondern auch die Anschaulichkeit. Denn frühe Gegenstände sind immer anschaulich. Die Wirklichkeit ist immer diejenige des Individuums. Wer belastet ist, den interessiert weder die Schönheit in der Natur, noch kann er demutsvoll mit seinen Mitwesen umgehen, weil sein Gedankenkarussell ständig um Kompensation der verborgenen Konflikte bemüht ist. Da diese vorbewusst sind, bleiben sie außerhalb des Lichtes des Bewusstseins im Dunkeln. Kompensationsstreben ohne Bemühen um Selbsterkenntnis kann in alle möglichen Ämter führen, so dass wir diesen Individuen überall begegnen, wo sie zum Schaden der Gemeinschaft wirken. Deren Negativität verseucht nicht allein die Mitwesen, sondern wird in Zukunft die Erde unbewohnbar machen, wenn es uns nicht gelingt umzusteuern. Mit Erdöl verklebte Wasservögel sind Ausdruck des Schmutzes des verdunkelten Bewusstseins.

15. DAS GEWISSEN

Das Gewissen kann nur zum Schuldigsein aufrufen, wenn zwei Instanzen vorhanden sind, nämlich eine, die sich schuldig gemacht hat und eine, die den Anspruch erhebt, das Schuldigsein anzuklagen und eventuell einsichtig machen zu wollen. Das Gewissensphänomen kann nicht verstanden werden, solange diese beiden Instanzen nicht beleuchtet worden sind. Im Grundbewusstsein entstehen zwei Funktionsebenen, einmal die konditionierende Instanz des sozialen Umfeldes, dessen Anschauungsweise das junge Individuum schon aus Gründen des Selbstschutzes übernehmen muss, weil es andernfalls keine Zuneigung erführe. Die zweite Instanz bezieht sich auf den Ursprungscharakter der Willensakte, die von ihrer Tendenz her alles Äußere zu verschlingen begehren, um die Trennung des Individuums von den anderen, die durch seine Geburt verursacht worden ist, wieder rückgängig zu machen. Das Individuum hat also ein Gewissen vor sich selbst. Die eine Instanz, der gewissermaßen aus Not übernommene Wertekanon des sozialen Umfeldes ringt mit der zweiten Instanz, nämlich dem ursprünglichen individuellen Wollen, das sich immer vollkommen zu verwirklichen trachtet. Dieser Ursprungscharakter der frühen Willensakte bleibt latent, und ich hatte dargelegt, dass die frühen Willensakte lediglich dadurch sublimiert würden, dass das bedingungslos gewünschte Äußere in eine intuitive Erkenntnis des individuellen Selbstwertes umgewandelt werde.

Wenn ein Individuum beispielsweise zu hören bekommt, dass ein Junge niemals weine, dann wird es, um die Zuneigung der Bezugsperson zu erlangen, diese Emotion unterdrücken, obwohl der Ursprungscharakter seines Wollens beabsichtigt, jede vermeintliche oder tatsächliche Kränkung der Umwelt anzuzeigen. Späterhin wird die konditionierte Härte auf die Mitwesen übertragen werden, weil das Individuum diesen neidet, was es sich selbst versagen musste. Das Individuum wird umso rücksichtsloser mit seinen Mitwesen verfahren, je mehr es selbst unter der eigenen Sozialisierung gelitten hat. Ein schlechtes Gewissen tritt dann auf, wenn die eine Instanz zur zweiten eine vorbewusste Beziehung aufbaut. Dem Individuum scheint vorbewusst durch, dass sein Wertekanon durch das Ringen um Zuneigung übernommen worden ist und dass hinter diesem vielleicht noch etwas Ursprünglicheres existieren könnte. Die Infrage-Stellung des Selbstseins bedeutet ein schlechtes Gewissen, und die dagegen vom Selbstsein ungeprüfte Übernahme von sozialen Normen drückt Gewissenlosigkeit aus. Erst in der Rückführung von vermeintlichen Werten des Gegenwartsbewusstseins durch das historische Bewusstsein hindurch auf deren Entstehungsweise im Grundbewusstsein können diese an einer Instanz geprüft werden, die als zeitlose schon immer wahr gewesen ist. Es ist die Wahrheit, dass das individuelle Wollen sich bedingungslos umzusetzen strebt und daß es entweder adäquat sublimiert werden kann oder kompensatorisch. Nur durch Hinterfragung des eigenen Handelns und seine Rückführung durch das historische Bewusstsein auf die als zeitlos erkannte Wahrheit, die im individuellen Vorbewussten ruht und welche die Grundlage abgibt für die Erkenntnis aller drei Phänomene, entsteht das reine Gewissen. Es ist Wahrheit, was in der frühen Selbsterkenntnis durch das Zurückweichen der Widerstände des Äußeren erfahren worden ist, nämlich dass sich der Selbstwert vom Wert der anderen nicht unterscheide.

Das Gewissen ist keine differenzierte Erfahrung einer Stimme, die etwa jemanden von seinem Hinterherhetzen nach der öffentlichen Meinung erlösen könne, wie Heidegger auf S. 270 seines Hauptwerkes (Tübingen 2001) angibt. Das Gewissen liefert lediglich ein undeutliches Unbehagen, welches den ersten Anstoß zu einer Selbstanalyse liefern könnte. Wenn das Gewissen sich meldet, besteht eine Diskrepanz zwischen frühen individuellen Willensakten, die nicht adäquat sublimiert werden konnten und in der Gegenwart nach Kompensation für das frühe Scheitern streben, und der als eigener Wertekanon absorbierten sozialen Konditionierung. Wie ich ausgeführt hatte, wendet sich jede Handlungskompensation der Gegenwart in irgendeiner Weise gegen die Mitwesen, weil das Äußere nicht in die Selbsterkenntnis integriert worden, sondern mehr oder weniger widerspenstig geblieben ist. Die spätere Kompensation besteht darin, das Äußere gewaltsam zu vereinnahmen und die eigenen Interessen rücksichtslos gegen die Mitwesen durchzusetzen. Ein schlechtes Gewissen zu haben bedeutet dann ein Durchscheinen der zeitlosen Wahrheit, die doch irgendwie in der frühen Selbsterkenntnis vorliegen muss. Diese ist die Wertegleichheit aller bestehenden Wesen. Daraus folgt, dass das Selbstseinkönnen des Individuums auf seiner Konstitution des Grundbewusstseins beruht, durch welche es sich im Gegenüber mit den Werten der anderen Wesen erkannt hatte. Differenziert beschreiben lässt sich der Prozess der Konstituierung des Grundbewusstseins am Sublimierungserfolg der frühen Willensakte, wie ich es in dieser Arbeit vorgenommen hatte. Die frühen Willensakte werden adäquat sublimiert, wenn das junge Individuum im Akt seines Verschlingungswunsches, der sich nach äußeren Gegenständen richtet, nicht allein seinen Selbstwert, sondern zugleich den Wert des Äußeren erkennt. Daraus gestaltet sich ein Selbstbewusstsein, dessen spätere Handlungsgegenwart auf einer Achtsamkeit gegenüber anderen beruht. Die Übereinstimmung einer moralisch vorbildlichen Handlungsgegenwart mit einem Selbstbewusstsein, das kein getriebenes und gehetztes ist, sondern mit sich im reinen, nenne ich ein demütiges Selbstseinkönnen.

Ein Konflikt des Grundbewusstseins bezieht sich immer auf frühe Willensakte, die nicht adäquat sublimiert werden konnten, latent auf ihre Umsetzung bestehen und dadurch bis in die individuelle Gegenwart hineinreichen. Die Selbsterkenntnis, die sich immer an einem Äußeren entfaltet, konnte nicht ganz vollendet werden, so dass der Wert des Äußeren nicht in die Erkenntnis des Selbstwertes mit einbezogen wurde. Dadurch bleibt auch die Erkenntnis des Selbstwertes unvollständig. Da grundsätzlich jede Handlungsgegenwart auf das Selbstbewusstsein bezogen ist, kann theoretisch jede schwierige Gegenwart auf frühe Konflikte zurückgeführt und analysiert werden. Praktisch jedoch deshalb nicht, wie die Psychoanalyse zeigt, weil die kompensierte Handlungsgegenwart als individuelle Identität übernommen worden, und beim Individuum gar kein Bewusstsein davon vorhanden ist, mit welchen negativen Energien es seine Umwelt belastet und vergiftet. Erst wenn das Individuum selbst an seiner Handlungsgegenwart leidet, wird manchmal die Analyse angestoßen. Deshalb sehen wir in vielen Positionen zum Schaden der Gemeinschaft die Ungeeigneten und Vorbewussten sitzen. Dagegen werden in einer Analyse die frühen Konflikte und Verletzungen ans Licht des Bewusstseins gehoben, welches immer in eine Trauer über die eigene Lebensgegenwart mündet, weil die Erkenntnis bewusst wird, daß bisher nicht dasjenige Leben geführt worden ist, das nach der individuellen Idee vorgelegen hatte, sondern ein anderes, kompensierendes. Nach dieser Bewusstwerdung gerät sofort eine geänderte Handlungsgegenwart in den Blick, weil für das Individuum eine adäquatere Lebensweise nicht in Frage steht. Das Individuum ist durch Arbeit an sich selbst, durch Selbstanalyse und nachträgliche Selbsterkenntnis seinem Selbstseinkönnen näher gerückt. Gewissensbisse sind lediglich ein Symptom der Diskrepanz zwischen Selbstverfehlung und Selbstseinkönnen gewesen.

Es gibt nichts Absurderes, als dass aus dem Nichts plötzlich ein menschliches Bewusstsein entstanden sein soll, das sich danach wiederum in ein Nichts auflöst. Oder, was die Christen glauben, dass aus dem Nichts ein menschliches Bewusstsein von Gott erschaffen werde, das nach seinem Tod in seinen jungen Körper zurückkehre und bis in alle Ewigkeit weiterexistiere. So habe ich es in Schriften über das Urchristentum gelesen. Widersprüchlich ist natürlich, dass der junge Körper, wenn er denn ewig weiterexistiert, eigentlich schon immer hätte da sein müssen, demnach auch schon vor seiner Erschaffung aus dem Nichts. Ewigkeit kennt keinen Anfang. Vollkommen ohne jede Moral wäre es, wenn ein Etwas aus dem Nichts entstünde und dann wieder ins Nichts zurückfiele, weil solch ein System das Etwas zur rücksichtslosen Verwirklichung all seiner Gelüste aufforderte. Denn dem Etwas drohen keinerlei Konsequenzen, wenn es sich nach Befriedigung seiner Gier und Mord und Totschlag wieder im Nichts auflöste. Vollkommen sinnlos ist es, wenn ein Bewusstsein sich lediglich für kurze Zeit selbst erkannt hat (denn dieses ist der Charakter des Bewusstseins und keineswegs die Fähigkeit zur Sprache oder zum Denken, die beide nur Ausdrücke der Selbsterkenntnis darstellen), jedoch das kurze Aufleuchten von Selbsterkenntnis folgenlos bliebe. Das wäre nicht allein ein grausamer Sinn, sondern bedeutete zugleich einen Freifahrtschein für Verbrechen an anderen und Verwirklichung grenzenloser Egozentrik, weil kein Bewusstsein sich jemals zu verantworten hätte. Grausamkeit und Unmoral widerspricht der Existenz, wie wir es an Tieren, Pflanzen und Unbelebten sehen, die so etwas nicht kennen. Ein Raubtier tötet nicht grausam, sondern weil es weiterleben möchte. Dagegen erwachsen Grausamkeit und Unmoralität erst nach einer Selbsterkenntnis des Bewusstseins, wenn diese mit Konflikten durchsetzt ist. Also wäre die Herrschaft des Nichts etwas absolut Bösartiges. Hingegen ist der christliche Glaube an die Wiedergeburt und das ewige Leben zwar wunderschön, aber widersprüchlich und naiv und deshalb unglaubhaft.

Ein Bewusstsein entsteht nicht aus einem Nichts, weil seine individuelle Idee schon immer vorhanden gewesen ist. Diese ist keine Transzendenz, weil die individuelle Idee neben der Lebenszeit auch die Zeit vor der Geburt und nach dem Tode umfasst. Diese beiden anderen Zustände sind immer mit uns und deshalb niemals transzendent. Denn die individuelle Idee von uns ist das Unbewusste, in welchem alle individuellen Willensakte enthalten sind. Da unsere Selbsterkenntnis erst nach dem Hinübergleiten von einzelnen Willensakten aus dem Unbewussten ins Vorbewusste entsteht, ist das Unbewusste vor unserer Selbsterkenntnis vorhanden. Es verkörpert noch den Zustand vor unserer Geburt, als eine friedvolle Einheit mit allen Mitwesen geherrscht hatte, welche die Willensakte in der Lebenszeit durch ihr Streben nach Einverleibung des Äußeren wieder herzustellen trachten. Da in der Erkenntnis der Zeit, der Lebenszeit, niemals alle individuellen Willensakte umgesetzt werden können und dem Individuum sich je nach den Gegebenheiten verschiedene Lebensläufe eröffnen, wird das Individuum nach seinem Tode darauf zurückgeworfen werden, was es in der Lebenszeit erreicht oder versäumt hat. Deshalb gehören der Zustand vor der Geburt, die Lebenszeit und der Zustand nach dem Tode zusammen. Kein Individuum ist als Aneinanderreihung von zufälligen Willensakten darstellbar, sondern nur in der Aufgabe, seine individuelle Idee zu verwirklichen. Jedes Individuum erkennt sich in seinem Selbstbewusstsein, und dabei entsteht das große Problem, dass das konfliktbelastete Selbstbewusstsein für das Individuum den gleichen Identitätswert besitzt wie für das Individuum, das sich adäquater nach seiner individuellen Idee erkannt hat. Dieses Problem, das zugleich den Zustand unserer Welt darstellt, weil das Äußere eine Spiegelung des Bewusstseins ist, habe ich erläutert. Ich hatte geschildert, wie unbewusste Willensakte durch Spiegelung an den äußeren Gegenständen ein Vorbewusstes errichten. Dieses bildet die Grundlage und feste Basis für ein Gegenwartsbewusstsein, weil, ausgelöst durch die begehrenden Willensakte, das Individuum sich selbst durch ein Äußeres erkennt. Maßgeblich ist also, dass Äußeres und Selbstsein nicht getrennt werden können.

Vor der Selbsterkenntnis, die sich am Äußeren vollzieht, existiert das Unbewusste, die individuelle Idee. Die frühe Erkenntnis des Vorbewussten ist zeitlos, direkt und intuitiv, weil in diesem zu jedem Zeitpunkt das gleiche unmittelbar erfahren wird, nämlich die Unbedingtheit des individuellen Selbstwertes, der vom Wert des Äußeren nicht getrennt werden kann. Demnach erwächst das Selbstbewusstsein des Individuums aus seinem Verhältnis zur Außenwelt, das ein gutes oder ein schlechtes sein kann. Aber es gibt nur eine Identität in der Zeit, die den Selbstwert und den Wert der anderen entweder adäquat oder konfliktbelastet erkannt hat. Beide Arten des Selbstbewusstseins stellen die Identität des Individuums dar, so dass ein Individuum seine permanenten Zwangsgedanken und Handlungskompensationen nur erkennen kann, wenn diese ihm in einer nachträglichen Reflektion gespiegelt werden. Bis dahin wird das Individuum von seinen vorbewussten Konflikten gesteuert, und das bildet ganz genau den Zustand unserer Welt ab. Nachfolgende Generationen werden sich immer mehr der Erziehung zur Selbsterkenntnis widmen müssen, oder die Welt wird eines Tages zerstört sein.

Die zeitlose Erkenntnis des Vorbewussten über die Einheit aller Wesen legt nicht allein das Verhältnis des Individuums zum Äußeren fest, sondern bildet auch den Bezugspunkt für die drei Phänomene des Gegenwartsbewusstseins, die sich ständig verändern und unter einem anderen Blickwinkel anders erscheinen. Die anschaulichen Gegenstände können nur erkannt werden, weil sie im Grundbewusstsein auf andere Weise schon einmal aufgetreten sind, die

„idealen" Gegenstände sind nur solange wahr, wie sie noch irgendwie auf das Grundbewusstsein zurückgeführt werden können, und die Handlungsgegenstände werden zwanghaft durchgeführt, bis ihre Beziehung zum Grundbewusstsein des Individuums endlich erkannt worden ist. Darüber hinaus hatte ich aufgewiesen, dass die Außenwelt über die gleiche Identität verfüge, mit der wir selbst auch ausgestattet seien. Die Identität des Äußeren reicht von der selbstsicheren Unerschütterlichkeit der Unbelebten bis zur Zerrissenheit und Zwanghaftigkeit der menschlichen Individuen. Unser Bewusstsein erreicht durch Selbsterkenntnis und Meditation die gleiche Unerschütterlichkeit oder verbleibt in der Abhängigkeit seiner Zwangsgedanken und vorbewussten Handlungsweisen. Das Äußere ist eine Spiegelung unseres Bewusstseins und mit uns selbst untrennbar verbunden.

Das Individuum wird nur dadurch schuldig, dass es sich selbst verliert und seine individuelle Idee nicht adäquat in die Erkenntnis der Zeit, der Lebenszeit, einbringt, sondern sich in einem Feindverhältnis gegen andere Wesen befindet, um sich durch deren Niederringung eine herausgehobene Stellung zu sichern. Das Individuum redet der Öffentlichkeit nach dem Mund, welche nur diejenigen achtet, die sich durchgesetzt haben. Es widmet sein Leben dem Nachlaufen hinter dem öffentlichen Gerede, dessen Themen Anerkennung, Macht und Karriere darstellen. Manchmal kann es seine Selbstverlorenheit nicht ganz verdrängen, so dass es ab und zu vom Gewissensruf geplagt wird. Dieses geschieht deshalb, weil jede Gegenwartshandlung auf das Grundbewusstsein bezogen ist, in welchem frühzeitig die Handlungsmoral begründet worden ist. Denn da jede Selbsterkenntnis nur in der Auseinandersetzung mit dem Äußeren ermöglicht wird, begründet sich in der Ausbildung des Bewusstseins auch das Verhältnis zu den Mitwesen. Dieses hatte ich in meiner Ausführung zur Sublimierung der frühen Willensakte erläutert. Im Grundbewusstsein macht jeder die vorbewusste Erfahrung, dass der Selbstwert vom Wert der anderen nicht geschieden werden kann, und derjenige, der in seinem Wert vom Umfeld nicht angenommen wird, reicht das Negative an seine Mitwesen weiter. Er gönnt anderen nicht, was ihm selbst verwehrt geblieben ist und weiß zugleich, dass seine Handlungsweise Unrecht ist, weil er das Negative am eigenen Leib erfahren hatte. Dann plagt ihn das Gewissen und zugleich kann er seine Handlungsweise nicht abändern. Denn eine Änderung der Gegenwartshandlung ist nur möglich durch ihre nachträgliche Reflexion und Rückführung auf das Grundbewusstsein, wodurch die verborgenen Konflikte ans Licht des Bewusstseins geholt werden. Schuldig wird das Individuum durch seine

Nachlässigkeit und Bequemlichkeit, sich selbst zu hinterfragen und seine Vergangenheit nicht emotional noch einmal zu durchleben. Dagegen trägt kein Individuum Schuld daran, in welche Familie und in welche Verhältnisse es hineingeboren worden ist. Deshalb ist alles öffentliche Gerede von einer Erbsünde kompletter Unsinn.

16. SCHLUSSBETRACHTUNG ÜBER INDIVIDUALITÄT

Der Tod kann nicht als ein Verfallen ins Nichts begriffen werden, weil keine entgegenstehende „Realität" vorhanden ist, die das Individuum verlieren könnte. Die Welt versinkt mit dem Individuum, weil dieses sich einstmals am Äußeren erkannt hatte. Individuum und Welt sind gegenseitig auseinander hervorgegangen. Jeder wird beim Nahen des Todes auf sich selbst zurückgeworfen und muss sich den daraus entstehenden Konsequenzen stellen. Das Vermeiden, Negieren und Verdrängen ist zuende. Erbarmungslos rückt die Wirklichkeit heran. Das Individuum büßt im Tod keine Welt ein, weil das Äußere als permanent sich Veränderndes keine Wirklichkeit erzeugen kann. Diese entfaltet sich vielmehr durch den Rückbezug eines individuellen Gegenwartsbewusstseins auf ein Grundbewusstsein, in welchem als Bezugspunkt eine Selbsterkenntnis stattgefunden hat, die eine Bewusstwerdung darstellt, welche unauflösbar mit einem Äußeren verflochten ist. Im Grundbewusstsein ist das Äußere von der Selbsterkenntnis nicht ablösbar und besteht in einer zeitlosen Werterkenntnis, auf welche die drei Phänomene von Anschauung, Handlungsgegenstand und „idealem" Gegenstand bezogen sind. Die Welt des Vorhandenen ist diejenige des Bewusstseins, und der Zustand des Äußeren besteht als Widerspiegelung der Verfassung unseres Bewusstseins. Deshalb versinkt mit dem Tod das Äußere zusammen mit dem Bewusstsein, und die zeitlose Einheit und Zusammengehörigkeit aller Wesen, auf die alles bezogen worden ist, besteht fort. Jedem Individuum ist aufgetragen worden, sich selbst und seine Verflechtung mit dem Unbewussten zu erkennen, weil es nur dann nicht mehr davon überrascht werden kann, mit seinem Versäumten konfrontiert zu werden. Da Versäumnis aus der mangelhaften Erkenntnis der Werteeinheit aller Wesen entsteht, bedeutet Gerechtigkeit, dass sich das Individuum dem Versäumten wieder zuzuwenden hat.

Seinen Gewissensruf versteht das Individuum nur in der Analyse seiner selbst, indem es die Gegenwart auf die verborgenen Konflikte seiner Vergangenheit zurückführt. Den Tod ermisst das Individuum allein, wenn es die Abhängigkeit der drei Phänomene von seinem Grundbewusstsein begriffen hat. Ohne Analyse des historischen Bewusstseins weiß das Individuum nichts anderes, als dass es ständig nach seinem Glück strebt, und, wenn es Ansehen, Macht und Reichtum erworben hat, dass widersinnigerweise sein Verlangen damit nicht endet. Das in seinem Nichtwissen befangene Individuum fühlt sich zwar in der Welt, die es die seine nennt, anwesend, weshalb es sich als „Ich" bezeichnet, aber es verleugnet, dass es von einer Sekunde zur nächsten schon nicht mehr dasselbe Individuum ist, weil mit der Geburt das Sterben schon begonnen hat. Meine Hand, die ich mir vor Augen halte, ist in Wirklichkeit ein Gebilde aus Knochen, Sehnen, Muskeln und Haut, deren Zusammenspiel etwas bilden, das ich als „meine Hand" bezeichne. Ich starre lediglich die Haut an und nenne das Gebilde „Hand"; die Haut wiederum besteht aus vielen einzelnen aneinanderhaftenden Zellen, die genauso wie diejenigen von Pflanzen mit Wasser und Nährstoffen versorgt werden müssen, damit sie nicht vertrocknen und absterben. Die einzelne Hautzelle ist nicht die kleinste Einheit, die nicht mehr geteilt werden könnte, weil alles, was im Raum vorkommt, in Gedanken bis in die Unendlichkeit hinein teilbar ist. Das bis in die Endlosigkeit Zerlegbare kann keine Eigenständigkeit besitzen. Was in Gedanken teilbar ist, kann nicht die unteilbare kleinste Einheit darstellen, und was, wie klein es auch immer sei, einen Raum einnimmt, ist genauso teilbar wie der eingenommene Raum. Deshalb ist es Blödsinn und zeugt vom Nichtwissen über die Historie des Bewusstseins, wenn einige mit riesigen Maschinen das Unteilbare suchen. Auch der vollkommen leere Raum kann bis in die Unendlichkeit hinein geteilt werden. Da das Unteilbare, nämlich die zeitlose Werteeinheit aller Wesen, den Bezugspunkt für die Erkenntnis aller Phänomene bildet, kann es in den Phänomenen selbst nicht erkannt werden. Deshalb kann der leere Raum nicht weggedacht und immer weiter geteilt werden. Denn vom Bezugspunkt isolierte Phänomene sind ruhelos und verändern sich stetig.

Aus dieser Betrachtung folgt, dass eine Aussage über „meine Hand" genauso leer ist wie eine Aussage über ein „Ich". Wenn jemand über ein „Ich selbst" redet, meint er ein für sich und andere sorgendes Individuum, das vom anderen Vorhandenen in der Welt geschieden sei. Er weiß nicht, dass das Zerfallen in eine duale Welt auf seinem Nichtwissen über das historische Bewusstsein beruht. Das „Ich" ist so leer wie „meine Hand" und entschwindet bei eingehender Betrachtung immer weiter. Es existiert eine Kluft zwischen dem Individuum, das sich als „Ich bin" bewusst ist, und dem als äußerlich angeschauten Individuum, dem „Ich", das sich jeder Betrachtungsweise entwindet. Da in jedem sich selbst erkennenden „Ich bin" eine vorbewusste Erkenntnis über eine zeitlose Unteilbarkeit verborgen ist, auf die alle Phänomene bezogen sind, bleibt ein äußerlich angeschautes Individuum als Teil einer abgetrennten Wirklichkeit leer. Vom „Ich selbst" lässt sich keine entgegenstehende „Realität" ablösen außer als Illusion. Und ganz genauso existiert meine Hand als etwas permanent sich Veränderndes und sich Auflösendes, an dem nichts Eigenständiges festgehalten werden kann.

Ein Selbstbewusstsein entsteht nicht dadurch, dass ein Bewusstsein von selbst erwacht und immer mehr Dinge aus einer entgegenstehenden „Realität" entnimmt und begreift. Dann besäßen alle Individuen ein irgendwie gleichartiges und verwirrtes Bewusstsein je nach Auffassung des Äußeren. Dieses wäre kein Selbstbewusstsein, sondern ein durch den Intellekt aufgefasstes Äußeres, das dem Individuum selbst immer fremd bliebe. Denn der Träger der tosenden Gedankentätigkeit ist nicht dasselbe wie die Gedanken. Niemand fände sich in solch einer wirren Welt zurecht, einer Welt, die sich durch die Abwesenheit jeglicher Moral auszeichnete. Denn der Intellekt allein erkennt keine Wahrheit, keine Zusammengehörigkeit der Wesen, weil er stetig unterscheidet, abwägt und vergleicht und nach dem größten Nutzen für sich selbst strebt. Ein Selbstbewusstsein erwächst dagegen nur in der frühen Auseinandersetzung mit Gegenständen, durch die sich das Individuum selbst erkennt, so dass Individuum und Äußeres nicht mehr voneinander getrennt werden können. Denn die individuellen Willensakte, die unstillbaren Bedürfnisse, begehren die frühen Gegenstände voll und ganz, so dass der Verschlingungswunsch zwar sublimiert werden muss, jedoch das Selbstbewusstsein nur im Zusammenhang mit dem Äußeren entstehen kann. Der Sublimierungserfolg bestimmt das Selbstbewusstsein, welches natürlich nicht aus einer irgendwie aufgesogenen „Realität" erwachsen kann. Dann wäre es diese „Realität" und kein individuelles Selbstbewusstsein. Da in den unbewussten Willensakten die Kenntnis über die zeitlose Einheit aller Wesen verborgen ist, vollziehen sich alle Phänomene, die das Selbstbewusstsein späterhin erkennt, an eben diesem Unbedingten. Jede Untersuchung, die diese Struktur des Bewusstseins nicht erkennt und immer nur Ursachen und Wirkungen einer bedingten Welt analysiert, führt ins Leere.

Das Individuum spricht sich als „Ich" aus und meint etwas damit, was es nicht wirklich versteht. Es vernimmt etwas bei sich, was es nicht darlegen kann. Deutlich kann es vermutlich sagen, dass es ganz viel für sich erreichen will, damit es ihm gut ergehe. Was dieses jedoch sei, welches das Individuum immer antreibe, kann es nicht angeben. Die Tatsache, dass das Individuum von seinen Bedürfnissen nie verlassen wird, verkommt durch die Gewöhnung zur Gleichgültigkeit. Dasjenige, was immer mit dem Individuum ist, wird beiseitegelegt.

Wir hatten gesehen, dass die frühe Konstituierung des Selbstbewusstseins untrennbar mit der Erkenntnis des Äußeren verbunden ist und deshalb das Individuum sich nicht isoliert von der Welt erkennen kann. Darüber hinaus liegt jedem Selbstbewusstsein eine vorbewusste Erkenntnis über das Unbedingte zugrunde, weshalb das Individuum sich irgendwie zu spüren meint, jedoch nicht mehr darüber aussagen kann. Das Individuum erkennt auch nicht, dass sich alle drei Phänomene auf dieses Unbedingte beziehen und betrachtet seine Wirklichkeit als eine, die dem Selbstbewusstsein entgegenstehe und mit der es wenig zu schaffen habe. Daher benutzt es die Welt mit wenig Gewissen und beutet sie aus. Als Beifang getötete intelligente Delphine wirft es wieder über Bord. In wahrhaftiger Wirklichkeit dagegen ist das Äußere eine Spiegelung des Bewusstseins, so dass sich kein Individuum von der Verschmutzung der Welt und den Verbrechen gegen andere Wesen freisprechen kann. Die Wesen des Äußeren reichen von der unbewussten Selbstsicherheit der Unbelebten bis zur Unsicherheit eines individuellen Selbstbewusstseins, das sich von der Außenwelt getrennt wähnt. Unser Bewusstsein reicht von eben dieser Zerrissenheit bis zur Erkenntnis der zeitlosen Existenz in uns. Diese Erkenntnis ist jedoch nur möglich, wenn das Bewusstsein von seinen Verschmutzungen gereinigt worden ist und der Intellekt dann aus seinem Hamsterrad der permanenten Zwangsgedanken aussteigen kann.

Das Individuum ist seiner Herkunft enteilt und verstrickt im Allerweltsgerede der Gegenwart. Der Gewissensruf kann es auffordern, seine Uneigentlichkeit zu betrachten und sich zu läutern. Die Historie des Bewusstseins soll erforscht werden und die Zeitlichkeit der drei Phänomene, die sich am Unzeitlichen entfalten. Wenn wir ein Handlungsphänomen herausgreifen und dieses einer Analyse unterziehen, dann stoßen wir auf ein indviduelles Grundbewusstsein, in welchem die Handlungsgegenwart verankert vorliegt. Keine Handlungsweise wird nach demjenigen vollzogen, was als äußere „Realität" durch das Allerweltsgerede geistert, welche für das Individuum die entsprechenden Motive bereithalte. Die Motive wirken auf das Individuum, weil sein Grundbewusstsein dergestelt beschaffen ist, d. h. sie entstehen aus dem Grundbewusstsein und werden nicht irgendeiner Äußerlichkeit entnommen. Für ein anderes Grundbewusstsein wären solche Motive nicht existent. Das Individuum wird erst dann in seinen Handlungsmustern freier, wenn es seine Handlungszeitlichkeit, also die Beziehung seiner Handlungsgegenwart auf seine im Grundbewusstsein liegende Vergangenheit, emotional wieder erlebt. Das bedeutet, dass sich für das Individuum nichts ändert, wenn es rein intellektuell solch ein Handlungsphänomen erkennt. Vielmehr muss es erschüttert werden von der Zwanghaftigkeit seiner Gegenwartshandlung, die aus den Bedingungen seiner sozialen Entfaltung im Grundbewusstsein herrührt. Erst dann wird die individuelle Vergangenheit aufgearbeitet, und dem Individuum wird deutlich, ob seine bisherige Handlungsgegenwart überhaupt mit seinem Innersten übereingestimmt habe, oder ob lediglich ein früher Konflikt kompensiert worden sei. Erst jetzt wächst dem Individuum mehr Handlungsfreiheit zu. Die Erkenntnis der Wahrheit und die Überführung der Handlungsweise in die Eigentlichkeit kann keine intellektuelle Leistung darstellen, sondern erfolgt durch emotionale Begleitung und Kontrolle des Intellektes. Die moralisch einwandfreie Handlungsweise kann nicht intellektuell erkannt werden, weil sie dann nicht mit dem Individuum vermittelt wäre. Die Handlungsgegenwart hängt davon ab, ob die frühen Willensakte adäquat nach der individuellen Idee sublimiert werden konnten oder nur konfliktbelastet. Erst in der emotionalen Erfahrung der Handlungsanalyse wird dieser Unterschied deutlich. Er gibt sich direkt kund und wird nicht über den Intellekt aufgesetzt. Die analysierte Handlung wird danach in Zukunft moralisch einwandfreier und vermittelt ablaufen. Die Motivationsebene wird sich verändert haben in Richtung auf Eigentlichkeit der Handlung.

Dem Intellekt ergeht es wie dem Regenwurm, beide sind verliebt in das, was ihnen vertraut erscheint. Der Intellekt reflektiert stets auf vergangenes Glücksstreben und versucht, daraus eine bessere Zukunft zu entwerfen. Da er meistens nichts anderes kennt als fortwährende Reflektion, wird das Denken zu seiner Identität. Weil ihm bewusst ist, dass das Denken mit dem Tode des Individuums versinkt, wünscht er so viel für das vermeintliche individuelle Glück zusammenzuraffen, wie nur irgend geht. Wenn der Intellekt weiß, dass er sich schließlich selbst verlieren wird, sucht er immer den Bestand. So erschafft er sich eine Unwirklichkeit, eine entgegenstehende „Realität", die überdauern soll wie seine gerafften Gold- und Triebgegenstände und übersieht dabei, dass sein Phantasiegebilde eigentlich etwas darstellt, das sich haltlos permanent verändert und deshalb vollkommen substanzlos und leer ist.

Dem Regenwurm wiederum ist Dreck das Allerliebste, weil er Sonne, Felder, Wälder und Wiesen nicht kennt. Erführe er, dass außer Erdklumpen noch anderes existiert, wollte er bestimmt kein Wurm mehr sein. Hieran sehen wir, dass das Bewusstsein der meisten über dasjenige des Wurmes nicht hinausreicht, und wenn sie ihn geringschätzen und zertreten, fügen solche sich selbst Schaden zu. Jeder, der zu tieferen Erkenntnissen gelangen möchte, muss sich auf den Weg begeben, seinen Intellekt schließlich loslassen zu können. Aber um zum Zuschauer seines Denkens zu werden, muss die individuelle Handlungsgegenwart einigermaßen gereinigt sein. Die gröbsten Konflikte, die sonst immer die individuelle Handlungsgegenwart determinieren, müssen aus dem Vorbewussten ans Licht des Bewusstseins geholt worden sein. Denn sonst kreist der Intellekt permanent wie ein Hamster in seinem Rad um diese Defekte des Grundbewusstseins. Da er die Konflikte, wenn sie vorbewusst bleiben, nicht lösen kann, richtet sich das Denken auf Kompensationen, die aber schließlich zur eigenen Identität erwachsen und danach nur schwer wieder aufzugeben sind. Denn außerhalb dieser Identität herrscht lediglich Erschütterung durch Erkenntnis einer uneigentlichen Lebensweise, und das Neue ist noch nicht erreicht. Deshalb klammern sich die Menschen ans Schlechte, weil das ihnen wenigstens vertraut ist.

Die auf der Suche Befindlichen müssen also zuerst bei sich selbst beginnen. Sie haben schonungslos ihre Handlungsgegenwart daraufhin zu untersuchen, ob diese adäquat nach ihrem Innersten verlaufe, oder doch nur aufgesetzte Kompensation sei. Entschieden werden kann das, wenn ein Konflikt im Grundbewusstsein aufgefunden und emotional und damit außerhalb des Intellekts noch einmal durchlebt wird. Dann leuchtet die individuelle Handlungsgegenwart unmittelbar ein, welches bedeutet, dass sie direkt und außerhalb des Denkens erkannt wird. Die neue Handlungsweise ist dann zur eigentlichen geworden und mit der individuellen Idee vermittelt. Der Intellekt kann aus seinem Hamsterrad aussteigen, weil er nicht mehr zwanghaft damit beschäftigt sein muss, eine bessere Zukunft zu denken. Da das Denken die emotionale unmittelbare Erkenntnis nicht berührt, kann es das individuelle Glück nicht erschaffen, welches davon abhängt, ob das Individuum adäquat nach seiner individuellen Idee lebe. Die Konstruktionen des Denkens, die nur der Kompensation von frühen Verletzungen dienen, sind sogar schädlich für das Individuum selbst und für die Mitwesen. Denn das Individuum übernimmt diese schließlich als seine Identität, und der Charakter von Handlungskompensationen ist immer auf Beherrschung der Mitwesen ausgerichtet. Die differenzierte Analyse dieses Zusammenhanges ist das Thema dieses Buches gewesen. Da wir dafür in die diffizile Untersuchung des historischen Bewusstseins einsteigen mussten, haben wir auch entdeckt, dass alle drei Phänomene von Anschaulichkeit, „Ideal" und Handlung gar keine verschiedenen Welten darstellen, sondern alle auf das Grundbewusstsein bezogen sind. Da sie Phänomene des Grundbewusstseins darstellen, gehören sie als einzige Welt zusammen. Selbsterkenntnis und Äußeres sind also untrennbar miteinander verbunden, und weil im Grundbewusstsein eine vorbewusste Erkenntnis über eine Zeitlosigkeit vorhanden ist, sind neben der Erkenntnis der Zeit, unserer Lebenszeit, gleichfalls die Zustände vor unserer Geburt und nach dem Tode in unserem Bewusstsein anzutreffen. Die Erkenntnis dieser Wahrheit kann jedoch nur von einem Individuum vollzogen werden, das seinen Intellekt gereinigt hat.

Alle die anderen, die sich selbst nicht hinterfragen wollen, liefern sich Scheinerkenntnissen aus. Das lässt sich am Phänomen der Neugier aufweisen. Die Phänomenologie deutet die Neugierde als äußeres Phänomen und sieht nur, dass die Neugier suche zu sehen und gesehen zu haben. Und das ist genau dasjenige, was diese Beamtengedanken so wertlos und nutzlos macht, weil es nichts gibt, das nicht auf irgendetwas bezogen oder mit irgendetwas verbunden ist. Es gibt nichts Abgerissenes und Vereinzeltes, hat Schopenhauer gesagt, aber verstanden haben sie es nicht und vermutlich auch gar nicht gelesen. Das Äußere als Abgelöstes von der Selbsterkenntnis zu betrachten ist Schein. Wenn Individuen herumstehen und wie gelähmt ein Unglück begaffen, mag es so scheinen, als gafften sie nur um zu gaffen. In Wirklichkeit sind sie tief berührt davon, dass sich an lebenden Wesen etwas ereignet hat, das sie auch selbst hätte treffen können. Sie erkennen sich im Ereignis selbst und das Gemeinsame mit anderen und können in ihrer Neugierde den Abstand einhalten, der im Falle persönlicher Verwicklung gar nicht vorhanden wäre. Neugier ist dadurch gekennzeichnet, dass der Neugierige etwas über sich selbst erfährt, was in seinem Grundbewusstsein vorliegt, nämlich die Gemeinsamkeit der lebenden Wesen und ihre Leidensfähigkeit. Neugierde richtet sich immer auf lebende Wesen, hingegen werden unbelebte Gegenstände nicht mit dieser Faszination angesehen, sondern eher wissbegierig oder wissensdurstig. Durch Aufdeckung der Zeitbeziehung von Neugier erhält diese ihre tiefere Bedeutung im Gegensatz zum ersten Anschein. Wird diese Analyse nicht durchgeführt, bleibt es bei einer Scheinerkenntnis. Nach der Analyse entfaltet sich der eigentliche Charakter der Neugierde, und das gilt für alle anderen Phänomene gleichfalls. Der Intellekt mag sich noch so anstrengen, er erkennt, wenn er alleingelassen wird, lediglich den äußeren Schein. Wird dieser dagegen an eine Selbsterkenntnis gebunden, entfaltet sich die Wirklichkeit. Deshalb blüht in der überwiegenden Mehrheit der philosophischen Texte der Unsinn, weil deren Untersuchungen nicht an der Zeitstruktur des Bewusstseins überprüft worden sind.

Und so lebt die Mehrheit in dem Glauben, dass das Äußere eine „Realität" darstelle, die sie nach ihrem Tod zurücklassen muss. Aber im permanent sich verändernden Äußeren kann nichts Sinnvolles gefunden werden. Denn es ist z.B. sinnlos, wenn jemand in jungen Jahren stirbt, der die Hoffnung seiner einfachen, ehrlichen und hart arbeitenden Eltern gewesen ist. Zumal dieser, wie ich es erlebt habe, ein aufrechter und gerechter Mensch war. Übrigens wurden seine Eltern trotz ihres Leides nicht verbittert, sondern haben ihr Schicksal angenommen, blieben aufgeschlossen und anderen zugewandt. Das Sinnvolle erschließt sich erst in der Analyse durch die Individualphilosophie. Denn ich hatte dargelegt, dass in jedem Individuum ein Unbewusstes vorhanden ist, in welchem alle individuellen Willensakte vorliegen. Da die Willensakte zeitlosen Charakter besitzen, lässt sich ihr Streben nach Verwirklichung nicht abbrechen. Alles dasjenige, was nicht abgegolten werden konnte, bleibt präsent und wird in irgendeinem Lebenslauf auch wieder zur Verfügung stehen.

GLOSSAR

ANALYTISCHE ERLÄUTERUNG

      Abhandlung fortlaufender Erkenntnisse

ANALYTISCHE PHILOSOPHIE

      Die so genannte Sprachphilosophie. Da die philosophischen Probleme in der Sprache artikuliert werden, müsse diese das Ziel der Untersuchung sein, sagen ihre Vertretern. Problem ist unser permanentes Wollen, unsere Begierde nach Besitz ist vor der Ausgestaltung der Sprache nachweisbar.

ANSCHAUUNG

      anschauliche Gegenstände (s. Gegenstände)

ÄUßERE REALITÄT

      Der Schein, dass wir selbst von der uns umgebenden Welt getrennt seien und diese als etwas Äußeres auffassen. Problem: Wenn wir selbst und das Äußere der permanenten Veränderung unterworfen sind, bleiben wir von der Welt schon nicht mehr getrennt.

BEFINDLICHKEIT

      Gefühlslage aufgrund der Ausbildung des Selbstbewusstseins ohne besondere Aufwallung der Gefühle.

DUALISMUS

      Schein einer Zweiteilung der Welt in äußere Anschaulichkeit und dem, was das Individuum darüber denkt.

EIGENTLICH ODER UNEIGENTLICH

sind alle unsere Handlungsweisen. Eigentlich, wenn sie wenig auf tiefliegenden Konflikten beruhen, uneigentlich, wenn Konflikte nicht bewusste sind und deshalb kompensiert werden müssen.

ERKENNTNISFORMEN

Nach Schopenhauer Zeit, Raum und Kausalität. Sie sind Bedingung unserer Erkenntnis und von Beginn an angelegt. Siekönnen leer sein. Erst wenn ein Gegenstand zu einem bestimmten Zeitpunkt seine Stelle im Raum einnimmt, werden sie gefüllt. Da die Kausalität Zeit und Raum verbindet, weil ich nicht anderes denken kann, als dass der bestimmte Gegenstand nicht zufällig in meine Erkenntnis gesprungen ist, sondern dieser eine Ursache besitzt, gehört die Kausalität zu den Erkenntnisformen dazu.

EVIDENZ

Deutlichkeit, Einsichtigkeit

EX NEGATIVO

= negative Anleitung. Was sich positiv der Erkenntnis verschließt, kann von einem angrenzenden Gebiet aus rückgeschlossen werden.

GEGENSTÄNDE

Bei mir lediglich dreierlei: Anschauliche Gegenstände (Baum, Stein), ideale Gegenstände, z. B. der Satz des Pythagoras und Handlungsgegenstände (jede Handlung beruht auf einem Motiv, das sich bis hinein in das Selbstbewusstsein zurückverfolgen lässt).

GEGENWARTSBEWUSSTSEIN

s. Selbstbewusstsein

GRUNDBEWUSSTHEITEN

Plural von Grundbewusstsein

GRUNDBEWUSSTSEIN

     s. Selbstbewusstsein

HANDLUNGSMAXIME

     = der vom Individuum gefasste und zunächst nur für dieses gültige Grundsatz des Handelns.

HUMBUGENSIEN

     Erfindung des Autors, bezeichnet unwahre Denksysteme (s. wahr)

IDEALE GEGENSTÄNDE

     z. B. die Naturgesetze, die Gegenstände der Mathematik, Physik und Logik

IDENTIFIKATION

     = die frühkindliche Selbsterkenntnis beim Ergreifen der Gegenstände.

IDENTITÄT

     erwächst aus den positiven und negativen frühkindlichen Erfahrungen

IN INFINITUM

     = bis in die Unendlichkeit

IN TOTO

     = ganz und gar, komplett

KATEGORIEN

     Bei Kant Formen des Denkens. Zu jedem Gegenstand soll im Intellekt eine Form seines Denkens angelegt sein. Problem: Solch ein Denkbegriff wäre vollkommen grundlos.

KRITERIUM

= Unterscheidungsmerkmal, Prüfstein der Wahrheit

LAGEZEIT

= Erfindung von Hermann Schmitz, prominenter Vertreter der „Neuen Phänomenologie". L. soll eine allgemeine Ordnung von Dingen als Zugleichsein darstellen. Problem: Da wir selbst und alle Dinge sich ständig verändern, kann die eine Veränderung mit einer anderen nie zugleich sein.

METAPHYSIK

Ist das Gebiet, das über die Natur als deren Wesen und Sinn hinausgehen soll. Problem: Zweiteilung der Welt in Physik und Metaphysik. Wenn der Meditierende die Einheit seiner Existenz mit dem gesamten Kosmos erfährt, ergibt sich ein Widerspruch.

MITWELT

Bei mir alle Wesensarten: denkende und fühlende Wesen, Wesen ohne Erkenntnis (Pflanzen) und Unbelebte.

NARZISSMUS

Auf sich selbst bezogene gestörte Persönlichkeit. Unfähigkeit, andere zu akzeptieren.

NEUARTIGKEIT

= grundsätzliche Unerkennbarkeit von neu auftretenden Gegenständen.

OLINEUNDRA

Beispiel eines völlig neuen Gegenstandes, der auf keinerlei Grundbewusstein bezogen werden kann.

ONTISCHES SEIN

= Existenz eines Gegenstandes, der als uns gegenüberstehend aufgefasst wird.

PHÄNOMENOLOGIE

= Philosophische Richtung, die in der Erforschung von äußeren Phänomenen Erkenntnisse sucht. Problem: Die innere Erlebniswelt des Menschen kann nicht geleugnet werden.

PRINZIP

= Grundlage, Richtschnur

SELBSTBEWUSSTSEIN

Zusammengesetzt aus Grundbewusstsein und Gegenwartsbewusstsein. Im Grundbewusstsein bildet sich ein frühkindliches Wissen über die Einheit alles Daseins aus, das im Vorbewussten verschwindet. Alle späteren Gegenstände des Gegenwartsbewusstseins bleiben auf das Vorbewusste bezogen.

SELBSTERKENNTNIS

Das Bewusstsein, dass jeder Moment einer Vorstellung seine Historie besitzt und theoretisch bis ins Grundbewusstsein zurückverfolgt werden kann.

SELBSTWERT

Konstitutionsphase des Selbstbewusstseins (s. Wesensgut). Frühkindliche Erfahrung, dass das Individuum den gleichen Wert besitzt wie die begehrten Gegenstände.

SYNTHETISCHE ERLÄUTERUNG

= Darlegung von Erkenntnissen aus einem Zusammenhang

UNBEWUSSTES

Bei mir das Vermögen aller unbewussten Willensakte und Träger aller Biographien am selben Individuum. Von zeitloser Existenz.

UNMITTELBAR DEM INDIVIDUUM GEGEBENES

= das unaufhörliche Rollen der Begierden.

UNMITTELBARKEIT VON ZEIT UND RAUM

Für die Zeit: Verschiedene Zeiten sind nacheinander und nicht zugleich. Dieser Satz benötigt keine Erklärung.

Für den Raum: Nach gedanklicher Entfernung aller Gegenstände aus dem Raum, kann der leere Raum zuletzt nicht auch noch fortgedacht werden.

VORBEWUSSTES

Das Verschwinden frühkindlicher Erfahrungen im Grundbewusstein und Träger jeglicher Individualität.

WAHR ODER UNWAHR

sind alle so genannten idealen Gegenstände.

WAHRHEIT

Gibt es lediglich eine einzige. Deshalb sind viele wahren Gegenstände keine Wahrheit. Kann als Existenz, Wesensgut oder Sein beschrieben werden. Z. B. erfährt der Meditierende die Existenz unmittelbar und außerhalb aller Gedanken. Kommt ein Gedanke heran, verschwindet sie. Deshalb kann sie weder ergrübelt, noch die Existenz Gottes bewiesen werden. Aus ähnlichem Grund ist eine kühl und rational geplante Karriere eine uneigentliche Handlungsweise, also nicht mit dem Individuum vermittelt (s. eigentlich).

WESENSGUT

= die Werthaltigkeit aller Wesen.

WIRKLICH ODER UNWIRKLICH

sind alle anschaulichen Gegenstände. Ein Einhorn ist unwirklich.

Bisher erschienen sind:

Ulrich O. Rodeck: Die falsche Welt der neueren Philosophie: Über das Absurde und die Selbsterkenntnis
Göppingen/Dessau: Kinzel 2007, ISBN 9783937367033

Ulrich O. Rodeck: Die Analyse des Selbstbewusstseins
Dessau: Kinzel 2003, ISBN 3934071295

Ulrich O. Rodeck: Wahrheit und Verblendung, Empire Verlag im Münsterland, Dülmen 2011 ISBN 9783943312157

eMPiRe

empire

Verlagsgruppe im **Münsterland**
Imprint Vier Jahreszeiten**Haus**

August – Brust – Str. 6,
D – 48249 Dülmen,
Tel.: 49 (0) 2594 – 784742
Fax: 49 (0) 2594 – 784743

info@empire-service.eu
http://www.empire-service.eu